# 境外国家和地区
# 档案法律法规选编

A SELECTION OF THE LEGISLATION ON ARCHIVES
AND RECORDS OF OVERSEAS COUNTRIES AND REGIONS

国家档案局政策法规研究司　编译

中国政法大学出版社

2017·北京

**图书在版编目（CIP）数据**

境外国家和地区档案法律法规选编/国家档案局政策法规研究司编译.—北京：中国政法大
学出版社，2017.3
　ISBN 978-7-5620-7277-5

Ⅰ.①境…　Ⅱ.①国…　Ⅲ.①档案法－汇编－世界　Ⅳ.①D912.169

中国版本图书馆CIP数据核字(2017)第035577号

-----------------------------------------------------------------------------------------------------------------

出 版 者　　中国政法大学出版社

地　　址　　北京市海淀区西土城路 25 号

邮寄地址　　北京 100088 信箱 8034 分箱　邮编 100088

网　　址　　http://www.cuplpress.com（网络实名：中国政法大学出版社）

电　　话　　010-58908289(编辑部)　58908334(邮购部)

承　　印　　北京华联印刷有限公司

开　　本　　720mm×960mm　1/16

印　　张　　35.250

字　　数　　730 千字

版　　次　　2017 年 4 月第 1 版

印　　次　　2017 年 4 月第 1 次印刷

定　　价　　98.00 元

# 前 言 PREFACE

　　档案是记录各项工作和活动结果的重要依据，是传承历史的真实记录，是延续文明的信息载体。档案工作在统筹"五位一体"布局、推进"四个全面"发展战略、实现国家治理体系和治理能力现代化建设中具有不可或缺的基础作用。《档案法》是我国《宪法》外六部要求"一切国家机关、武装力量、政党团体、企业事业单位和公民"都要贯彻执行的、涉及范围极其广泛的法律之一，也是很多立法及法规、规章需要作为依据的基础性法律。

　　为了配合《档案法》修改，根据国务院法制办公室关于立法资料准备的相关要求，同时为方便有关方面对档案法律法规的研究，我们搜集、翻译并编辑了《境外国家和地区档案法律法规选编》。这些档案法律法规反映了当前这些国家和地区对规范档案管理的基本法律要求，其档案立法的理念和经验，对促使我国档案立法及相关立法更加科学合理，具有积极的借鉴意义。

　　本书所列档案法律法规按大洲排列；英美档案立法的历史与启示（代序）对英美立法中的档案以及档案立法的历史做了介绍；部分非英语国家的《档案法》附有相关说明，便于读者了解该国档案立法的背景。同时，为使档案、法律及相关术语统一协调，我们编辑了英汉词汇对照表，摘录了香港特区政府公务员用语中相关语词中英文对照，便于读者对照核查。

　　本书可作为立法机关、行政机关、学术研究单位、档案行政管理部门、高等院校档案专业研究生参考使用。

　　本书由中央档案馆国家档案局、中国政法大学、武汉大学、中山大学、中国航空发动机集团公司、中国法学会、山西省地方志办公室、德国埃尔福特大学等单位的档案工作者和法律学者参与翻译、编写。具体分工为：美国（王岚、张楠、王改娇、李扬新），英国、澳门特别行政区、台湾地区（王岚），苏格兰、芬兰、冰岛、新加坡、澳大利亚（王改娇），加拿大、新西兰（张晓），爱尔兰、丹麦、马耳他、南非（赵永强），法国、瑞士、比利时（王玉珏），日本（胡春秀）、俄罗斯（肖秋会），德国（田梦婕），全书由王岚统稿。

在本书的编译过程中，中国政法大学国际法学院的朱建庚副教授、兰花副教授、研究生康桥提供了帮助，中国政法大学档案馆研究馆员王改娇老师参与了编译组织工作，中国政法大学出版社的彭江副编审为本书的策划、审稿、编校设计付出了大量心血，在此一并表示感谢。需要说明的是，本书主要为档案立法及研究参考之用，由于翻译及编辑时间紧迫，人员多用业余时间，且水平有限，部分译文难尽"信达雅"要求，还望读者批评、指正并予谅解。

《境外国家和地区档案法律法规选编》编写组
2017 年 2 月

# 英美档案立法的历史与启示（代序）

从历史角度讲，档案是记忆的延伸，是历史的记录，甚至是单位机构最后可守之物。如德国海德堡大学建立于 1386 年，1388 年就建立了保存档案的储藏间——档案室，并将其称为大学的方舟（Ark of the University），即最需要最终保存下来的东西之避难所。

从法律角度讲，如果说法律是行为的依据和规范，那么档案就是行为的记录和凭证。法律的制定和其保存与保真离不开档案；法律的实施与国家的治理也离不开档案证据的支撑。英美几百年立法中的档案与档案立法、档案与法律不可分离的关系，对我国档案立法、信息公开以及推进国家治理体系和治理能力现代化建设具有一定启示作用。

## 一、英国档案立法的历史

大不列颠及爱尔兰联合王国（英国）的英格兰、苏格兰、爱尔兰有一段剪不断理还乱的历史：矛盾、战争、联姻、恩怨、分合历经千年，1922年爱尔兰独立（之后英国改为"大不列颠及北爱尔兰联合王国"）至今已近百年，苏格兰仍然纠结于是否要公投脱离英国。现在的苏格兰足球是与英格兰同等地位的国家足球队；1809 年的《（苏格兰）公共档案规范法》即是以英国国王的名义颁布，苏格兰档案馆却称为国家档案馆（National Records of Scotland）。

英国立法中关于档案概念的历史可以追溯到 13 世纪或更早。从那时起，国家治理、社会管理中各种有关记载、凭证、权利的字眼，如：权利令状（Writs）、签署（Underwritten）、登记（Register）、簿册（Books）、记录（Record）、契约（Deeds）、契据（Writings）、证件（Instruments）、收据（Receipt）、案卷（Rolls）、议会记录（Hansard）等，就见诸留存下来的英格兰、苏格兰及爱尔兰法律之中。如 1275 年《威斯敏斯特条例》（Statute of Westminster）；1368 年《法定诉讼程序遵守法》（Observance of due Process of Law）；1551 年《公房销售法》（Sale of Offices Act）；1661 年《登记法》（Registration Act）；1679 年《人身保护法》（Habeas Corpus Act）；1685 年《限定继承法》（Entail Act）；1689 年《权力宣言法》（Claim of Right Act）；1690 年《信仰获准法》（Confession of Faith Ratification Act）；1692 年《王位认可法》（Crown Recognition Act（Ireland）；1694 年《英格兰银行法》（Bank of England Act）等，都已有关于档案记录的规定；1707 年英格兰与苏格兰合并而颁布的《与苏格兰联盟法》，为了保持苏格兰的相对自治，更是明确规定："（苏格兰的）王冠权杖、议会档案（Records）以及所有其他案卷登记材料，无论是公共还是私有的，继续在苏格兰保存。"

1809 年，英王乔治三世时代，英国首次颁布《（苏格兰）公共档案规范法》。该法是为了解决当时苏格兰地区各个机构都争相建立登记机制而给行政管理和档案保存带来的重复和混乱，以及以前法规规定的档案管理效率不高的问题；同时也是为统一苏格兰地区档案管理的需要。实际上早在 1685 年《议会法》中就有关于自治市法院的文员对法令的登记规定，但管辖权不清。因此，规范哪一级的登记向哪里移交、谁负责档案管理乃至违规处罚的金额等，成为对档案管理专门做出法律规定、为档案单独立法的原因。

1815 年，议会又颁布《苏格兰最高民事法庭档案形成与整理规范法》。

1837 年，《档案地产法》中明确，用于建设档案馆的档案地产（Rolls Estate）属于女王陛下，该法甚至规定了将来主簿官（Master of the Rolls）的工资与档案馆（Rolls Chapel）的经费。

1838 年，为了安全保管公共档案，英国颁布了《公共档案馆法》，开始建立公共档案馆，并将当时存在的以及历史上的法庭档案与法律文件置于主簿官（Master of Rolls）的监管之下，授予其规范公众利用档案及查阅收费的权力，同时要求他负责任命档案馆馆长。

1840 年代，公共档案馆开始接收政府部门的文件材料。对此虽然各机构有争议，但公共档案馆和财政部坚决支持这一做法。1852 年颁布的枢密令使这一做法生效。坐落在伦敦市中心法院街（Chancery Lane）档案地产（Rolls Estate）规划地的新馆库也开始动工。1856 年，国家文件局（State Paper Office）合并到公共档案馆（Public Record Office）；1868 年公共档案馆开始接收档案。但当时的档案利用受到限制，直到 1877 年，没有正式要求政府部门向档案馆移交并向公众开放，也没有档案销毁的规定。由于缺少相关程序，这导致皇家委员会开始就公共档案进行调查，但无果而终。

1844 年，《康威尔公爵领地法》（Duchy of Cornwall Act），专门规定在康威尔公爵领地市政厅重建时，要设置档案馆（records office），并具体规定，档案馆应是干净、明亮、温暖、独立使用的；馆长负责保管公爵领地重要的档案。

1867 年，《（爱尔兰）公共档案法》，首次对公共档案的概念及涵盖范围做出规定。

1923 年，爱尔兰独立后，北爱尔兰颁布《北爱尔兰公共档案法》。

1937 年，苏格兰颁布《苏格兰公共档案法》，对法院档案、政府部门档案及地方政府档案的归属、保存、摘抄、查阅、收费、编目、处置、管理、移交等做出规定。该法是对 1809 年和 1815 年的两个档案法律进行了补充和修正，并在第一附表中就明确列出了相关历史档案的归属。如，表中列出最早的档案有 1189 年 12 月 5 日英王狮心王理查一世颁发给苏格兰国王威廉罗克斯堡（Roxburgh）和伯维克城堡（Berwick）的特许证，以及对英王表示敬意的相关公约、协议；1194 年 4 月 17 日英王理查一世款待来访的苏格兰王威廉的花销；1218 年 11 月 21 日教皇霍诺里斯三世确认苏格兰教会独立的诏书；1281 年 7 月 25 日苏格兰亚历山大的女儿与挪威国王埃里克的王室婚约协议；以及贵族的契约、授权、继承等证书等。

1948 年，《（苏格兰）登记与档案法》，将登记局的登记档案保管权移交给公共档案馆。

1952 年，英国成立格雷格委员会（Grigg Committee），开始进行档案管理改革。该委员会由财政大臣和大法院主簿官组成。1954 年该委员会一项研究报告得出如下结论：

﹡政府部门有责任选择并向公共档案馆移交值得永久保存的档案；

﹡档案馆应当负责对此过程进行指导、协调和监督；

﹡档案馆的领导职责应当由主簿官移交给一位大臣；

﹡大多数档案应当经过初次和二次的两次审查，以决定是否留存；

﹡除非有特殊规定，档案应当在形成满30年时向档案馆移交并在满50年时向公众开放查阅利用；

﹡每一部门应当指定一名部门档案官，负责其档案从形成或初次审查，直到销毁或移交档案馆的全过程，并向机构负责人报告；

﹡档案馆应当指定一名档案行政管理官员，并辅以一定数量的视察官员，履行档案管理职责；

﹡影片、照片及录音应当作为公共档案。

这些结论勾划出现代国家档案工作的基本要领和精髓。

1955年7月，这些结论和建议被政府所采纳，12月，第一名档案行政管理官员（Records Ddministration Officer）被任命；1956年第一名视察官员（Inspecting Officer）被任命；政府部门开始设立部门档案官（Departmental Records Officer），负责管理档案并执行新的审查程序。

对格雷格委员会建议的实施就需要立法，《1958年公共档案法》就是多年努力的成果。该法为档案管理新体制规定了法律框架、确定了公共档案馆与政府部门的关系，并将公共档案与公共档案馆的管理职责移交给司法部长（Lord Chancellor），档案馆的日常管理交给新设立的公共档案馆馆长（Keeper of Public Records）。这是第一次将公众能利用形成满50年并移交给公共档案馆或其他由大法官指定的档案馆库所保存之档案的权力以法律形式确定；当然该法也设有豁免条款，保护不适宜公开的档案。

1962年，《地方政府档案法》，对地方政府如何形成、收集和保存档案，管理档案的必要支出，以及档案的公众利用等做出规定，并对1933年的《地方政府法》做出相应的修正。

1967年，《1958年公共档案法》被修订，原来50年可公开利用档案的规则被改为30年规则。引入30年规则主要聚焦于如何确定对敏感的档案文件的关注，特别是二战档案的利用。具有意义的是，司法部长将针对应保密的敏感档案的附加保护权授予档案形成机关。1972年开始，二战档案及战后档案进一步公开；但涉及个人的档案依然封闭。

1985年苏格兰《国家遗产法》对《1937年公共档案法》做出修正，一是档案馆不仅保存公共档案，也可接受非公共档案的捐赠和暂存；二是将历史档案不得销毁的年份由1800年改为1707年（苏格兰与英格兰合并年）。

2000年英国颁布《信息自由法》，给档案利用带来新的问题。2005年，《信息自由法》替代了《1958年公共档案法》中有关档案利用的条款，规定对档案公开的豁免，在档案形成满30年后也将失效，而且原来由司法部长确定档案封闭期的权力，被《信息自由法》有关规定所替代。但是《信息自由法》并未涉及档案形成满30年后要向国家档案馆移交的规定。

2007年10月，英国首相戈登·布朗宣布一项独立审查情况报告（即《30年规则评估报告》），该报告建议进一步缩短封闭期。英国政府最终决定，《信息自由法》和《1958年公共档案法》都应将封闭期修改为20年并附加豁免条款，如对皇室家族的通信档案可延长封闭期。这一改革通过《2010年宪法改革与治理法》而生效。该法共8个部分52条。其中第6部分为《公共档案与信息自由》，分别对《1958年公共档案法》和《信息自由法》进行修正，第45条规定，将机关档案向档案馆移交的时间由形成后的30年改为20年。

2011年，《2011年苏格兰公共档案法》，对档案管理的计划、权责、协议、审查、评价、模式、指南、报告、解释等做出规定，附表列出115个应当执行该法的议会及政府公共部门名录。

除法律外英国还有不少涉及档案的法律修正案和法规，如1974年《庭审程序法之档案利用收费修正案》、1976年《苏格兰法律档案移交法》、1981年《法医档案拷贝令》、1981年《什一税档案移交令》、1990年《健康档案利用法》、2001年《警察法之罪犯档案登记条例》、2008年《公司档案条例》、2011年《生猪档案、验证及移动令》等。

英国几百年立法中形成的对档案作用的认识与规定，为其他英语国家开创了先河。

## 二、美国档案的法律地位

美国法律继承了英国的传统，建国初共和国时期的法律中就有对档案的规定要求。1776年美国《独立宣言》中列举并指责英国殖民统治的13种恶行时，就提及到殖民政府的"公共档案库"（Depository of Their Public Records）概念，用以指代殖民政府办公场所。1778年《邦联条例》及1787年《宪法》都有档案信任的条款。美国第一届国会（第一期）于1789年3月4日至9月28日在纽约召开，半年多时间一共制定了26项法律。其中有一项法律题名（法律名称）涉及档案；6项法律中有涉及档案的相关条款。如，第4号法律《设置外交部法》共4条：①设置外交部，其部长代表总统与外国交涉；②设置首席文员（秘书长）（Chief Clerk），部长离职或职位空缺时，由首席文员主管和保存所有档案、簿册和文件材料（records, books and papers）；③所有官员履职前应当宣誓；④授权外交部部长在位时，负责保存和管理所有档案、簿册和文件材料。第7号法律《设立战争部法》、第8号法律《俄亥俄河西北领土法》、第11号法律《海岸贸易登记法》、第12号法律《设立财政部法》和第20号法律《设立美国法院法》等，也同样都有专门要求监管好档案的条款，这将档案的形成和保存从开始就作为政府部门的基本要求。第14号法律《法令、档案及美国国玺安全保管法》更是专门涉及档案的立法。该法第7条授权国务卿监管和负责美国国玺，以及所有簿册、档案和文件；属于财政部、战争部的簿册、档案和文件也应按照总统指令由其主要官员管理。半世纪后，由于法律及其印刷数量不断增多，不可能、也不需要全部保存，1838年7月7日，国会通过第187号法律，即《部分撤销1789年安全保管法》，取消了对"法令"的安全保护规定，即只保留对"档案"、"国玺"的安全保管的法律要求。

再如，1790年第11号法律《各州公共法律、档案和法庭记录确认生效方式法》；1849年，《特定档案真实性鉴证法》；1878年，《哥伦比亚特区贪污挪用处罚及特区档案保护法》；1892年，《美国革命及1812年（抗英）战争军事档案的收集、保存和整理法》；1909年，《销毁档案法》；1933年，《政府档案保护法》；1934年，《国家档案馆法》；1936年，《企业（业务）档案证据法》；1939 年，《向各州移交美国政府就业局驻地方机构档案、案卷及财产法》；1943 年，《美国政府档案处置法》；1946 年，《确保国内铁矿资源技术经济档案保存法》；1950 年，《联邦档案法》；1955 年，《总统图书馆法》（总统图书馆实际上是档案馆，由卸任总统自己筹资建设后，交由美国国家档案局管理）；1966 年，《免除有关与外国签订合同中有关要求检查档案条款法修正案》；1970 年，《推进政府价值不重要档案处置、确保持久保存法修正案》；1978 年，《总统档案法》；1984 年，《国家档案馆与档案管理局法》；1992 年，《肯尼迪总统暗杀档案收集法》；2004 年，《国家档案馆与档案管理局行政效率法》；2008 年，《总统历史档案保存法》；2014 年，《2014 年总统及联邦档案法修正案》及《2014 年联邦档案责任法案》（参众两院通过，奥巴马未签，所以是法案）等。总之，从 1789 年美国国会立法以来的近 230 年中，至少有 150 项单行法的题名涉及档案。

2004 年，美国国会研究局（CRS）向国会提交一项 390 页的研究报告：《通用管理法律概要》（General Management Laws：A Compendium）。《概要》介绍了美国联邦行政管理法律，包括信息与合规管理、战略规划与绩效评估、金融管理预算及财务、组织机构、采购与不动产管理、国际关系管理、人力资源管理及道德规范等 7 类、56 项法律及其《美国法典》（USC）第 5、44 卷中的 40 多章法律。这些法律主要是对联邦机构处理公共政事务的规范，对象是联邦机构。《概要》中《联邦登记法》排第一，而联邦登记由国家档案局负责；《行政程序法》第二；《联邦档案法》及其《美国法典》第 44 卷相关章节第三；主要涉及档案的《信息自由法》、《个人隐私法》排在第五、六。由此可见档案及其管理在国家行政与治理中的基础性地位和作用。

在介绍《联邦档案法》及其 USC 第 44 卷相关章节时，国会研究局专门提到："国会立法确定机构中合理保存联邦档案的要求，可以追溯到共和政府早期。例如在设立最初的部门时，国会就授权部门负责人发布规定，监护、利用、保存档案、文件及财产。多年来，国会多次对联邦档案管理、整理进行立法。最重要的立法就是 1934 年的《国家档案馆法》和 1950 年的《联邦档案法》。"相对于英国来讲，美国联邦档案立法方面的主要创新有：①设立国家历史出版物委员会；②授权对有关改进档案管理的标准、程序和技术进行分析、开发、宣传、协调，以确保档案的维护与安全，遵循适当、经济、便于区分的保存并对不同价值档案进行处理；③授权建立、维护和运行档案中心（Records Center），开展档案的存储、处理和为联邦机关服务；④规定了机关负责人对档案管理的责任；⑤规定了档案行政管理机关对确定联邦机关及国会所形成的具有历史和其他的价值档案的责任，以及确保国家档案馆以美国政府的名义对档案进行长期保存的责任。

《美国法典》第44卷中第21、22、29、31、33章，是联邦档案管理法律的主要章节。如第21章规定了国家档案馆与档案管理局（NARA）的建立、组织机构及主要领导，并明确了档案局馆长的权限与职责。包括接收档案作为历史档案保存的程序及条件；对移交给档案馆的档案的监管使用及撤回的责任；档案馆保存、整理、复制、展示等责任；规范总统档案存储和国家档案馆局接收、维护总统图书馆的程序、条件等。其他章分别对总统档案、总务署档案管理责任、联邦机关档案管理以及档案处置等做出规定。

除专门的档案法律外，联邦其他法律根据档案法律的总要求，在各自领域的法律中都有相应的档案管理章节、条款；对企事业单位和社会组织的档案管理的具体要求，也广泛分布在相应的行政法、行业法、经济法、社会法等之中，这是由美国的联邦体制和美国的法律架构所决定的。《美国法典》中几乎每个主题卷（title）中都有对相关档案管理的规定或要求。如，与国家档案局共同制定机关档案利用方针（4 USC 国旗国玺国家§144）；档案被法律视为政府的资产（6 USC 国内安全§101）；爆炸物建立档案及查阅审计（6 USC §488a. b）；谷物档案记录，包括样本、保存期、利用、维护、审计等要求（7 USC 农业§87a）；田纳西流域管理局档案包括人事档案、档案保密、地籍档案等要求（16 USC 资源保护§460lll-44）、档案与审计包括档案接收者、保存、利用及审计（21 USC 食品与药品§1178）；簿记与档案：规定了外交活动的记载、保存、违法行为（22 USC 对外关系与交往§615）；档案与审查：规定了社团必须保存完整的财务档案；董事会记录，保存地点、审查要求（36 USC 爱国团体与章程§100109）；档案包括簿册、账目、报告案卷及其他各类文件材料，并要与财产一起审计（36 USC §10101）；要求档案必须完整保存（36 USC §30510）；档案处置规定（36 USC §2103）；档案利用：规定了档案的合法利用（42 USC 公共健康与福利 §10806）；档案形式、查阅、拷贝与保存（49 USC 运输 §11144）等。

还有不少单行法，如政府组织及雇员法（5 USC §301）、农场按揭法（12 USC §1020）、农业信用法（12 USC §1401）、外国债券法（14 USC §77）、战时金融法（15 USC §331）、与中国贸易法（15 USC §141）、商业信贷法（15 USC -173）、跨州投资法（22 USC -283）、国有公司管控法（31 USC §701）、邻里法（42 USC §8101）、海岛法（49 USC §1407）等，都有对档案形成、保存和管理要求的条款。甚至有些法律涉及对象的主体就是档案，如 1966 年的《信息自由法》、1974 年的《个人隐私法》。还有的法律对档案违法设置重罪，如 2002 年的《萨班斯法》，其档案违法犯罪处罚被补充进《美国法典》第 18 卷《犯罪与刑事程序》第 73 章，并开创了法律要求留存电子档案的先例。

《联邦法规》（CFR）是法律的具体化，也被编成 50 个主题卷。其中有关联邦档案管理的法规在第 36 卷 "公园、森林与公共财产" 第 12 章《联邦档案馆藏与档案管理法规》。该章分为总则、档案管理、公共利用、解密、总统档案、尼克松总统材料、NARA 设施、肯尼迪刺杀档案等八个分章。其中档案管理分章最具体、最多，其条款主要有：联邦档案管理总则；档案的形成与维护；核心档案管理；档案处置；确定档案保管期限；通用保管期限表；机关之间档案移交；向联邦档案中心的移交、使用和处置；向国家档案馆移交；电子档案管理；声像及图形档案管理；缩微档案管理等，具体规定了 NARA 对联邦档案管理的职责、任务与权限，以及联邦机构档案管理、移交与利用的责任与权利。

除了专门的联邦档案管理一章外，CFR 与 USC 一样，在美国联邦政府部门各行业法规中包括了档案管理的要求，甚至更为具体，包含更多条款。如 5 CFR《行政人员》第 293 部 "人事档案"，9000 多字词；21 CFR《食品与药品》1002 部 "档案与报告" 中，分别对制造商和经销商的档案建立、保存、查阅、处置及保密做出规定。22 CFR《外交关系与交往》更是详细规定了外交活动中各类档案的管理、利用、公开与豁免的要求。国防部、海军部等专门依法制定档案管理的指令、手册、规程、代码、标准文件多达 800 页，严格规范其档案的形成、管理、公开与豁免。

除联邦档案法律外，美国各州还制定有大量州档案法律，在此不列举。总之，无论是档案的机构设置、安全保护、可信任性、领导责任等法律要求，还是档案法律的数量、其他法律中涉及档案的条款等，都显示出档案在美国法律中的重要地位。

### 三、法律效力与信息公开

英美档案立法历史表明，档案既是法律效力概念的由来，也是信息公开对象的主体。

#### （一）法律效力概念的由来

档案具有重要的凭证、依据作用，是英美几百年立法中的基因；而法律发展过程中所衍生出来的法律效力概念，源自于 1778 年美国准宪法《邦联条例》中首次提出的"档案是应当被信任"的理念。《邦联条例》全名为《邦联及永久联盟条例》。第 1 条，讲国名，美利坚合众国。第 2 条，讲每一州（国）保留其主权、自由和独立，以及各项权利、司法权。第 3 条，讲合众国彼此为友谊联盟，具有共同的国防，安全，以及相互福祉，要互相帮助，为抵御外侵负责。第 4 条，就是讲邦联内部的关系及运行方式，其中第三点非常重要，就是"每个州对其他州法院和司法治安官的档案、法令和法庭记录（records, acts, and judicial proceedings），应当给予完全的信赖和尊重"。这主要是针对北美 13 个殖民地相对独立的国家形态，应如何在邦联共和体制下国（州）与国（州）之间通商、贸易及司法互认。这一规定为整个国家统一奠定了基础，即各国（州）在发生交往时，对彼此形成的法律、档案、司法记录予以互信，使邦联统一的司法互认成为可能。这如同说，马萨诸塞国（州）某人在马里兰国（州）犯罪后经马里兰国（州）审判的结论，马萨诸塞国（州）也予以承认。没有这一司法互认的法律基础，13 个国（州）难以形成后来的合众为一的联邦；而法律互认中可信任的宿主与承载就是档案。

1787 年美国《宪法》第 4 条第 1 款再次重申，"各州对其它州的公共法律、档案和法庭记录（public acts, records and judicial proceedings），应当给予完全的信赖和尊重（Full faith and credit）。国会将通过制定基本的法律，来规定这些法律、档案和法庭记录的证明方法，及其相应的效力"。美国《宪法》约 6400 字，其中提及"档案"两次，规定了档案可信任的法律地位；同时整部《宪法》中仅有两处明确要求国会将来要制定的法律：一是立法将较低级官员的任命权授予总统、法院或各行政部门首长。二是制定基本的法律，对法令、档案、司法记录如何具有证明效力的方式做出规定。《宪法》正式生效前，国会还做出一项决议，规定外交部（国务院）应当驻留在国会；与外交部（国务院）相关的簿册、档案及其他文件，由国务卿监管；国会议员可以利用这些档案，前提是涉密文件没有国会同意，不得复制带走；如果原始文件属于秘密，则不加密就不得传送；由国务卿在其上签字的加密件就视为真实的原件。这些为初步确立档案的重要法律凭证地位起到了重要作用。

1790 年 5 月 26 日，按照《宪法》要求，美国国会第 11 号法律《各州公共法令、档案及法庭记录确认并在其他州生效方式法》规定了档案具有可信任的效力方式，以法律形式正式赋予档案可信任的效力："州议会制定的法令加盖州印章即为真实可信；档案及法庭记录由书记员正式作证、加有法院印章，并有法官、大法官，或主持法官证明（视情况）时，即可被承认和予以接受。被上述方法确认为真实的档案和法庭记录，在美国任何法院都应当给予信任；当其在法庭使用时，应当与原形成该档案的法院一样给予采信"。我们现在所讲的档案的"法律效力"，实际上是以法律赋予其的"可信任效力"，即书面文件之法律效力概念源自对档案的信任。1804 年 3 月 27 日，美国国会第 56 号法律对档案具有法律效力的形式进一步加以具体明确。至此，以法律规定了法令、档案、记录等在何种条件下具有可信任的效力，"法律效力"概念由此诞生。

1936 年，《企业（业务）档案证据法》，进一步规定了凡在企业活动，包括商业、专业、行业，以及社会所有各类职业的业务及活动中，凡是按照日常业务及活动规范形成的档案，都具有证据效力。这实际上就是为规范社会活动、行为的证据采信立法。另外，依据《联邦登记法》，法案在国会通过并经总统签署为法律后，就会送交 NARA 下属的联邦登记办公室（Office of the Federal Register），并被赋予法律编号、法规引证并准备作为单行法律印发。只要有 NARA 的徽记（logo）就表明国会颁布的法律是真实的，这说明档案与法律效力的天然一体性。如果说法律是行为的规范，档案就是行为的证据和凭证，两者的效力是同时由立法所赋予的，也共同构成法制和法治的基础。这从档案与法令在美国立法排序上可看出，最早是：档案、法令（1778 年《邦联条例》）；后来变为公共法令、档案（1787 年《宪法》），法令、档案、国玺（1789 年《安全保管法》）；再后撤销对"法令"的安全保管（1838 年《部分撤销法》）。由此可见，法律上规定国家要安全保管的，就是档案、国玺，并且以国家档案局 logo 作为法律文件的真实可信性依据，这给予档案在国家、法律、安全保管等方面以最高的地位。

英美法系的"最佳证据规则"，通常要求书面文件等为原件，而原件大多数情况下是在规范管理的档案中。《美国法典》第 28 编《司法制度与司法程序》附录《联邦证据规则》"传闻规则"之"传闻例外"（803）的 24 款中，能作为法庭上宣誓人有效的非物质证据，其中 12 款涉及档案。虽然说现在的《联邦证据条例》已将普通法的全部证据规则几乎囊括其中，并以法律确定了各种类型证据的效力，但传闻例外中最主要、最毫无争议的书面证据依然是档案。这种档案证据效力的理念，可以说就是从美国开国时《邦联条例》最初对档案的信任和 1790 年立法确立档案可信任的条件衍生而来的，其本意是"法律赋予其在某条件下具有真实可信的凭证效力"；传闻例外，即是以法律对各种书面文件的证据效力加以确认。

## （二）信息公开对象的主体

现代国家治理体制中，文件是信息的载体，也是政府行政、管理和服务公众的工具。美国今天执世界信息化牛耳的原因之一，正是其对信息公布和传播的重视。美国联邦政府文件制发、保存和公众利用的体制，来自于建国之初美国公众自由获得政府信息的知情权理念，即联邦政府履行其职责的任务之一，就是为公众提供公开、透明的政府信息服务。1813 年美国国会做出一项关于确保全体美国人民获得政府立法、行政、司法部门及其分支机构工作信息的法律决议案，开始建立政府文件的分发、寄存制度，以确保公众的知情权。该决议案要求，国会参众两院所有的会议纪录拷贝都要交给选定的大学、州政府、和历史协会的图书馆收藏。随后开始实施联邦寄存图书馆计划（The Federal Depository Library Program，FDLP）。

1860 年国会通过了修订后的《印刷法》，政府印刷局 GPO 于林肯总统就职同日成立，主要负责联邦政府文件的印刷。1895 年，基于"公众有权了解以公共开支出版的政府文件所包含的信息、政府有义务保证公众免费获取这些信息、政府文件是联邦信息的永久资源"等理念，在再次修订的《印刷法》将文件总监（Superintendent of Document）及联邦寄存图书馆（Federal Depository Library，FDL）的管理职责由内政部转到 GPO 后，联邦政府的文件分发、政府部门间交换，对遍及全国的保存联邦文件的 FDL 的审批、监管等，就成为 GPO 的职责。其核心使命是，基于"让美国（人民）知情"（Keeping America Informed）的理念，确保美国公众获得政府信息（access to government information）。GPO 在佛吉尼亚和科罗拉多两州建有两大公共文件分发中心；在全美设有约 1300 家由 GPO 编号管理的 FDL；美国 435 名国会众议员在全国的 435 个选区，平均每个选区达到 3 个 FDL，方便选民查阅联邦政府文件。

总之，到 1960 年代，经过 150 多年的发展，美国联邦政府已建立了成熟的文件印制、分发、管理、保存、利用及处置体系，形成了联邦政府文件统一印制分发、统一分类编号、全国各地寄存、免费公开查阅、圆桌会议交流、依法归属处置的管理运行机制。任何人都可在联邦寄存图书馆免费得到联邦政府的文件，获取包括就业信息、商业机会、消费者信息、健康营养、法律规章、税务报表、人口统计在内的其他各类信息。

但是，随着社会的发展，美国民众已不满足于只看到政府公开文件，更提出使政府所有信息公开透明的要求，特别是要了解文件背后没有印刷和公开发布的信息。经过各方不断努力，1966 年美国国会通过《信息自由法》（the Freedom of Information Act，FOIA），约翰逊总统非常不情愿地将其签署为法律，因为该法的矛头直指联邦政府的档案公开。FOIA 的起草者认为，联邦行政程序法律中对信息披露的限制太多，有必要单独制定一个"真正的联邦公共档案法"（Public Records Act），以满足公民了解自己的政府的要求。该法规定，任何美国公民有权要求政府公布政府信息；这些信息经审查后，若不属国家机密，则可申请公开。由于当时联邦政府文件的公开已有 150 多年的历史，公民可通过 FDL 进行查阅，所以该法的对象主要是联邦政府档案，并被俗称为《联邦公共档案法》。该法要求，除涉及国家安全、商业秘密、个人隐私等九种情况外，所有联邦机构的档案，甚至包括政府合同承包商的档案，必须向公民开放。这些档案是指，政府机构保存的包括电子形态的各类文献信息，如文件、报告、信函、电子邮件、影片、计算机磁带、照片录音等。该法被编入《美国法典》第 5 卷《政府机构与雇员》第 1 部分"机构总则"第 5 章"行政程序"第 552 节"公共信息、机关规则、意见、命令、档案与记录"。

联邦 FOIA 颁布后，美国大多数州也对公共档案的公开进行了立法。很多州的 FOIA 的名称就直接冠以档案。如犹他州是《政府档案利用与管理法》（Government Records Access & Management Act）；密西西比州叫《开放档案法》（Mississippi Open Records Act）；加利福尼亚州、新墨西哥州、佛罗里达州叫《公共档案法》（Public Records Act）；北达科他州、亚利桑那州叫《开放档案与会议法》（Open Records and Meeting Act）。有的州还设立档案上诉官（records appeals officer）专司应对档案公开的请求。根据 2009 年一项由荷兰记者进行的研究，美国人是世界上最爱行使自身自由权的国家：这一年约有 150 万次要求联邦及州政府机关公开档案的请求。美国联邦政府各部门每年都有 FOIA 执行情况报告。如仅国务院 2014 财年就收到 19 696 项、处理 18 094 项信息公开申请。

在信息公开的过程中，除了涉及国家秘密的例外，还有个人隐私问题。1974 年美国又制定了《个人隐私法》（《美国法典》第 5 卷第 552a 节），以确保联邦机关保存的联邦档案中公民个人隐私不被滥用，其主要对象依然是档案，即档案中的个人隐私。《联邦法规》（CFR）对各部门的 FOIA 处置较为详细地规定了什么档案公开，什么档案依据《信息自由法》豁免，什么档案依据《个人隐私法》不公开，甚至细致到每一类档案。如 29 CFR《劳工》1910.1020"员工接触（有害物质）与医疗档案记录的利用"，对职业、安全与健康（OSHA）信息的公开与豁免详细规定，长达 5700 多词，提及档案 80 余次。22 CFR《外交关系与交往》第 171 部《公众利用信息》中有多章公众信息准入（利用）规定，如护照与签证档案、国会信函档案、引渡档案、海外公民服务档案、难民档案、情报研究档案、军需品控制档案、反恐协调档案等，近百项专门档案豁免公开条款。特别是第66部"国家民主基金会档案准入（利用）"中设置了很多例外，也就是不让用。因其档案中很多是资助反对派、颠覆别国的见不得人的阴谋，从这点也可看出所谓的"民主"的虚假。

除了保密，档案还与受控非密信息（有敏感信息、内部信息、非公开信息等各种叫法）的管理直接相关。2009年，美国总统令EO13526要求加强涉密国家安全信息的管理；2010年，EO13556进一步要求在国家档案局信息安全监督办公室（ISOO）建立对"受控非密信息"CUI的审查、划控和管理。并将CUI分为23类、82小类、315个特别管制项、106个特别获准项（23类信息为：农业、受控技术信息、版权、重要基础设施、出口管制、应急管理、金融、外国政府、生物制品、移民、信息系统中易受攻击信息、情报、执法、法律、北约、核能、专利、个人隐私、雇主业务、安全法律信息、统计、税收、交通等）。所以实际上现在政府机关处理信息公开请求时，都将《信息自由法》与《个人隐私法》并案处理：既要公开，也有例外，还有隐私，外加敏感。而所有的核心都指向档案，也就是说档案是信息公开、个人隐私、敏感信息的主要对象。

从法律效力的由来和信息自由的主体可看出，书面证据的主体是档案；信息自由的主体也是档案。所以传闻碰到档案肯定是例外（可作证据）；信息没有档案则无所谓自由。档案在保障司法公正、公民知情权、阳光政府、信息公开等方面是不可或缺的。档案入法则更加使得档案的形成、管理得到保障，既是完善法制建设的内在要求，也是对法律能够客观公正实施的保障。

**四、档案法律法规的作用**

（一）英美法律中档案及相关概念的理解

一个英文词汇除基本意义外，其专业及行业意义对搞专业研究来说也非常重要。国内不少对英美法律的翻译中，对records的解释都不尽准确，如将美国《宪法》、《联邦证据条例》、《信息自由法》及其他很多法律中的records翻译成记录，其问题的关键是不了解其专业含义和实践。这如同把White House（白宫）译成"白房子"，House of Representatives（众议院）译成"代表的房子"，使人难以理解。Record 虽有录音、唱片、纪录之含义，但也是在录音技术（1877 年）、唱盘技术（1888 年）发明之后才有的；《吉尼斯世界纪录》（*Guinness World Records*，1955 年正式出版）则只不过才几十年，而其档案（记录）的含义已有几百年。实际上英美法律中的 record（单数）"记录"是美国人更钟爱的词，从第一届国会起就有做记录的传统，开始叫"国会编年志"（Annals of Congress，1789），后来改为"辩论登记"（Register of Debates，1824），再改为"国会议事录"（Congressional Globe，1833），最后国会认为 record 这个词更具有综合性，将其称作"国会纪事"（Congressional Record，1873 至今）；英国的"议会记录"则叫 hansard。无论是"国会议事录"还是"国会纪事"，都要印刷几百份，分别发给图书馆、历史学会、美国文物古籍研究者学会及各州保存并供公民查阅，现在更是可在网上公开查阅。有意思的是，record 的单数之物通常可印刷多份并公开发布，而复数之物却仅有一份，作为档案保存。

经过几百年立法及社会实践发展，大多数情况下 records（复数形式）已经专门指称档案，并逐渐从法律中各种书面记载文件、材料甚至是记录的概念（如 report、register、minute、proceeding、hansard、record 等）中抽象而成为具有可信性、值得长期保存、并集中保管的一类事物。1867 年，英国《（爱尔兰）公共档案法》第 3 条将"公共档案"界定为："凡具有公共性质、属于女王陛下，或存储在任何机构，或在下述所提及的任何场所保存的案卷、档案、公文、簿册、记录、法令提案、执照及权证、账目、文书和文件"（In this Act the Word "Records" shall be taken to mean all Rolls, Records, Writs, Books, Proceedings, Decrees Bills, Warrants, Accounts, Papers, and Documents whatsoever, of a public Nature, belonging to Her Majesty, or now deposited in any of the Offices or Places of Custody hereinafter mentioned）。这里 records 已成为高度概括的集合概念，前述英国立法史上各种记载、记录、凭证、簿册、登记、契约、记录等的有系统保存、备查之义，都可囊括其中。另外从词源学也可看出，Records 词根含义就是心（cor）与再次（re），即回忆、再想、回溯、查找之物。这类事物不仅是记忆或记录，更是对国家及社会治理、对法律的实施，甚至对法律本身及司法判案的保存都具有极其重要的作用和意义的，也是人类社会文明和社会进步的产物，进而在法律、政府管理及档案行业术语中抽象为"档案"之义。

20世纪前英国的公共档案馆称为 Public Record Office；2000 年，公共档案馆与手稿部合并改为国家档案馆 National Archives，但 2006 年苏格兰的国家档案馆又变为 National Records of Scotland。美国国家档案馆从 1900 年开始酝酿时，最初的名称叫 Hall of Records，迄今还有几个县档案馆称为 Hall of Records。《美国法典》、《联邦法规》各卷在涉及 Records 的管理时，大都明确要以 USC 第 44 卷中有关档案的法律为准。所以历史地看，英国立法中逐渐形成了档案的概念，美国的立法则赋予了档案以具有可信性的法律效力，只有真正理解 records 含义，才能准确解读英美的法律。

（二）档案是国家治理、实施法治不可或缺的基础

从英美档案立法的历史可看出，档案法律的第一要义，就是辅助国家治理、规范社会行为、构建司法公正、支撑法律效力，因而档案法律、法规具有高度的普适性。《美国法典》50 卷，几乎卷卷都有某类档案的章节或条款；12 000 部法律中，主题为档案的法律就 150 部，占成文法律的 1.25%。档案在当代社会中档案法律的作用也日见凸显。

1. 档案的治理管理功能与作为国家保存物

档案作为国家治理和政府管理的基本工具，早就被世界各国的历史所证明。英国留存下来的最早档案主要是法律、财政等方面的，如 1215 年大宪章、法庭记录、法令及从 1130 年至今的所有的财政收支及审计档案（accounting pipe rolls）。英国大法院主簿馆官［Master of the Rolls（records）］几百年来一直是该院两大法官之一，就是因为他掌管着大法院档案，这从其官衔中就显示出档案的痕迹。坐落于英国议会大厦威斯敏斯特宫最高的维多利亚塔（比大本钟还高 2 米）中的议会档案馆，保存着 15 世纪以来用羊皮纸书写的 64 000 部法律档案。美国国家档案馆建成后，国会将原保存在国会图书馆的独立宣言、宪法、人权法案三大开国历史文献移交给国家档案馆保存。档案之于国家的重要性正如美国国家档案局前局长约翰·卡林所言："一个社会的档案如果是封闭的，就不可能是开放社会；一个民族如果没有记载下他们的权利，就不可能践行；一个国家如果不能利用其历史，就不可能审视自身；一个政府如果没有了档案，就不可

能负责任地治理。"

2. 希拉里倒在了《联邦档案法》下

档案与国家治理关系的最著名例子就是 2016 年美国大选。可以说本来很有希望的希拉里，就是倒在了美国《联邦档案法》有关公务电子邮件管理的规定之下。2014 年，虽然奥巴马不签《联邦档案责任法案》，但国会通过《2014 年总统及联邦档案法修正案》，对总统档案特权、联邦机关因档案安全事故向国家档案局报告、国家档案局向国会报告、非公务电子邮件帐号的使用等做出更加严格的规定。尽管希拉里违法是在该法之前，但美国国家档案局早就颁布电子档案管理法规，美国国务院也有电子档案、电子邮件档案的管理法规。希拉里以负责人的职权违法使用私人帐号电子邮件以为不受制约、最终却因违反《联邦档案法》、诚信遭到质疑而导致失败。

3. 开放、透明、负责任政府的中坚

2011 年 9 月 20 日，美国政府公布《开放政府国家行动计划》，旨在推进开放政府以增进公众参与。该《计划》"政府档案管理现代化"一节指出："一个透明、负责任政府的中坚（backbone），就是记载着联邦政府的决策和行动、健全有效的档案管理（strong records management）。"一个人只有一根脊椎（中坚），政府也一样。将开放政府的中坚赋予了"健全有效的档案管理"，这在政府治理的发展历史上是首次，更进一步说明档案管理在国家治理中的地位和作用。这显示出档案管理不仅奠定了法律效力基础、支撑着信息自由、坚守着国家秘密、守护着国家历史，更能在国家治理、社会管理中发挥基石、中坚作用。

4. 企业治理与"法规遵从"中的档案

2001 年美国证交会对安然（美国最大的能源公司）、安达信（美国五大会计公司）进行调查时发现，安达信在向安然公司提供审计、会计和专业咨询等服务中，虚构利润、隐瞒债务、涉嫌作假。在取证过程中，调查人员发现在公司高管的授意下相关文件已被销毁。安然开始否认指控，称是个人行为，但美国司法部没有接受这一辩称，最终将其定罪为"蔑视法律，销毁档案"（obstruction of justice for inappropriate records destruction）。安然和安达信最后双双破产。

这一轰动一时的案件被认为是美国企业档案管理违法的现代经典案例。美国乔治城大学法学教授布拉顿说，"安达信并不是因为审计安然公司的账目而被起诉的，而是因为在安然倒闭后不久销毁安然公司的有关档案而被控告"。

这在美国引起对上市公司会计准则、档案管理与高管责任的高度关注，并直接导致《公众公司责任与投资者保护法案》（萨班斯法）(Sarbanes-Oxley Act) 及"法规遵从"理念的诞生，引起人们对企业经营过程中档案诚信与依法管理问题的重视。《萨班斯法》对美国《1933年证券法》、《1934年证券交易法》做出大幅修订，在公司治理、会计职业监管、证券市场监管等方面做出了许多新的规定。其中，就包括检查评价内部控制结构及程序中是否建有档案（records），以准确公正地反映交易，并能提供合理的证明，以满足、符合、支持企业财务报告。企业不重视档案管理、没有投入相应的资源确保其安全、完整，可能会面临法律制裁。该法要求 CEO 和 CFO 要对财务状况的档案的真实性负责。其后美国一知名咨询公司专门发出白皮书《通过法规遵从和可靠的档案管理改善公司治理》，促进公司要更加注重企业档案管理。

5.《美国法典》中有关档案犯罪的处罚

由于《美国法典》中几乎卷卷涉及档案，因此美国刑法中提及涉及各种"档案"犯罪的有几十条之多。如《美国法典》第18部《犯罪与刑事程序》第101章"档案与报告"第2071条"隐藏、转移或肢解"：(a) 任何人故意违法或试图打算隐藏、转移、肢解、删除或销毁已归档，或由档案管理人员或美国法院官员、任何公共机构、美国管辖范围内的政府官员所管理、保存的档案、记录、地图、簿册、材料、文件等，将依据本法处以2000美元罚款或3年以下监禁，或两者并罚。(b) 任何保存这些档案、记录、地图、簿册、材料、文件的人，故意违法或试图隐藏、转移、肢解、删除或销毁这些档案材料，将处以罚款或3年以下监禁，或两者并罚，并剥夺其职位，且没有资格在美国出任公职。

《萨班斯法》颁布后，其相关违法犯罪内容被补充进《美国法典》第18卷《犯罪与刑事程序》第73章第1519款"在联邦调查及破产程序中销毁、篡改及伪造档案"，该款规定：故意篡改、销毁、删除、隐藏、掩盖、伪造或造假档案、文件或有形物体，有目的的拖延、阻碍或影响调查或政府机构的正当行政，将被处以 20 年监禁。第 1520 款规定"销毁公司审计档案"中规定：所有审计文件必须保留 5 年。包括形成、发出或收到信函、备忘录、通知、其他文件、档案（包括电子档案）与审计有关，且包括关于审计的结论、意见、分析及财务数据。任何人有意或明知故犯破坏这些条款或规定，将被处以 10 年以下监禁。《萨班斯法》还开创了美国留存电子档案法律要求的先例。

6. 电子档案馆的建立与电子档案立法

2005 年 9 月 8 日，美国国家档案局与洛克希德·马丁公司签署电子档案馆（ERA）系统的 3.08 亿美元、为期 6 年的合同。这标志着美国国家电子档案馆系统项目的正式启动。随着 ERA 的实施进程，2009 年，36 CFR 1236 对电子档案管理做出规定；2011 年 11 月 28 日，奥巴马签署"联邦政府档案管理"总统备忘录，要求国家档案局（NARA）、管理与预算办公室（OMB）和司法部（DOJ）适应开放政府的要求，尽快制定并颁布《政府档案管理指令》，推进联邦政府机关档案管理向电子档案管理转型。这一改革被视为自杜鲁门总统第 9784 号令颁布 65 年来，联邦机关档案管理最具意义的改革措施。奥巴马在签署这一备忘录时说"现行联邦机关档案管理系统，是建立在纸质文件立卷的过时方法基础之上。今天发布的备忘录将推动联邦机关档案管理迈入数字时代，让美国民众能利用到联邦政府决策与活动的透明和准确的信息。"2012 年 8 月 24 日，美国总统办公室发布《政府档案管理指令》，其目标是：建立电子档案管理制度，确保政府透明、高效和履行责任。为促进开放和责任、降低长期消耗，联邦政府应立即承诺向数字政府转型，机关必须实现的目标是：到 2019 年，联邦机关将以电子格式管理所有永久电子档案；到 2016 年，联邦机关将以可利用的电子格式管理永久及定期电子邮件档案。

档案法制成为治理的基础和司法的依据，也是政府依法行政的记录、公民正当知情权益的保障、维系社会各种利益关系的凭证。要确保社会法治运行，重要的前提之一，就是有政府、机构、企业等运行的真实记录——档案的建立、安全保存和依法利用。

### 五、英美档案立法的启示

英美几百年档案立法历史表明，档案与法律的关系最为紧密，也是第一个被宪法和法律认定具有可信效力的凭证。档案既是在国家治理和社会管理中形成，也在其持续发展中不可或缺、不可替代。档案工作是国家及各项工作需要依赖的工具、法治运行的基础、公民正当权利的保障。档案法律成为法律完善、法律实施的重要组成。从英美档案立法的历史和经验可得到一些启示：

1. 重视档案在国家治理中具有基础作用

在英国近千年立法实践内生出的凭证、契约、记录等的保存理念中形成档案的概念；在美国开国之初为十三州合众为一的立法中，档案又升华出法律效力概念。特别是美国立法的历史表明，开国治理，首先就要立法、置印、存档并安全保管，并以档案保管的程序性和责任而赋予其法律效力，从而为国内统一的司法互认奠定基础。这与我国春秋战国时期《易传》的"上古结绳而治，后世圣人易之以书契（档案），百官以治、万民以察"；唐代《唐会要》的"铨选之司，国家重务，根本所系，在于簿书（档案）"；明代《大学衍义》（邱濬）的"散之各所则难为管理，不置簿书（档案）则无所稽考"等治官、察民、稽考等国家治理活动对档案的倚重，可谓异曲同工。

2. 明确单位领导对档案管理的法定责任

《美国法典》第5卷"联邦政府与雇员"中，多处有对联邦政府机关领导的档案责任及对联邦雇员的档案行为要求。如第三章"权力"第301条：部门规章。"行政部门或军事部门的主要负责人，应当对本部门及其雇员的行为管理、业务工作的分配及绩效以及机关档案、文件和财产的监管、使用和保存做出规定。"非常明确地规定了机关单位负责人的档案管理责任。《2014年总统及联邦档案责任法》通过后，更是将相关对联邦雇员档案管理责任的条款修正补充进《美国法典》中。而我国的《公务员法》亦应对此加以明确。

3. 明确档案形成和保存的法定责任

我国现行档案工作的法律要求，是结合我国国情、体制和国际惯例而形成，体现出中国特色，即中央与地方统一；机关团体与企业事业单位统一；国有与民营统一；国内单位与外国在中国企业机构要求统一。应当进一步加强对档案形成者责任的具体要求，将凡是有责任追溯要求的行政管理及司法行为，或是为社会提供公共产品和服务的活动，其所形成的文件、记录、数据必须归档保存的要求，纳入到各项工作和活动之中。

4. 对紧要档案的保护与使用要求应有预案

应当设定"紧要档案"（Vital Records）管理要求，如 2016 年天津爆炸事故的抢救抢修中，没有紧要档案的支撑与参考，只能盲目进行。911 后都在制定应急预案，而预案中很重要的就是这个（Vital Records），它是确保单位、工程、设施等恢复运行的基础。

5. 适应技术发展立法推进档案管理转型

法律要与时俱进，要适应信息技术发展，加快对档案信息化建设方面的立法推动是关键。要以立法引导电子档案管理和电子档案馆建设发展，明确档案信息化建设方向和电子档案管理要求。2015 年国务院文件明确电子登记档案具有与纸质登记档案相同的法律效力，政务商务信息化发展对电子档案的证据作用也有迫切需求，应当加快立法以支持电子档案的发展，通过确定电子档案的效力，支持电子政府与电子商务发展；立法推进档案管理转型。这些措施是实现国家治理体系治理能力现代化的必要条件，也是完善国家治理、维护公平正义和社会平稳运行的保障条件。

6. 完善档案相关法律促进政府信息公开

信息公开是民主监督权实现的体现，也是我国宪法关于人民参与国家管理的要求。为此立法应进一步推进档案的公开和公布，同时设定档案利用安全的底线，协调好与《保密法》、《政府信息公开条例》的关系，把握好档案管理中的信息公开与保密、个人隐私、受控非密信息等的法律关系。既要确保公众正当合理的知情权，又要确保国家、单位及个人秘密不受侵犯。

总之，英美档案立法实践表明，将档案理念融进法律法规，以法律权威打造档案殿堂，无论是对国家、社会、机构、个人，还是对治理、管理、日常工作等其它活动而言，都是历史之必然。从某种意义上讲，没有档案基础的事业无法长久；没有档案支撑的工作不可连续；没有档案证明的事务难以信服；没有档案嵌入的法律何以施行？这是古今中外都反复证明的真理，也是学习了解英美档案立法、完善我国档案法律法规的意义所在。

王 岚
2017 年 3 月

# 目 录 CONTENTS

# 日　本
## Japan

# 澳门特别行政区
## Macau

# 台湾地区
## Taiwan

# 附　录
## Appendix

# 国家档案馆与档案管理局法

## 《美国法典》第44卷"公共印刷与文件"之第21章

## 第2101条　定　义

本章所用定义如下：

（1）总统档案馆库：是指负责收藏和保存美国总统或前总统的文件材料和书籍，以及属于或与美国总统或前总统有关的或与其文件材料及公务或其私人生活事项相关的其他历史材料，并由美国（政府）管理的机构，包括本章内涉及的相关研究机构及博物馆设施。

（2）历史材料：包括账册、信函、文件、资料、手册、艺术品、模型、图片、照片、插图、地图、影片、录音以及其他具有历史或纪念价值的物品。

（3）局长：指依本法2103条规定任命的美国国家档案局局长。

（4）管理局：指依本法 2102 条规定设立的国家档案馆与档案管理局。

## 第 2102 条　设　立

兹设立政府独立行政部门——国家档案馆与档案管理局，由局长负责监督和指导本行政机关的行政管理工作。

**省略（预留）条款：**
职能、人员、资产、责任、合同、财产、档案以及未支出欠款的移交。

**省略条款说明：** 1984 年，美国国会通过法案，将国家档案馆与档案管理局（NARA）的管理权由总务署转到美国总统，使该机构成为由总统任命局长的美国政府的独立机构。这里省略条款的内容即是针对国家档案馆与档案管理局的职能、人员、资产、责任、合同、财产、档案以及未支出欠款等的移交事项作出的规定。

设置立法档案与国会历史专家中心主任职位。

## 第 2103 条　职　官

（a）美国国家档案局局长由总统任命，并经参议院同意。国家档案局局长的任命应当排除政党因素，仅以履职所需专业资格和作为国家档案局局长的责任条件为依据。国家档案局局长需由总统免职，总统应当与国会众议院沟通其免职的理由。

（b）国家档案局局长应当依据《美国法典》第 5 卷（政府机构与雇员）第 3514 节确定的行政级别定为 III 级，并领取相应的等级薪酬。

（c）设立国家档案局副局长，由局长任命并服从局长领导。国家档案局副局长职位应当按照《美国法典》第 5 卷第 3132（a）（8）条所指的高级执行局中保留位置来设立，并应当履行局长指定的职能。国家档案局局长不在位或不能履职时，国家档案局副局长应当履行局长职能；国家档案局局长职位空缺时至局长被任命前，国家档案局副局长应当履行局长职能。

## 第 2104 条　行政管理规定

（a）国家档案局局长应当依据其职能制定所需的法规，以推进其履职；各行政机关主管应当在其职能范围内发布有关部令及指令，以有效执行这些法规。

（b）除非法律另有规定，国家档案局局长可将其任何职权责任授权给本局官员和职员行使，并根据需要和适当性批准其职能的再授权。国家档案局局长对行政管理职能的责任，不应因其职能的授权而免除。

（c）国家档案局局长根据需要和适当性可对国家档案局进行机构调整。

（d）当发现需要或适宜履行其行政管理职责时，国家档案局局长有权设立、维护、变更或终止区域、地方或其他现场官员。

（e）国家档案局局长应当提出国家档案局官方印章的设计、制作、批准，并予以正式通告。

（f）国家档案局局长应当设立咨询委员会，为国家档案局局长及国家档案局的职能提供咨询。咨询委员会成员应当提供无偿服务，但可以依据《美国法典》第 5 卷第 5703 条，按照生活需要为其提供交通费用和出差津贴。

（g）为获取相关联邦机构的建议、帮助其实现本章的目的，国家档案局局长应当对联邦机构提供指导并进行咨询。

（h）一旦得到国家档案局局长的授权批准，国家档案局官员及雇员将负有调查职能，他们应当在其履行职责的调查中执行誓约。

## 第 2105 条 人事与服务

（a）（1）依照《美国法典》第 5 卷第 III 部（雇员），根据履行国家档案馆和档案管理局职责的需要，国家档案局局长有权选择、指定、雇用官员及职员，并确定其补偿。

（2）除上述第（1）条规定外，国家档案局局长被授权指定总统档案馆（依照本章 2112 条设立）馆长时，还需要符合本卷第 2203（f）（2）条关于协商要求的规定。国家档案局局长可以任命馆长时，对竞争性岗位及高级执行局成员可以无需考虑《美国法典》第 5 卷第 33 章（考试、选拔与设置）第 I（考试、颁证与任用）及第 VIII 分章（任用、再分配及高级职位的培训发展）的要求。被任命的馆长应当负责照管和保护保存在总统档案馆库中的总统档案及历史材料；应当服从国家档案局局长的领导；应当履行国家档案局局长指定的其他职能。

（b）依据《美国法典》第 5 卷第 3109 条规定，国家档案局局长有权享受专家及咨询的服务。

（c）虽然《美国法典》第 10 卷（武装力量）第 973 条或其他法律有规定，但国家档案局局长在履行局长或国家档案局的职责时，有权利用联邦其他机构的行政官员、公务人员及其他人员，包括武装部队人员，而无需相关机关的同意。

（d）虽然《美国法典》第 31 卷（货币与金融）第 1342 条有规定，但国家档案局局长有权接受和利用志愿者及其无偿服务。

## 第 2106 条 向国会的报告

国家档案局局长应当于每年一月和局长认为其他合适的时间，向国会提交有关其履职情况、国家档案馆与档案管理局的情况、全国历史出版物与档案委员会的情况，以及国家档案信托基金会的情况的报告。报告应当包括：

（1）基金项目的管理及开销，包括国家档案馆与档案管理局、全国历史出版

物与档案委员会以及国家档案信托基金会的拨款和非拨款项目;

(2) 委员会及信托基金会授予的研究项目和出版事业,包括有关收据和使用所有拨款和非拨款资金的详细信息;

(3) 由国家档案馆信托基金理事会收到和持有的账户、资金、证券以及个人财产,以及基金资助目标清单,以及转给国家档案馆与档案管理局、联邦其他机构的基金;

(4) 本卷第 2904 (c)(8) 条规定的事项。

## 第 2107 条　接受档案为历史保管

(a) 总则。当国家档案局局长认为涉及公共利益时,国家档案馆与档案管理局应当:

(1) 接收国家档案局局长认为具有充分的历史价值或其他价值的联邦机构、国会、国会山建筑师及最高法院的档案,作为美国国家档案馆馆藏,并确保其由美国政府继续保存。

(2) 对已经确定具有充分的历史价值或其他价值并确保其由美国政府长期保存的联邦机构档案,指导并移交至美国国家档案馆;且一旦国家档案局局长与移交档案的联邦机构负责人达成协议,该机构形成或得到满 30 年的档案应当尽可能早日移交,除非该机构负责人能向国家档案局局长提供书面证明,这些档案因用于单位日常业务而需要继续保存在该机构。

(3) 经原形成档案的联邦机构负责人同意,或如果该机构已经撤销而由其职能的继承机构同意,指导美国国家档案馆向公众或教育机构或学会进行档案移交、保管或同意保管;除国会另有授权外,该档案所有权仍属于美国。

(4) 依照本章第 2111 条授权接受的来自私人方面的材料移交。

(b) 档案提前移交。国家档案局局长:

(1) 经与原联邦机构负责人协商,授权接受第 (a)(2) 款规定的不满 30 年的档案拷贝件;

(2) 不予公开这些档案直到期满:

(A) 上述第 (b)(1) 款规定的 30 年;

(B) 超过国家档案局局长令所设定的期限;

(C) 短于联邦机构同意的期限。

**国家奴役、解放黑奴及内战后重建档案数据库（略）**

**肯尼迪总统刺杀档案收集（略）**

## 第 2108 条　档案的受托保管、利用与撤回

（a）国家档案局局长应当负责已移交档案的保管、利用和撤回。属于依照法规限制和禁止利用的档案移交时，有关档案审查和利用的许可与禁止性法律条款，既适用于该档案移交机构负责人或职员，也分别适用于 NARA 的局长和职员。除本条（b）款规定外，当联邦机构的负责人以书面声明，对明显需要保密以及出于公共利益的考虑，禁止利用或审查那些准备由机关移交给国家档案局局长的档案，国家档案局局长应当同意该项对移交档案的限制，并且如果没有该移交档案的机关负责人，或其职能的继承者的书面同意，不应放宽或解除该限制。如某一联邦机构终止且没有其职能继承者的情况下，局长有权根据公共利益对这些机构的档案作出放宽、解除或禁止利用的决定。法规及本分节中涉及的其他禁止性条款应当依然有效，直到档案保存满 30 年期限。除非局长在与移交档案的联邦机构负责人或其继承者协商后以令来规定，并且有关特殊档案符合已有的相关法律，该项禁止应当依然长期有效。由 1934 年 6 月 19 日通过的《国家档案馆法》第 3 节所设定的、对保存在美国国家档案馆档案的利用和审查限制，应当继续有效，不因其发布该项限制的官员任期届满而失效；但国家档案局局长在取得移交机构负责人书面同意后可以解除或放宽该项限制。

（b）关于人口调查局的人口普查与问卷调查档案所包含的人口普查所列举出的任何个人数据资料，依照本节公开，应当由国家档案局局长按照 1952 年 10 月 10 日往来信函中由人口调查局和国家档案局局长制定的规范和协议，以及当时及此后双方达成的所有修订文件作出。这些修订应当在《联邦登记》予以公布。

**113 届国会（2014 年）修正案：防止非授权解除国家档案局涉密档案密级程序**

（a）涉密档案。本法实施（2014 年 11 月 26 日）后 90 天内，国家档案局局长应当制定内部程序，以防止非授权解除 NARA 保存的涉密档案密级，或销毁或损害该类档案，包括对涉密档案以电子方式利用及查询。该程序至少应当包括以下内容：

（1）除有关人员，以及 NARA 工作人员在场或在监视器录像条件下，个人不得在任何室内浏览涉密档案；

（2）除有关人员，个人不得独自与涉密档案在一起，除非在监视器录像条件下；

（3）除有关人员，个人在携带移动电话、电子个人通信设备或任何其他能够照相、录音或传输影像及内容的设备时，不得浏览涉密档案；

（4）视其浏览档案等级，个人想要利用涉密档案的前提条件是必须同意对其个人物品进行检查；

（5）在浏览涉密档案过程中，除有关人员，所有个人做出的笔记和其他文字应当由 NARA 保存在安全设施中，直到这些笔记和其他文字被确认为非涉密、已解密或安全转移到另一处安全设施中。

（b）定义。本条中

（1）有关人员。术语"有关人员"是指以下个人：

（A）那些由国家档案局局长确定具有恰当和必要理由利用涉密档案的人；

（B）那些（i）通过安全审查准许接触机密的美国政府官员或职员，或（ii）通过安全审查准许接触机密并得到美国政府官员或职员依本节目的书面授权的联邦合同承包商人员。

（2）档案。术语"档案"的含义与《美国法典》第 44 卷第 3301 条的定义相同。

## 第 2109 条　档案的保管、整理、复制与展示

当认为需要或适当，国家档案局局长应当为移交进馆的档案或其他文献材料提供保存、整理、修复和恢复、复制和重置（包括缩微出版物）、著录及展示提供，包括目录的编制和出版、索引、编目，以及其他查找工具或指南，以辅助档案利用；也应当在获得国家历史出版物和档案委员会批准后，提供联邦档案的指南和其他查找工具，出版这些历史文献和资源收藏，并合理印刷或记为公共支出。

**第 11440 号总统行政令：在促进联邦行政部门和机构批准的计划及活动中形成的展览或展示品的附加用途**

依据 1987 年 9 月 9 日第 12608 号总统行政令，对 1968 年 12 月 11 日第 11440 号总统行政令作如下修订：

鉴于联邦政府行政部门和机构在履行其职责时形成大量材料（包括账册、信函、文件、资料、宣传册、艺术品、模型、图片、插图、影片、动画片、声音记录以及其他具有历史或纪念价值的物品）常因促进计划实施而被用于或复制后用于展览或其他各类视觉展示中；

现依据《美国法典》第 44 卷第 21 章，授权美国国家档案局局长，对确定具有充分的历史或其他价值、有必要由美国政府继续保存的美国联邦机构或国会的档案，以及联邦政府官员及前官员的文件资料及其他历史材料，予以接收并作为国家档案馆藏保存；同时，对向国家档案馆移交材料的展示作出规定。

鉴于行政机构编排、制作或以其他方式形成的很多展览或展示具有历史意义，需要将其作为美国国家档案馆藏及文化遗产加以保存和展示。

在此，为履行赋予美国总统的职责，我命令如下：

第1条，指令联邦政府所有行政部门和机构负责人：

（a）当为促进机关工作任务而启动计划，筹备、制作或以其他方式创作展览或展示时，应当与美国国家档案局局长或其指定者进行协商，对确保美国国家档案局局长认为适宜作为美国国家档案馆藏和文化遗产组成补充的这些展览品，在其完成主要工作目的后，能筹备、制作或以其他方式形成，最大程度确保这些补充展览品的恰当保存。

（b）当其确定这些展品或陈列品在用于主要展出目的后，适合作为展览的补充，只要能与国家档案局互相达成向部门或机构归还展览或展示中所需有关材料的条件，就应当向国家档案局局长无偿移交该展览或展示品。

第2条，授权美国国家档案局局长：

（a）就其认为将来可作为有价值的美国档案馆藏和文化遗产组成部分的展览或展示的编排、制作或创作等，向行政部门和机构负责人提供咨询、顾问和协助。

（b）当展览或展示已经用于服务主要工作目的，并且①对作为补充展览品进行适当整理；②保存这些具有充分的历史或其他价值、值得继续保存的展览或展示时，接收展览或展示品；③当判定这些展览或展示没有继续保存的理由，依据这些展览或展示品移交给美国国家档案局局长时的协议条件，对这些展览或展示品进行处置。

## 第 2110 条　档案利用服务

国家档案局局长应当对其认为需要或可行的馆藏档案利用服务提供必要维护设施，但档案利用需按照法律或其他限制规定进行审查。

## 第 2111 条　接受保存的材料

（a）总则。当国家档案局局长认为具有公共利益时，就应当接受存储：

（1）美国现任总统或卸任总统，或政府其他官员或卸任官员的文件资料和其他历史材料，以及与现任美国总统或卸任总统有关的其他文件资料，只要国家档案局局长同意其限制利用条件。

（2）来自私人资源的且适于政府保存，能作为证明其组织机构、职能、政策、决定、程序及交易的记录信息［见本卷第3301（a）（2）条的术语］。

（b）豁免。本节不适用于属于本卷第22章规定的总统档案。

注　释　▶ 1974 年总统录音与材料保存法（略）

## 第 2112 条　总统档案馆库

（1）国家档案局局长认为属于公共利益的需要，可以：

（A）（i）为了美国并以其名义，接受因建立总统档案馆库而作为礼物赠与美国政府的土地、设施和设备；

（ii）代表美国政府取得土地、设施和设备产权证；

（iii）维护、运行和保护作为总统档案馆库的土地、设施和设备，并将其作为国家档案馆系统的组成部分。

（B）（i）就国家档案局局长认为合适的条款和条件，与州、所属单位、大学、高等教育机构、研究机构或基金会签订协议，使用总统档案馆库所在州、所属单位、大学或其他组织的土地、设施和设备，而无需将其产权转到美国政府的名下。

（ii）作为国家档案馆系统来维护、运行和保护总统档案馆库；

（C）为了美国并以其名义，接受那些能使得总统档案馆库发生任何实体和实际的变化或增加的馈赠。

（2）国家档案局局长应当颁布适用于总统档案馆库的建筑及设计标准，以确保总统档案馆库（A）按照本卷第 22 章保存总统档案，并依据本卷第 2111 条接收存储文件资料和其他的历史材料；（B）配有必需和适当的研究设施。

（3）在依据上述第（a）（1）（A）款接受土地、设施或设备并取得产权证之前，或者依据第（a）（1）（B）款签订任何协议之前，或其他接受或设立总统档案馆库协议之前，国家档案局局长应当就设立总统档案馆库的建议，向参议院议长和众议院议长提交书面报告。报告应当包括：

（A）对作为礼物赠与或无需转移产权的土地、设施及设备进行说明；

（B）对建议设立的总统档案馆库估算总费用以及按照本条第（g）款要求的对馆库捐赠数量列出专项报表；

（C）如果有达成协议的条款声明，列出款项；

（D）对拟设立馆库准备保存的资料、文件或其他历史材料的类型，以及建议保存的条件作出概要介绍；

（E）对发展和运行该馆库的任何额外装修与添置设备、装修与设备费用估算，以及这些费用将导致联邦或州政府机构增加开销程度等作出说明；

（F）美国政府用于维护、运行、保护该馆库的年度总费用估算；

（G）该设施及设备（无论是赠与还是无需产权转让）符合国家档案局局长依据本条第（a）（2）款颁布的标准的证明；

（4）在依据本条第（a）（1）（C）款规定为总统档案馆库实体和/或材料改变，或增加项目之目的而接受捐赠之前，或依法律要求为上述改变或增项实施之前，国家档案局局长应当以书面形式就此变更及增项，向参议院议长和众议院发言人提交报告。

（关于个人捐赠给国家的地产及其管理、权利、责任等条款，略。）

## 第 2113 条　各州条约馆藏

国家档案局局长可以接收联邦各州之间依照美国宪法和法律签署的协议或合同的原件副本，或经确认的真实拷贝件，并采取必要措施加以保护和提供服务。

## 第 2114 条　声像档案保存

国家档案局局长可以制作和保存涉及和表现美国政府及其活动历史发展的声像档案，包括动画片、平面图片以及录音的模拟格式、数字格式或其他形式，能为用于非营利及教育目的且为国家档案馆保存的动画片、平面图片及录音提供筹划、编辑、命名、分级、处理、复本、复制、展示和进行公开发布。

## 第 2115 条　报告；违规之更正

（a）在执行本卷第 21、25、29、31 及 33 章规定的职责和责任时，国家档案局局长可获取联邦机构关于该机构执行法律情况活动的报告。

（b）当发现已经或正在违反这些章中的条款，国家档案局局长应当：①书面告知该机构负责人有关违法情况并作出改正建议；②就其在合理期限内未能实施明显改正措施的情况，向总统和国会提交报告。

## 第 2116 条　复制件的法律地位；官方印章；拷贝及复制费用

（a）当法律要求长期保留的档案，已经按照国家档案局局长设定的标准进行照相、缩微、数字化或其他方法复制后，这些用照相、缩微、数字化或其他方法复制的长期保存，就等同于符合法律关于原始档案的长期保存。这些复制件以及依照本卷第 21、29、31 章规定贯彻实施时形成的复制件，具有与原件相同的法律地位。

（b）美国国家档案馆应当制定正式印章并以司法形式告知。依照本节规定，当拷贝或复制件由国家档案局局长经与官印对比鉴别证实为真时，该拷贝或复制件应当被认为与原件的证据性相同。

（c）国家档案局局长可以设置收费标准，以补偿移交给国家档案局局长保存材料的拷贝、复制件制作或进行鉴证所需的费用。该项费用应当由国家档案局局长确定，按照实际发生的所有费用的情况进行补偿，并且可以包括国家档案局局长认为设备更新补偿需增加的费用。

## 第 2117 条　责任限制

当信函及其他知识产品（专利独有的材料、受版权保护的出版物以及未出版但已经授予版权的作品）成为国家档案局局长的监管物或所有物时，美国及其机构在展示、审查、研究、复制，或出于其他目的而使用这些材料时，不受版权侵权或模拟权利的责任义务限制。

## 第 2118 条　国会档案

每届国会休会时，参议院秘书和众议院秘书长应当收集国会各委员会的所有非现行档案，并移交给国家档案馆与档案管理局，分别归入参议院或众议院类别中保存。

## 第 2119 条　合作协议

（a）授权。国家档案局局长为执行 NARA 公共项目，可以按照《美国法典》第 31 卷第 6305 条关于 NARA 基金转移给州或地方政府、其他公共单位、教育机构或私人非营利组织（包括基金会或支撑 NARA 的机构或由其运维的总统档案馆库）的规定签订合作协议。

（b）限制。依第（a）款授权签订的每项转移合作协议不能超过 25 000 美元；每财年内该转移项目总金额不能超过 75 000 美元。

（c）报告。每年 12 月 31 日以前，国家档案局局长应当向众议院政府改革委员会和参议院政府事务委员会提交报告，就前一财年依第（a）款授权签订的每项合作协议的条款、数量及期限作出说明。

**说明**：2007 年第 110 届国会期间，众议院政府改革委员会更名为众议院监督与政府改革委员会；2005 年第 108 届国会期间，参议院政府事务委员会更名为参议院国土安全与政府事务委员会。

## 第 2120 条　在线利用开国先辈的文件

国家档案局局长应当以合作协议的形式提供可供网上利用的已出版的以下（人物的）文件资料：

（1）乔治·华盛顿；

（2）亚历山大·汉密尔顿；

（3）托马斯·杰斐逊；

（4）本杰明·富兰克林；

（5）约翰·亚当斯；

（6）詹姆斯·麦迪逊；

（7）美国国家档案局局长认为合适的其他杰出历史人物。

# 总统档案法

*《美国法典》第44卷"公共印刷与文件"之第22章*

## 第2201条 定 义

用于本章——

（1）术语"文献材料"，是指所有账册、信函、备忘录、文件、文章、小册子、艺术作品、模型、图片、照片、插图、地图、影片以及动画片等，包括但不限于声像记录或其他电子或机械记载，也无论是模拟、数字或其他任何形式。

（2）术语"总统档案"，是指由总统、总统身边工作人员或总统行政办公室中为总统提供咨询或助理的单位或个人，在进行有关或影响到总统履行宪法、法律或其他公务及仪式职责活动中，形成或得到的文件材料，或其中任何可以合理地分开的部分。该术语：

（A）包括与总统或总统办公厅工作人员政治活动有关，且这些政治活动仅限于或直接影响到总统履行宪法、法律或其他公务及仪式职责的任何文件材料；但是

（B）不包括以下文件材料：（ⅰ）《美国法典》第5卷第552（e）条规定的机关公务活动档案；（ⅱ）个人档案；（ⅲ）出版和机构办公使用库存本；或（ⅳ）能明确是用于方便参考使用的多余拷贝文件。

（3）术语"个人档案"，是指纯私人或非公务特征，即与总统履行宪法、法

律或其他公务或仪式职责活动无关的所有文献材料或其中合理可区分的部分。该术语包括：

（A）日记、札记或其他作为与日记、札记功能相同的个人笔记，这些日记并非用于政府活动过程中使用、传看或交流；

（B）涉及私人政治交往，无关或不直接影响宪法、法律或其他公务及总统履职仪式的材料；

（C）仅涉及总统自己竞选，不直接与特定个人进行联邦、州或地方公职选举相关，且无关或不直接影响宪法、法律或公务及总统履职仪式的材料。

（4）术语"局长"，是指美国国家档案局局长。

（5）术语"前总统"，当指与总统档案有关时，是指在任职期间形成这些总统档案的前总统。

### 第 2202 条　总统档案所有权

美国政府对总统档案应当持有并保有完全的所有权、占有权和管理控制权；且总统档案应当按照本章条款规定进行管理。

### 第 2203 条　总统档案管理与保存

（a）在实施档案管理控制和其他必要的规定时，总统应当采取必要措施，确保反映总统行使宪法、法律或其他公务及履职仪式的活动、意见、决策以及方针能够完整记录；其所形成的档案作为总统档案应当按照本节及法律的其他规定加以保存和维护。

（b）总统及总统行政办公室中，凡履行顾问及助理职能的职员、单位或个人所形成或收到的文献记录材料，应当按照其形成或收到的类别，分别归入总统档案或个人档案。

（c）总统任职期间，可以对不再具有行政管理、历史、信息或证据价值的总统档案进行处置，只要：

（1）总统得到国家档案局局长对其所提出的对总统档案处置建议的书面审阅，并且

（2）国家档案局局长声明其并不打算依照本条第（e）款采取任何行动。

（d）当国家档案局局长依据本条第（c）款通报总统，其将依据本条第（e）款采取行动时，总统亦可对总统档案进行处置。前提是总统要在提出档案处置建议日之前至少提前 60 天（国会连续期），将处置表的复制件提交给国会相关委员会。

（e）国家档案局局长应当要求参议院的法规与行政管理委员会、政府事务委员会，参议院的监督委员会、政府运行委员会，就任何有关总统档案处置事宜提

供咨询，只要国家档案局局长认为：

（1）这些特定的档案对国会具有特别利益，或

（2）向国会咨询有关这些特定档案的处置是出于公共利益。

（f）总统任职期间，国家档案局可以总统的名义维护和保存总统档案，包括数字及电子形式的档案。总统将保留独有的监管、控制和利用这些总统档案的权利。除非依据总统指令，或总统连任或依据本章第 2204 条其他期限要求，国家档案局在总统任职期满前不得公开任何总统档案。

（1）总统任职期满或连任时，美国国家档案局应当取得对该总统的总统档案监管、控制、保存和利用权。国家档案局局长应当依据本章的规定行使明确的职责，尽快、完整地向公众提供档案利用。

（2）国家档案局应当将总统档案保存在总统档案馆或美国政府的其他档案设施中。授权国家档案局局长在经商卸任总统后，指定馆库及设施的负责人。该负责人应当承担管理和保管总统档案的职责。

（3）授权国家档案局局长经鉴定并确定，将不具有充分的行政管理、历史、信息或证据价值的总统档案进行处置。通报该处置应当至少在建议处置日期的 60 天前在《联邦登记》上公示。该公示通告应当包括最终的机关行为，目的是依据《美国法典》第 5 卷第 7 章（司法审查）进行审查。

## 第 2204 条　总统档案的利用限制

（a）总统任职期满或连任期满前，总统应当对以下几方面的档案信息确定不超过 12 年的限制利用期限：

（1）（A）由总统行政令建立标准而特别授权为国防、外交政策国家利益保守保密，并且（B）按照该行政令恰当设定密级；

（2）与指定的联邦机构相关；

（3）依法律（除《美国法典》第 5 卷第 552 条和第 552b 条）特别设定免除公开，只要该法律：（A）要求材料必须禁止公众利用且不得任意决定该问题；或者（B）为禁用建立特殊标准，或专指禁用特殊类型材料；

（4）来自个人及特免，或机密的贸易秘密与商业或金融信息；

（5）总统与总统顾问或总统顾问之间请求意见或提交建议的机密通信；或

（6）人事和医疗案卷及相似案卷的公开可能对个人隐私构成明显未经授权的侵犯。

（b）（1）任何总统档案或其中可合理分开部分，包含依据第（a）款被总统严格限制利用的信息，应当由国家档案局局长指定，其利用应当被限制在早于：

（A）（i）卸任总统撤销对档案公开的限制之日，或

（ii）基于第（a）款对信息类别设定的档案利用特定限制到期日；或

（B）依据国家档案局局长的决定，该档案或其中可合理分开部分及任何含义明确的成分，或档案中包含信息的方面及其中可合理分开部分，已经因卸任总统或其代理公布而被公众知晓。

（2）任何不包含总统依据第（a）款限制类别信息的档案，或包含该类档案信息档案对利用限制过期，其免除第（c）款限制应当不早于：

（A）国家档案局局长依据第 2203（d）（1）条开始监管起 5 年之日；或

（B）国家档案局完成该档案或其中完整案卷的处理和组织。

（3）在依照第（b）（1）款的特别限制利用期间，总统档案或其中可分开部分是否能够利用的决定，应当由国家档案局局长在咨询卸任总统后慎重作出。在此期间，除非在本条第（e）款的规定外，该决定不属于司法管辖评审。国家档案局局长应当建立程序规定，任何人由于依据本段而作出的决定被拒绝利用总统档案，可以对该决定提起行政诉讼。该程序应当由国家档案局局长或其指定者，在收到起诉后 30 个工作日内提供书面规定，说明该规定的根据。

（c）（1）依照第（a）和（b）款的利用限制要求，总统档案应当依照《美国法典》第 5 卷第 552 条的要求进行管理；除第（b）（5）款外，不应为以持有任何总统档案的目的而提供利用；对本节提及的这些档案，应当被视为属于"国家档案馆和档案管理局"的档案。利用这类档案不应附加歧视性条款。

（2）本法任何条款都不应与确认、限制或放宽现任或卸任总统基于宪法所享有的优先权相冲突。

（d）当总统或卸任总统死亡或残疾时，总统或卸任总统依照本章除第 2208条外所享有的任何决定权或职权，应当由国家档案局局长行使，除非在此前总统或卸任总统已经书面通知国家档案局局长。

（e）美国哥伦比亚特区法院，对卸任总统认为国家档案局局长作出决定违反总统权利和特权而提起的任何诉讼具有管辖权。

（f）如果某个人曾经因涉嫌审查、持有、转移或销毁国家档案馆的档案而被判有罪，即使其声称是依照本卷第 2205（3）条被指定为代表，国家档案局局长也不应为其利用提供任何总统档案原件。

## 第 2205 条　利用限制例外

尽管第 2204 条和第 2208 条对利用作出种种限制，但是

（1）国家档案局局长、国家档案馆与档案管理局从事档案工作的人员，被准许利用其监管的总统档案；

（2）美国政府、任何国家机构或个人，凡具有可调用档案的任何权利、国防或优先权，总统档案应当提供利用：

（A）在民事或刑事调查或程序中符合由具有管辖权的法庭发出的传票或其他

司法程序；

（B）对现任总统来说，如果这些档案包含对现任总统行政工作所需要且其他方式得不到的信息；以及

（C）对国会众议院，或在其管辖范围内，对任何委员会或其分委员会，如果这些档案包含对其进行工作所需要且其他方式得不到的信息；

（3）卸任总统的总统档案，应当提供给其或其指定的代表利用。

## 第 2206 条 规 定

国家档案局局长应当依据《美国法典》第 5 卷第 553 条，发布必要规定以实施本章的条款。该规定应当包括：

（1）提前向公众公告依据第 2203（f）（3）条用于处置任何总统档案的保管期限表作出说明的条款；

（2）告知卸任总统其依据第 2204（a）条的受限制利用的材料，何时可以依据第 2205（2）条提供利用的条款；

（3）由国家档案局局长告知卸任美国总统，当公开特定文件时，对卸任总统的权利和特权可能产生负面影响的条款；以及

（4）就属于《美国法典》第 552（b）（7）条的有关材料为国家档案局局长与有关联邦机关建立咨询程序的条款。

## 第 2207 条 副总统档案

副总统档案与总统档案一样属于本章规定。涉及副总统档案问题的副总统职责和责任，除第 2208 条只涉及总统，应当与本章中总统职责和责任一样。本章赋予国家档案局局长有关副总统档案的权利，除国家档案局局长可以并决定为保障公众利益而签署协议在非联邦档案馆库保存副总统档案外，应当与总统档案相同。本章不应与授权为副总统建立分开的档案库相冲突。

## 第 2208 条 基于宪法的优先公开声明

（a）（1）国家档案局局长依据本章决定向公众提供任何之前未曾公开的总统档案时，应当：

（A）尽快将这一决定告知：

（i）形成该档案的卸任总统；和

（ii）现任总统。并且

（B）向公众发出通告。

（2）根据第（a）（1）款，该通告：

（A）应当以书面形式；并且

（B）应当包括诸如可能是由国家档案局局长签发规章规定信息。

（3）（A）国家档案局局长根据第（a）（1）（A）款做出通告 60 天（星期天、星期六以及法定的公共假日除外）后，除国家档案局局长收到的任何卸任总统或现任总统根据第（b）款宪法赋予特权免于公开的档案（或其合理可分开部分）外，国家档案局局长应当将通告所涵盖的总统档案提供给公众。

（B）卸任总统或现任总统可以依据第（a）（3）（A）款，向国家档案局局长提交声明，说明该延长期对其审查档案是必要的，延长一次不超过 30 天（星期六、星期天和法定公共假日除外）。

（C）即使有第（a）（3）（A）款和第（a）（3）（B）款的规定，但如果依据第（a）（3）（A）款 60 天期，或依据第（a）（3）（B）款任何延长期，是在现任总统首次当选之后 6 个月期间到期，那么 60 天期审查或 30 天延长都将在 6 个月后终止。

（b）（1）宪法赋予的针对总统档案（或档案中合理可分开部分）公开特权的任何决定，必须由卸任总统或现任总统本人作出方可适用。

（2）卸任总统或现任总统应当在其依据第（b）（1）款享有的特权作出声明的同一天，将其告知国家档案局局长、众议院监督和政府改革委员会、参议院国土安全和政府事务委员会。

（c）（1）如果卸任总统坚持宪法赋予的针对总统档案（或档案中合理可分开部分）公开的特权声明，国家档案局局长应当与现任总统协商，在第（c）（2）（A）款规定的期间内，任何坚称宪法赋予的针对总统档案（或档案中合理可分开部分）公开与否特权的决定，必须由卸任总统或现任总统本人做出，方可适用。

（2）（A）在收到卸任总统有关坚持依据宪法赋予的针对（档案）公开的特权声明通知 30 天内，国家档案局局长应当将现任总统依据第（c）（1）款所作涉及该声明的决定告知卸任总统和公众。

（B）如果现任总统维持卸任总统主张的特权声明，国家档案局局长不得提供该声明中的总统档案（或档案中可合理分开部分）给公众利用，除非

（i）现任总统撤销原来维持卸任总统主张特权的决定；或

（ii）国家档案局局长另外执行不可上诉的最终法院命令。

（C）如果现任总统决定不再坚持由卸任总统同意的特权声明，或在第（c）（2）（A）款特定的时段结束前未能依据第（c）（1）款作出决定，国家档案局局长应当在收到声明通知 90 天后，对声明所涵盖的总统档案解除公开限制，除非由卸任总统根据本卷第 2204（e）条提起诉讼的法庭命令，或由任一联邦法庭的其他诉讼中的法庭命令另行指定。

（d）国家档案局局长不应公开属于由现任总统作出优先权声明的总统档案（或档案中合理可分开部分），除非

（1）现任总统收回优先权声明；或

（2）国家档案局局长另外依据不可上诉的终审法庭命令。

（e）国家档案局局长应依据本节调整任何其他适当时间段，作为必要的符合国会传票、司法传票或司法程序要求的返还日期。

## 第2209条  公务活动使用非公务电子信息账号的公开要求

（a）总则。总统、副总统或其所属雇员不得使用非公务电子信息账号形成或发送总统或副总统记录，除非总统、副总统或其所属雇员：

（1）复制总统、副总统或其所属雇员的非公务账号电子信息，以形成或传输原始总统记录或副总统记录，或

（2）在原始总统或副总统记录形成和传输的20天内，向总统、副总统或其所属雇员的公务电子信息账号转发完整的总统或副总统记录拷贝。

（b）不良行为。凡雇员（包括任何法规、规定或其他实施指南）故意违反（a）分节，经有关监管者确定，应当按照第5编第75章（不良行为）第Ⅰ（14天以内的停职）、Ⅱ（撤职；14天以上的停职；降职降薪；或30天内暂时解雇）、Ⅴ（高级职位）分章进行处罚。

（c）定义。本条中：

（1）所属雇员，是指：

（A）总统近身人员；

（B）副总统近身人员；

（C）总统行政办公室中承担总统顾问和助理职能的某一单位或个人；

（D）副总统办公室中承担副总统顾问和助理职能的某一单位或个人；

（2）电子信息，是指电子邮件和其他用于在个人之间通信的电子信息系统。

（3）电子信息账号，是指任何发送电子信息的账号。

# 国家档案局档案管理法

## 《美国法典》第44卷"公共印刷与文件"之第29章

## 第 2901 条　定　义

本法本章及第 21、25、31 及 33 章所用术语定义如下：

（1）"档案"的定义由本法第 3301 条所规定。

（2）"档案管理"是指为达到充分妥善地记录联邦政府的政策与事务，以及有效经济地管理机关运作的目的，与档案形成、维护和利用，以及档案处置有关的计划、控制、指挥、组织、训练、提升及其他管理行为。

（3）"档案形成"是指任何档案的产生和复制。

（4）"档案维护和利用"是指下列各项有关活动——

（A）联邦机关档案的存放；

（B）由联邦机关保存或为了联邦机关保存在机关档案存放处的档案的存储、检索和处理；

（C）联邦机关邮件的处理；或

（D）与档案和复制有关的设备和用品的选择和利用。

（5）"档案处置"是指下列各项有关活动——

（A）通过销毁或捐赠处置业务运作已无需使用的临时档案；

（B）将档案移交到联邦机关存储机构或档案中心；

（C）将经判定具有充分历史价值或其他价值确保其继续保存的档案移交美国国家档案馆；或

（D）将档案从一个联邦机关移交到另一个联邦机关。

（6）"档案中心"是指由美国国家档案局或其他联邦机关维护和运转的机构，主要是为了存储、服务、安全和处理那些无需在办公设施或场所中留存但具有不同保存期限的档案。

（7）"档案管理研究"是为提供相关调查结果和建议，对联邦机关档案或档案管理实务或业务（无论是人工的还是自动化的）的调查和分析。

（8）"检查"是指评估联邦档案或档案管理政策或业务的有效性以及其是否符合档案管理法律，并提出必要建议纠正或改进档案管理。

（9）"服务"是指使国家档案局或其他档案中心保管的档案或其他资料中的信息可供利用——

（A）提供档案或其他资料或相关信息，或其副本或复制件给联邦机关作公务之用，或给大众利用；或

（B）制作或提供档案或其他资料的已验证或未验证副本；

（10）"未验证件"是指未经盖章证明以及法律上不被当作证据的档案或其他资料的精准件（仿真件）。

（11）"美国国家档案馆藏"是指被美国国家档案局确定为具有充分历史价值或其他价值而确保由联邦政府继续保存并由国家档案局接收保管的公务档案。

（12）"国家档案局局长"系指美国国家档案局局长。

（13）"行政机关"的定义由《美国法典》第 40 卷（公共建筑、财产和工程）第 102 条规定。

（14）"联邦机关"是指行政机关或政府立法或司法分支机构（不包括最高法院、参议院、众议院、美国国会山管理局以及美国国会山管理局指导下的活动）。

（15）"总务署长"系指总务管理局的总务署长。

## 第 2902 条　档案管理的目标

本法本章及第 21、31 和 33 章的立法目的是要求建立标准和程序以确保有效率有效果的档案管理。档案管理标准和程序应达成下列目标：

（1）准确完整地记录联邦政府政策和事务。

（2）控制联邦政府档案的数量和质量。

（3）建立和维护有关档案形成的控制机制以防不必要档案的生成，建立和维护关于有效经济的机关运作的控制机制。

（4）简化档案形成、维护、移交和利用的活动、系统和过程。

（5）审慎进行档案保存和处置。

（6）对档案从最初形成到最终处置进行持续关注的指导，特别强调避免不必要的联邦文书工作，特别强调尽最大可能将档案以数字或电子形式从联邦机关向美国国家档案馆移交。

（7）建立并维护国家档案局认为对执行本法本章及第21、31和33章的立法目的必要的系统或技术。

## 第2903条　财产的监管与控制

（a）国家档案局应当对国家档案馆建筑及内部设施及时加以监管和控制；可以对存储联邦机构档案的哥伦比亚特区或其他地方的各馆库建筑进行设计、建造、租赁、维护、运行、保护和改善。

（b）当国家档案局认为符合公共利益时，可就本节规定所指的建筑中的临时的、非官方的房间和空间使用以及与此使用有关的服务，向公众收取合理费用。依据本小节规定收取的费用应缴纳到国家档案馆信用基金，其持有、管理和支出应有利于由国家档案馆与档案管理局管理的档案的长久保存及管理或出于其利益需要，包括教育和公共项目目的。

## 第2904条　档案管理的一般职责

（a）国家档案局应当向联邦机关提供关于确保充分妥善地记录联邦政府的政策与事务及确保妥善的档案处置的指导和协助。

（b）国家档案局应当向联邦机关提供指导和协助以确保该机关经济有效地管理档案。

（c）在根据第（a）款或第（b）款规定履行职责时，国家档案局应当承担如下责任：

（1）颁布关于档案管理和开展档案管理研究的标准、程序和指南；

（2）进行关于改进档案管理实务和业务的研究；

（3）收集和传播关于培训工作、科技发展和其他档案管理活动的信息；

（4）设立跨部门委员会和董事会，这对联邦机关之间提供有关档案管理的信息交换必不可少；

（5）指导联邦机关和国会持续关注档案管理工作治理所需的必要政策；

（6）开展档案管理研究，在国家档案局斟酌的决定下，指派行政机关首脑就建立系统和技术以节省档案管理时间和劳力进行档案管理研究；

（7）进行联邦机关之内或之间档案和档案管理业务和实务的检查或调查；

（8）每年一月份及国家档案局认为合适的其他时间，向国会拨款监督和专款委员会、管理和预算办公室主任报告——

（A）根据本节第（1）至第（7）款规定开展活动的结果；

（B）联邦机关对依据本节第（6）款和第（7）款规定进行检查或研究结果所得建议的反应评估；

（C）在切实可行的范围内，机构未能实施上述建议导致的联邦政府所花费用预算。

（d）美国国家档案局应当颁布规定要求所有联邦机关尽最大可能向美国国家档案馆以数字或电子形式移交所有数字或电子档案。

## 第 2905 条　制定档案选择性保留标准、安全措施

（a）国家档案局应当建立具有持续价值的档案的选择性保留标准，并协助联邦机关就其保留档案应用该标准。国家档案局应当通知联邦机关首脑任何引起其关注的目前实际进行的、即将发生的或具有威胁的机关保管档案的非法移除、污损、篡改或销毁（行为），并协助机关首脑通过总检察长采取行动进行非法移除档案的恢复和其他法律救济。若机关首脑在被通知有非法行为之后的合理期间内对此类恢复或其他救济不采取行动，国家档案局应当请求总检察长采取行动，并应当通知国会其已作请求。

（b）国家档案局应当协助总务署信息和法规事务局就联邦机关对公众和各州及地方政府的档案保管要求开展研究和制定标准。

## 第 2906 条　机关档案检查

（a）（1）在根据本章规定履行职责和义务时，为给档案管理实务和业务改进提供建议，为决定联邦机关档案是具有充分价值确保其继续保存还是缺乏充分价值无需继续保存，国家档案局（或其指定代表）可查阅联邦机关档案或检查档案管理实务和业务。该机关的官员及雇员应当遵守本条第（2）和第（3）款规定，充分配合其查阅检查。

（2）依法律或因国家安全或公共利益的原因限制利用的档案，应当根据国家档案局颁布的规定进行查阅，并经有关机关首脑或总统的批准。

（3）如国家档案局（或其指定代表）依本小节规定查阅包含于一个档案系统（该系统遵从第 5 卷第 552a 条规定）中的一份档案时，该档案应：

（A）由国家档案局或其指定代表作为包含于一个档案系统中的档案进行维护；或

（B）为遵照第 5 卷第 552a 条第（b）款、第（c）款及第（i）款规定，被视为包含于一个档案系统中的档案。

（b）根据本节第（a）款规定进行机关档案查阅检查时，国家档案局（或其指

定代表）除应遵守第（a）（3）款引用的法律外，还应当遵守其他联邦法律并遵从其中的处罚规定。

### 第 2907 条　档案中心和集中缩微或数字化服务

国家档案局可为联邦机关设置、维护和运转档案中心和集中缩微或数字化服务。

### 第 2908 条　规　定

遵照相关法律，国家档案局应当颁布规定对从一个行政机关向另一行政机关移交档案进行管理。

### 第 2909 条　档案保存

国家档案局可授权联邦机关延长档案在处置期限表中指定的保管期限，可撤销处置期限表中所列档案的处置授权。国家档案局应当根据本法第 2104（a）条颁布规定来实施本节。

### 第 2910 条　自由民事务局档案的保存

国家档案局应当保存难民、自由民及弃地事务局，即"自由民事务局"的档案。为此可利用：

（1）缩微技术以保护构成这些档案的文件，使其能留存至子孙后代；以及

（2）与佛罗里达大学合作的先导研究项目成果。该成果是为将来与霍华德大学以及其他研究机构合作对这些档案进行索引，使其更加易于为包括历史学家、家谱学家和学生的公众，以及国家档案局认为的其他目的提供利用。

### 第 2911 条　公务活动使用非官方电子通讯账户的公开要求

（a）总则。行政机关的官员或雇员不得使用非官方电子通讯账户形成或发送档案，除非该官员或雇员：

（1）在档案最初形成或传输时，复制官员或雇员的官方电子通讯账户；或

（2）在档案最初形成和传输的 20 天内，向官员或雇员的官方电子通讯账户转发完整的档案复制件。

（b）不良行为。故意违反第（a）款规定（包括任何法规、规定或其他实施指南）的，经有关监管者确定，应当按照第 5 卷第 75 章第 I、II、V 分章进行处罚。

（c）定义。本条中：

（1）"电子信息"是指电子邮件和其他用于在个人之间通信的电子信息系统。

（2）"电子通讯账户"是指任何发送电子信息的账户。

（3）"行政机关"其定义由《美国法典》第 5 卷"政府组织与雇员"第 105 条所规定。

# 联邦机关档案管理法

## 《美国法典》第44卷"公共印刷与文件"之第31章

## 第 3101 条　机关负责人档案管理职责

联邦机关负责人应当形成并保存反映本机关的机构、职能、政策、决定、程序以及主要活动的、充分和适当记载证明的档案，并能够为保护受机构活动直接影响的政府和个人的法律和财务权利提供所需要的信息。

## 第 3102 条　档案管理工作的建立

每一联邦机关的负责人应当为积极、有效的机关档案管理，建立和维护积极、连贯的管理工作。该项工作应当具备：

（1）在现行业务工作中，有效地管理控制档案的形成、维护和使用；

（2）就改进档案管理、提升应妥善保管的档案的维护与安全及具有临时价值的档案的分离与销毁的应用标准、程序和技术与国家档案局合作；

（3）符合本卷第 2101~2117、2501~2507、2901~2909 和 3101~3107 等各条，以及相关法规的规定。

## 第 3103 条　向档案中心移送档案

当某一联邦机关负责人认为上述机关档案管理将会影响实体经济或能提升运行效率，他可以将机关档案向国家档案馆维护和运行档案中心转移，或者经国家档案馆批准，向由该联邦机关维护和运行的中心转移。

## 第 3104 条　档案移交的批准和决定

不论其他法律如何规定，有权依据所监管档案的实情出具证明的政府官员可以对那些已经被该官员或者其前任移交给国家档案局局长的档案实情出具证明，并可以授权国家档案局局长依据已移交档案的实情出具证明、作出行政决定。

## 第 3105 条　安全保护

联邦机关负责人应当针对其认为必须且属于国家档案局法规要求的档案的转移或丢失建立安全保护措施。安全保护措施应当包括使其机关官员和雇员中所周知事项：

（1）机关监管保存的档案除非依据本卷第 3301~3314 条的规定外，不得转移和销毁；

（2）法律规定的非法转移和销毁档案的处罚。

## 第 3106 条　非法转移、销毁档案

（a）联邦机关报告。每一联邦机关负责人应当就其监管的机关档案发生任何实际、紧迫或受威胁的非法转移、涂抹、改动、腐坏、删除、擦除或其损毁情况，向国家档案局局长报告；在国家档案局局长协助下，通过司法部长启动对属于联邦机关负责人知晓或者有理由相信已经被非法转移出该机关的档案，或者是原来从另一联邦机关已经转移至该联邦机关合法监管的档案的恢复行动。

（b）国家档案局局长报告。当被告知任何类似第（a）款所描述的非法行为后，联邦机关负责人未能在合理期限内启动恢复或其他改正措施行动的情况下，参与或者据信将要参与任何类似非法行为，国家档案局局长应当请求司法部长启动该项行动并向国会报告。

## 第 3107 条　总审计长职权

本卷第 21、25、27、29 和 31 章，并不限制合众国总审计长规范会计系统、表格及程序的职权，也不减少政府绩效办公室（GAO）履行处理官员账户收集和支付的职责。

# 政府档案管理总统备忘录

2011年11月28日

## 第1条　目　的

本备忘录将启动在联邦政府行政机构范围内推进档案管理方针与方式的改革。改进联邦档案管理，将实现更好地记录机关活动与决策过程，改善绩效、促进政府的公开与责任。政府机关移交给国家档案馆和档案管理局（NARA）的档案也犹如历史之镜，未来将通过它了解我们的活动与决策。档案管理现代化亦将有助于行政部门和机构降低成本和提高效率。因此，改进档案管理正是基于2011年9月9日第13589号行政令（《提升开支效能》）关于机关减少开支、专注核心职能的要求。

无论在联邦政府机关内部还是机关之间的评价工作，减少冗余、节约资金和分享知识，都离不开良好的档案管理，因而良好的档案管理也是开放政府的中坚。近几十年的技术发展已经改变了机关运行方式，为机关档案管理带来了挑战和机遇。特别是高度依赖于电子通信系统极大增加了机构所管理信息的数量及内容，现代化的档案管理还将有助于行政机关降低成本、提高效率。但是如果档案管理方针及方式不能适应数字时代，信息浪潮将冲垮机构系统，导致更高的代价和档案的丢失。

我们要应对挑战、把握机会，构建出21世纪联邦政府档案管理的架构：既为开放政府奠定基础、运用信息改善政府机关绩效，亦能降低政府行政成本、减轻财政负担。

## 第2条　机关对档案管理改革的义务

（a）机关负责人应当：

（ⅰ）优先考虑依照法规和本备忘录确保成功实施档案管理要求；

（ⅱ）为有效实施档案管理要求，确保恰当的资源配置；

（ⅲ）在备忘录发出30天内，指定一名机关高官与机关档案官、CIO及总法律顾问，负责监督机关是否遵照下述（b）的要求，并以书面方式告知NARA。

（b）应当在120天内，就如下事项向NARA和管理预算办公室（OMB）提交报告：

（ⅰ）介绍机关现行有关改进或维持档案管理工作计划，特别是电子档案管理，包括电子邮件和社交媒体，部署云服务或存储的解决方案，以及应对其他档案挑战；

（ⅱ）梳理相关法律法规以及NARA现行指南中，是否有任何条款或疏漏，构成对机关建立完善、高效档案管理方针与方式的障碍；

（ⅲ）明确那些有助于机关改进档案管理的方针或计划是否符合《政府档案管理指令》或NARA规定及实施办法中的要求。

## 第3条　档案管理指令

（a）在120天内，OMB和NARA应当会同司法部发布《政府档案管理指令》，指导机关负责人采取专门措施，改革与改进机关档案管理方针与方式。制定《政府档案管理指令》时应当重点明确：

（ⅰ）建立更加有效和节俭的联邦政府档案管理框架；

（ⅱ）提升档案管理方针与方式，以增强机关实现其法定使命的能力；

（ⅲ）通过对机关活动的记载以履行应当承担的责任；

（ⅳ）增进政府开放和公众恰当利用政府档案；

（ⅴ）支持机关遵从有关保存诉讼信息的现行法规要求；

（ⅵ）从基于纸质的档案管理迈向可行的电子档案管理。

（b）在制定《政府档案管理指令》过程中，审阅相关法律法规以及NARA指南，确定改革的机遇，着力改善联邦政府档案管理方式，尤其是电子档案管理。NARA、OMB和司法部在颁布《政府档案管理指令》的同时，应当向总统提交这一审阅结果，并促进涉及联邦档案管理的法律、法规及政策的更新与修正。

（c）在制定《政府档案管理指令》中，OMB和NARA会同司法部应当咨询其他有关机构、跨机构团体以及公共事务责任者。

## 第4条  总 则

（a）本备忘录应当与相关法律一同实施并符合经费条件；

（b）本备忘录不应与以下相抵触而损害或者影响：

（i）法律授权给部门或者机构或者其负责人的职权；

（ii）OMB 有关预算、行政管理或者立法建议的职能；

（c）本备忘录并非也不会针对合众国及其部门、机构或者单位，以及其官员、雇员或者代理，或者任何其他个人，而创设实体的或程序的，可依法执行的或者各方公平的任何权利和利益。

## 第5条  公 布

授权美国国家档案局局长在《联邦公报》上公布本备忘录。

巴拉克·奥巴马

# 政府档案管理指令

第一部分　联邦机构应当推进的两个中心目标

第1.1条　到2019年，联邦机构将以电子格式管理所有永久电子档案

第1.2条　到2016年，联邦机构将以可利用的电子格式管理永久及定期电子邮件档案

第2.1条　机构必须指定一名高级机构官员（SAO）

第2.2条　SAO应当确保永久档案划定以便向NARA移交和报告

第2.3条　机构档案官员必须获得NARA颁发的联邦档案管理培训证书

第2.4条　机构必须建立档案管理培训

第2.5条　SAO应当确保档案划定保管期限

第二部分　NARA与OMB和OPM将采取以下措施帮助机关实现《政府档案管理指令》确立的两项中心目标

A　建立电子档案管理要求，确保政府透明、高效和责任

第A1条　修改NARA永久电子档案移交指南

第A2条　创建新的电子邮件指南

第A3条　调查和鼓励自动技术方面的应用研究，减轻档案管理责任的负担

第A4条　将档案管理要求嵌入云架构及其他联邦信息技术系统和商业产品

第A5条　评估联邦机构管理的电子档案"静态数据"的安全存储与管理服务

B　创建符合联邦法律法规、促进合作的"健全的档案管理框架"

第B1条　美国国家档案局局长应

|  | 召集首次所有 SAO 参加的定期会议 | | 进联邦档案管理工作效能 |
| 第 B2 条 | 创建兴趣团体，解决档案管理的挑战 | C | 改进 NARA 工作流程，服务机关需要 |
| 第 B3 条 | 建立规范的档案管理职业系列 | 第 C1 条 | 改进现行对档案处置授权请求的程序 |
| 第 B4 条 | 通过分析工具和强化 NARA 监督，持续改 | 第 C2 条 | 全面修订《通用档案保管期限表》（GRS） |

2012 年 8 月 24 日，美国总统办公室以备忘录形式，向联邦各机构发布由管理预算办公室（OMB）和国家档案馆与档案管理局（NARA）制定的《政府档案管理指令》。该《指令》是依据 2011 年奥巴马签署的《联邦政府档案管理》备忘录的要求，面向 21 世纪数字政府和档案管理改革要求而制定的。

## 第一部分　联邦机构应当推进的两个中心目标

### 目标 1：建立电子档案管理要求，确保政府透明、高效和责任

为促进开放和责任、降低长期消耗，联邦政府应当及时承诺向数字政府转型，为此，机构必须满足以下目标：

### 第 1.1 条　到 2019 年，联邦机构将以电子格式管理所有永久电子档案

到 2019 年 12 月 31 日，联邦机构中所有永久电子档案应当能在最完整程度上以电子方式管理和最终实现移交，并由 NARA 以电子方式接收。到 2013 年 12 月 31 日，每一机关将制定并开始实施转型计划。机构应当同时考虑硬拷贝格式或其他模拟格式（缩微平片、缩微胶卷、模拟录像、模拟录音等）永久档案数字化。

### 第 1.2 条　到 2016 年，联邦机构将以可利用的电子格式管理永久及定期电子邮件档案

到 2016 年 12 月 31 日，联邦机构必须以电子格式管理所有电子邮件档案。电子邮件档案必须保存在适宜电子系统中，能支持档案管理和诉讼证据要求（应当包括现场保存模式），包括能够按照需要长期确认、检索、保存档案。本《指令》发布一年后，每一机关必须按年度向 OMB 和 NARA 报告其推进此目标的进度情况。

### 目标 2：表明符合联邦档案管理法律法规

联邦政府应当承诺更有效地管理所有档案，以符合联邦法律法规及专业标准的要求。机构必须满足下列要求：

### 第 2.1 条　机构必须指定一名高级机构官员（SAO）

《联邦政府档案管理》备忘录要求所有机构应当指定一名高级机构官员监督其单位的档案管理项目的评价。本《指令》同样要求机构指定一名高级机构官员，同时要求其应当具有负责机构更全面的工作责任以适应档案管理。到 2015 年 11 月 15 日，每一机关将提名 SAO，其后每年 11 月 15 日，所有机构应当重新确认或重新指定 SAO。SAO 负责与机关档案官员及有关机构官员的协调，确保机构遵从档案法律法规。

SAO 应当是一名部长助理级的高级官员，或相当于其的高级官员，他对确保部门或机构有效和适当地遵守所有现行档案管理法律、法规、NARA 方针及本《指令》有直接责任。SAO 必须设置在机构内，以适应机构的业务、人员及财力，确保遵从和支持部门或机构的业务需求。

### 第 2.2 条　SAO 应当确保永久档案划定以便向 NARA 移交和报告

到 2013 年 12 月 31 日，SAO 应当确保已经形成超过 30 年的永久档案划定以便向 NARA 移交和报告。

### 第 2.3 条　机构档案官员必须获得 NARA 颁发的联邦档案管理培训证书

到 2014 年 12 月 31 日，每一机构任命的机构档案官必须持有 NARA 颁发的联邦档案管理培训证书。新上任的档案官必须在一年内取得该证书。机关档案官一般应当负责监督机关日常档案管理是否符合"36CFR1222.2 分部 B"的要求。

### 第 2.4 条　机构必须建立档案管理培训

到 2014 年，所有联邦机关必须以一定方式告知所有人员其依照法律和政策对档案管理所负有的责任，并为相关人员制定适当的档案管理培训计划。

### 第 2.5 条　SAO 应当确保档案划定保管期限

到 2016 年 12 月 31 日，SAO 应当与机关档案官共同确定并向 NARA 提交所有现存纸质及其他非电子档案的档案保管期限表。为实现这一目标，2013 年 12 月 31 日前，机关档案官将与 NARA 共同确定所有未划定保管期限的档案。这包括存储在 NARA 和机关档案库的所有未正确划定保管期限的档案。

## 第二部分 NARA 与 OMB 和 OPM 将采取以下措施 帮助机关实现《政府档案管理指令》确立的两项中心目标

### A 建立电子档案管理要求，确保政府透明、高效和责任

**第 A1 条 修改 NARA 永久电子档案移交指南**

到 2013 年 1 月 31 日，NARA 将完成并提供经修改的指南，包括元数据要求、未移交永久电子档案以及适当的常用格式，以满足机关业务需要。NARA 将根据需求定期升级该指南，以保持与现行技术变化一致。

**第 A2 条 创建新的电子邮件指南**

到 2013 年，NARA 将发布新的指南，阐明管理、处置及移交电子邮件的方式、方法。

**第 A3 条 调查和鼓励自动技术方面的应用研究，减轻档案管理责任的负担**

**A3.1** NARA、联邦首席信息官理事会及联邦档案理事会，将与民间产业界和其他利益相关者共同形成经济可行的自动化档案管理解决方案。到 2013 年 12 月 31 日，NARA 将与其利益相关者完成综合计划，为自动化电子邮件、社会媒体以及其他类型数字档案内容管理阐明合适的方式，包括高级搜索技术。该计划将对预期结果以及潜在的相关风险作详细说明。

**A3.2** 到 2014 年 12 月 31 日，联邦首席信息官理事会、联邦档案理事会与 NARA 将为开发开源档案管理解决方案共同得到外部投资。

**第 A4 条 将档案管理要求嵌入云架构及其他联邦信息技术系统和商业产品**

**A4.1** 到 2013 年 12 月 31 日，NARA 应当将机构年度新的云计算项目升级情况，包括阐明每一信息项目如何满足《联邦档案法》的责任与义务以及本《指令》确立的目标要求等，加入现行报告要求。机构在首次报告时要确定现行的应用云服务和云存储情况以及实施日期。

**A4.2** 到 OMB 发布新版 A-130 表格时，OMB 应当升级 A-130 以明确要求机关，当转向基于云服务或云存储的解决方案时，必须加入档案管理要求。

## 第 A5 条　评估联邦机构管理的电子档案"静态数据"的安全存储与管理服务

到 2013 年 12 月 31 日，NARA 应当决定建立可靠的、基于云服务的、能为联邦机构存储和管理未加密电子档案的可行性。该项共享的基础服务应当符合 NARA 档案管理法规，具备标准和工具，能为形成单位提供档案存储和利用，并最终由 NARA 进行档案处置。

### B　创建符合联邦法律法规、促进合作的"健全的档案管理框架"

## 第 B1 条　美国国家档案局局长应召集首次所有 SAO 参加的定期会议

2012 年 12 月 31 日前，美国国家档案局局长应召集首次所有 SAO 参加的定期会议，讨论《政府档案管理指令》实施进展、机关的联邦档案管理责任以及改进联邦政府档案管理的合作。此外，2012 年 12 月 31 日前，NARA 还应当完成对其所有档案管理报告要求的评价，并为每一 SAO 制定单独年度报告的模板，该报告从 2013 年 10 月 1 日开始应当报送给美国政府"首席档案官"。

## 第 B2 条　创建兴趣团体，解决档案管理的挑战

到 2013 年 12 月 31 日，NARA 与联邦首席信息官理事会、联邦档案理事会以及其他对此感兴趣的政府级组织合作，建立"兴趣共同体"（COI）汇集来自信息技术界、法律顾问及档案管理界的领军人物，解决特殊档案管理的挑战。COI 应当开发和提出指南、共享信息、建立培训、确定支持电子档案管理的工具。

## 第 B3 条　建立规范的档案管理职业系列

到 2013 年 12 月 31 日，OPM 应当建立规范的档案管理职业系列，提升档案官和其他档案专业人员应当具备的档案管理任务、责任和技能。

## 第 B4 条　通过分析工具和强化 NARA 监督，持续改进联邦档案管理工作效能

到 2013 年 12 月 31 日，NARA 将确定政府范围的分析工具，评价档案管理工作效能。在继续进行对机关档案管理工作的评定、审查和研究的同时，NARA 期望这一工具或类似分析方式将有助于 NARA 和联邦机关更有效地遵从法规、评估风险、辅助机关决策。

在健全档案管理的活动中应用这些新分析工具，将弄清那些影响机关档案管理工作效率的问题、展现那些能让机关或政府有机会改进档案管理的最佳实践。

## C 改进 NARA 工作流程，服务机关需要

### 第 C1 条 改进现行对档案处置授权请求的程序

到 2015 年 12 月 31 日，NARA 要改进现行的档案处置授权请求的程序。按照现行联邦档案管理法律，以及对现行法律的改变（按要求），NARA 亦应当制定标准，应用于机关划定保管期限、鉴定及在 NARA 有效监管下全部定期档案的管理。

### 第 C2 条 全面修订《通用档案保管期限表》（GRS）

到 2017 年 12 月 31 日，为减少特定档案保管期限表提交批准的请求，NARA 应当与相关监管机关协商，提出实质修改建议。这一含义明确的修改将包括：将档案系列合并到更加适合的集合之中，方便机关更易于处置；扩展 GRS 中永久档案系列的数量以降低机关划分保管期限和鉴定的负担等。

# 2014年联邦档案责任法案

### 2014年9月17日美国国会参众两院通过H.R.5170号提案
### ——"2014年联邦档案责任法"

| | | | |
|---|---|---|---|
| 第1条 | 本法名为"2014 年联邦档案责任法" | | 报告 |
| 第2条 | 故意销毁联邦档案的撤职 | 第5条 | 机关高级官员负责档案的法规遵守 |
| 第3条 | 非公务电子信息系统邮箱账户的使用 | 第6条 | 电子信息及其他档案的保存 |
| 第4条 | 档案丢失或潜在丢失的 | 第7条 | 总统档案 |
| | | 第8条 | 电子通信的保留 |

## 第1条　本法名为"2014 年联邦档案责任法"

## 第2条　故意销毁联邦档案的撤职

建立程序，对联邦机关检察官认定为有以下行为的政府雇员，视特定的程序要求，给予停职并调离处分：①故意且非法隐藏、转移、损坏、删除、伪造或销毁档案、账册的，或该雇员保存的其他物品的；或②违反第三节对披露禁止的规定的。

## 第3条　非公务电子信息系统邮箱账户的使用

禁止总统、副总统，或特别阁员及顾问，使用非公务电子信息系统邮箱账户，形成或发送总统或副总统的档案，除非他们：①拥有总统、副总统、阁员或顾问的公务电子信息邮箱账户作为电子信息原始形成或传送的收件人，并且能在信息中确认所有收件人；并且②提交信息是专门用于总统办公厅归档存储的。

禁止联邦官员或雇员使用非公务电子信息系统邮箱账户形成和发送档案，除非该官员或雇员：①拥有官员或雇员的公务电子信息邮箱账户作为电子信息原始形成或传送的收件人，并且能在信息中确认所有收件人；并且②提交信息是专门用于机关归档存储的。

## 第4条　档案丢失或潜在丢失的报告

对联邦机关负责人的要求：①无论何时，发生非法隐藏、转移、损坏、删除、伪造或销毁任何档案、账册，或由其监管的其他机关物品时，应当告知国家档案局局长，并在机关网站上公示该档案的情况说明。②经由大法官提起动议，恢复这些被非法转移出机关的档案。如果该机关负责人不能在合理时限内恢复档案，则要求国家档案局局长采取措施恢复该档案。

## 第5条　机关高级官员负责档案的法规遵守

要求每一机关负责人于2014年11月15日前，指定一名高级机关官员，负责档案管理（并在今后每年11月15日前再次对其确认，或重新指定一名新的官员）。该官员应当确保机关遵守目前所有适用的档案管理法律、法规，以及由国家档案局制定发出的指南。授权机关负责人，如果确有必要的话，可再另外指定高级机关官员负责档案管理。

## 第6条　电子信息及其他档案的保存

指令国家档案局局长，发布治理联邦机关保存电子信息档案的法规。法规应当包括：

— 按照档案处置要求，规定以电子方式采集、管理和保存电子档案；

— 电子档案必须能具备通过电子搜索方式检索查询要求；

— 建立电子档案管理系统强制的最低功能需求，制定能够验证系统是否满足要求的程序；

— 设定时间节点，确保联邦机关于本节生效后两年内达到法规要求。

**要求：**①该法规应当包括采集、管理和保存其他电子档案的要求；②国家档案局局长应当定期审查，必要时修正该项法规；③每个联邦机关负责人应当就机关遵守该法规情况，向国家档案局局长报告；国家档案局局长应当向国会专门委员会报告。

## 第7条　总统档案

指令国家档案局局长：①发布法规，为在总统任期内能节俭、有效地管理总统电子档案建立标准；②每年检验总统对电子档案管理的控制，是否达到本法要求，并应当就这些验证情况向国会专门委员会报告；③每位总统最后任期完一年内，应当就总统档案库中所保存的总统电子档案数量和格式，以及总统掌控的电子档案管理是否符合本法要求作出报告。

## 第8条 电子通信的保留

要求每个机关档案管理工作应当满足：①识别和自动保留电子信息邮箱账户，并应当将其作为永久的联邦档案保存；②电子信息邮箱账户的电子采集、管理和保存，其电子档案应当能通过电子搜索方式检索利用，并建有满足强制性最低功能要求的电子档案管理系统，能确保遵守工作要求。

指令总审计长每两年向国会报告机关电子邮件档案管理情况。

修改检察法，增加机关检察官审查有关保留机关工作及运行档案的立法及法规的责任与职责，并在其遵守规定要求情况的半年报告中提出建议。

本节生效日期：2016 年 12 月 31 日。

**注 释** ▶ 本法案已获众议院和参议院通过，但总统未将其签署为法律。

# 档案处置法

## 《美国法典》第44卷"公共印刷与文件"之第33章

## 第3301条 档案定义

（a）档案定义为：

（1）通常，本章所用术语"档案"是指：

（A）联邦机构根据联邦法律在处理公共事务过程中形成或接收的，以及作为美国政府组织、职能、政策、决策、程序、运作或其他活动的证据，或由于所含数据具有信息价值，而被该联邦机构或其合法继任者保存或妥善保存的，各种载体形态或特征的所有记录信息。

（B）不包括：

（i）仅为参考利用或展览目的而收集和保存的图书馆和博物馆资料；

（ii）仅为方便（利用）需要保存的档案复制件。

（2）记录信息是指——第（1）款中"记录信息"一词包括所有的档案传统形式，无论其实体（物理）形式或特征，涵盖所有以数字或电子形式产生、处理、传递或存储的信息。

（b）依定义判定——无论记录信息的存在形式是实体的、数字的或电子的，国家档案局对记录信息是否为第（b）款所定义的档案所作的判定，对所有联邦机构均具有约束力。

### ■ 历史和版本注释

基于《美国法典》第 44 卷，1964 年版，§366（July 7, 1943, ch. 192，§1, 57 Stat. 380）

### ■ 修订之处

2014—Pub. L. 113 - 187 对本节进行全面修订。修订之前，文本如下："本章所用'档案'指无论其实体形式或特征，美国政府机构根据联邦法律在处理公共事务过程中形成或接收的，以及作为政府组织、职能、政策、决策、程序、运作或其他活动的证据，或由于所含数据具有信息价值，而被该联邦机构或其合法继任者保存或适合保存的所有账册、资料、地图、照片、机读资料或其他文献资料。"仅为参考利用或展览目的而收集和保存的图书馆和博物馆资料，仅为方便利用而保存的文件多余副本和库存的出版物和已处理的文件不在此列。

1976—Pub. L. 94 - 575 扩展了"档案"含义，包括了"机读资料"。

### 第 3302 条　档案处置清单、处置程序和复制标准的规定

国家档案局应当颁布与本章规定相一致的规定，建立：

（1）编制和向国家档案局提交档案处置清单和保管期限表的程序；

（2）已批准处置的档案的处置程序；

（3）考虑到档案原件需处置而通过拍摄、缩微拍摄或数字处理方式复制档案的标准。

### 第 3303 条　各政府机构首脑拟提交国家档案局的档案清单和保管期限表

美国每个政府机构的首脑应当根据本卷第 3302 条颁布的规定向国家档案局提交：

（1）根据规定已拍摄、缩微拍摄或数字化的机构保管档案的清单，该类档案不具有充分价值无需由政府进一步保存。

（2）在其现行事务处理过程中无需使用的机构保管的其他档案的清单，该类档案不具有充足的行政、法律、研究或其他价值无需由政府进一步保存。

（3）具有某一特殊形式或特征的档案经历了一段特定时期后建议处置的（保管）期限表。该档案在机构保管下积累到一定时间，或保管期限表提交后积累到一定时间，而且显然特定时期之后不再具有充足的行政、法律、研究或其他价值无需由政府进一步保存。

### 第 3303a　国家档案局对无保存价值的档案清单和保管期限表的检查；档案处置

（a）国家档案局应当审查根据本卷第 3303 条规定提交的档案清单和保管期限表。如果国家档案局判定所提交的此清单或保管期限表中所列的任何档案在特定时期后不具有充足的行政、法律、研究或其他价值无需由政府进一步保存，在联邦登记处通知发布之后且利益关系人在其上提出意见之时，国家档案局可（作如下处理）：

（1）（将处理结果）通知该机关；并且

（2）授权该机关根据本卷第 3302 条颁布的规定处理那些档案。

（b）根据本卷第 3303 条规定在国家档案局提交的档案清单和保管期限表上的授权，以及根据本条第（d）款规定由国家档案局颁布的保管期限表，均应是强制性的，遵从本卷第 2909 条规定。在（根据本卷第 3303 条规定向国家档案局提交的）表内条款授权、保管期限表授权和［根据本条第（d）款规定颁布的］保管期限表内授权之间，必须设置更短保管期限的授权，遵从本卷第 2909 条规定。

（c）国家档案局考虑到以下情况之时，应当向众议院监督和政府改革委员会、参议院国土安全和政府事务委员会就任何本章规定中的特殊档案的处理请求建议和咨询。

（1）某些特殊档案可能令国会特别感兴趣；或者

（2）就这些特殊档案与国会进行协商是为了公共利益。但是，本小节规定并不要求国家档案局将这类建议和咨询请求作为本章规定档案一般处理的常规程序。

（d）若档案在特定时期到期后不具有充足的行政、法律、研究或其他价值无需由政府进一步保存，国家档案局应当颁布保管期限表授权对若干或所有机构共有的某一特殊形式或特征的档案进行处置。

（e）国家档案局可批准和影响国家档案局法定保管档案的处置，如果档案已在其他现存机关保管之中，未经机关首脑书面同意，不应被处置。

（f）国家档案局应当就本章规定下档案的处置向国会作年度报告，包括所处置档案类型的一般说明，以及国家档案局认为适于国会充分了解本章规定下档案处置情况的其他信息说明。

## 第3304~3307条　［废止］

## 第3308条　先前处置（方式）已授权的类似档案的处置

当国家档案局认为一个机构所监管或积累的档案与该机构之前已被授权处置的档案具有相同的形式或特征，他可以授权该机构首脑在对档案进行了一定时期的保存之后根据本卷第3302条颁布的规定处置该档案，无需对该类档案制作清单或制定保管期限。

## 第3309条　保留政府权利主张直到（美国）政府问责局予以确认；根据总审计长的书面批准授权处置

与（由美国政府作出的或针对美国政府的或对于美国政府牵涉其中的账户所作出的）权利主张和诉求有关的档案，机关首脑无论是作为债务人还是债权人，均不可根据本章许可的授权加以销毁，直到美国政府问责局对此权利主张、诉求和账户进行确认和评估。根据美国总审计长的书面批准授权处置除外。

## 第3310条　对健康、生命、财产构成威胁的档案的处置

当国家档案局和保管该类（对健康、生命、财产构成威胁的）档案的机构首脑共同判定，一个美国政府机构所藏档案对人类健康或生命、财产具有持续性威胁，国家档案局应当采取他认为必要的任何方式立即消除这一威胁。当国家档案局保管的档案根据本节进行了处置，国家档案局应当将其处置情况向移交该档案的机构报告。

## 第3311条　战争时期或敌对行动即将来临之际美国本土之外的档案的销毁；提交档案人员的书面报告

在美国和其他国家处于战争状态期间，或者外国势力采取敌对行动迫在眉睫

之时，美国政府机关的首脑可授权销毁其法定保管的位于军事或海军设施、舰船中的档案，或其他保存在美国本土领土范围之外的档案。

（1）保存下来将损害美国利益的档案；或

（2）占用了军事急需空间的档案以及在其看来不具有充足的行政、法律、研究或其他价值无需进一步保存的档案。

在这些档案被处置后的六个月内，指挥处置的官员应当向国家档案局提交书面报告，应当在报告中描述这些档案的特点并陈述处置档案的时间和地点。

### 第3312条　视为原件的档案照片或缩微照片；可作为证据的已认证复制件

档案的照片、缩微照片或按照本卷第3302条法规规定制作的数字档案，与原件具有同等效力，在作为证据被接纳时应被视为原件。经认证或已验证的照片、缩微照片或数字档案复制件，应与照片、缩微照片或数字档案原件同样作为证据被接受。

### 第3313条　档案出售应缴入财政部的款项（资金）

政府机构出售根据本章规定被处置的档案所得到的款项（资金）应当缴入美国财政部，除非法律另有规定。

### 第3314条　档案处置专用程序

本章所规定的程序是专用的，除本章规定外不得分离或销毁美国政府档案。

### 第3315~3324条　［废止］

# 华盛顿州档案法

## 《华盛顿州法典（修订版）》

## 第40卷　公共文件、档案及出版物
## 第14章　公共档案的保存和销毁

## 第010条　公共档案的定义和分类

本章所用术语"公共档案"，是指华盛顿州机构在处理公共事务过程中形成或接收的各种载体形态或特征的原件及其复印件，包括所有文件、信函、完整表格、记录册、照片、胶片、录音材料、地图、机读材料、符合当前行业 ISO 标准规范的光盘或其他文件，以及在《华盛顿州法典（修订版）》第40卷第14章第100条中界定的立法档案。

本章旨在指出，公共档案分类如下：

（1）公共档案，包括区分和证明各项业务活动合法有效所必需的原始凭证、收据及其他文件，这些业务活动与所有来源于各渠道的公共财产和公共收入的接收、使用和处置有关；华盛顿州及其机构作为当事人的各类协议和合同；所有保证金、担保、履约金材料；所有针对华盛顿州及其机构提出的诉求材料；依据法律要求在华盛顿州及其机构立卷归档或保存的所有档案或文件；在《华盛顿州法典（修订版）》第40卷第14章第100条中界定的所有立法档案；以及《华盛顿州法典（修订版）》第40卷第14章第50条成立的档案委员会认定为公共档案的其他文件或档案。

（2）机关案卷和备忘录，包括信函、展品、图纸、地图、完整表格或上文未界定和归类为公共档案的文件；在华盛顿州各机构立卷归档的公共档案复制件；机构内部管理形成的属于该机构但法律没有强制要求该机构立卷归档或保存的文件和报告；被档案委员会认定为机关案卷和备忘录的其他文件或档案。

## 第020条　档案馆与档案管理部——州档案工作者——权力与责任——政府官员的职责

全部公共档案的所有权归属华盛顿州。即将离任的官员和雇员应当将公共档案移交其继任者，应仅依据本章规定对公共档案进行保护、存储、移交、销毁或处置以及管理。为了确保公共档案的妥善管理和安全维护，档案馆与档案管理部设立在州务秘书长办公室内。管理该档案部门并因获取信息、调查或编目需要而合理利用存放各处的公共档案的州档案工作者，应当承担以下职能、职责和义务：

（1）管理华盛顿州的档案；

（2）对华盛顿州档案实行集中管理，使其便于参考和学术利用，并确保其妥善保存保护；

（3）对所有州部门及其他州政府机构的全部档案案卷进行检查、文件编目、案卷编目，并编制保管和移交期限表；

（4）确保华盛顿州所有公共档案的维护与安全，建立安全保障禁止未授权转移或销毁；

（5）适时通过专用款项建立和运行此类州文件中心，以保存、提供服务、审查和保护那些必须临时或永久保存，但不必保留在办公场所和设施中的州公共档案。

（6）根据《华盛顿州法典（修订版）》第34卷第5章采用以下管理条例：

（a）为保存在州及地方政府机关的公共档案的耐久性设置标准；

（b）依照信息服务部门为获取信息技术而制定的现行标准、政策和程序，对拍摄的、光学的、电子的或其他图像的公共文件或档案的形成、维护、传递、编目、索引、存储或复制进行程序控制。

（c）对作为公共档案使用的拍摄的、光学的、电子的或其他图像资料的准确性、耐用性和利用方便性进行控制；

（d）执行本章其他规定；

（7）向利益相关机构收集和传播档案管理各阶段信息以及现行做法、方法、程序、技术、高效经济管理和档案保护保存设备的信息。

（8）运转一个缩微拍摄中心机构，对那些经档案形成机构首脑和档案工作者批准可拍摄的档案，按成本价进行缩微拍摄；批准州部门和所有其他州政府机关承担缩微拍摄项目；并为该项工作维持适当的标准；

（9）提供必要的机构，对已批准销毁和批准通过出售或焚烧方式经济地处置的档案进行复查；根据本章相关条款的授权直接监管此类公共档案的销毁。

（10）协助和培训州及地方机关采用适当的方法形成、维护、编目、检索、传递、存储和复制作为公共档案使用的拍摄的、光学的、电子的或其他图像资料。

（11）为档案工作募集、接受和支出《华盛顿州法典（修订版）》第43卷第7章第37条中列举的捐款。用途包括但不限于档案材料的收集、接收登记、说明和陈列。不符合档案馆标准的捐赠可不被接受。

**注**：生效日期——1991 c 237：见《华盛顿州法典（修订版）》第44卷第4章第320条下的注释。

生效日期——1981 C 115："该法案对公共和平、健康和安全的直接保护是必须的，对州政府及其现有公共机构的支持是必须的，并将于 1981 年 7 月 1 日生效。"［1981 c 115 § 10］

## 第 022 条　　档案馆与档案管理部——影像账户

影像账户在州财政厅长的监管下设立。根据《华盛顿州法典（修订版）》第 40 卷第 14 章第 20 条第 8 项规定收集的所有款项必须存入此账户，这些款项是档案馆与档案管理部提供的合同影像、缩微和复制服务中产生的款项。账户中支出只用于这些活动。该账户中支出仅由州务秘书长或其指定人员授权。该账户使用遵从《华盛顿州法典（修订版）》第 43 卷第 88 章分配程序。但专用款项无需支出。

## 第 024 条　　档案馆与档案管理部——地方政府档案馆账户

地方政府档案馆账户设立于州财政厅。根据《华盛顿州法典（修订版）》第 40 卷第 14 章第 27 条及第 36 卷第 22 章第 175 条，县级审计人员收取的所有地方政府服务款项，必须存入此账户，而且此账户中支出只能用于这些目的，如为当地政府档案和数字化资料提供档案保管期限表、涉密缩微胶片检查和存储、档案保存保护、编目和索引，以及通过档案馆与档案管理部的地区档案分馆对这些档案及资料提供利用。2007～2009 两年间，立法机构可将多余的资金平衡账户款项从地方政府档案馆账户转移到华盛顿州遗产中心账户中。

**注**：部分标题不是法律——可分割性——生效日期 2008 C 328：见《华盛顿州法典（修订版）》第 43 卷第 155 章第 50 条下的注释。

## 第 025 条　　档案馆与档案管理部——服务成本的分配——档案馆与档案管理账户

（1）州务秘书长和财务管理主管应当合作建立程序和准则，为档案馆与档案管理部提供给各州机关的服务分配成本。在任何分配期间，提供给各州立机关的服务的分配总量不得超过拨给档案馆与档案管理账户的专用款项。

（2）州财政部创建的档案馆与档案管理账户是根据本节规定由所有费用及收费构成。此账户专门用于拨款支付按照法律明确规定在档案馆与档案管理部运行中产生的成本和费用。

**注**：有效日期——1996 C 245："这个法案在 1996 年 7 月 1 日生效。"

有效日期——可分割性——1991 sp. s. c 13：见《华盛顿州法典（修订版）》第 18 卷第 8 章第 240 条下的注释。

有效日期：1985 c 57：见《华盛顿州法典（修订版）》第 18 卷第 4 章第 105

条下的注释。

有效日期：1981 c 115：见《华盛顿州法典（修订版）》第 40 卷第 14 章第 20 条下的注释。

## 第 027 条　公共档案馆与档案管理服务——（经法院）判决确定的债务人附加费

州立机构应当针对高等法院中就未缴税款或负债提出的担保赔偿请求，向（经法院）判决确定的债务人征收 20 美元的附加费。该附加费是除《华盛顿州法典（修订版）》第 36 卷第 18 章第 12 条第 10 项规定的申请费外，以罚金的形式对（经法院）判决确定的债务人征收的。附加费收入应当交给州财政厅长存入档案馆与档案管理账户。

根据《华盛顿州法典（修订版）》第 40 卷第 14 章第 24 条规定，存入当地政府档案馆账户下的附加费收入，应当由州务秘书长专门用于灾难恢复、必不可少档案的保护服务以及档案馆与档案管理部为当地政府机构举办档案管理培训。州务秘书长与地方政府代表应当建立一个委员会为州档案馆长开展地方政府档案馆与档案管理工作提出建议。

## 第 030 条　移交给州档案馆——认证件，成本——公开披露

（1）在其形成或保管机构开展现行业务时无需利用的所有公共档案，每个州政府机关、委员会或其他可撤销或中止的州政府活动的所有档案应当移交州档案馆，以便这些有价值的州历史档案得以集中（存放）、广泛利用和确保永久保存（如需）。本节规定不适用于那些本章后续条款中批准销毁的公共档案。

移交后，档案馆长应当制作有关公共档案副本并认证，证明其与最初对其负责的政府官员形成的档案具有同等效力。复制成本可以收费。移交该机构档案后，对档案负责的政府官员或其继任者在必要时都享有免费利用档案的权利。

（2）根据州法律或联邦法律规定，形成机关、委员会、董事会或其他州政府或地方政府机构所有的，保密的、享有特权的或豁免公开披露的档案，在移交到州档案馆之后仍保持其保密、享有特权和豁免状态，除非同时具有最初管理权限的档案馆长根据州务秘书长采纳的适当合理的条例判定，档案必须提供公众利用。在这种情况下，档案在其形成后 75 年届满，可开放查阅和提供复制利用。

如果最初管理权限不复存在，档案馆长应当依据此条例作出开放利用的决定。如果在形成机构、委员会、董事会或其他机构所有期间，根据州法律或联邦法律判定档案的保密、享有的特权或公开披露豁免少于 75 年，那么，此档案必须根据州务秘书长采纳的适当合理的法规，在更短期限届满后立即向公众开放。

注释 ▶ 《哥伦比亚河分界条约》移交档案给档案部门：《华盛顿州法典（修订版）》第43卷第58章第70条。

## 第040条 档案人员——指派（认定）——权力和责任

州政府各部门或其他机构应当指派一名档案人员，对档案业务进行监管，并代表该机构与随后成立的档案委员会、档案馆与档案管理部进行各种联系。档案人员应当：

（1）协调档案管理业务的各个方面。

（2）根据州档案馆长及州档案委员会（若有）规定的程序，在处置期限划定及移交的两年期间，至少应当编制所有公共档案的文件目录或管理这些目录。根据《华盛顿州法典（修订版）》第40卷第10章规定，至少每年应当对那些必不可少的档案进行文件编目和处理。

（3）应当向其州立机构内对特定档案维护负有责任的全体人员咨询关于档案保存和移交的建议。

（4）分析档案的文件目录数据，检查和比较部门或单位的档案复制目录，向州档案馆长和州档案委员会建议所有副本的最低保管期限以满足法律、财务和行政需要。

（5）批准提交给州档案委员会的所有档案目录和销毁请求。

（6）每年至少检查一次已制定的档案保管期限表以确保其完整和现行可用。

（7）对采购摄影和档案设备进行内部控制。

如果个别机构或部门不愿在之前设定的期限移交档案，档案人员应当在30天内通知档案馆长并请求变更之前设定的期限包括其变更的理由。

## 第050条 档案委员会——组成、差旅费、会议、权力和责任——保管期限表

成立一个委员会，称为档案委员会，由档案馆长、州审计长的任命者、总检察长的任命者和财务管理主任的任命者组成。委员会成员的服务没有额外薪资，但有权根据现有的或以后修订的《华盛顿州法典（修订版）》第43卷第3章第50条及第60条领取已支付的差旅费。此类开支应当从各自机构或部门运行专款中支付。

档案委员会每季度应当至少晤一次或应业务需要更频繁地会晤。委员会的行动应当经多数人投票表决，委员会的所有业务档案均应保存。

档案委员会有责任批准、修改或否决所有公共档案案卷保管期限表的建议，有责任根据请求采取销毁任何公共档案的行动（若有）。任何关于请求或建议的

修改，必须经最初发起请求或建议的机关首脑同意。

档案馆与档案管理部应当提供有关表格。表格应由该部涉及档案的部门或机构的档案人员合作，共同向档案委员会提交，并经其批准。

**注**：生效日期——可分割性——1975—76 第二版 ex. s. c 34：见《华盛顿州法典（修订版）》第 2 卷第 8 章第 115 条说明。

### 第 060 条　公共档案或机关案卷和备忘录的销毁与处置——档案保管期限表

（1）官方公共档案的销毁应当根据《华盛顿州法典（修订版）》第 40 卷第 14 章第 50 条批准的期限表进行。官方公共档案不得销毁除非：

（a）除了《华盛顿州法典（修订版）》第 40 卷第 14 章第 70（2）（b）条规定的，档案形成 6 年以上；

（b）档案形成部门已向州档案委员会提出令人信服的说明：最少 6 年的档案保管是不必要的、不经济的。尤其是州（政府）发起的联邦（档案）工作已设立了更短的档案联邦保管期限。

（c）经州档案馆长批准已制作了保管少于 6 年的官方公共档案原件的副本，或已通过拍摄或其他方法进行了复制，使得原件得到了精准复制或形成了耐久介质。

（2）除非档案委员会根据相应的联邦保管指南调整档案的保管期限，任何保管期限少于 6 年的条款必须得到财务管理主任、州审计长、总检察长的额外批准。1982 年 6 月 10 日生效的档案保管期限表并未规定官方公共档案的保管期限自动从 7 年缩减为 6 年，但是此自动缩减可经州档案委员会单独审核以决定是否同意将保管期限改为 6 年。

机关案卷和备忘录的销毁或处置建议，应当以经批准的备用表格形式由相关机关档案人员和档案馆长提交给档案委员会。委员会应当决定机关案卷或备忘录的保存时间，可授权档案馆与档案管理部安排其销毁或处置。

### 第 070 条　地方政府档案的销毁、处置与捐赠——因历史价值而保存——地方档案委员会，职责——档案保管期限表——封存档案

（1）（a）县、市和其他地方政府机关可通过向档案馆与档案管理部提交由部门备制的表格形式的档案清单，要求授权销毁那些不再具有行政管理或法律价值的非现行公共档案。档案馆长、由州审计长任命的代表和由总检察长任命的代表应当组成委员会，称为地方档案委员会，该委员会检查档案清单且可否决清单中任何一份或所有文件的销毁。

（b）作为提交清单的另一种选择，地方政府机关可开展档案控制工作，该工

作以机关推荐给地方档案委员会的反复使用的处置期限表为基础。此期限表以档案馆与档案管理部提供给档案委员会的表格形式提交,可否决、批准或者修改期限表。该期限表或修订期限表的批准应当由地方档案委员会全体投票通过。一旦批准,该期限表就授权地方政府机关销毁清单中的档案,在必需的保管期限之后,反复使用直到期限表被委员会修改或修订。

(2)(a)除法律另有规定外,任何公共档案应当经地方档案委员会批准销毁后才能销毁。官方公共档案不得销毁,除非:

(i)档案形成 6 年以上;

(ii)档案形成部门向州档案委员会令人满意地展示出,最少 6 年的档案保管是不必要的、不经济的,特别是由州(政府)发起的联邦(档案)工作已设立了更短的档案联邦保管期限;或

(iii)经州档案馆长批准已制作(形成)了保管少于 6 年的官方公共档案原件的副本,或已通过拍摄、静电复印、缩微拍摄或其他方法进行了复制,使得原件得到了精准复制或形成了耐久介质。

1982 年 6 月 10 日生效的档案保管期限表并未规定官方公共档案的保管期限自动从 7 年缩减为 6 年,但是此自动缩减可经州档案委员会单独审核以决定是否同意将保管期限改为 6 年。

州档案馆长可向地方政府机关提供适当信息、建议和指导,帮助他们根据本章规定做好与档案保存、保护或销毁有关的档案清单、档案期限表或其他档案事务的准备工作。地方档案委员会可采纳适当规定建立该事务应遵循的程序。

档案管理员认为县、市或其他地方政府机关档案基本具有历史价值,可转移至经认可的保存机构。

(b)(i)任何州、县、市或其他执法机构编制的调查报告档案(该调查报告档案与《华盛顿州法典(修订版)》第 9A.44 章规定的性犯罪有关,或者与《华盛顿州法典(修订版)》第 71 卷第 9 章第 20 条中定义的性暴力犯罪有关,且执法机构现行业务无需使用或是未决的法庭记录),在执法机构适用的文件保管期限表到期之后,应当移交到华盛顿警长和警察局长协会进行永久电子保存和检索。一旦文件进行电子保存,应当允许该协会销毁文件的纸质副本。

(ii)任何移交至华盛顿警长和警察局长协会进行永久电子保存和检索的封存档案,包括移交后封存的档案,应当以档案清晰标记为封存的形式进行电子保存。

(iii)应当允许华盛顿警长和警察局长协会销毁已证实死亡的罪犯的纸质副本档案或电子档案。

(c)根据本小节(b)规定,移交到华盛顿警长和警察局长协会的任何档案,遵循《华盛顿州法典(修订版)》第 42 卷第 17 章第 20 条规定,应当不再被视为公共档案,可免于公开披露。这些档案只应当向刑事审判机关(《华盛顿州法

典（修订版）》第 10 卷第 97 章第 30 条所定义）公开，以确定性犯罪者是否符合 SVP（性暴力狂）（《华盛顿州法典（修订版）》第 71 卷第 9 章所定义）标准；只应当向终审判决复核委员会（《华盛顿州法典（修订版）》第 71 卷第 9 章第 345 条定义）公开，以根据《华盛顿州法典（修订版）》第 71 卷第 9 章第 25 条和第 9 卷第 95 章第 420 条履行其职责。

标记为封存的电子档案只应当提供给（由《华盛顿州法典（修订版）》第 10 卷第 97 章第 30 条定义的）刑事审判机关利用，该机关也可利用文件的封存纸质副本；提供给（由《华盛顿州法典（修订版）》第 72 卷第 9 章第 345 条定义的）终审判决复核委员会根据《华盛顿州法典（修订版）》第 71 卷第 9 章第 25 条和第 9 卷第 95 章第 420 条规定履行职责利用；提供给系统管理者进行系统管理和维护利用。

（3）除法律另有规定外，县、市和其他地方政府机构，既可销毁那些不再具有行政或法律价值的非现行公共档案，也可选择将公共档案捐赠给州图书馆、地方图书馆、历史学会、家谱学会或其他类似社团或组织。

根据此小节规定，公共档案不得捐赠除非：

（a）档案形成 70 年以上；

（b）地方档案委员会已批准公共档案的销毁；以及

（c）州档案馆长已判定这些公共档案不具有历史价值。

**修订者注**：根据 2012 年 1 月 1 日生效的 2010 C 204 § 1102，《华盛顿州法典（修订版）》第 42 卷第 17 章第 20 条被重新编纂为《华盛顿州法典（修订版）》第 42 卷第 17a 章第 5 条。

由县级审计人员复制、保存和索引的文件：《华盛顿州法典（修订版）》第 36 卷第 22 章第 160~190 条。

法庭档案的销毁和复制：《华盛顿州法典（修订版）》第 36 章第 23、65~70 条。

### 第 080 条　本章不影响其他法

本章规定不应当被解释为废止或修改其他法或其部分规定，这些法或部分规定批准销毁根据本法案第 9 节规定保存下来专门命名的公共档案；本章规定也不影响《华盛顿州法典（修订版）》第 40 卷第 7 章关于需在州图书馆存储所有州出版物的规定。

### 第 100 条　立法档案——定义

《华盛顿州法典（修订版）》第 40 卷第 14 章第 10 条及从第 40 卷第 14 章第 100 条至第 40 卷第 14 章第 180 条中所用术语"立法档案"，除非上下文另有要求，被定义为由立法委员会或其附属委员会形成或提交给立法委员会及附属委员会的信函、修正案、报告和会议记录，由立法委员会及附属委员会立卷归档的与立法行使或调查职能有关的抄本或其他听证记录或补充的书面证词或其中数据。但不包括那些由州务秘书长保存的立法机关（机构）官方行为记录、账单（票据）及复印件、出版材料、摘要或例行留存的可在州图书馆或公共档案馆库获取的多余副本材料，由立法机关（机构）个人成员形成或接收的或以任何形式处于立法机关（机构）个人成员私人控制之下的报告或信函。

## 第 110 条　立法档案——立法机构及雇员的文件捐赠

《华盛顿州法典（修订版）》第 40 卷第 14 章第 10 条、从第 40 卷第 14 章第 100 条至第 40 卷第 14 章第 180 条中，没有禁止立法机构及雇员捐献他们的个人文件给私立图书馆、公共图书馆及州档案馆。州档案馆长有权接收立法机构及雇员的文件，并针对性地积极鼓励这些个人档案捐赠给华盛顿州。州档案馆长有权建立他认为适合的指南和程序来收集与立法机关（机构）有关的个人文件和信函。鼓励立法机构及雇员捐赠他们的个人文件给华盛顿州保存。

## 第 120 条　立法档案——"职员"、"秘书"的界定

《华盛顿州法典（修订版）》第 40 卷第 14 章第 10 条、从第 40 卷第 14 章第 100~180 节中所用术语，"职员"是指华盛顿州众议院职员，"秘书"是指华盛顿州参议院秘书。

## 第 130 条　立法档案——立法机构官员、雇员及州档案馆长的职责——档案移交、保管——利用

拥有履行常规职责无需使用的立法档案的立法委员会主席、附属委员会主席、委员会委员或州立法机构雇佣的全体人员，应当在例行会议或特别会议无限期休会 10 天之内，向众议院职员或参议院秘书递交所有此类立法档案。

众议院职员和参议院秘书负责提出保存委员会会议记录和档案的要求，并纳入委员会主席及其雇员的职责说明中。

在州档案工作人员的协助下，职员或秘书应当对移交给其的立法档案，以他认为最适合实现有效经济利用、维护、保存和处置档案的方式进行分类和排列。当此类档案已分类和排列并且两院均不再需要使用之时，职员或秘书可将其拥有的所有立法档案移交州档案馆长。此后，州档案馆长应当成为移交档案的保管者，但在职员或秘书提出要求时应将此类档案交回。

负责维护委员会立法档案的立法临时委员会主席、委员及雇员，应当按照立

法临时委员会主席、委员及雇员同意的预先安排的方式，将其拥有的所有立法档案移交给职员或秘书，一旦此类档案对于履行常规职责无用之时。他还应当在委员会停止工作后的 10 天内将所有的临时委员档案移交职员或秘书。

### 第 140 条　立法档案——（提交给）党团会议建议——信息和说明

两院职员及秘书有责任向两院党团会议提出关于保管公共档案的必要性建议。

州档案馆长或其代表应当与职员及秘书一起，就保管立法档案的最佳方式提供信息和说明。

### 第 150 条　立法档案——研究利用

经职员或秘书斟酌决定，立法档案可用于立法机构雇员的研究活动。

### 第 160 条　立法档案——档案利用条例

职员或秘书应当在州档案馆长的指导下，为移交到州档案馆保存和维护超过 3 年的档案制定利用条例。

### 第 170 条　立法档案——录音材料

由立法机构雇员形成的任何众议院或参议院辩论录音材料，自该期会议结束之日起，应当分别由众议院首席职员和参议院秘书保存两年，然后移交州档案馆长。众议院首席职员和秘书应当将其保存的录音按照统一体系进行编目或建立索引，以便在两院会议前便于作为特定问题的辩论材料；还应当通过复制提供法庭档案的利用，以及提供法庭可能要求的该份录音。

### 第 180 条　立法档案——建设——法律草案的保密

《华盛顿州法典（修订版）》第 40 卷第 14 章第 10、100~180 条，不得解释为撤销或修改任何法律或法律某部分，该法授权对公共档案进行保存或销毁。也不影响《华盛顿州法典（修订版）》第 40 卷第 7 章的规定，该规定要求州图书馆存储所有州出版物。且不影响法典修订办公室法律草案的保密。

# 联邦档案馆藏与档案管理法规

《联邦法规》第36卷"公园、森林与公共财产"
第12章之"分章B 档案管理"和"分章D 解密"

## 分章 B——档案管理

## 第1220节 联邦档案总则

第1220.1条 分章 B 的范围是
什么?

第1220.2条 分章 B 由哪里
授权?

| | | | |
|---|---|---|---|
| 第 1220.3 条 | 哪个标准作为分章 B 的指导方针? | 第 1220.18 条 | 哪些定义适用于分章 B 的规则? |
| 第 1220.10 条 | 由谁负责档案管理? | 第 1220.20 条 | 分章 B 所用到的缩写 |
| 第 1220.12 条 | 美国国家档案局的档案管理职责是什么? | 第 1220.30 条 | 机构的档案管理职责是什么? |
| 第 1220.14 条 | 谁应当遵守分章 B 的规则? | 第 1220.32 条 | 机构必须实施的档案管理准则 |
| 第 1220.16 条 | 哪些信息记录的管理必须符合分章 B 的规定? | 第 1220.34 条 | 为履行档案管理职责,机构必须做什么? |

## 第 1220.1 条　分章 B 的范围是什么?

分章 B 详述了联邦机构有关档案的形成、维护、处置、归档文件齐全完整等档案管理程序规定。

## 第 1220.2 条　分章 B 由哪里授权?

本分章的规定是对《美国法典》第 44 卷第 21、29、31、33 章的实施。

## 第 1220.3 条　哪个标准作为分章 B 的指导方针?

本规则符合 ISO15489-1:2001《信息与文献——档案管理》的规定。有关本规则具体章节需要其他标准时,会在适当的地方进行引用。

## 第 1220.10 条　由谁负责档案管理?

(a) 美国国家档案局负责监督机构的归档文件是否完整、档案处置程序及措施是否充分,总务管理局(GSA)负责监督档案管理的经济及效率情况。国家档案局局长及总务署长负责签发规章制度,并在档案管理程序上对联邦机构提供指导、帮助。国家档案局的规则列入本分章。总务管理局规则在《联邦法规》第 41 卷第 102~193 章。

(b) 联邦机构负责建立并维护档案管理计划,该计划应当符合国家档案局及总务管理局的规则和指导意见。本部的分部 B 阐述了机构档案管理的基本要求。

## 第1220.12条　美国国家档案局的档案管理职责是什么？

（a）国家档案局局长签发规章制度，并在以下方面对联邦机构提供指导和帮助：确保有关组织、功能、政策、决策、程序及联邦政府重要事务的归档文件完整、准确，确保适当的档案处置，还包括提出改善档案管理的标准。

（b）国家档案局对具有持续保存价值的档案（永久档案）保管建立标准，并协助联邦机构将该标准应用在其所保管的档案上。

（c）通过档案保管期限的划分及鉴定步骤，国家档案局局长决定哪些联邦档案具有短期保存价值，之后便可以销毁；哪些联邦档案具有永久保存价值，应当向美国国家档案馆移交。国家档案局局长对所有联邦档案的最终处置具有法律效力。

（d）国家档案局局长发布通用档案保管期限表（GRS），对部分或全部联邦机构均会产生的档案，在一定期限后，授权其进行处置。

## 第1220.14条　谁应当遵守分章B的规则？

分章B规则的适用对象是在第1220.18条中定义的联邦机构。

## 第1220.16条　哪些信息记录的管理必须符合分章B的规定？

分章B的要求适用于满足联邦档案定义的文书资料。见本分章第1222节。

## 第1220.18条　哪些定义适用于分章B的规则？

分章B中使用的定义：

"完整、准确的归档文件"指的是：完整、准确记录政府业务行为的档案，包括需要记录的机构的组织、功能、政策、决定、程序及重要事务的完整、准确的档案，以及那些为保护政府和个人（受到机构行为直接影响）的法律、财政权利提供必要信息的档案。

"机构"，见执行机构和联邦机构。

"鉴定"，是国家档案局决定联邦档案的价值及最终处置，标明其为短暂保存或是永久保存的过程。

"商业性档案存储中心"，是指提供档案存储、检索、处置服务的私立部门商业设施。

"综合保管期限"，是一个机构包含对所有实体形式的，由联邦机构或行政部门主要组成部分形成的归档材料，档案和非档案的描述及处置使用说明的指南或方针。除非来源于由国家档案局发布的通用档案保管期限表，在机构发布之前，该档案处置工具必须经过国家档案局以一个或多个标准表格115《档案处置授权申请》的批准。对非档案材料的处置使用说明可由机构制定，不需要获得国家档

案局批准。（见档案保管期限）

"待定档案"，是指一些档案，其最终处置取决于一个在未来不确定的某个时间将会发生的行为或事件，例如财产售卖或设施损毁。

"处置"，指对机构日常业务行为不再需要使用的档案所采取的行动。

"处置权"，指对档案的保管期限和处置的法律授权。对于联邦档案而言，该授权表现为由国家档案局局长批准的标准表格115《档案处置授权申请》。对于非档案材料来说，处置是由创建或保管材料的机构来确立。（也见档案保管期限）

"文件材料"，是一个集合名词，指信息记录，不论该记录的材质、方法或环境。

"电子档案"，指仅可以计算机处理的形式记录下来的，符合联邦档案法中有关联邦档案的定义的任何信息。该术语包含档案内容及由机构确定的、用来满足机构业务需求的相关元数据。

"评估"，指有选择性的或全面的检查、审计、复审一个或多个联邦机构的档案管理方案的有效性及合法性、合规性。包括纠正、改善档案管理政策、程序及后续活动（汇报、实施该建议）的建议。后续活动包括汇报、实施该建议。

"行政机构"，指行政部门或美国政府行政分支的独立机构，包括完全政府所有企业。

"联邦机构"，指任何行政机构或联邦政府立法、司法部门及其所属机构（除了最高法院、参议院、众议院和国会山管理局及其举办的活动）。（《美国法典》第44卷第2901（14）条）

"联邦档案"，见档案。

"立卷"，指档案的整理。该术语的含义是纸质、照片、地图、电子信息或其他信息记录，无论其实体形式或特点，积累或保管在归档设备、档案盒、电子介质或档案架上，占据着办公室或存储空间。

"信息系统"，信息系统即系统化馆藏，指无论使用自动或人工方式，按照规定程序进行信息的处理、传送、传播。

"元数据"，由保存下来的，用于描述电子文件的历史、追踪、管理的背景信息组成。

"美国国家档案"，是一个由国家档案局局长选择的所有档案的集合。由于这些档案具有丰富的历史或其他价值，因而有必要由联邦政府持续保存，并且通过执行标准表格SF258（向国家档案馆移交档案的协议）移交到国家档案局局长的法定保管机构。见永久档案。

"非档案材料"，是那些不符合法定的档案定义（《美国法典》第44卷第3301条）或排除在定义范围外的联邦信息资料。这些被排除的资料是仅作参考的多余文件副本、出版物和被处理文件的库存，图书馆或博物馆资料仅作参考或展览之用。

"永久档案"，指由国家档案局决定的具备足够价值，有必要保存在国家档案馆的任何联邦档案，即使该档案还留在机构保管。永久档案是那些 1973 年 5 月 14 日及之后的由国家档案局批准的，在标准表格 SF115《档案处置授权申请》上标记为永久的档案。该术语也包括由国家档案局登记记入美国国家档案的所有档案。

"个人案卷"，也叫个人文件，是属于个人的，不用于实施机构业务活动的文件材料。个人文件是排除在联邦档案定义之外的，非政府所有。

"档案保管需求"，指在法律、法规、机构命令或其他权威颁布的所有的声明。这些声明是针对由机构创建、维护的特定档案，而对联邦机构人员提出的一般性或具体的要求。

"档案保存系统"，是对档案进行捕获、组织、分类，以便于存储、检索、利用、处置的手工或电子系统。

"档案或联邦档案"，在《美国法典》第 44 卷第 3301 条中定义的，包括"由联邦法中美国政府机构或与公共业务事项有关联的机构制作或接收的，由机构或合法继承人保存或适宜其保存，作为政府的组织、功能、政策、决定、程序、操作或其他政府活动的证据，或因其数据具有情报价值的，所有图书、纸质、地图、照片、机读材料或其他文件材料，无论其实体形式或特征"（见 1222.10 对此定义的解释）。

"档案中心"，在《美国法典》第 44 卷第 2901（6）条中定义，作为一个机构，由国家档案局局长（国家档案局联邦档案中心）或由其他联邦机构维护、管理，主要是对那些需要保存一段时间，又不用占用原档案室设备或存储空间的档案进行存储、服务、安全、处理等等。（见档案存储设施）

"档案管理"，本分章 B 使用的档案管理是指为获得充足、准确的联邦政府政策、事务记录，及机构运行的效率及经济管理情况的文献，包含在有关档案的形成、维护、利用、处置中的计划、控制、指导、组织、培训、推进及其他管理活动。

"档案保管期限"，档案保管期限有以下内容：

（1）标准表格 115《档案处置授权申请》，由国家档案局批准授权对联邦档案的处置；

（2）由国家档案局发布的通用档案保管期限表；

（3）已公布的机构手册或指南中包含的由国家档案局以一个或多个标准表格 115 形式批准，或由国家档案局发布的通用保管期限表的档案著录或处置工具。见综合保管期限。

"档案存储机构（设施）"，指由本章定义的档案中心或商业档案存储设施，如联邦机构用来存储联邦档案的设施，无论该设施是由机构本身或国家档案局、另一联邦机构还是私立公司负责运营维护。

"保管期限时长"，指档案必须被保管的时间长度。

"系列"，指一个案卷单元或文件按照归档或分类体系排列，或因该案卷或文件与特定事项或功能相关、由相同行为产生的结果、采取特定实体形式，或因其形成、收受、利用，如限制访问及利用，而产生了其他关联，因此放在了一起，也叫档案系列。

"临时档案"，指由国家档案局局长决定的具有足够价值（根据现行标准）的，由国家档案局保存的联邦档案。该决定采取以下形式：

（1）由国家档案局批准的机构档案处置期限（标准表格 SF115《档案处置授权申请》）处置的档案；

（2）由通用档案保管期限表处置的档案。

"未定处置期限的档案"，指其最终处置未经过国家档案局批准的 SF115《档案处置授权申请》的联邦档案，这样的档案必须作为永久保管档案，直到最终处置被批准。

## 第 1220.20 条　分章 B 所用到的缩写

NARA：国家档案局

NAS：空间和安全管理部

NR：地区档案服务办公室

NWCS：特殊介质永久档案服务部

NWM：现行档案计划，包含了国家档案局全国的档案管理人员

NWME：电子及特殊载体档案部

NWML：管理生命周期部

NWMW：华盛顿国家档案中心

NWT：保管计划

分部 B—机构档案管理职责

## 第 1220.30 条　机构的档案管理职责是什么？

• 在《美国法典》第 44 卷第 3101 条中规定，每个联邦机构负责人必须建立并保管档案，包含对机构的组织、功能、政策、决策、程序、重要事务进行充分、适当的记录及归档。这些档案旨在为保护政府及受到机构活动直接影响的个人的法律及经济利益而提供必要信息。

• 在《美国法典》第 44 卷第 3102 条中规定，每个联邦机构负责人必须为机构开展经济、有效的档案管理，建立并维护积极的、可持续的计划。

• 机构档案管理计划必须提供：

（1）对现行业务中档案的形成、保管、利用进行有效控制；

（2）就改善档案管理、促进应当妥善保存的档案的保管与安全及分离或销毁

具有临时价值的档案而适用的标准、程序、技术方面与档案局局长和总务管理局局长合作。

## 第1220.32条　机构必须实施的档案管理准则

机构必须形成、维护真实、可靠、可用的档案，并确保其在授权的保管期限内的保存状况良好。一个综合档案管理计划应提供政策、程序以确保：

（a）记录机构业务的档案的形成或捕获；

（b）整理、保存档案以便于利用，并确保其在授权的保管期限内的完整性；

（c）在需要的时间、地点，以可用的格式提供档案，引领机构业务；

（d）遵守法律法规的规定和相关标准及机构政策；

（e）应当在安全的环境中保护档案，无论其是何种格式，待其保管期限授权后才能实施移除或销毁；

（f）由积极的档案计划支撑的可持续运转。（见本分章第1223节）

## 第1220.34条　为履行档案管理职责，机构必须做什么？

为履行由《美国法典》第44卷第3102条规定的职责，机构必须：

（a）将档案管理职责分配给个人及办公室，并在机构内部给予适当授权，以协调、监督第1220.32条中规定的机构综合档案管理计划准则的实施。

（b）将分派负责实施机构档案管理计划的人员的姓名告知国家档案局和机构主管。将该人的姓名、电子邮件、邮寄地址、电话、传真号码发送到国家档案局。由机构负责人授权的签署档案处置期限及要求将档案移交国家档案馆保存的官员的姓名、职务、电话号码也要提交国家档案局。

（c）为机构档案的形成、保管、处置发布一个指南，该指南中构建了计划的目标、职责及主管部门。该指南的副本（包括之后的修正案及副刊）酌情在整个机构传阅，并提交给国家档案局。

（d）将档案管理职责落实到每个方案（任务）和管理领域，确保将档案保管需求与档案维护、保存、处置实践整合到机构的所有方案、流程、系统及程序之中。

（e）按照本分章第1236.12条规定，将档案管理和归档需求整合到电子信息系统的设计、开发及实施中。

（f）为所有机构人员提供档案管理职责的指导、培训，包括鉴定所有格式及介质的联邦档案。

（g）符合36CFR本分章第1225、1226节的要求，为机构形成或接收的所有档案制定档案保管期限并在实施之前获得NRA的批准。

（h）符合由行政管理和预算局、国家档案局、总务管理局或其他适当机构发布的有关档案管理和档案保管要求的政策、程序、标准。（见本分章的第1222.22条）

（i）协会控制并确保所有档案，无论何种格式、介质，都由应当尽此责的机构人员进行适当整理、分类或索引、著录及提供利用。

（j）进行正式评估，以衡量档案管理方案及实践的有效性，确保其符合本分章里国家档案局的规定

## 第 1222 节　联邦档案的形成与保管

| 分节 A——联邦档案的确认 | | 义及管理的？ | |
|---|---|---|---|
| 第 1222.1 条 | 为第 1222 节授权的是哪部法律？（本部分依据是什么） | 分节 B——机构档案保管需求 | |
| 第 1222.2 条 | 哪些定义适用于本部分？ | 第 1222.22 条 | 什么样的档案被要求作为机构业务的充分记录？ |
| 第 1222.3 条 | 哪些标准可用于指导本节？ | 第 1222.24 条 | 机构如何构建档案保管需求？ |
| 第 1222.10 条 | 机构应当怎样适用联邦档案的法定定义？ | 第 1222.26 条 | 机构业务中普遍的档案保存要求是什么？ |
| 第 1222.12 条 | 什么类型的文件材料是联邦档案？ | 第 1222.28 条 | 系列层次的档案（档案集）保存要求是什么？ |
| 第 1222.14 条 | 什么是非档案材料？ | 第 1222.30 条 | 机构何时应当遵从其他机构的档案保存要求？ |
| 第 1222.16 条 | 非档案材料是如何管理的？ | | |
| 第 1222.18 条 | 在什么情况下非档案材料应当从政府机构中移除？ | 第 1222.32 条 | 机构如何管理由承包商形成或接收的档案？ |
| 第 1222.20 条 | 个人案卷是如何定 | 第 1222.34 条 | 机构如何保存档案？ |

由《美国法典》第 44 卷第 2904、3101、3102、3301 条授权。

## 分节 A——联邦档案的确认

**第 1222.1 条　为第 1222 节授权的是哪部法律？（本部分依据是什么）**

本部分授权依据的是《美国法典》第 44 卷第 2904、3101、3102、3301 条。

**第 1222.2 条　哪些定义适用于本部分？**

见本分章 1220.18 定义的术语，也在第 1222 节使用。

**第 1222.3 条　哪些标准可用于指导本节？**

本节的规则符合 ISO15489-1：2001，《信息与文献——档案管理》的要求。其中 7.1（档案管理规划的原则）、7.2（档案的特征）、8.3.5（转换和迁移）、8.3.6（利用、检索和使用）、9.6（存储和处理）适用于档案的形成与保管。

**第 1222.10 条　机构应当怎样适用联邦档案的法定定义？**

（a）联邦档案的法定定义在《美国法典》第 44 卷第 3301 条，在本分章 1220.18 也提到该定义。

（b）联邦档案法定定义中的一些关键术语、段落及概念在下面进行更深入的解释：

（1）"文件材料"，使用本分章 1220.18 中对该词的解释。

（2）"无论实体形式或特征"，是指文件档案介质可以是纸质、胶片、磁盘或其他实体类型；记录的方式可以是手工、机械、照相、电子或其他以上方式的混合或其他技术。

（3）"形成"，是指由机构人员在其公务活动中，无论使用何种方式或介质，形成、记录信息的行为。

（4）"接收"，是指由机构，或机构的代表，或机构人员，在公务活动过程中收到或收集文件材料，无论其来源（如机构的其他单位、公民个人、政府官员、其他机构、承包商、政府雇员），且不论其如何传播的（由亲身或信使、邮寄、电子方式或任何其他方式）。在此背景下，该术语不指有错误导向的材料。该术语可以指向，也可以不指向借出的或查封的材料，这取决于该材料进入机构保管或由机构使用的具体情况。被借出或被查封材料的这种档案情况应当咨询法律顾问。

（5）"保存"，指由机构归档、存储或其他方式系统保存各种介质的文件材料。该术语不仅包括事实上归档或其他系统化保管的材料，还包括从现存归档系统临时移出的材料。

（6）"适宜保存"，指由机构决定形成或接收的文件材料应当归档、保存，或其他情况下，因该材料具有机构活动的证据性或其中包含着的信息，即使该材料还未列入现有的归档范围或保存程序，也应当由机构系统保存。

## 第 1222.12 条　什么类型的文件材料是联邦档案？

（a）一般情况下：为了确保联邦政府、机构形成和保存的档案完整、准确，机构必须对其全部格式和介质的文件材料适用档案的定义（见《美国法典》第 44 卷第 3301 条，本分章的第 1220.10、1220.18 条），区分出档案和非档案材料。

（b）档案身份：当文件材料满足第 1222.10（b）条规定的条件时就是档案。

（c）工作文件及同类材料：当工作文件具备以下属性时，工作文件，如初稿、粗略的笔记及其他类似材料，也是档案，必须保管好，以确保历史记录的充分、适当：

（1）为了公务目的，可在形成者外传阅，提供给其他雇员，例如用于批准、评论、行动、建议、跟进或与机构成员沟通机构业务；

（2）包含独特信息，例如实质性注解或评论，有助于正确理解机构的规划，执行基本政策、决策、行动或职责。

（d）档案副本：决定一个特定文件是否是档案不依赖于它是否包含独特信息。一份相同文件的多个副本及包含重复信息的文件，可能每个都具有档案身份，这取决于它们在实施机构业务中如何被使用。

## 第 1222.14 条　什么是非档案材料？

非档案材料是美国政府拥有的文件材料，它们不符合档案身份的条款［见第 1222.12（b）条］或被明确排除在档案的法定定义之外（见《美国法典》第 44 卷第 3301 条）。机构的档案管理计划也需要包括管理非档案材料。被排除在档案法定定义之外的材料有三个具体分类：

（a）图书馆、博物馆材料（但前提是该材料为参考或展览目的而制作、获得或保存的），包括实物展品、文物和其他缺乏证据价值的材料对象。

（b）文件的多余副本（但前提是保存这些副本的唯一原因是便于查考）。

（c）出版物和被处理文件的库存。从其他政府机构、商业公司或私人机构接收来的，不需要实施归档或不属于归档范围的目录、商业期刊及其他出版物（这些库存材料不包括机构出版物和被处理文件的汇编或档案集，如年度报告、情况介绍册、宣传册、书籍、手册、海报及地图）。

**第 1222.16 条　非档案材料是如何管理的?**

（a）机构应当制定档案保管需求，以区分档案和非档案材料。

（b）管理非档案材料应当适用以下指导原则：

（1）如果不能作出明确决定，该材料应当作为档案。机构可以向国家档案局咨询并获得指导。

（2）非档案材料应当与档案材料分开存放，电子形式的非档案材料应能快捷辨认并与档案材料分开存放。

（3）当不再需要作为参考时，应当清除非档案材料。销毁这些材料不需要获得国家档案局的批准。

**第 1222.18 条　在什么情况下非档案材料应当从政府机构中移除?**

（a）即将卸任的职员，在得到机构负责人或有权就机构档案事宜采取行动的人的批准后，可以将非档案材料，包括非涉密或已正式解密，因便于查考而保存的机构档案多余副本，从政府机构保管处所中移除。

（b）国家安全涉密信息不可以从政府保管处所中移除，除非该移除行为符合作为第 12829 号行政令下的修正案或后续法律中确立的国家工业安全计划的要求。

（c）在 1974 年《隐私法》（《美国法典》第 5 卷第 552a 条）修正案或其他法律下严格限制发布的信息不能从政府保管处所中移除，除非是这些法律允许的。

（d）本节规定不适用于在实施官方机构业务活动过程中对档案及非档案资料的利用，包括远程工作及信息的授权传播。

**第 1222.20 条　个人案卷是如何定义及管理的?**

（a）个人案卷在本分章第 1220.18 条中有所定义。本节规定不适用于 1978 年《总统档案法》（《美国法典》第 44 卷第 2201~2207 条）（见本章中第 1270 节）中覆盖的机构和职位。

（b）个人案卷必须被清晰界定且必须与官方档案分开保存。

（1）私人（非机构）事件信息与机构业务信息不能与向外发出的机构文件，如通信或消息混杂在一起。

（2）如果私人事件及机构业务信息一起出现在一份接收到的文件中，该文件就是联邦档案。机构可以制作该文件副本，删除或编辑私人信息，该副本也可作为联邦档案对待。

（3）标有"个人"、"秘密"、"私人"或类似标识的材料，用于公共业务处理中的，是联邦档案。例如"个人"等标识的使用并不影响联邦机构中文件材料的状态。

## 分节 B——机构档案保管需求

### 第 1222.22 条　什么样的档案被要求作为机构业务的充分记录?

为满足作为充分适当记录的职责,机构应当规定档案的形成和保管:

(a) 记录有关机构的人员、地点、事情或机构处理事项的材料。

(b) 便于机构官员及其继任者们行事的材料。

(c) 使国会或其他正当授权的政府机构进行正确监察所需的那些材料。

(d) 保护政府、直接受政府行为影响的个人的财政、法律和其他权利的材料。

(e) 记录基本政策、决策的规划与执行,以及采取的必要措施,包括所有口头(人对人的、电信的或会议的)或电子形式达成的实质性决定和承诺。

(f) 记录重要的董事会、委员会或工作人员会议。

### 第 1222.24 条　机构如何构建档案保管需求?

(a) 机构应当确保工作程序、指令和其他颁布的文件,系统规划和开发文献以及其他相关档案,即所有介质,包括在电子邮件系统中形成或接收的档案的保管需求。档案保管应当做到:

(1) 明确规定具体的档案分类,该档案是由机构人员在其公务活动中系统形成或接收、保存的;

(2) 详述材料的利用及记录技术,确保档案能长久保存,满足政府需要;

(3) 无论在何地保存这些材料,都要指定保存的方式;

(4) 为了机构业务需要,通过本分章的第 1225 部中的保管期限处理流程,提供档案应当保存的期限;

(5) 区分档案和非档案材料,且符合分章 B 中关于档案保管期限和处置的规定;

(6) 包括这些程序:确保离职官员和雇员不能从机构保管处所移除联邦档案,只有在符合第 1222.18 条规定时才能移除非档案材料;

(7) 规定业务经理、信息技术人员、系统管理者的具体档案保管责任及所有机构人员的通行档案保管责任;

(b) 机构应当提供本分章第 1220.34(f)条中描述的培训,并告知所有人员,他们有义务有责任保存准确、完整的业务活动档案。

### 第 1222.26 条　机构业务中普遍的档案保存要求是什么?

为了确保机构业务得到充分适当的记录,每项业务都应该制定档案保存要求，明确以下内容：

（a）应当形成、维护档案系列及分类体系，以记录各项业务的政策、程序、功能、活动及事项。

（b）办公室负责档案系列及分类体系副本的维护，系统管理员确保电子档案的真实、防护、可检索。

（c）相关档案系列及分类体系。

（d）在同一系列中纸质和电子案卷的关系。

（e）档案应被保存足够长的时间以满足计划、行政、财务、法律和历史的需要，为此国家档案局在其批准的处置方案中应规定相应的政策、程序、战略。

### 第1222.28条　系列层次的档案（档案集）保存要求是什么？

为确保档案集、档案体系能够充分地记录机构政策、事务及活动，每个项目都应当对档案系列、档案体系制定保存要求，包括：

（a）确认必须包含在档案集和/或档案体系中的信息、文献；

（b）在档案集和/或档案体系中排列整理每个系列和每份档案；

（c）确认档案的位置及负责保管档案的人员；

（d）保管包含机构政策、活动的实质性信息的电话、会议、即时消息、电子邮件交流等记录的政策、程序；

（e）用来确定工作案卷，以及决定纸质、电子形式的工作案卷的档案状态的政策、程序；

（f）包含不同介质档案集的保管政策、程序。

### 第1222.30条　机构何时应当遵从其他机构的档案保存要求？

机构应当遵从由其他机构就某些具有管辖权的项目或正在进行的活动在政府范围内推行的档案保存要求，例如有关危险废物的档案要求。受到影响的机构应当在其适当指南中，或其他的描述机构组织、功能或活动的官方文件中包含这些要求。

### 第1222.32条　机构如何管理由承包商形成或接收的档案？

（a）负责实施合同的机构官员应当保证档案的形成、处理，由承包商或非联邦实体拥有所有权的档案应采取以下步骤：

（1）机构应当确保代行联邦政府机构职能的承包商创建、保管记录其活动的档案。机构应当在合同中写明政府拥有所有权及所有档案要移交给政府。这些档案充分、适当地记录了承包商代行的机构活动和项目，符合《联邦采购条例》（FAR）（1974年《联邦采购局政策法案》后由 Pub. L. 96 - 83 41 U. S. C. 修正）的要求，也适用《国防部联邦采购条例补充规定》（DFARS）（《联邦法规》第48

卷第 200~299 节）。

（2）档案管理中包括对合同档案进行监督的职责是必要的，以确保所有档案保存需求被满足。为政府使用而形成的、移交给政府或法律规定在政府控制下的所有档案应当符合联邦法律的管理要求。此外，明确要移交给缔约机构的电子档案及背景电子数据，在移交时必须附随充足的技术资料，以便理解、使用档案和数据。

（3）为政府使用而要求其形成数据时，在合同中必须明确规定，除最终产品外，还要移交背景支撑性数据或其他可能对政府有重复使用价值的档案。为了决定承包商应当移交什么样的背景支撑性数据或其他档案，项目和缔约官员应当咨询机构档案及信息管理者和历史学家，在适当的时候，特别是在数据交付成果支撑一项新的机构任务或政府项目时，还要咨询其他政府机构以确保政府的所有要求能被满足。

（4）合同中应当包含延期要求和交付数据的条款，以及数据的相关权利条款，这样的话，无论何时需要确保充分、适当的文件记录或因数据对政府有重复利用价值，政府要求都能被满足。

（b）为政府使用而形成的、移交给政府的，或在法律控制之下的所有数据都是联邦档案，要遵守《美国法典》第 44 卷第 21、29、31、33 章的条款，《信息自由法案》（FOIA）（《美国法典》第 5 卷第 552 条）及修正案、1974 年《隐私法》（《美国法典》第 5 卷第 552a 条）及修正案应当符合分章 B 中的管理和处置要求。

（c）机构应当确保对涉密档案的保管，适当授权给参与了第 12829 号行政令及修正案或后续法律下的国家工业安全计划（NISP）的承包商或非政府实体。

## 第 1222. 34 条　机构如何保存档案？

机构应当实施档案保存计划，以便完整的档案能够立卷归档，或被确认、保存，当需要时能够快捷地找到档案，永久和临时性档案被实体分离，电子档案单独保存。机构档案保存计划应当：

（a）制定管理、存储档案的程序；

（b）依据《联邦法规》第 36 卷及本分章第 1236、1237、1238 节的要求来保存电子、音像、制图及缩微档案；

（c）每个机构组成部分都要对保存所有格式档案的责任进行分配，包括指定官员负责保管、处置电子档案以及管理用于档案保存的自动化系统；

（d）制定参考和检索的程序及管理权：

（1）使档案的查找、借出、归还更加方便，包括保障档案在运送过程中不发生损失；

（2）确保在利用电子档案时将未授权添加、删除及修改的风险降到最低；

（e）对所有机构员工进行档案处理及保护的适当培训；

（f）将档案和非档案材料分别保存，符合第 1222.16 条的规定；

（g）将个人案卷与政府档案分开保存，符合第 1222.16 条的规定；

（h）在档案设施中存储档案时，符合《联邦法规》第 36 卷中本分章第 1232 节和第 1234 节的要求。

# 第 1223 节　紧要档案的管理

| | |
|---|---|
| 第 1223.1 条　哪些法律法规可作为第 1223 节的依据？ | 应当包含什么元素？<br>第 1223.16 条　怎样确认紧要档案？ |
| 第 1223.2 条　适用于本节的定义 | 第 1223.18 条　紧要档案必须以特 |
| 第 1223.3 条　哪些标准可用于指导第 1223 节？ | 定形式或格式存在吗？ |
| 第 1223.4 条　本节引用了哪些出版物？ | 第 1223.20 条　在紧急情况下利用紧要档案有哪些要 |
| 第 1223.10 条　第 1223 节的目的是什么？ | 求？ |
| 第 1223.12 条　紧要档案项目规划的目标是什么？ | 第 1223.22 条　机构应当怎样保护紧要档案？ |
| 第 1223.14 条　紧要档案项目规划 | 第 1223.24 条　何时销毁紧要档案？ |

依据：《美国法典》第 44 卷第 3101 条，第 12656 号行政令，《美国联邦公报》第 53 卷，47491；第 13231 号行政令，《美国联邦公报》第 66 卷，53063。

## 第 1223.1 条　哪些法律法规可作为第 1223 节的依据？

（a）本部的依据是《美国法典》第 44 卷第 3101 条；第 12656 号行政令《应急职责分配》及第 13231 号行政令《信息时代的关键基础设施保护》；国家安全总统令（NSPD51）/国土安全总统令（HSPD-20）或适用的后继指令。这些规定要求每个机构负责人要形成、保管档案，这些档案是机构活动充分、适当的记录，还要履行国家安全应急职责。

（b）本部的规定应当符合《联邦执行机构连续性运行指南》（FCD1）、《联邦执行机构国家连续性运行程序和需求》（FCD2）、联邦执行机构任务的基本功能以及主要任务基本功能的确认和提交流程的要求。

## 第1223.2条　适用于本节的定义

（a）见本分章的第1220.18条中定义的在分章 B 通用的术语，在第1223节中也适用。

（b）用于第1223节的还有以下术语：

"清查周期"，指定期移除紧要档案的过时副本并替换为现行副本。该周期可能是一天、一周、一季度、一年或其他指定时间间隔。

"灾难"，指意外发生的造成大范围破坏和危难，对机构运行造成长期不利影响的事件。由每个机构来定义自己最关键的项目活动的长期不利影响是什么。

"紧急情况"，指有严重性质的、突然的、出乎意料发生的一种情况或一个事件，需要及时对其采取行动。通常持续时间较短，例如，造成机构正常运行中断一周或更短时间，可能是电路故障或因管道破裂造成的轻微水浸。

"应急运转档案"，指那些对一个组织的持续性功能或灾中、灾后重建很必要的紧要档案类型。包括应急计划及指南、继承顺序、权威代表、人员分配、用于继续最关键的机构运转的被选项目档案以及有助于机构人员在紧急情况下保持运转，或在紧急情况后恢复正常运转的相关政策或程序性档案。

"法律或财务权益档案"，指对保护政府及直接受其活动影响的个人的法律和财产权益所必不可少的那类紧要档案。例如包括应收账款档案、社保档案、工资档案、退休档案、保险档案等的账目。这些档案以前被定义为"权利和利益档案"。

"国家安全紧急情况"，指包括自然灾害、军事攻击、技术或其他紧急情况，严重降低安全等级或威胁美国国家安全（行政令第12656号中定义）的任何事件。

"异地保存"，指在机构常规业务地点之外的设施保存档案，直到适用于最后处置。紧要档案可在异地保存，以确保当紧急情况发生在机构常规业务地点时，档案不被损毁。

"紧要档案"，指在国家安全紧急事件或其他紧急情况下用来满足运转职责必不可少的机构档案（应急运转档案），或保护政府及受到政府活动影响的个人的法律和财产利益的档案（法律或财务权益档案）。

"紧要档案项目规划"，指制定、实施的政策、计划、程序以及用于确认、使用、保护必要档案的资源，应当在国家安全紧急事件、其他紧急情况或保护政府、公民权利的情况下，实现运转职责。这是机构应急管理功能的一个项目元素。

## 第1223.3条　哪些标准可用于指导第1223节？

本节规则符合 ISO15489-1：2001，《信息与文献——档案管理》的要求。其中第4条（档案管理的益处）、第7.1条（档案管理规划的原则）、第9.6条（存储和处理）适用于紧要档案。

## 第1223.4条　本节引用了哪些出版物？

（a）在得到《美国法典》第5卷第552（a）条和CFR第1卷第51部规定的联邦公报主管批准的情况下，本部引用了某些材料。要实施本节明确规定之外的其他版本，国家档案局应当在《美国联邦公报》上发布变更通知，该资料应当提供给公众。《美国联邦公报》办公室可以检查所有批准的材料。《美国联邦公报》办公室提供这些材料的信息，可拨打电话202-741-6030或登录网站http://www.archives.gov/federallregister/codeloflfederallregulations/ibrllocations.html。

（b）参考材料也可在国家档案局档案图书信息中心（NWCCA）获取，地址：大学公园斯特兰德路8601号2380室，MD：20740-6001，电话：（301）837-301。也可从下表中列出的资源获取相关材料。

（c）下面的网络出版物在线提供http://www.fema.gov/pdf/about/offices/fcd1.pdf；这是由国土安全部公布的：

（1）《联邦执行机构连续性运行指南》（FCD1）：《联邦执行机构国家连续性运行程序和需求》，2008年2月，IBR，核准1223.14。

（2）［预留］

## 第1223.10条　第1223节的目的是什么？

第1223节明确了用于为确认、保护、管理紧要档案而构建的规划所需的政策、程序，作为机构为履行应急管理职责而制定的持续性运转方案的一部分。

## 第1223.12条　紧要档案项目规划的目标是什么？

一个紧要档案项目规划有两个目标：

（a）为机构提供其所需要的在非正常运转情况下实施其业务的信息和之后恢复其正常业务的信息；

（b）使机构官员识别、保护最紧要档案，即关于机构和受机构活动直接影响的个人的法律和财产权益的档案。

## 第1223.14条　紧要档案项目规划应当包含什么元素？

为保持与本节规定的一致，机构紧要档案项目规划应当包含在FCD1，附录I（参考中具体列出，见第1223.4条）中列出的所有元素。在实施紧要档案项目规划时，机构应当：

（a）明确机构人员职责；

（b）恰如其分地告知所有人员关于紧要档案事项；

（c）确保指定的紧要档案是最近的、完整的；

（d）确保紧要档案受到充分保护、可访问、可立即使用。

## 第 1223. 16 条　怎样确认紧要档案?

机构在应急管理功能的背景中确认紧要档案。紧要档案是那些被用来履行机构最关键功能，以及那些用来保护政府和受其活动影响的个人的法律和财产权益的档案。紧要档案也包括明确机构如何应对紧急情况的应急计划及相关档案。档案集和电子档案系统的信息内容决定了哪些是紧要档案。只有最新近、最完整来源的信息才可成为紧要档案。

## 第 1223. 18 条　紧要档案必须以特定形式或格式存在吗?

●紧要档案可以是档案原件也可以是副本。咨询国家档案局档案管理指南关于紧要档案的内容，可在网页找到进一步的信息。

●档案可以保存在各种介质上包括纸张、磁带、光盘、照相胶片及缩微。在选择介质时，机构应当确保有设备能读取该特定介质，并在紧急情况或灾难下可以找到这种设备。

## 第 1223. 20 条　在紧急情况下利用紧要档案有哪些要求?

机构应当为紧要档案制定检索程序，该程序应当简单易行，特别是对档案不熟悉的人以便其在紧急情况下可以使用该档案。对于电子档案系统而言，机构应当确保在紧急情况下，有适当的硬件、软件和系统文件足以运行系统以便利用档案。

## 第 1223. 22 条　机构应当怎样保护紧要档案?

机构应当采取适当的措施确保紧要档案或副本在紧急情况下的安全。

（a）复制。机构可以选择复制紧要档案作为首要的保护方式。复制可以使用与档案原件相同的介质，也可以使用不同介质。当机构选择复制作为保护方式时，紧要档案副本异地存储的通常是原始档案的复制件。如果对原始档案的保护很必要时，或机构不需要在其常规业务地点保存原始档案时，机构可以异地存储原始档案。

（b）分散存储。复制档案后，应当将其分散在足够远的位置保存，以避免遭遇相同的紧急情况。分散存储的地点可以是同一机构的其他办公场所，或其他地点。

（c）存储要点。当遇到紧急事件时，应急操作紧要档案的副本必须在非常短的时间内能够快速提供利用。而法律和财产权益档案副本可能不会这么快就被利用到。在决定存储紧要档案副本的地点时，机构必须将两种特性的档案，即应急操作和法律财产权益的档案均作为应急操作档案。

（1）法律和财产权益紧要档案的异地备份副本可以存储在机构设置的其他地方或符合本分章第 1233. 12 条规定的档案存储设施中。

（2）当使用国家档案局的档案存储设施中保存的紧要档案原件的复制件时，机构应当在标准表格 SF135《档案传送接收表》上明确，这是紧要档案的复制件并标明其介质。机构还应当周期性地对这些档案复制件进行清查，移除过时的版本，替换为最新版本。

## 第 1223. 24 条　何时销毁紧要档案？

紧要档案原件的处置受控于由国家档案局批准的档案保管期限（见本分章的第 1225 节，档案保管期限）。在其未到保管期限时，机构不能销毁档案原件。为保护紧要档案而形成、保存的复制件只有在紧要档案清查周期中被替代或已过时的情况下，才能被销毁。

# 第 1224 节　档案处置计划

第 1224.1 条　哪些法律法规可作为第 1224 节的依据？

第 1224.2 条　适用于本节的定义

第 1224.3 条　哪些标准可用于指导本节？

第 1224.10 条　实施一个有效的档案处置计划，机构必须做什么？

**依据**：《美国法典》第 44 卷第 2111、2904、3101、3102 条。

**来源**：除有其他引用外，来源于《美国联邦公报》第 74 卷，51014，2009 年 10 月 2 日。

## 第 1224.1 条　哪些法律法规可作为第 1224 节的依据？

本部的依据是《美国法典》第 44 卷第 2111、2904、3101、3102 条。

## 第1224.2条 适用于本节的定义

见本分章的第1220.18条中定义的术语,在第1224节中也适用。

## 第1224.3条 哪些标准可用于指导本节?

本部的规则符合ISO15489-1:2001,《信息与文献——档案管理》的要求。其中第7.1条（档案管理规划的原则）、第8.3.7条（保管与处置）、第8.5条（档案系统的终止）、第9.9条（实施处置）适用于档案处置。

## 第1224.10条 实施一个有效的档案处置计划,机构必须做什么?

为了适当执行本分章中第1220.30（c）（2）、1220.32（e）、1220.34（c）、1220.34（f）、1220.34（g）条的规定,机构应当这样做:

（a）确保为所有档案设定符合本分章中第1225部规定的保管期限,且在实施时符合第1226节的规定,永久档案移交到美国国家档案馆。

（b）及时宣传、实施国家档案局批准的机构保管期限表及附加规定,对通用档案保管期限表（GRS）的改变要符合本分章中第1226.12（a）条的规定。

（c）定期复审机构形成的保管期限表,如有必要,进行修正。

（d）在设计、开发、实施新的或修正的档案保存系统（无论纸质或电子）时,将档案的保管与处置功能合并在一起。见本分章中第1236.6条。

（e）为所有员工在机构档案处置要求、程序及其他档案处置计划中的重要方面,提供培训和指导。当发布新的或修订的档案保管期限表时,为负责使用该保管期限表的员工提供具体指导。

# 第1225节 档案保管期限的划定

| | | | |
|---|---|---|---|
| 第1225.1条 | 哪些法律法规可作为第1225节的依据? | | 限? |
| | | 第1225.12条 | 如何划定档案保管期限? |
| 第1225.2条 | 适用于本节的定义 | 第1225.14条 | 机构如何划分永久档案? |
| 第1225.3条 | 哪些标准可用于指导本节? | | |
| | | 第1225.16条 | 机构如何为临时档案划定保管期限? |
| 第1225.10条 | 应当为什么样的联邦档案划定保管期限? | | |
| | | 第1225.18条 | 机构如何申请档案 |

| | | | |
|---|---|---|---|
| | 处置权？ | 第 1225.24 条 | 机构在什么情况下 |
| 第 1225.20 条 | 机构何时必须获得 | | 对电子档案可以适 |
| | GAO（政府问责局） | | 用以前批准的保管 |
| | 的批准 | | 期限？ |
| 第 1225.22 条 | 已划定保管期限的 | 第 1225.26 条 | 机构如何改变处置 |
| | 档案何时必须重新 | | 权？ |
| | 划定保管期限？ | | |

**依据：**《美国法典》第 44 卷第 2111、2904、2905、3102 条以及第 33 章。

## 第 1225.1 条　哪些法律法规可作为第 1225 节的依据？

本节的依据是《美国法典》第 44 卷第 2111、2904、2905、3102 条以及第 33 章。

## 第 1225.2 条　适用于本节的定义

见本分章的第 1220.18 条中定义的在分章 B 通用的术语，在第 1225 节中也适用。

## 第 1225.3 条　哪些标准可用于指导本节？

本节的规则符合 ISO15489-1：2001，《信息与文献——档案管理》的要求。其中第 4 条（档案管理的益处）、第 6.3 条（职责）、第 7.1 条（档案管理规划的原则）、第 8.3.7 条（保管与处置）、第 9.2 条（确定档案的保管期限）、第 9.10 条（记录档案管理过程）、第 10 条（档案管理过程和控制）、第 11 条（监督和审核）适用于档案保管期限的划定。

## 第 1225.10 条　应当为什么样的联邦档案划定保管期限？

包括由政府委托的承包商形成或保管的档案在内的所有联邦档案都覆盖在由国家档案局授权处置档案的机构的范围内，要填写标准表格 SF115，申请档案处置权或纳入国家档案局保管期限表的总则中。

## 第 1225.12 条　如何划定档案保管期限？

制定机构档案保管期限的原则性步骤在下面列出。可能有所帮助的额外细节由国家档案局档案管理手册中的《联邦档案处置》提供。

（a）采用功能性或工作过程分析来确认每个组织或部门的功能或活动。并对其一一明确档案保管要求。

（b）为每项功能或活动编制目录，以确定档案集、体系和非档案材料。

（c）决定档案保管期限划分项目的适宜范围，例如个体集/体系组成部分、工作过程、相关工作过程组，或广泛的计划领域。

（d）机构对每个档案集或体系所需要保存的时间段的评估工作，应当建立在档案利用、档案对机构运转和监督机构的价值以及法律义务的基础上。决定采用固定的还是有弹性的保管期限更加适合。对于划分为临时性的档案，应当明确一个满足机构业务需要和法律要求的保管期限。对于划分为永久性的档案，应当确认在移交给国家档案局之前，机构需要保存该档案多长时间。

（e）对处置的划定是否应当局限于特定介质的档案作出决策。在 2007 年 12 月 17 日及之后提交给国家档案局审批的档案保管期限表，对档案介质的要求是中性的，例如，处置工具适用于任何介质的被著录档案，除非保管期限表中对特定档案系列明确了特定介质。

（f）编制档案保管期限表，应当包括每个项目的著录和处置工具，要使用标准表格 SF115。

（g）从计划办公室及其他利益相关人，如法律顾问、首席信息官员、电子系统管理员和机构历史学家那里获得适当的内部许可。

（h）当需要时［见第 1225.20（a）条需要政府问责局批准的种类］，从政府问责局获得批准。

（i）向国家档案局提交一个覆盖最新或修正的档案项目的待批标准表格 SF115［见 第 1225.18（d）条］。

（j）由国家档案局局长批准的标准表格 SF115 中的处置工具具有强制性。（《美国法典》第 44 卷第 3314 条）。

## 第 1225.14 条　机构如何划分永久档案？

（a）鉴定。即识别潜在的永久档案。可以在国家档案局档案管理手册《联邦档案处置》中找到对鉴定永久联邦档案有用处的指导方针（见第 1225.12 条 中该出版物的网址）。

（b）要求。在标准表格 SF115 中每个划分为永久保存的档案项目应当包括如下内容：

（1）档案集的著录标题、信息系统的组成部分，或档案系列或信息系统组件的适当聚合。对机构人员而言，著录标题必须是含义明确的；

（2）档案的完整著录包括：

（i）机构职能；

（ii）实体类型，如果适当的话；

（iii）起止日期；

（iv）说明档案如何整理；

（v）如果档案被要求立即转移，在《信息自由法》下对利用的限制性条件说明。

（3）使用以下指导方针制定处置工具：

（i）如果档案集或体系是现行的、连续的，标准表格 SF115 必须明确一个时间段，在这个时间段之后档案将移交到美国国家档案馆，如果适当的话，明确一个将闲置档案送回已批准的档案存储设施的时间段。

（ii）如果档案集或体系是一次性的，例如，不再形成或接收额外档案，机构必须提出或者档案及时移交给美国国家档案馆，或者在将来设置一个固定的移交日期。

（c）决定。国家档案局将鉴定档案，决定其是否有足够的价值，值得永久归档保存。如果国家档案局决定或者档案不用永久保存，或者移交指令不适当，则：

（1）国家档案局将通知机构，并协商一个适当的处置。在国家档案局批准之前，标准表格 SF115 上的处置指令将被修改；或者

（2）如果国家档案局和机构不能就一个档案项目的处置指令达成一致，该项目将被撤回。在这些例子中，机构必须提交一个标准表格 SF115，提出修正的处置意见；未设立保管期限的档案应当作为永久保管，直到新的保管期限被批准。

## 第1225.16条　机构如何为临时档案划定保管期限?

（a）鉴定。联邦机构申请处置档案时或者以及时处置为基础，或者以再现处置为基础。申请及时处置仅限于不再出现累积增加的现存档案。对于再现的档案而言，被批准的保管期限还提供了下一步的授权，即销毁档案。由国家档案局批准的保管期限是有法律效力的，保管期限届满后，机构必须处置档案，除非属于本分章中 第1226.18条 和第1226.20条 规定的例外情况。

（b）要求。用于最终销毁的标准表格 SF115 的项目包括如下：

（1）著录机构人员通晓的标题；

（2）著录档案的机构职能、实体类型及信息内容；

（3）使用如下指导方针制定处置指南：

（i）如果档案系列，电子信息系统组成部分，或适当的档案系列的聚合，自动的系统组件是现行且持续性的，标准表格 SF115 必须包括案卷终止、保管期限或触发事件，在该事件发生后档案将被销毁。在恰当的情况下，还包括移交期限，即把闲置档案移交到被批准的档案保存设施中。

（ii）如档案集、体系或其他聚合是一次性的，换言之，没有额外的档案将被形成或收集，标准表格 SF115 应当明确及时销毁或者以后某个销毁的时间点。

（c）决定。如果国家档案局认为机构提议的处置方案与档案价值不一致，就

会要求机构作出适当修改。

（1）如果国家档案局认为被建议为临时保存的档案具有永久保存价值，应当移交到美国国家档案馆，那么机构在标准表格 SF115 被批准前必须改变处置方案。

（2）如果国家档案局和机构对于项目的保存期限不能达成一致，该项目将被撤回。在这种情况下，机构必须提交处置建议经过修改的标准表格 SF115；没有划定保管期限的档案必须永久保存，直到新的保管期限被批准。

### 第 1225.18 条　机构如何申请档案处置权？

（a）联邦机构向国家档案局提交标准表格 SF115，或以再现为基础，或以一次性为基础，对永久档案和临时档案申请授权划定保管期限（建立处置）。

（b）标准表格 SF115 包括档案保管期限划定通则（见本分章第 1227 节）中没有覆盖到的档案，或者以前划定的档案，需要修改其保管期限或者描述中出现实质性变化。

标准表格 SF115 包括档案保管期限划定通则（见本分章中第 1227 节）中没有覆盖到的档案，或者以前划定的档案，需要修改其保管期限或者描述中出现实质性变化。

（c）标准表格 SF115 不包含非档案材料。非档案材料的处置由机构决定且无需国家档案局批准。

（d）标准表格 SF115 对下列元素作出要求：

（1）每个项目所覆盖的档案的题目和描述。

（2）便于使用的处置说明。档案保管期限必须提供：

（i）没有足够价值值得进一步保存［见本分章的第 1224.10（b）条］的档案的销毁；以及

（ii）对潜在永久档案的鉴定及其移交到国家档案局法定保管的条款。

（3）机构业务现在不需要的或特定保管期限后也不需要被建议处置的档案的认证。被授权机构代表应当在标准表格 SF115 上签名以提供认证。

（e）国家档案局将退回准备不当的标准表格 SF115。机构应当作出必要的修改，再重新将表格提交给国家档案局。

### 第 1225.20 条　机构何时必须获得 GAO（政府问责局）的批准？

● 联邦机构处置下列类型的档案时必须获得总审计长的批准：

（1）少于三年的业务档案；

（2）不符合通用保管期限表 2−10 的规定（本分章第 1227.10 条中对通用档案保管期限表的定义）。

（b）在国家档案局批准处置申请之前机构就要获得上述批准。

**第 1225.22 条　已划定保管期限的档案何时必须重新划定保管期限?**

机构在下列情况下必须向国家档案局提交标准表格 SF115 再次申请档案处置授权:

(a) 如果机构间进行重组,职能重新分配给现存的部门或机构,具有该职能的机构必须在重组的一年内向国家档案局提交标准表格 SF115。针对一个部门或独立机构而被批准的保管期限不适用于其他部门或机构的档案。

(b) 如果一个新部门或机构承担了现有部门或机构的功能,新机构必须为记录着新承担功能的档案划定保管期限,以及为两年内通用档案保管期限表没有覆盖的所有其他档案划定保管期限。

(c) 如果机构需要从通用档案保管期限表保管期限中脱离出来。

(d) 如果机构需要为以前由国家档案局评估为临时性的档案改变保管期限。

(e) 如果机构需要改变已被批准的档案处置,从永久档案改为临时档案或者相反。

(f) 如果机构需要修改档案的描述,因为档案的信息内容和/或由档案记载着的功能发生了变化。

(g) 如果机构决定改变档案保管期限项目的范围,包括更大的或更小的档案聚合 [见第 1225.12 (c) 条],除非适用第 1225.24 条。

(h) 机构必须为以前划定保管期限的档案的电子版本提交一个新的保管期限表如果:

(1) 档案的内容和功能发生显著改变 (例如,电子档案所包含的信息与包含于硬拷贝集上的信息或用于不同用途的信息出现实质上的区别)。

(2) 以前被批准的保管期限明确排除电子档案。

(3) 在机构网站上维护的由计划档案组成的电子档案。

(4) 保存在一种格式上的而非扫描图像的由临时性计划档案组成的电子档案。并且之前被批准的保管期限对档案介质的态度不是中立的。

**第 1225.24 条　机构在什么情况下对电子档案可以适用以前批准的保管期限?**

如果第 1225.22 (h) 条中明确的情况不适用,下列情况适用:

(a) 永久档案:

(1) 当电子档案系统取代了一个纸质永久档案单一系列,或取代了包含从多个以前已划定保管期限的永久档案集中提取信息而组成的电子档案时,机构可以将一个以前批准的保管期限适用于从纸质档案到永久档案的电子版本上。在这种情况下,机构必须通知国家档案局现代档案部,写明以前在纸质形式下保管期限被划定为永久的档案集,包括在本分章第 1235.52 条列出的特定介质的档案。机构应当向负责处理其保管期限的国家档案局部门发出通知。该通知必须在电子档案保管系统开始运行的 90 天内提交，且应当包括以下内容：

（i）机构名称；

（ii）电子系统的名字；

（iii）档案所支撑的组织单元或机构项目计划；

（iv）现行的处置授权参考；

（v）档案格式（例如，数据库、扫描图像、数码照片）。

（2）如果电子档案包含的信息取自于临时性和永久性硬拷贝集，机构或者在提交上面段落（a）（1）要求的通知后，适用一个以前被批准的永久处置权，或者如果机构确信该电子档案不值得永久保存，可以提交一个新的保管期限。

（b）临时性静态图片、音频档案、动态图像胶片和视频档案。机构对其数字版本必须适用以前批准的保管期限。如果需要改变被批准的保管期限，应当遵从第 1225.26 条的规定。

（c）对于临时档案的扫描图像，包括临时性计划档案。机构必须适用以前批准的保管期限。如果需要改变被批准的保管期限，应当遵从第 1225.26 条的规定。

（d）除扫描图像外的其他以电子格式保存的临时性档案：

（1）在通用档案保管期限表（除非这些通用档案保管期限表的项目排除电子案卷和数据库）的项目中覆盖的临时档案，或涉及行政内务管理活动的机构特定保管期限，适用以前被批准的保管期限。如果电子档案包含的信息取自多个硬拷贝集，适用以前被批准的最长期间的保管期限项目的规定。

（2）由国家档案局批准的档案介质中立保管期限项目（换言之，在 2007 年 12 月 17 日之前提交给国家档案局审批的保管期限项目，其明确说明档案介质中立，或 2007 年 12 月 17 日之后提交给国家档案局审批的保管期限，其没有明确限定于特定档案保存介质）覆盖的临时性计划档案，适用以前被批准的保管期限。

## 第 1225.26 条　机构如何改变处置权？

机构必须提交标准表格 SF115 来永久性改变已被批准的档案处置方案。相同档案的处置权被批准更新的标准表格 SF115 自动取代，除非更新的标准表格 SF115 明确了有效日期。本分章中第 1226.20（c）条规定，机构被授权保留原本在旧的保管期限中适宜销毁的档案，直到新的保管期限被批准。

（a）如果适用的话，修改以前被批准的处置权的标准表格 SF115 应当引用以下内容：

（1）被取代的标准表格 SF115 及项目号；

（2）覆盖档案的通用档案保管期限表及项目号；

（3）目前公布的档案处置手册及项目号，或覆盖档案的通用档案保管期限表及项目号。

（b）机构应当随标准表格 SF115 附带提交变更的解释和理由。

（c）在常规保管期限之外的档案的临时保管见本分章的第 1226.18 条。

（d）机构应当确保国家档案局批准变更的这段时间里，永久档案在移交到美国国家档案馆之前应处于机构法定监管之下。为获得批准，机构应将书面申请送至国家档案局现代档案部计划处。国家档案局的批准会被记录下来作为保管期限项目注释。一个新的标准表格 SF115 不被要求延长机构法定保管的时间期限。

## 第 1226 节　档案处置实施规定

| | | | |
|---|---|---|---|
| 第 1226.1 条 | 哪些法律法规可作为本节的依据？ | 第 1226.16 条 | 国家档案局以前撤回过处置权吗？ |
| 第 1226.2 条 | 适用于本节的定义 | 第 1226.18 条 | 机构何时可以临时延长保管期限？ |
| 第 1226.3 条 | 哪些标准可用于指导本节？ | | |
| 第 1226.10 条 | 机构必须适用被批准的档案保管期限吗？ | 第 1226.20 条 | 机构怎样才能暂时延长保管期限？ |
| | | 第 1226.22 条 | 机构何时应当移交永久档案？ |
| 第 1226.12 条 | 机构如何宣传被批准的档案保管期限？ | 第 1226.24 条 | 机构应当怎样销毁临时档案？ |
| 第 1226.14 条 | 适用已批准的档案保管期限表有哪些限制？ | 第 1226.26 条 | 机构如何捐赠临时档案？ |

**依据：**《美国法典》第 44 卷第 2111、2904、3102、3301 条。

**第 1226.1 条　哪些法律法规可作为本节的依据？**

法定依据是《美国法典》第 44 卷第 2107、2111、2904、3102、3301、3302 条。

**第 1226.2 条　适用于本节的定义**

见本分章的第 1220.18 条中定义的在分章 B 通用的术语，在第 1226 节中也适用。

### 第 1226.3 条 哪些标准可用于指导本节？

本节的规则符合 ISO15489-1：2001，《信息与文献——档案管理》的要求。其中第 8.3.7 条（保管与处置）、第 9.2 条（确定档案的保管期限）、第 9.9 条（处置计划的实施）适用于档案处置的实施。

### 第 1226.10 条 机构必须适用被批准的档案保管期限吗？

机构适用被批准的档案保管期限是法定义务，除非符合第 1226.16 条及第 1226.18 条的规定。档案保管期限应当详述被保存的联邦档案是用来运行政府业务、保护权利、避免浪费的，保存永久档案是为了向美国国家档案馆移交。

### 第 1226.12 条 机构如何宣传被批准的档案保管期限？

（a）机构必须在标准表格 SF115 被批准，或 GRS 被公布的 6 个月内在其内部指导系统里发布处置权，以确保保管期限适当应用和任务分配。该指南应当为覆盖档案的每个保管期限项目列举法律依据（GRS 或标准表格 SF115 及其项目号）。

（b）在邮寄或公布指南、手册、签发政策后，机构必须通过链接或归档（送交备案）将每个公布的机构保管期限表、指南及其他已发布的档案处置相关政策的电子副本发送至国家档案局。

（c）提交文本应当包含提交者的姓名、职务、机构、地址和电话号码。如果综合档案保管期限表或其他签发政策放在公共网站上，机构应当提供网站地址。

### 第 1226.14 条 适用已批准的档案保管期限表有哪些限制？

机构必须按以下方式对其档案适用已批准的档案保管期限表：

（a）不能销毁描述项目标记为"处置未通过"或"撤销"的档案，直到国家档案局批准其具体处置方案。

（b）在被批准的标准表格 SF115 上，明确了部门的组成部分或独立机构作为档案的形成者或管理者的，项目的处置权可以适用于内部改组后的相同档案，但仅限于该档案的性质、内容、功能重要性与改组前一致的情况。以一种功能格式描述的，已批准项目的处置权，可以适用于负责相关功能的部门内任何组成部分或独立机构。

（c）针对一个部门或独立机构批准的档案处置权不可以适用于其他部门或机构的档案。部门或机构从另一部门或机构获取档案的，和/或因跨机构重组而继续形成与另一部门或机构以前形成的相同的档案集的，应当及时向国家档案局提交标准表格 SF115 申请档案处置权。档案不能被处置，直到新的档案保管期限表获得批准。见本分章中第 1225.22 条。

（d）除非另有规定，新批准的处置权溯及既往地适用于在保管期限中描述的所有现存档案。

（e）当法律（换言之，删除或销毁令）要求时，机构可以在国家档案局授权处置日期前销毁临时档案。当应法律要求销毁永久或未划定保管期限的档案时，遵守本分章中第1230.14条的规定，机构应当通知国家档案局现代档案部计划处。如果档案具有显著历史价值，国家档案局将及时告知机构有关其销毁的顾虑。

### 第1226.16条　国家档案局以前撤回过处置权吗？

（a）当要求确保政府档案的保存，或出现紧急情况，或要求保持政府运行的有效性时，国家档案局将撤回在已批准保管期限表中的处置权（《美国法典》第44卷第2909条）。该撤回可以适用于机构保管期限表中的特定项目，也可以适用于在任何或所有机构中特定类型档案的所有现存授权。

（b）当施加或解除撤回时，国家档案局将通过信件或国家档案局公告的形式书面通知受到影响的机构。

### 第1226.18条　机构何时可以临时延长保管期限？

（a）如果特殊情况改变了档案正常的行政、法律、财务价值，机构可以暂时保留超出国家档案局批准的保管期限的已被批准销毁的档案。

（1）机构不能保留超过法定保管期限的档案，除非由法院下令保留该档案。

（2）在决定是否暂时延长档案的保管期限时，机构应当确保延长期限符合包含在《美国法典》第5卷第552a条（1974年《隐私法》修正案）里的要求，即有关个人的档案仅当与法律或行政令要求的实现机构目的是相关的或必要时才被保存。

（b）如果在超过其规定的销毁日期后被暂时保存的档案转移到了档案保管设施中，机构应当通知该设施。

（c）一旦需要延长档案保管期限的特定情况已经过去，机构应当按照国家档案局批准的处置指令来销毁档案。

（d）遵守本分章中第1225.26条的规定，机构应当在连续性基础上，向国家档案局提交标准表格SF115，改变保管期限表的规定。机构可以保留符合销毁条件的档案，直到新的保管期限表获得批准。

### 第1226.20条　机构怎样才能暂时延长保管期限？

（a）机构应当获得国家档案局的书面批准来保留符合以前获准的保管期限表中销毁条件的档案集或档案体系，除非以下情况：

（1）机构请求改变档案保管期限符合本分章中第1225.26条的规定，即机构获得授权保留符合销毁条件的档案，直到新的标准表格 SF115 获得批准；

（2）该档案请求延长的时间不足一年；

（3）一项法律要求保存该档案。

（b）机构应当将请求延期的信件送至国家档案局现代档案部计划处。附上延期的理由，请求应当包含：

（1）对请求延期保存的档案集进行简要描述；

（2）列举目前管理档案处置的机构档案保管期限表或 GRS；

（3）被请求延期的档案预计保存时间的声明；

（4）对在机构中保存的档案拟写其目前及以后建议的实体存储位置。

（c）在档案保存设施中的档案，机构应当确保其在延长期间的保存。

## 第 1226.22 条　机构何时应当移交永久档案？

所有划定为永久保存的档案都应当在标准表格 SF115 明确的期限之后按照本分章中第 1235.12 条明确的程序要求移交给美国国家档案馆。

## 第 1226.24 条　机构应当怎样销毁临时档案？

（a）对没有限制的档案进行出售或循环利用：

（1）纸质档案。销毁的纸质档案通常应当作为废纸出售，或者循环利用。所有销售应当遵守针对过剩个人财产出售而建立的程序（见 CFR 第 41 卷第 101-45 部分"个人财产的出售、抛弃或销毁"）。出售合同应当禁止转售所有用作档案或文件的记录。

（2）电子和其他介质的档案。除了纸质档案的其他档案（音频、视频、数据磁带实体介质上的电子档案、磁盘和软盘）可以与纸质档案相同的方式，在相同的情况下进行循环利用和出售。

（b）未限制档案的销毁。机构不能出售或以其他方式循环利用未限制档案，应当以焚烧、制浆、切碎、浸软或其他由行政令 E.O. 12958 及修正案或其后续规范中公布的实施规定所授权的适当方式处理。

（c）涉密或其他限制级档案的销毁。因涉及国家安全机密或由法律法规，包括《隐私法》或其他规定豁免披露，档案被划定为限制级的：

（1）纸质档案。对于纸质档案，机构或其废纸承包商必须以本节第（b）段落明确的方法之一，确保销毁包含在档案上的信息，且销毁过程者由联邦员工监督，或者由机构授权的承包商雇员监督完成。

（2）电子档案。划定为应当销毁的电子档案必须以一种确保档案中涉及敏感性的、所有权或国家安全的信息以受到保护的方式进行处置。以前用于包含敏感性、所有权或国家安全信息的电子档案的磁记录介质，如果再次使用该介质会导致以前记录的信息泄露的，就不能再次使用该介质。

### 第1226.26条　机构如何捐赠临时档案？

（a）机构在向适当的并作出申请的个人、组织、团体、企业或政府（包括外国政府）捐赠符合处置条件的档案之前，必须获得国家档案局的书面批准。不能捐赠不符合处置条件的档案。

（b）机构应当将申请批准捐赠的信件送至国家档案局现代档案部计划处。申请应当包含：

（1）部门或机构及其分支的名称、所保存的档案。

（2）拟接收捐赠档案方的名称、地址。

（3）清单包括以下内容：

（i）对拟转移档案的描述；

（ii）档案的起止日期；

（iii）授权销毁档案的标准表格 SF115 或 GRS 及项目号。

（4）包含证明条款的声明：

（i）捐赠是为了政府的最佳利益；

（ii）拟接收档案方同意不出售作为档案或文件的记录；

（iii）捐赠的实施不需向美国政府付费。

（5）证明包括以下内容：

（i）档案不包含这样的信息，即披露的信息是受法律禁止的或与公共利益相悖的；

（ii）拟捐赠给个人或企业的档案，可以直接应用其从政府获得的保管权或行使所有权；

（iii）外国政府想要的档案具有的内在官方利益。

（c）国家档案局将决定该捐赠是否符合公共利益，并将其决定以书面形式通知申请机构。如果国家档案局判定拟进行的捐赠与公共利益相悖，机构应当依据恰当的处置权要求来销毁档案。

## 第1227节　通用档案保管期限表

| | |
|---|---|
| 第1227.1条　哪些法律法规可作为本节的依据？ | 第1227.3条　哪些标准可用于指导本节？ |
| 第1227.2条　适用于本节的定义 | 第1227.10条　通用档案保管期限 |

表（GRS）是什么？

第1227.12条　机构何时适用GRS？

第1227.14条　怎样得到GRS副本？

**依据**：《美国法典》第44卷第3303a（d）条。

## 第1227.1条　哪些法律法规可作为本节的依据？

本节的法定依据是《美国法典》第44卷第3303a（d）条。

## 第1227.2条　适用于本节的定义

见本分章1220.18中的定义，在第1227节中也适用。

## 第1227.3条　哪些标准可用于指导本节？

本节的规则符合ISO15489-1：2001，《信息与文献——档案管理》的要求。其中第9.2条（确定档案的保管期限）、第9.9条（处置计划的实施）适用于本部。

## 第1227.10条　通用档案保管期限表（GRS）是什么？

通用档案保管期限表是美国国家档案局局长发布的保管期限表，用于在特定时间段后授权销毁临时档案，或将永久档案移交给美国国家档案馆，这是对一些或所有机构通用的。

## 第1227.12条　机构何时适用GRS？

（a）如下面表格所示，机构适用GRS的处置规程：

| 当国家档案局发布一个新的或修订的GRS | 之后 |
| --- | --- |
| （1）新的或修订的GRS指出，该规定必须遵循，无一例外。 | 机构必须遵循GRS的处置规程，不管其是否已有保管期限表 |
| （2）你的机构对这些档案没有划定保管期限。 | 你的机构必须遵循GRS处置规程。如果你的机构需要要求不同的保管期限，那么你的机构必须符合本分章中第1225节的规定提交标准表格SF115，及出现这个差距的理由。 |

续表

| 当国家档案局发布一个新的或修订的 GRS | 之后 |
|---|---|
| （3）当你的机构已经制定了保管期限表，新的或修订的 GRS 允许使用现存的机构特定的保管期限表。 | 你的机构遵循的处置规程可以是 GRS 的，也可以是现存的机构保管期限表，但必须遵循用于整个机构的相同规程，并要求其员工按规程工作。如果你的机构选择遵循自己的保管期限表，就应当在新的或修订 GRS 发布后 120 日之内通知国家档案局。 |
| （4）你的机构没有形成或保存在 GRS 范围内的任何档案。 | 什么也不用做 |

（b）除了段落（a）的表格中提供的内容，机构应当在其处置手册中包含新的或修订的 GRS，或者在国家档案局发布 GRS 传送号的 6 个月内，宣传新的或修订的 GRS。

（c）国家档案局在其酌情处理权限内可以对其法定保管的档案适用 GRS 条款，遵从本分章中第 1235.34 条的规定。

### 第 1227.14 条　怎样得到 GRS 副本？

（a）在线提供 GRS 及使用细则，网址为 http://www.archives.gov/records-mgmt/ardor/records-schedules.html。也可写信给国家档案局现代档案部计划处获得该副本。

（b）在 GRS 传送的顺序号下，国家档案局给联邦机构分发新的和修订的 GRS。

## 第 1228 节　永久档案及未划定保管期限档案的借出

第 1228.1 条　哪些法律法规可作为本节的依据？

第 1228.2 条　适用于本节的定义

第 1228.8 条　临时档案的借出需要经过国家档案局批准吗？

第 1228.10 条　借出永久档案和未划定保管期限的档案，何时需要获得国家档案局的批准？

第 1228.12 条　机构怎样才能获得批准借出永久档案和未划定保管期限的档案？

第 1228.14 条　国家档案局如何处理一个借出申请？

第 1228.16 条　机构何时应当取回已借出的档案？

**依据：**《美国法典》第 44 卷第 2904 条。

## 第 1228.1 条　哪些法律法规可作为本节的依据？

本节的法定依据是《美国法典》第 44 卷第 2904 条。

## 第 1228.2 条　适用于本节的定义

见本分章第 1220.18 条中的定义，在第 1228 节中也适用。

## 第 1228.8 条　临时档案的借出需要经过国家档案局批准吗？

在两个联邦机构之间出借临时档案，或借给非联邦机构，不需要获得国家档案局批准。出借机构负责记录档案的出借和归还情况。

## 第 1228.10 条　借出永久档案和未划定保管期限的档案，何时需要获得国家档案局的批准？

想要将永久档案和未划定保管期限的档案在两个联邦机构之间借出，或联邦机构借给非联邦机构，必须得到国家档案局的书面批准。永久档案和未划定保管期限的档案的借出，增加了档案丢失、放错位置、并入其他案卷的可能性。为响应借出请求，机构应当考虑复制或扫描该档案。

## 第 1228.12 条　机构怎样才能获得批准借出永久档案和未划定保管期限的档案？

（a）机构打算借出永久档案和未划定保管期限的档案时，必须与拟接收方签订一份书面的借出协议。协议必须包括以下内容：

（1）部门或机构及其分支的名称、所保存的档案。

（2）拟接收档案方的名称、地址。

（3）清单包括以下内容：

（i）确定拟借出档案所属的档案集或档案体系；

（ii）每个档案集或档案体系起止的日期；

（iii）拟借出档案的数量和介质；

（iv）如果有的话，填写覆盖该档案的国家档案局处置工作（SF115）及项目号。

（4）出借目的及持续时间的声明。

（5）明确该借出档案的使用限制及接收方如何落实这些限制的声明。

（6）档案将存储在安全的及环境控制符合本分章第 1234 部具体规定的地方的证明。

（7）美国国家档案局局长的签名区。借出行为不能发生，直到国家档案局局长签署协议。

（b）应请求，国家档案局可允许机构准备一个每年度借出档案协议，该协议涵盖了多个转移者，从相同档案集内的借出，到另一个独立的联邦机构之间的借出。

（c）机构应当将书面申请送至国家档案局现代档案部计划处，传送拟借出档案协议，说明不提供复制件来代替档案原件的理由，明确机构联系人的姓名、职务及电话号码。应当如本分章中第 1220.34（b）条规定的，由被授权划定档案保管期限的人来提交该申请，或经由其同意该申请。

## 第 1228.14 条　国家档案局如何处理一个借出申请？

（a）国家档案局将评判该申请，如果通过该申请，在 30 日内将签字后的协议返还给机构。

（b）如果按本分章中第 1235 节的规定，档案应当移交或早应当移交给美国国家档案馆的；如果借出会危及档案的；如果借出会违反 CFR 第 36 卷第 12 章分章 B 的规定的，出现上述情况，国家档案局将在 30 日内拒绝申请。国家档案局将以书面形式通知机构其不批准借出申请，并说明理由。

## 第 1228.16 条　机构何时应当取回已借出的档案？

机构应当在借出期满（借出协议中规定的）30 日前，与接受借出永久档案和未划定保管期限档案的接收方联系，安排返还档案的事项。如果机构延长借出时间，就必须以书面形式通知国家档案局，（见第 1228.12（b）条），详述延期原因并明确新的借出期限。

# 第 1229 节　销毁档案的紧急授权

第 1229. 10 条　　当档案持续威胁人　　　　　　　措施?
　　　　　　　　　类的健康、生命或　　　第 1229. 12 条　　战时或受到战争威
　　　　　　　　　财产时需采取哪些　　　　　　　　　　　胁时有哪些要求?

## 第 1229.1 条　　本节的范围是什么?

本节规定了本分章 1226 节未涉及的档案销毁的特定条件。

## 第 1229.2 条　　本节有哪些权限?

本节的法定权限如《美国法典》第 44 卷第 3310 条和第 3311 条所述。

## 第 1229.3 条　　哪些定义适用于本节?

1229 节的术语界定参见本分章第 1220.18 条。

## 第 1229.10 条　　当档案持续威胁人类的健康、生命或财产时需采取哪些措施?

当国家档案局与档案保管机构共同确定，美国政府机构保管的档案对人类的健康、生命或财产产生持续性威胁时，国家档案局应当授权机构立刻采取下列必要措施消除威胁:

（a）当机构确定档案对人类健康、生命及财产构成持续性威胁时，档案官员或其他指定人员必须及时向国家档案局现代档案部呈报，地址: 大学公园市斯特兰德路 8601 号，通知需指明档案的类别、存放地址、数量、受威胁的性质。亦可给 RM. Communications@ nara 发电子邮件，或以打电话的方式，告知国家档案局现代档案部或国家档案局地方管理部。

（b）国家档案局如果同意销毁档案，须立刻通知该机构销毁。

（c）如果国家档案局不同意通过销毁档案应对威胁，须就采取哪些补救措施消除威胁向机构提出建议。

## 第 1229.12 条　　战时或受到战争威胁时有哪些要求?

（a）若美国与其他任何国家处于战争状态时，或敌对行动迫在眉睫，美国领土之外档案的销毁需要授权，并由档案保管机构长官判定，档案的留存可能有损于美国利益，或出于军事目的亟需占用档案保管场所，或不再具有重要的行政、财政、法律、历史及其他价值值得继续保存。

（b）负责销毁的机构官员依据本授权在销毁档案后的 6 个月之内，需向国家

档案局现代档案部提交书面报告。报告中需阐明销毁原因、档案详情以及销毁的时间、地点和方式。

## 第 1230 节　非法或意外移除、损坏、修改、销毁档案

| | | |
|---|---|---|
| 第 1230.1 条 | 第 1230 节有哪些权限？ | 改、销毁档案有哪些处罚？ |
| 第 1230.2 条 | 哪些标准可用于本节指南？ | 第 1230.14 条　机构如何报告事故？ |
| 第 1230.3 条 | 哪些术语适用于本节？ | 第 1230.16 条　国家档案局如何处理关于非法或意外移除、损坏、修改销毁档案的指控？ |
| 第 1230.10 条 | 谁负责防止非法或意外移除、损坏、修改、销毁档案？ | 第 1230.18 条　有哪些措施可以帮助机构恢复非法移除的档案？ |
| 第 1230.12 条 | 针对非法或意外移除、损坏、修 | |

### 第 1230.1 条　第 1230 节有哪些权限？

本节的法定权限如《美国法典》第 44 卷第 3105 条和第 3106 条所述。

### 第 1230.2 条　哪些标准可用于本节指南？

本法规符合 ISO15489 - 1：2001 第 6.3 条（职责）、第 7.2 条（档案的特性）、第 8.2 条（档案体系的特征）、第 8.3 条（档案体系的设计与实施）的要求。

### 第 1230.3 条　哪些术语适用于本节？

（a）本分章 1220.18 条的术语全部适用于 1230 节的 B 分章；

（b）1230 节中"修改"指的是未经授权对档案进行注释、添加或删除：

"损坏"指的是涂抹、损毁或破坏档案的外观或外貌，影响档案的价值或利用。

"移除"指未经美国国家档案局局长的许可，通过出售、捐赠、租赁、转让、盗窃或者其他方式允许档案脱离联邦机构的保管；

"非法或意外销毁档案"（也称"擅自销毁"）指的是，处置未划定期限档案或永久档案；处置国家档案局批准的未到期的短期档案（法院依据本分章

1226.14（d）款规定下令处置档案的除外）；处置依据《信息自由法》规定的、诉讼保留或任何其他规定要求留存的档案。

### 第1230.10条　谁负责防止非法或意外移除、损坏、修改、销毁档案?

联邦机构负责人须：

（a）防止非法或意外移除、损坏、修改、销毁档案。本分章第1222.24（a）（6）条严禁将档案移出法定保管机构。档案不得随意销毁，依据国家档案局批准的档案保管期限表、通用档案保管期限表规定的除外。

（b）须以适当方式将有关擅自移除、损坏、修改、销毁档案的法律规定告知职员和承包商。

（c）贯彻和宣传相关政策与规程，防止档案被非法、意外移除、损坏、修改和销毁。

（d）指导机构向国家档案局报告擅自移除、损坏、修改、销毁档案情况。

### 第1230.12条　针对非法或意外移除、损坏、修改、销毁档案有哪些处罚?

针对非法或意外移除、损坏、修改、销毁联邦档案的行为或动机，处以罚款、监禁，或两罪并处（《美国法典》第18卷第641条和第2071条）。

### 第1230.14条　机构如何报告事故?

一旦发现非法或意外移除、损坏、修改、销毁联邦机构保管档案的情况，机构须及时向国家档案局现代档案部报告。

（a）报告内容须包含：

（1）档案的数量、时间（如果已知）的详细说明；

（2）档案保管机关；

（3）移除、损坏、修改、销毁档案周边环境的准确说明；

（4）制定保障措施，防止文件进一步损失的说明；

（5）在适当时机，采取挽救、恢复、修复档案的具体行动方案。

（b）报告必须提交，或提交按照本分章第1220.34（b）条规定个人同意授权签署的档案保管期限表。

### 第1230.16条　国家档案局如何处理关于非法或意外移除、损坏、销毁档案的指控?

一旦获悉有关档案确实处于面临损毁、转让威胁，或擅自销毁危险，国家档案局应当依照下列情形联系机构：

（a）如果威胁尚未造成损毁、移除或销毁的后果，国家档案局应当即刻电话通知机构，并在 5 个工作日内发出书面通知；

（b）如果依其说明档案已经损毁、移除或销毁，国家档案局应当即刻书面通知机构，并要求其在 30 天内作出答复。

**第 1230.18 条　有哪些措施可以帮助机构恢复非法移除的档案？**

国家档案局应当帮助机构负责人恢复非法移除的档案，如果合适，可联系总检察长。

## 第 1231 节　政府机构之间档案保管权的移交

| | | |
|---|---|---|
| 第 1231.1 条 | 第 1231 节有哪些权限？ | 构？ |
| 第 1231.2 条 | 哪些定义适用于本节？ | 第 1231.14 条　撤销机构的档案可以向另一机构移交吗？ |
| 第 1231.10 条 | 何人有权批准政府机构之间档案保管权的移交？ | 第 1231.16 条　利用移交档案有哪些限制？ |
| 第 1231.12 条 | 行政机关如何申请档案移交至另一机 | 第 1231.18 条　行政机关之间何时移交档案无需国家档案局的批准 |

**第 1231.1 条　第 1231 节有哪些权限？**

本节的权限如《美国法典》第 44 卷第 2908 条所述。

**第 1231.2 条　哪些定义适用于本节？**

本分章第 1220.18 条的术语界定适用于 B 分章，包括本节。

**第 1231.10 条　何人有权批准政府机构之间档案保管权的移交？**

国家档案局须以书面形式批准政府机构之间档案保管权的移交，第 1231.18（a）款所列事项除外。

**第 1231.12 条　行政机关如何申请档案移交至另一机构？**

计划向另一个机关移交档案的行政机关，必须提出移交申请并获得国家档案局现代档案部的书面批准，申请内容须包括：

（a）移交档案的简要说明，包括体积（按立方英尺计算）；

（b）档案利用限制说明；

（c）档案利用的机构、个人及利用目的的说明；

（d）档案现有和提议的实体位置和组织架构说明；

（e）移交的正当理由，包括最有利于政府的解释说明；

（f）由移交机构负责人（包含计划移交）签署的移交协议副本。

**第 1231.14 条　撤销机构的档案可以向另一个机构移交吗？**

撤销或清算中的行政机关档案可以移交给接续其职能的机关。移交须符合本部规定。

**第 1231.16 条　利用移交档案有哪些限制？**

法规或行政命令规定的限制，在档案移交后依然适用，机构设定的利用限制也须保持连续性，两个移交机构之间另有协议的除外。

**第 1231.18 条　行政机关之间何时移交档案无需国家档案局的批准**

在下列情况下，两个行政机关之间移交档案无需国家档案局的批准：

（a）按照本分章 1232、1233、1235 部的规定向国家档案局管理或机关管理的档案中心、美国国家档案馆移交档案；

（b）官方借用临时档案；

（c）按照法规、行政命令、总统重组计划、条约或特殊规定进行的档案移交、职能交接或两者兼有的交接；

（d）两个组成部门相同的行政部门之间档案的移交；

（e）国家档案馆已登记在册，后来发现缺乏重大保存价值无需继续由国家档案馆留存的档案。此类档案的处置由本分章第 1235.34 条进行规范。

## 第 1232 节　档案向档案馆库的移交

第 1232.1 条　第 1232 节有哪些权限？

第 1232.2 条　哪些定义适用于本节？

| | | | |
|---|---|---|---|
| 第1232.3条 | 哪些标准可用作本节指南？ | | 交档案前需符合哪些要求？ |
| 第1232.10条 | 什么地方可作为联邦机构移交档案的馆库？ | 第1232.16条 | 机构向档案馆库移交档案之前，需编制哪些资料？ |
| 第1232.12条 | 档案馆库在什么条件下可以保管联邦档案？ | 第1232.18条 | 机构向机构档案中心或商业档案存储中心移交档案须办理哪些手续？ |
| 第1232.14条 | 机构向档案馆库移 | | |

## 第1232.1条　第1232节有哪些权限？

本部的法定权限如《美国法典》第44卷第2907条和第3103条所述。

## 第1232.2条　哪些定义适用于本节？

本分章的术语定义参见B分章第1220.18节，含第1232节。

## 第1232.3条　哪些标准可用作本节指南？

符合ISO15489-1：2001规定的指南，第7.1条（档案管理规划原则）、第8.3.3条（实体存储介质和保护）、第8.3.6条（查阅、检索、使用）、第8.3.7条（留存与处置）、第9.6条（存储和处理）、第9.8.3条（定位与跟踪）的规定适用于档案的形成与维护。

## 第1232.10条　什么地方可作为联邦机构移交档案的馆库？

只要符合CFR第36卷第1232节的设施标准的馆库，联邦机构档案就可以存储在下列机构。移交给档案库的档案监管权依然属于原机构：

（a）国家档案局联邦档案中心。国家档案局所有的和管理的档案中心，按照《美国法典》第44卷第2907条的授权，保管、处理档案并为联邦机构提供服务。国家档案局的档案中心包括国家人事档案中心，该中心包含美国国防部、人事管理局指定的档案以及有关前联邦文员的档案。国家档案局档案中心名录参见国家档案局网站http://www.archives.gov/locations/index.html，或美国政府手册，后者可从主管文件的美国政府印刷局购买，邮址：SSOP华盛顿特区20402-9328。也可到网站http://www.access.gpo.gov/nara/index.html查询。

（b）由（或代表）一个或多个联邦机构而非国家档案局运营的档案中心。

（c）由私人机构运营的商业性档案存储中心。

**第 1232.12 条　档案馆库在什么条件下可以保管联邦档案？**

下图所示为适宜档案存储的存储中心和适用条件：

| 档案类别 | 条　件 |
|---|---|
| （a）永久档案 | 符合《联邦法规》第 36 卷第 1234 节要求的馆库。 |
| （b）未划期限的档案 | （1）符合《联邦法规》第 36 卷第 1234 节的馆库；<br>（2）还需事先通知国家档案局，参见第 1232.14（b）条。 |
| （c）短期档案（公民人事档案除外） | 符合《联邦法规》第 36 卷第 1234 节要求的馆库。 |
| （d）重要档案 | 必须同时符合《联邦法规》第 36 卷第 1223 节和第 1234 节要求的馆库。 |
| （e）公民人事档案 | 只能移交到密苏里州圣路易斯的国家人事档案中心（NPRC）（参见本分章 1233 节）。 |

**第 1232.14 条　机构向档案馆库移交档案前需符合哪些要求？**

机构档案在向档案馆库移交之前必须符合下列要求：

（a）确保符合《联邦法规》第 36 卷第 1234 节的要求。由于非纸质档案（如影片、录音带、磁带）对环境的要求更为苛刻（参见《联邦法规》第 36 卷第 1236 节和 1237 节），因此需特别注意要确保它们尤其是划为长期、永久保管的档案具备合适的保管条件。

（b）在移交未划定期限的档案之前，需书面告知国家档案局现代档案部。通知需标明档案馆库设施以及第 1232.16（a）条规定的信息副本。

（c）所有移交档案需形成足量的识别和定位案卷的文件（参见第 1232.16 条）。

（d）确保国家档案局批准的保管期限妥善实施，确保形成与保管最终处置行为的档案记录（销毁或移交国家档案馆）。

**第 1232.16 条　机构向档案馆库移交档案之前，需编制哪些资料？**

（a）资料需包含跨年度的每个档案系列移交进馆情况：

（1）形成机构；

（2）系列标题；

（3）说明（对于永久或未划定期限的档案，说明需包含卷内案卷标题目录或档案内容描述）；

（4）时间跨度；

（5）档案的实体形式和介质（如纸质、电影胶片、录音、照片、数字图像）；

（6）数量；

（7）引用的国家档案局批准的档案保管期限或机构档案处置手册（未划期限的档案需引用机构告知国家档案局的日期，如可用 SF115 呈报国家档案局的日期）。

（8）适用的利用限制；

（9）处置（永久、短期或未划期限；待批的 SF115 表格）；

（10）处置日期（移交给国家档案馆或销毁的日期）；

（11）实体位置，包括库房的名称和存放地址；

（12）检索档案的管理编号或标识符。

（b）永久或未划定期限的档案，无论何时转移到新的档案馆库，均需向国家档案局提交档案新保管地点的书面材料复制件。永久档案移交给档案中心或商业档案保管中心后，机构须在 30 日之内，向国家档案局现代档案部提交此文件。

（1）短期档案在国家档案局批准的保管期限届满后，可不再留存，本分章第1226.18 条规定除外；

（2）向国家档案馆移交永久档案，需符合《联邦法规》第 36 卷第 1235 节规定。

### 第 1232.18 条  机构向机构档案中心或商业档案存储中心移交档案须办理哪些手续？

联邦机构须按照下列程序向机构档案中心或商业档案存储中心移交档案：

（a）与机构档案中心达成的协议或与商业性档案存储中心签订的合同须符合《联邦法规》第 36 卷第 1234 节标准，并允许机构和国家档案局进行检查，以确保其遵从标准。检查中发现的问题，如果在报告发布 6 个月之内尚未整改，机构须及时将档案移出档案馆库。

（b）就短期档案而言，机构须确保国家档案局根据第 1232.16 条规定申请利用文件。

（c）短期档案在国家档案局批准的期限届满后，不再留存。本分编第1226.18 条规定除外。

（d）根据《联邦法规》第 36 卷第 1232.14 条要求，确保合理实施国家档案局批准的保管期限，确保形成与保存档案最终处置行为（销毁或移交国家档案馆）的档案记录：

（1）机构须制订流程，确保短期档案按国家档案局批准的保管期限表被销毁，确保经国家档案局同意及时变更保管期限以适用于机构档案中心或商业性档案存储中心（含通用档案保管期限表）。流程须包括：要求机构档案中心或商业性档案存储中心在短期档案处置之前，需通知机构档案管理员或形成机构，由机构启动的短期档案处置除外。

（2）当短期档案随后被重新鉴定为永久档案时，若所在档案馆库不符合要求，需在一年之内移交到符合本分章第 1234.14 条规定的永久档案保管条件要求的档案馆库（2009 年 10 月 1 日，纸质永久档案的现保管设施，若不符合本分章第 1234.14 条规定的保管永久档案管理条件要求，必须在 2010 年 2 月 28 日之前从该库房迁出）。

（3）机构须制定流程，确保机构档案中心或商业性档案存储中心按照本分章第 1235 部的要求，将永久档案以跨年度的单个档案系列移交给国家档案馆。

（e）机构须确保，因档案保密类别或者法律（包括 1974 年《隐私法》、《美国法典》第 5 卷第 552a 条修订）、法规规定豁免公开属于限制利用的档案，按照适用的法律、行政命令或规定存储、维护。

（f）机构须确保短期档案遵循本分章第 1226.24 条的要求进行销毁，短期档案包含限制利用档案［属于保密类或法律法规规定（含 1974 年《隐私法》）豁免公开的档案］。

（g）机构须确保《联邦法规》第 36 卷 第 1223 节界定的重要档案制定有应急预案，确保移交到机构档案中心或商业档案存储中心的档案按照《联邦法规》第 36 卷第 1223.24 条可以利用。

（h）无论档案保管在何处，保管部门均需按照《联邦法规》第 36 卷第 1239 节规定为国家档案局职员提供档案便于其开展检查，或依据档案处置权限处理档案。

## 第 1233 节　国家档案局联邦档案中心档案的移交、使用和处置

| 第 1233.1 条　第 1233 节有哪些权限？ | 第 1233.2 条　哪些定义适用于本节？ |
| --- | --- |

| 第1233.3条 | 哪些标准可用作本节指南？ | 第1233.16条 | 机构如何向国家人事档案中心移交档案？ |
|---|---|---|---|
| 第1233.10条 | 机构如何向国家档案局联邦档案中心移交档案？ | 中心？ | |
| 第1233.12条 | 机构如何向国家档案局联邦档案中心移交重要档案？ | 第1233.18条 | 国家档案局联邦档案中心的哪些程序可资参考？ |
| 第1233.14条 | 哪些人事档案必须移交国家人事档案 | 第1233.20条 | 如何管理国家档案局联邦档案的处置许可？ |

## 第1233.1条　第1233节有哪些权限？

本节的法定权限如《美国法典》第44卷第2907条和第3103条所述。

## 第1233.2条　哪些定义适用于本节？

参见本分章第1220.18条用于分章B（含第1233节）的术语定义。

## 第1233.3条　哪些标准可用作本节指南？

符合ISO15489-1：2001规定的指南，第7.1条（档案管理规划原则）、第8.3.3条（实体存储介质和保护）、第8.3.6条（查阅、检索、使用）、第8.3.7条（留存与处置）、第9.6条（存储和处理）、第9.8.3条（定位与跟踪）等法规适用于档案的形成与维护。

## 第1233.10条　机构如何向国家档案局联邦档案中心移交档案？

机构向国家档案局联邦档案中心移交档案需遵循下列程序：

（a）通则：国家档案局应当确保其档案中心符合《联邦法规》第36卷第1234节规定的设施标准，确保其履行本分章第1232.14（a）条规定的机构义务。

（b）机构必须使用其与国家档案局联邦档案中心计划部（FRCP）保管档案代理协议中明确指定的国家档案局联邦档案中心。

（c）向国家档案局联邦档案中心移交档案，须提前提交一份《档案移交与接收》（SF135）标准格式，或相应的电子版。标准的起草与提交须符合本分章第1232.14（c）条规定的档案说明要求，永久档案、未划期限档案的案卷目录除外。移交后，已划定期限的档案案卷目录也要进行抽样检查或筛选。

（d）具有相同处置权限和处置日期的各档案类别要有独立的 SF135 表或相应的电子版。

（e）有关向国家档案局联邦档案中心移交事宜，如想获取更为详尽的指导意见，可访问国家档案局联邦档案中心网站：http://www.archives.gov/frc/toolkit.html，或者联系国家档案局地区档案办公室（NR）查看国家档案局最新出版物或公告。

### 第 1233.12 条　机构如何向国家档案局联邦档案中心移交重要档案？

如何在国家档案局库房为重要档案选择合适位置，机构可联系国家档案局地区档案办公室。实际移交时执行本部和《联邦法规》第 36 卷第 1223 节的总要求与程序。

### 第 1233.14 条　哪些人事档案必须移交国家人事档案中心？

（a）文职人员人事案卷：

（1）通用档案保管期限表 1 和表 2 指定的特定联邦文职人员的医疗、薪酬档案必须集中存储到国家人事档案中心，其总部位于密苏里州圣路易斯。

（2）［预留］

（b）下列类别的医疗档案须移交国家人事档案中心：

（1）医院为接受治疗的各类病人（现役军人、退休人员、家属）建立的病历档案及其门诊手续；

（2）退役军人、家属以及在军事健康医疗机构的其他人员的门诊医疗档案（在服役期间被解雇的军人和按指令退役的军人除外）。

### 第 1233.16 条　机构如何向国家人事档案中心移交档案？

机构向国家人事档案中心移交档案时须按下列程序办理：

（a）文职人员个人档案：

（1）应当同时将官员个人档案、雇员医疗档案移交给国家人事档案中心；

（2）官员个人档案、雇员医疗档案应当单立卷宗移交；

（3）退休人员的个人档案，从联邦机构离职之日起 90～120 天内可办理；

（4）更多信息请咨询人事管理局（OPM），地址：华盛顿区 E 街西北 20415 号，电话（202）606-1800，也可到网站 http://www.opm.gov/feddata/ recguide2008.pdf 获取人事管理局出版物《人事档案保管指南》以及官员个人档案、雇员医疗档案的移交手续细则。

（b）军队医疗档案。军事健康医疗机构应当联系机构档案管理者索要指南，详细了解向国家人事档案中心移交医疗档案的流程。更多咨询可联系密苏里州圣路易斯"国家人事档案中心办理处"（NPRC）——国家档案局联邦档案中心分部，网址：http://www.archives.gov/frc/toolkit.html#transactions.

（c）其他指导。若需更多指导帮助，可访问 NPRC 网站：http://www.archives.gov/facilities/mo/stllouis.html.

### 第 1233.18 条　国家档案局联邦档案中心的哪些程序可资参考？

（a）移交到国家档案局联邦档案中心的机构档案，法定监护权依然属于该机构。国家档案局作为机构的代理人保管档案。国家档案局不得披露档案信息，但保管档案的机构或依法建立并遵循现行法律的机构除外。

（b）通用的相关申请，机构可以使用 FRCP 电子系统或由机构和档案中心共同制定的 OF（11）表或其对应的电子版。

（c）文职人员的档案，机构应当采用下列形式：

（1）标准格式 127，官员人事档案案卷申请（单独聘用的），适用于单独聘用的个人案卷向国家人事档案保管中心移交。附加条款可到网站查询：http://www.archives.gov/stlouis/civilian-personnel/federal-agencies.html.

（2）标准格式 184，单独聘用的职员医疗案卷申请，适用于保管在国家人事档案中心的医疗案卷申请。附加条款可上网站查询：http://www.archives.gov/stlouis/civilian-personnel/federal-agencies.html.

（3）OF11，相关申请适用于联邦档案中心申请在 1984 年 9 月 1 日之前移交给国家档案局其他联邦档案中心的医疗档案。申请书须涵盖机构指定的医疗档案管理者的姓名、地址。

（d）申请参考军人个人档案，适用下列形式：

（1）联邦机构必须使用标准格式（SF）180，申请有关军事档案可从国家人事档案中心（军人档案）兵役档案获取信息；授权机构申请借用军人档案可以使用 eMilrecs 订单（电子版等同于 SF180）。获取 eMilrecs 和附加信息可以查询网站：http://www.archives.gov/st-louis/militarypersonnel/agencies/ompf-fed-agency.html.

（2）退伍军人或已故军人的亲属、前军事成员可以通过提交 SF180 或通过在线系统申请预约军人个人档案。附加信息可以在此网站获取：http://www.archives.gov/veterans/evetrecs.

（3）公共组织和非政府组织成员也可以通过向国家人事档案中心（军人档案）提交书面申请获取 SF180 副本，地址：密苏里州圣路易斯 9700 佩吉大道，邮编 63132。SF180 中指定的 OMB 管理编号为 3095 - 0029。

（4）机构可为公众提供 SF180 副本协助咨询。SF180 副本可在网站获取

http://www.archives.gov/st-louis/military-personnel/standard-form-180.html#sf.

（5）若申请医疗档案原件，军队医院和诊所应当咨询国家人事档案办理中心"，地址：密苏里州圣路易斯国家档案局联邦档案中心部，网址：http://www.archives.gov/frc/toolkit.html#transactions。

（e）获取更多有关信息，请咨询国家档案局联邦档案中心项目部网站：http://www.archives.gov/frc/toolkit.html#retrieval，或者联系地区档案办公室以及华盛顿国家档案中心获取国家档案局现行出版物、公告。

## 第1233.20条　　如何管理国家档案局联邦档案的处置许可？

（a）国家人事档案中心可按照执行表1和表2规定销毁联邦保管期限表1和表2中的档案，无需机构的进一步许可。

（b）国家档案局联邦档案中心销毁其他符合条件的联邦档案，必须同时得到法定档案监管机构的书面同意。

（c）国家档案局联邦档案中心应当按照《联邦法规》第36卷第1232.14（d）条要求，保管最终处置档案行为的文件。

（d）对于保存在国家档案局联邦档案中心的档案，如果国家档案局批准延长档案的保管期限超出规定的档案期限表，国家档案局应当告知受到影响的档案中心暂停处置该档案（参见本分章第1226.18条）。

（e）关于档案处置指导的更多信息，可查询国家档案局联邦档案中心网站：http://www.archives.gov/frc/toolkit.html#disposition，或者联系地区档案工作办公室、国家档案局联邦档案中心网站：http://www.archives.gov/frc/locations.html、国家档案局地区馆库设施、华盛顿国家档案中心查看现行出版物和公告。

## 第1235节　向美国国家档案馆移交档案的规定

分节 A——移交档案的一般要求

| | |
|---|---|
| 第1235.1条　第1235节有哪些权限？ | 此出版物？ |
| | 第1235.10条　机构哪些档案必须移交国家档案馆？ |
| 第1235.2条　哪些定义适用于本节？ | |
| 第1235.3条　哪些标准可用作本节指南？ | 第1235.12条　机构必须在何时将档案移交国家档案馆？ |
| 第1235.4条　本节参考收录了哪 | 第1235.14条　档案符合移交条件后，机构为开展常 |

## 分节 A——移交档案的一般要求

### 第 1235.1 条　第 1235 节有哪些权限?

本节的法定权限如《美国法典》第 44 卷第 2107 条 和第 2108 条所述。

### 第 1235.2 条　哪些定义适用于本节?

第 1235 节的术语界定参见本分章第 1220.18 条。

### 第 1235.3 条　哪些标准可用作本节指南?

ISO15489-1:2001 的规定符合要求。其中第 8.3 条(档案系统的设计与实施)、第 9.6 条(存储和处理)以及第 9.7 条(查阅)的规定与本部有关。

## 第1235.4条 本节参考收录了哪些出版物？

（a）按照《美国法典》第5卷第552（a）节和《联邦法规》第1卷第51章规定，经联邦登记办公室批准，特定资料通过参考收进本部。本规定以外的强制执行条款部分，国家档案局需在《联邦登记》公布变更通知，资料需确保公众可用。所有已批准资料在联邦登记处申请即可查阅。申请查看该资料可到《联邦登记》办公室，电话202-741-6030，或登录其网站：http://www.archives.gov/federallregister/codeoflfederalregulations/ibrllocation-s.html.

（b）通过参考收录到本节的资料也可到国家档案局档案图书信息中心申请查阅，地址：大学公园斯特兰德路8601号2380室，MD：20740-6001，电话：（301）837-3415。也可从下表中所列资源处购买。如有困难，可联系国家档案局电子及特殊介质档案服务部，地址：大学公园斯特兰德路8601号，MD：20740，电话：（301）837-1578。

（c）国际标准组织（ISO）。下列ISO标准可从美国国家标准学会获取，或登录网站：http://webstore.ansi.org.

（1）ISO/IEC15896：1999（ISO/IEC15896），信息技术——数据交换12.7mm，208-轨磁带单轴片盒—IBR根据第1235.46条于1999年12月15日批准DLT 5格式第一版。

（2）ISO/IEC16382：2000（ISO/IEC16382）。信息技术——数据交换12.7mm，208-轨磁带单轴片盒—IBR根据第1235.46条于2000年5月15日批准DLT 6格式第一版。

（d）文件工程有限公司。下列标准可从标准经销商DECO——文件工程有限公司获取，地址：加州范奈斯斯塔德街15210号，电话：（818）782-1010，网址：http://www.doceng.com.

（1）ANSIX3.39-1986（ANSI X3.39），美国国家标准：IBR根据第1235.46条于1986年批准的录制磁带的信息交换标准（1600 CPI，PE）。

（2）［预留］

（e）下列标准无法从原出版商或经销商处获取，本节（b）段标示的标准可以在NWCCA申请获取。为在国家档案局现场而非国家档案局二馆查阅标准，可联系马里兰州大学公园斯特兰德路8601号2380房间，电话：（301）837-3415或将申请发送电子邮件到alic@nara.gov。

（1）ANSIX3.54-1986（ANSIX3.54），美国国家标准：1986年IBR根据第1235.46条批准的磁带档案信息交换标准（6250 CPI，组编码录音）。

（2）ANSIX3.180-1990（ANSIX3.180），美国国家标准：1990年IBR根据第1235.46条批准的磁带和单轴片盒的信息交换，18轨、并行、1/2英寸（12.65毫米），37871 cpi（1491 cpmm），组编码记录。

（3）ANSI/NISO/ISO9660-1990（ANSI/NISO/ISO9660）美国国家标准：1990年 IBR 根据第 1235.46 条批准的有关声音及 CD-ROM 信息交换的文件结构标准。

（4）ISO/IEC15307：1997（ISO/IEC15307），信息技术——数据交换 12.7mm，128-轨磁带单轴片盒——IBR 根据第 1235.46 条于 1997 年 12 月 1 日批准的 DLT4 格式第一版。

## 第 1235.10 条　机构哪些档案必须移交国家档案馆？

机构申请到档案处置授权后按照 SF115 划为永久保管的档案、地理信息系统中指定为永久的档案、属于增加馆藏的档案（某些类别已增加的附录）必须移交给国家档案馆。

## 第 1235.12 条　机构必须在何时将档案移交国家档案馆？

永久档案必须在下列时间移交国家档案馆：
（a）符合条件的，按照国家档案局批准的保管期限表指定的日期移交；
（b）形成 30 年以上的档案（参见第 1235.14 条）。

## 第 1235.14 条　档案符合移交条件后，机构为开展常规业务可以保留档案吗？

（a）机构若保留超过指定销毁期限的档案，须征得国家档案局的书面同意。

（b）如果机构确定开展常规工作确实需要该档案，档案官员须向国家档案局现代档案部提交书面申请，说明需继续使用。保证书必须：
（1）包含保留档案的详尽说明和位置；
（2）引用国家档案局批准的处置授权；
（3）说明当前业务需要该档案；
（4）估算档案需要保留的时间（如果机构未能提供具体日期，批准的保证书有效期最长为 5 年）；
（5）解释说明国家档案局的咨询服务或国家档案馆馆藏的档案副本不能满足机构需求的理由；
（6）如果保留档案，机构而非国家档案局能够确保日常公众利用，须依据法规授权该机构从事该活动。

## 第 1235.16 条　国家档案局应当如何答复机构保留档案的申请？

（a）批准。国家档案局应当在收到申请书后的 30 天内，就机构保留档案的确切期限给出书面批准意见。

（b）否决。国家档案局在机构申请 30 天之内给出书面否决意见。机构申请保留档案如果属于下列情形，申请将被否决：

（1）为该机构以外的个人提供查阅服务，而国家档案局亦可提供该服务；

（2）属于机构档案部门的职责，法规或国家档案局特别授权的除外。

### 第 1235.18 条　机构如何向国家档案馆移交档案？

机构通过提交签署的 SF258 移交档案协议向国家档案馆移交档案，每个 SF258 必须与特定档案系列或其他档案集相关联，以确认属于 SF115 的条目或引用的 SF258 条款。

### 第 1235.20 条　移交的档案中若包含有限制公众利用的信息，机构应当如何标识？

完成 SF258 时，机构需作出限制利用标识和档案审核信息，并辅以书面说明。说明需引用《信息自由法》的豁免条款（修订后的《美国法典》第 5 卷第 552（b）条）有关授权限制的规定。

### 第 1235.22 条　机构法定监管的档案何时移交国家档案局？

当国家档案局相关官员正式签署 SF258 确认接收档案时，法定保管机构可将档案移交国家档案局。

## 分节 B——移交档案的管理

### 第 1235.30 条　如何利用美国国家档案馆的档案？

（a）国家档案局对于联邦机构官方的利用限制和公众学术研究的利用限制，均应当与《信息自由法》保持一致（修订版《美国法典》第 5 卷第 552（b）条）。

（b）本章 C 分章有关国家档案局的规定，适用于联邦机构人员为政府官方目的利用移交档案，也适用于广大公众。

### 第 1235.32 条　国家档案局如何处理移交档案的利用限制？

（a）不满 30 年的档案。国家档案局解除或放宽不足 30 年的移交档案限制，必须经过移交机构，或者如果有的话，经过其承继机构的书面同意，有法律规定的除外。如果移交机构撤销且无继承者，国家档案局为了公众利益可以放宽、解除或实施利用限制。

（b）30 年以上的档案：

（1）档案形成和超过 30 年后，多数对移交档案的规定和限制均失效。不过，国家档案局与移交机构商洽后，可以延长限制期。

（2）包括国家保密信息、可能侵犯个人隐私权信息等特殊类别档案的限制，参见本章 1256 节，国家档案局对其的限制期均超过 30 年。

**第 1235.34 条　国家档案局可以销毁移交的档案吗？**

国家档案局不得销毁移交档案，除非：

（a）经过移交机构或其继任者的书面同意。

（b）按照 SF258 的授权。

## 分节 C——移交规范及标准

**第 1235.40 条　哪些档案需要附加移交要求？**

除了符合本部 A 和 B 的规定，机构在向国家档案馆移交声像档案、图片档案、建筑档案和电子档案时必须遵从本部分的规范和要求。总体而言，此类档案只要处于"非现行"状态，或机构无法为档案提供妥善保管和管理以及充足的存储条件（参见本分章 1236、1237 节），就须移交国家档案馆。

**第 1235.42 条　声像档案、地图和相关档案适用哪些移交规范和标准？**

一般情况下，下述档案实体类型构成声像、图片以及相关档案等需要将来保存、复制以及参考的最小记录要素：

（a）电影：

（1）由机构投资或制作的电影胶片（如公共资料片），无论其公开使用还是内部使用：

（i）原底片或附带独立光学声轨的彩色原片；

（ii）原始正片或附带视轨和声轨的底片副本；

（iii）声音投影印制和视频录制，若二者同时存在。

（2）机构获得的电影胶片：两个质量完好的投影片或一个投影印制片、一个录像带。

（3）被合理整理、标引、著录的未编辑的镜头、花絮和剪辑镜头（影片的废弃镜头）、未上演的、未排练的具有历史意义的事件或者重大的历史现象：

（i）原底片或彩色原片，

（ii）匹配的相片和录像带。

（b）录像制品：

（1）录像带、原生带和早期的录像带以及复制带。机构必须符合本节1237.12（d）条对原始录像带的要求，尽管可以移交 VHS 复制带。

（2）视频光盘、过去常用于制作视频光盘的母带以及两份光盘复制品。机构在移交依赖交互式软件和非标准设备形成的视频光盘之前，须与国家档案馆特殊介质永久档案服务部商议。

（c）静态图片：

（1）模拟黑白图片，原始底片、带标注的照片。如果案卷关联编号准确无误，标题信息可以放在数据库中的另一个卷。如果原版底片是硝酸盐、不稳定的醋酸盐或者玻璃基，机构必须一并移交一份聚酯基底的底片副片。

（2）模拟彩色照片，原始彩色底片、彩色正片、彩色幻灯片；带标题的照片（或者如果案卷相关数据清晰无误，标题信息可另行组卷）；如果存在的话，还有底片、幻灯片的副本。

（3）幻灯片组，原始幻灯片和参考幻灯片组、相关录制品（依照本部分（e）的规定）以及脚本。

（4）其他图画档案，如海报、原创艺术作品、电影胶片的原件及参考副本。

（d）数码照片档案。数码照片档案的移交要求参见《联邦法规》第36卷第1235.48（e）、1235.50（e）条和第1235.50（e）条。

（e）录音带：

（1）光盘录制品：

（i）电子录制品，各种形式的原始录音、激光唱片（CDs）或数字音像片（DVDs）。

（ii）模拟录音唱片，母片、双碟式压制录音片、一般以每分钟 331/3 转速（rpm）播放的乙烯副本。

（2）模拟录音磁带（开盘式、磁带或单轴片盒）、原始磁带、最早录音带、随后一代的参考副本。机构必须符合《联邦法规》第36卷第1237.12（c）条对录音唱片的需求。

（f）检索工具与形成文献。下列有关声像档案的材料必须移交给国家档案馆：

（1）现有的检索工具，例如数据表、镜头列表、分镜头剧本、审查表、目录、索引、字幕列表以及其他需要或者有助于识别和检索声像档案的文献，不符合本部电子档案检索工具的移交，机构必须与国家档案馆特殊介质永久档案服务部联系商议。

（2）生产过程卷或类似案卷，包括生产合同、脚本、文字本的副本、与作品的产生、获得、发行、所有权有关的文献。

（g）地图和图表：

（1）地图手稿；为归档目的，手稿有更正、添加、注释的加工印制地图；单独印刷和加工的附属地图，或标明官方批准的签名手稿；单独印刷或加工的地图、同时归档的表明档案特性的文件，或以任何方式形成的文件的有机组成部分。

（2）由机构发行的成套印刷或照相制版地图。成套地图须包括出版印刷的每个版本的副本。

（3）与计算机相关的纸质副本，和计算机绘制的不可再复制的电子地图。

（4）地图目录、卡片索引、表单、目录以及其他有助于使用移交地图的检索工具。

（5）有关起草、编制、编辑、印制地图的档案，如调查用的现场笔记手稿、测量、其他现场测量计算、包含机构制作地图的说明书等设计文件。

（h）航拍与遥感影像，包括：

（1）使用普通飞行器制作的垂直影像和斜负面空中影像。

（2）加注释的底片副本、中间底片、使用普通飞行器制作的垂直影像和斜负面空中影像的矫正底片和玻璃底片。

（3）使用普通飞行器制作的空中影像加注释的正片。

（4）红外线、紫外线、多光谱（多波段）、视频、影像雷达以及相关的磁带、翻转片基底。

（5）照片拼图、航线索引、网格编码以及坐标编码等索引方式及其他检索工具。

（i）建筑及相关工程图纸，包括：

（1）设计图，初步设计和展示图、楼体结构设计演变文件的模型；

（2）包含建筑物的初步设计、结构设计及后期更改文件的整套图纸，类型有草图、竣工图、施工图、更改图纸；

（3）一个或多个建筑物或其结构的图纸副本或标准大样；

（4）现有建筑测量图、原件、审查批准的图纸副本；

（5）检索工具及其依据的规范。

（j）数字地理空间的数据档案。参见第 1235.48（c）条数字地理空间的数据档案移交要求。

### 第 1235.44 条　哪些通用移交要求适用于电子档案？

（a）每个机构必须留存一套移交给国家档案馆馆长久保存的电子档案副本，直至收到国家档案馆继续保管的官方确认。

（b）为了指导有关电子档案移交的事宜，凡本章未及内容，机构须与国家档案馆电子及特殊介质档案服务部商议。

（c）当移交数字图片及附属的元数据时，机构须与国家档案馆特殊载体永久档案服务部商议。

### 第 1235.46 条　哪些电子介质可用作向国家档案馆移交的档案?

（a）通则。本节说明了向美国国家档案馆移交永久档案的介质及方法（参见《联邦法规》第 1236.28 条，现行机构使用的电子档案存储介质的选择要求）。机构移交到美国国家档案馆的档案，只能使用可靠的、无缺陷的介质。若永久电子档案可以通过多种电子媒体（如磁带、CD-ROM）或机制传输（如 FTP），机构与国家档案局必须就档案移交的最佳媒介与方式达成一致。

（b）磁带。机构应当向美国国家档案馆移交的电子档案磁带如下：

（1）盘式磁带必须是 1/2 英寸 9-轨磁带盘档案，记录密度为 1600 或 6250 bpi，特别要符合 ANSI X3.39 或 ANSI X3.54 的要求（参照第 1235.4 条纳入参考范围）。

（2）18 轨 3480-类暗盒的记录密度必须达到 37 871 bpi，符合 ANSI X3.180 的要求（参照第 1235.4 条纳入参考范围），数据必须以不超过每组 32 760 比特进行锁定。

（3）DLT 磁带 4 号单轴片盒，数据必须以每块不超过 32 760 比特锁定，并符合下列标准：

| 如果复制档案 | 适用下列标准 |
| --- | --- |
| 使用 DLT 4000 驱动器的 DLT 4 号磁带 | ISO/IEC15307（参照第 1235.4 条纳入参考范围） |
| 使用 DLT 7000 驱动器的 DLT4 号磁带 | ISO/IEC15896（参照第 1235.4 条纳入参考范围） |
| 使用 DLT 8000 驱动器的 DLT4 号磁带 | ISO/IEC16382（参照第 1235.4 条纳入参考范围） |

（c）光盘，只读光盘（CD-ROM）和数字视频光盘（DVDs）。机构可以使用 CD-ROM、DVD 将永久电子档案移交到美国国家档案馆。

（1）用于此目的的 CD-ROMs 须符合 ANSI/NISO/ISO9660 的规定（引用参考参照第 1235.4 条纳入参考范围）。

（2）永久电子档案必须以离散卷存储。移交的 CD-ROMs 和 DVDs 可以包含其他卷如软件或短期档案，但永久档案只能放在永久卷。如果 CD-ROM 或 DVD 包含短期档案，机构必须标明移交时间以及文件在 CD-ROM 或 DVD 的位置。机构还需详细说明，国家档案馆在将永久档案复制到档案馆载体后，是否需要将 CD-ROM 或 DVD 返还或者处置。

（3）如果永久电子档案同时存储在 CD-ROM 或 DVD 和其他介质（如磁带）中，机构必须就移交给国家档案馆的介质与国家档案局达成一致意见。

（d）档案移交协议。机构可以采用国家档案局批准的档案移交协议（FTP）将永久电子档案移交到美国国家档案馆。以下几个重要因素会限制 FTP 档案移交方式的使用，如档案数量、档案的体积、可用的带宽。机构须与国家档案局特殊载体永久档案部联系。或与国家档案局电子及特殊载体档案部讨论移交相关事宜。所有通过 FTP 移交的电子档案，必须提前签署 SF258 并发送至国家档案局电子及特殊载体档案部。

（1）FTP 案卷结构可以使用 64 个字符 Joliet 扩展命名，规定只有当字母、数字、破折号（-）和下划线（＿＿＿）用于案卷或目录名称，同时用斜杠（/）表示目录结构。此外，FTP 案卷结构还必须符合第 8.3 条中引用的文件命名规定，案卷目录结构必须符合 ANSI/NISO/ISO9660 规定（参照第 1235.4 条纳入参考范围）。

（2）永久电子档案必须以离散卷方式与短期档案分开移交。永久档案移交时案卷中只能包含永久档案。

## 第 1235.48 条　机构的哪些文件必须移交电子档案？

（a）总则。机构移交的文献必须足以识别、服务、解释永久电子档案。文件须包括填毕的国家档案局 14097 表格、移交电子档案的技术说明、磁带的介质，以及一张填毕的国家档案局 14028 表格、信息系统说明表或其对应物。机构必须提交上述文件，如果是电子文件，电子表格须符合本节规定。

（b）数据卷。数据卷和数据库的文件须包括档案版式、数据元素定义、编码数据的代码转换表。用于代表数据价值、代码释义的数据元素定义，代码必须与实际的移交格式和代码相匹配。

（c）数字地理空间数据文件。数字地理空间数据文件必须包括本节（b）款指定的文件。此外，数字地理空间数据文件可以包含符合联邦地理数据委员会制定的数字地理空间元数据内容标准的元数据文件，1994 年 4 月 11 日颁布的第 12906 号行政令的规定（《联邦法规》第 3 卷，1995 汇编版，第 882 页）（联邦地理数据标准在 http://www.fgdc.gov/standards/standardslpublications 可查到）。

（d）含有 SGML 标记的文件，包含 SGML 标记的文本文献的电子案卷在适用时须附有解释 SGML 标记的表格。

（e）其他格式的电子档案：

（1）第（e）款适用于下列类型的电子档案：

（i）带附件的电子邮件；

（ii）文本档案的扫描图像；

（ⅲ）PDF 格式档案；

（ⅳ）数字照片档案；

（ⅴ）Web 内容档案。

（2）电子档案文献指南格式，可在国家档案局电子档案管理网站首页查寻 http：//www. archives. gov/recordsmgmt/initiatives/transfer-to-nara. html，或咨询国家档案局电子及特殊载体档案部。其他电子档案可咨询数字照片和元数据，或国家档案局电子及特殊载体档案部，地址：大学公园斯特兰德路 8601 号，邮编：20740，电话：（301）837-1578。

### 第 1235.50 条　哪些移交规范和标准适用于电子档案？

（a）总则

（1）机构移交的电子档案格式必须独立于特定的软硬件。除本节（c）至（e）条指定的以外，档案必须采用美国信息交换标准代码（ASCII）或扩展的二进制编码、十进制交换码（EBCDIC）编制，删除所有控制字符和其他非数据字符。关于电子档案的其他格式，机构需咨询国家档案局电子及特殊载体档案部。

（2）机构必须就档案压缩事项预先征得国家档案局的同意，提供的档案解压软件也应当符合国家档案局的要求

（3）关于使用磁带归档（TAR）工具移交已划期限的电子档案的计划，机构需联系国家档案局电子及特殊载体档案部进行移交商谈。

（b）数据案卷和数据库。数据案卷和数据库必须以平面文件或表格形式移交国家档案馆，譬如二维阵列、列表；所有"档案"（指计算机程序环境中的，不同于联邦档案）或数组，譬如预定的数据项集合，同一个文件或表格必须采用同一个逻辑格式。一份档案中的数据元素只需包含一个数据值。一份文件不得包含重复嵌套的数据项。该文件不得包含无关的控制字符，除非档案长度指标是可变长度，或者是界定一个数据元素、字段、档案或文件。如果不同案卷中的档案或数据元素需要链接或组合，那么每个档案必须包含一个或多个数据元素，组成主关键词或外部关键词，使得各案卷之间的相关档案建立有机联系。

（c）数字地理空间数据文件。数字地理空间数据文件必须移交国家档案局，格式须符合由联邦、国家或国际标准组织提出的非私有、公开出版的标准。接收的移交格式包括由开放地理信息系统协会界定的地理标记语言（GML）。

（d）文本文献。电子文本文献必须以纯 ASCII 文件移交；此文件可以包含通用标记语言，诸如标准通用标记语言（SGML）或 XML 标记。

（e）电子邮件、文本文件的扫描图像、便携文件（PDF）格式档案、数字图片档案、Web 内容档案。这些档案的移交指南和要求，机构可咨询国家档案局电子档案管理主页 http：//www. archives. gov/records‐mgmt/initiatives/transfer‐to‐nara. html，数字图片、元数据档案的移交可咨询国家档案局特殊载体永久档案部，其他电子档案的移交可咨询国家档案局电子及特殊载体档案部。

## 第1236节　电子档案管理规定

### 分节 A——总则

#### 第 1236.1 条　第 1236 节的授权（生效日期：2012 年 10 月 12 日）

授权本节的法律法规是《美国法典》第 44 卷第 2904、3101、3102 条及第 3105 条；OMB（管理预算办公室）A-130 公告《联邦信息资源管理》，适用于存有档案的档案及信息系统。

## 第 1236.2 条　适用于本节的定义

（a）见本分章第 1220.18 条的定义与术语；

（b）在本节中使用的还有：

"电子信息系统"，是指包含并能提供利用计算机化联邦档案及其他信息的信息系统。

"电子邮件系统"，是指用于形成、接收及传输讯息及其他文件的计算机应用程序。该定义不包括文件移交功用（即在使用者之间传输文件但并不保存所传输数据的软件）、用于收集和处理数据的数据系统（即这些数据基于个人计算机或主计算机分别被组织成数据文件或数据库）以及并不在电子邮件系统上传输的文字处理的文件。

"元数据"，指包含描述历史、痕迹及/或电子文件管理而保存的背景信息。

"非结构化电子档案"，是指使用自动化处理软件，如电子邮件和其他讯息应用程序、文字处理或显示软件等所形成的档案。

## 第 1236.4 条　本节指南所采用的标准

本规章与 ISO15489-1：2001《档案管理：通则》相一致。其中第 9.6 条（存储与处置）与本节相关。

## 第 1236.6 条　机关电子档案管理职责（生效日期：2011 年 11 月 1 日）

机关必须：

（a）将电子档案管理纳入到本分章第 1220～1235 节对档案管理活动的要求中。

（b）将档案管理、保存的要求与电子信息系统的设计、开发、改进和实施整合。

（c）电子档案管理要符合分节 C 的要求（电子档案附加要求）。

# 分节 B——电子信息系统设计实施中档案管理与保存的要点

## 第 1236.10 条　对电子信息系统中的档案，机关必须确定档案管理控制点

以下几种档案管理控制点需要具备，以确保无论多长时间，只要这些信息是机关业务所需要的，电子信息系统中联邦档案都能具备充分和恰当的资料说明。机关必须将控制要求纳入电子信息系统，或将其集成到信息系统外部的档案管理系统中（见本节第 1236.20 条）。

（a）可信性：控制以确保事务、活动或事实数据完整和准确的展现，使其能证明并作为后续事务或活动依据；

（b）真实性：控制并保护档案免于非授权添加、删除、篡改、使用及隐藏；

（c）完整性：控制，如审计追踪，并确保档案是完整并且未被改变；

（d）可用性：以机制确保档案能被定位、检索、展现及理解；

（e）内容：以机制确保所保存档案中的信息确实是由档案形成者所产生；

（f）背景：以机制保证反映机构、职能及运行环境的相关档案建立并互相参照，这些记录可能会因业务活动的行业、法律及法规要求的不同而产生变化。

（g）结构：控制并确保对档案的物理及逻辑格式以及数据元素之间的关系的维护。

## 第1236.12条　其他应当纳入电子信息系统设计、开发与实施中的档案管理与保存要点

作为资金计划和实施周期过程组成部分，机关必须确保：

（a）档案管理控制（见第1236.10条）能纳入系统规划和实施；

（b）无论多久，只要机关业务活动需要，系统中所有档案应当都能检索和利用（如NARA所批准的保存期限）。当档案保存期限超过系统预期寿命，机关必须就档案及其相关元数据迁移到新的存储载体或格式提出计划和预算，以避免载体失效和技术过时（见第1236.14条）；

（c）按照本分章第1235节向NARA移交永久档案；

（d）当需要允许在机关之间采用不同的软件或操作系统交换电子文件时，应当规定标准交换格式（如ASCII或XML）。

## 第1236.14条　机关对技术过时的档案必须采取保护措施

尽管系统产生和采集了档案，但只要档案即将超越信息系统生命期维护和利用，机关就必须设计和实施迁移战略以应对档案对硬件和软件的依赖。为成功保护档案应对技术过时，机关必须：

（a）确定是否NARA所批准的档案保管期限，比现在保存着档案的系统寿命长。如果是，要在现行系统退役之前对档案向新系统的迁移作出规划。

（b）为保存电子档案在形成时系统的功能和完整性方式，实行硬件和软件升级。要保留档案系统的功能和完整性就需要：

（1）直到授权的处置期限前，都要以可用的格式保留档案。当迁移包括档案的转换时，要确保在转换后档案的授权处置得以实施。

（2）任何所需的存储载体转换，要具备与现行硬件和软件的兼容功能。

（3）在转化或迁移过程中，要维护档案与其元数据的连接，包括在迁移时刻所采集的所有相关的元数据（即档案元数据和迁移元数据）。

（c）确保迁移战略能兼顾到离线存储的非现行电子档案。

# 分节 C——电子档案特殊要求

### 第 1236.20 条　对电子档案的档案管理系统的特定要求

（a）总则。机关必须根据其业务需要，采用基于电子、纸质或两者结合的档案管理系统，对其所产生的档案进行管理。电子邮件可按照第 1236.22（c）条执行。

（b）电子档案管理。档案管理功能应当嵌入电子信息系统，或者档案能转存到电子的存储库（如 DOD5015.2STD 认证的产品）中。以下为电子档案管理必备功能：

（1）确认归档：对档案进行唯一标识。

（2）捕获档案：从其他来源输入到档案管理系统中，或将档案与其他系统关联。

（3）整编档案：按照批准的档案保管期限与处置表进行组织。

（4）档案安全：防止未授权利用、修改、删除已归档的档案，确保有关审计记录的保存以追踪档案的利用。

（5）利用检索：为利用者利用档案设定相应授权，促进档案的查询和检索。

（6）保存档案：确保系统中所有档案，不管多长时间只要需要，在机关开展业务活动时都可检索和使用，并按照 NARA 批准进行处置。机关必须开发相应程序，确保档案及其相关元数据向新的存储载体和格式迁移，以避免由于载体失效和技术过时带来的损失。

（7）实施处置：按照 NARA 批准的档案保管期限表，确定并实行向 NARA 移交永久档案；确定并删除可以处置的临时档案；申请保留档案或当需要时冻结档案处置。

### 第 1236.22 条　电子邮件档案管理特殊要求

（a）机关必须针对所有人员制发电子邮件档案保存与管理要求：

（1）为便于理解所发送信息的环境，信息发送者姓名及所有收信人名单和发送日期必须作为电子邮件档案记录保存。机关要确定其他所需元数据以满足机关业务的需要，如接收信息。

（2）电子邮件的附件属于电子邮件档案的组成部分，必须作为电子邮件档案保存，或与其他档案相关联。

（3）如果电子邮件系统是以编码或别名来识别使用者或仅以邮件发送清单来

识别接收者，须保留智能识别系统或名录上的全名或发送清单等，以确保能识别档案中的信息发送者和接收者。

（4）有些电子邮件系统为使用者提供日历和任务列表，这可能符合联邦档案定义。符合联邦档案定义的日历要按照联邦第 23 号《通用保管期限表》第 5 项的规定来管理。

（5）在电子邮件系统中传阅修改的文件草稿，如果满足 CFR 第 36 卷第 1222.10（b）条特定标准，可能就属于档案。

（b）允许其雇员利用非机关所管理的系统发送和接收公务电子邮件讯息的机关，必须确保在这些系统中发送和接收的属于联邦档案的信息，要保存到机关档案管理系统中。

（c）机关可自行选择在机关电子邮件系统管理 NARA 所批准的短期电子邮件档案的保存期限（联邦第 23 号《通用保管期限表》第 7 款中规定的定期档案中小于等于 180 天，或 NARA 所批准的机关档案保管期限表），并且不需要拷贝成纸质档案或转存到电子档案管理系统中，但前提是：

（1）利用者在 NARA 批准的保管期限到期前没删除；

（2）系统的自动删除规则确保档案在 NARA 批准的保管期限到期前的保存。

（d）除了本节（c）段范围内的电子邮件档案：

（1）机关不得使用电子邮件系统存储被确认为属于联邦档案的电子邮件讯息档案拷贝，除非该系统具有本节第 1236.20（b）条所规定的功能特性。

（2）如果电子邮件系统不包含档案系统，机关必须指示其雇员将联邦档案从电子邮件系统拷贝到档案管理系统。

（e）保存永久电子邮件档案并准备向国家档案馆移交的机关必须以某种格式存储在符合《联邦法规》第 36 卷第 1235 节移交要求的 CD 上，或当要移交时能够将档案转换到所要求的格式和媒体上。

（f）维护纸质档案管理系统的机关，必须按照机关电子邮件指令要求对电子邮件档案及其相关传输和接收数据进行打印并立卷。

### 第 1236.24 条  非结构化电子档案管理特殊要求

（a）以电子方式管理非结构化电子档案的机关，除了按照第 1236.22（c）条要求管理定期电子邮件外，还必须确保档案按照第 1236.10 条的要求，在档案管理系统中立卷；

（b）将纸质案卷作为档案管理系统的机关，必须制定方针并对雇员发布指令，确保非结构化档案打印立卷，并要以采集所有相关隐形但所需的文本内容（如评注）或结构关系（如表单或其他复杂的文件中的操作工作单）的方式满足机关业务需求。

**第1236.26条　机关维护电子信息系统必须采取的措施**

（a）机关必须维护电子信息系统的目录清单，并按照《美国法典》第44卷第3506条的要求，将已制定的机关工作程序、标准及方针，作为系统一致性定期评估的内容。评估应当确定档案是否被恰当识别和著录、保管期限填注和期限是否反映出现行信息内容及使用情况。如果不是，机关必须向NARA提交SF115表格，以获得档案处置的授权。

（b）机关必须维护有关电子信息系统充分的最新资料：

（1）对所有阅读和处理系统中档案所必需的技术特性进行详细说明；

（2）识别所有输入和输出；

（3）明确案卷和档案中的内容；

（4）确定档案获得和使用的限制；

（5）能理解该系统的作用和功能；

（6）描述在系统中添加、改变或删除信息的最新周期或条件及规则；

（7）确保档案的及时、授权处置。

**第1236.28条　适用于保存永久档案的电子档案存储载体的选择和维护的特殊要求**

（a）机关必须对包含永久及尚未划定期限档案的电子档案存储载体加以维护，其存储和测试场所的温度和相对湿度范围是：

（1）温度：华氏62°~68°；

（2）相对湿度：35%~45%。

（b）包含永久或未定期档案的电子载体存储库及测试或评价场所必须禁烟。

（c）对维护和存储CD和DVD的特殊指南，机关可参考国家标准技术研究院（NIST）特刊500-252——《CD和DVD的呵护和处置》。

（d）对使用磁带存储的电子档案，机关应当在使用前6个月内进行测试。测试应当验证：用计算机磁带作为永久保存载体，应当是零差错并符合NIST或工业标准的。

（e）对所有包含永久及非定期档案的计算机磁带载体，机关必须每年进行统计抽样读取，以识别数据损失、发现并纠正数据损失的原因。具有1800盘及以下的磁带载体库，应当抽样读取20%或者50盘；超过1800盘的磁带载体库，应当抽样读取384盘。超过10盘出错的，必须进行载体替换；如有可能，损失的数据要重新存储。所有受到同样原因影响的磁带载体（如质量差的磁带、利用率高的、环境差的、处理不当的）必须读取并作相应纠正。

（f）在载体寿命达10年时，机关必须将磁带载体上作为档案保存的永久或未划定保管期限的数据，拷贝至经测试和验证过的新电子载体上。

## 第 1237 节　声像档案、地图及相关档案的管理

### 第 1237.1 条　本节的适用范围是什么？

机构须按照第 1220～1235 节的规定管理声像档案、地图和相关档案。本节规定了管理声像档案、地图和相关档案的补充策略和程序，以确保充分和恰当的资料、及时授权并合规处置。

### 第 1237.2 条　第 1237 节有哪些权限？

本节权限如《美国法典》第 44 卷第 2904 条和第 3101 条所述。

### 第 1237.3 条　本节参考吸收了哪些标准？

（a）根据《美国法典》第 5 卷第 552（a）条和《联邦法规》第 1 卷第 51 章

的规定，本节参考吸收的资料已经《联邦登记》办公室长官的批准。使用本节确认的以外的版本，NARA 应当在《联邦登记》中发布通知，公之于众。公众可在《联邦登记》办公室获取所有已经批准的材料。如需更多信息，请致电（202）741-6030 或访问网站：http://www. archives. gov/federallregister/codeloflfederallregu-lations/ibrllocations. html.

（b）参考资料也可在国家档案局档案图书信息中心查到，也可以通过下列方式购买。若获取下列标准有困难，可联系国家档案局政策规划部职员（NPOL）。

（c）美国国家标准协会（ANSI）和国际标准组织。获取下列 ANSI 和 ISO 标准，可到美国国家标准协会。

（1）ISO18906：2000（ISO18906），影像资料——摄影胶片——安全影片技术参数，第一版，IBR 根据第 1237. 26 条于 2000 年 12 月 15 日批准。

（2）ISO18911：2000（ISO18911），影像资料——摄影胶片的安全处理——存储实务，第一版，IBR 根据第 1238. 20、1237. 16 和 1237. 18 条于 2000 年 11 月 1 日批准。

（3）ISO18920：2000（ISO18920），影像材料——摄影影像打印的处理——存储方法，第一版，IBR 根据第 1237. 18 条于 2000 年 7 月 15 日批准。

（4）ANSI/AIIM TR34：1996（ANSI/AIIM TR34），电子影像管理和显微系统中影像抽样检验程序，IBR 根据第 1237. 28 条于 1996 年 5 月 13 日批准。

（d）美国国家消防协会（NFPA）。下列标准可从美国国家消防协会获取。

（1）NFPA40-2007（NFPA40-2007），硝酸纤维素影片存储和处理标准，IBR 根据第 1237. 30 条于 2007 年批准。

（2）［预留］

（e）Techstreet。下列标准可从标准经销商 Techstreet 获得。地址：安娜堡市 Ranchero Drive 3916 号，MI：48108，电话：（800）699-9277，或访问 http://www. Techstreet. com.

（1）ISO18902：2001（ISO18902），影像材料——摄影胶片、底片、资料的处理——附件与贮存器文件，IBR 根据第 1237. 16 条于 2001 年批准。

（2）ISO18923：2000（ISO18923），影像材料——光盘介质——存储方法，第一版，IBR 根据第 1237. 18 条于 2000 年 6 月 1 日批准。

（3）ISO18925：2002（ISO18925），影像材料——光盘介质——存储方法，第一版，IBR 根据第 1237. 18 条于 2002 年 6 月 1 日批准。

（f）下列标准无法从原发行商或分销商处获得。如本节（b）段规定，该标准可在 NWCCA 查到。若要在大学公园以外的 NARA 站点查询的，请联系 NWCCA，地址：大学公园阿特兰德路 8601 号 2380 房间，MD：20740-6001，电话：（301）837-3415 或发送电子邮件到 alic@ nara. gov。

（1）ISO2859-1：1996（ISO2859-1），属性的抽样检查程序——第1部分：由验收质量标准（AQL）编制的抽样检验方案，IBR根据第1237.28条于1996年批准。

（2）ANSI/NAPM IT9.11-1993（ANSI/NAPM IT9.11-1993），影像介质——摄影胶片安全处理——储存，IBR根据第1237.16条于1993年批准。

## 第1237.4条  哪些定义适用于本节？

（a）B分章使用的术语界定参见本小节的第1220.18条，包括第1237节。

（b）第1237节使用的定义：

"航拍影像档案"是指航空器或卫星采集的地球表面、其他行星或大气层影片图像。包括传统飞行器采集的垂直和倾斜的底片的拷贝片、中间底片、矫正负片以及这些底片的说明和洗印片等。此外，还包括已被转换到片基的红外线、紫外线、多光谱、视频和雷达影像。档案还包括各种形式的相关检索系统，例如镶嵌图、航线轮廓及标准地图，捕捉的纬度和精度电子数据基线（或其他基于坐标位置数据）的数据库。

"建筑工程档案"指的是用于描述拟建和实际施工的固定结构的图纸档案，如建筑物、桥梁和隧道，及诸如船舶、飞行器、车辆、武器、机械和设备。这些档案也被称为设计施工图纸，包括与其密切相关的索引和编制规范。

"声像"是指以摄影图片、底片、幻灯片、数码图片、录音材料和电影等任何以图像和听觉方式传播的信息。

"声像材料设备"是指用于录音、制作、复制、处理、播放、分售、存储、展示声像材料的设备或者提供声像材料利用的设备。

"声像制品"是指经过有序、统一的影像，按照计划和脚本形成，包含视觉图像、声音或两者兼有的用以传递信息的材料。声像制品一般是整装影像。

"声像档案"是指采用图像或声音形式的档案，包含静态图像和动态媒体（如电影胶片或视频）、录音记录、图形作品（如印刷海报）、混合介质，以及相关的检索工具和制作文件。

"地图档案"是指表示地球表面、其他行星以及大气的文化和物理特征的，按比例绘制的图形。包括地图、图表、影像地图、相片图和图像、地图册、统计地图、地球仪和地形模型。

"相关档案"是指地图制作过程中的必要记录，如实地调查笔记、大地测量控制、地图历史案卷、素材、索引和检索工具等。

## 第1237.10条  机构应当如何管理声像材料、地图和相关档案？

联邦机构应当依照第1220~1235节的要求管理声像资料、地图和相关档案。

另外还需：

（a）规定声像资料、地图和相关档案的类型，以更好地形成和维护（参见本小节的第1235.42条——永久声像档案移交要求）。

（b）形成并维护现有的标有各代声像档案、地图和相关资料的位置的库存，尤其需重视尚未由机构集中保管的档案。

**第1237.12条　形成和保存永久声像档案需要哪些档案元素？**

必须移交到美国国家档案馆的永久声像档案，必须形成、获取并保存下列档案元素（参见本小节的第1235.42条——永久声像档案移交要求）：

（a）影片：

（1）机构投资或制作的电影胶片（如公共资料片），无论是公开使用还是内部使用：

（i）原底片或彩色原稿，附加独立的光学音轨；

（ii）原始正片或底片副本，附加视轨和声轨；

（iii）声音投射印制和视频录制，如果二者同时存在。

（2）机构获得的电影胶片：两个完好的投影片或一个投影印刷片和一个录像带。

（3）被合理编排、标引和描述的未经编辑的镜头、花絮片段和剪辑镜头（影片的废弃镜头），未上演的、未排练的具有历史价值的事件或重大的历史现象：

（i）原始底片或彩色原件；

（ii）匹配的相片或录像带。

（b）视频录制：

（1）模拟录像带。原始或早期的复制带，使用工业品质或专业录像带原件，以及一份副本作为参考利用。

（2）视频光盘。用于制作视频光盘的前母带和两份光盘副本。

（c）静态图片：

（1）模拟黑白照片、原始底片和有标注的相片，或在其他文件（如数据库）中与该图像档案编号有明显关联的说明信息。如果原底片是硝酸盐、不稳定酯或玻璃基，则需要一份聚酯底片副本。

（2）模拟彩色照片、原始彩色底片、彩色幻灯片：由原始彩色底片打印的加说明的照片，和/或在其他文件（如数据库）中与该图像有明显关联的说明信息；一份底片或幻灯片副本。

（3）幻灯片组。原始幻灯片组和参考幻灯片组，以及相关音频记录和脚本。

（4）其他图形档案。如海报、原创艺术作品、电影胶片等，应当提供原始档案与参考副本。

（d）数码照片档案。参见第 1237.28 条中有关数码照片的要求。

（e）声音录制品：

（1）光盘录制品：

（i）电子录制品，各种形式的原始录音，以及两份光盘（CD）或数字视频光盘（DVD）。

（ii）模拟录音唱片、母片、碟式压制录音片、一般以每分钟 331/3 转速（rpm）播放的乙烯副本。

（2）磁带（开式盘片、磁带或单轴片盒）的模拟音频记录、原生带或可获得的最早录音，以及随后一代的参考副本。

（f）检索工具和文献形成：

（1）现有的检索工具，如数据表、镜头列表、分镜头剧本、审查表、目录、索引、字幕列表，以及其他标识档案的文件。

（2）案卷形成过程或同类材料，包含制作合同、脚本、文字本等文件的副本，以及含有表明制作的起因、获得、发行和所有权的文件。

### 第 1237.14 条　声像档案、地图和相关档案划分期限的要求是什么？

处置说明应当规定，永久档案应当自形成之日起 5～10 年内移交国家档案馆（参见《联邦法规》第 36 卷第 1235 节）。声像资料、地图和相关档案移交国家档案馆的附加规定和标准参见本小节第 1235.42 条。

### 第 1237.16 条　机构如何保存声像档案？

机构应当为永久档案、长期档案或未划期限的声像档案提供适当的保管条件：

（a）确保声像档案馆库符合《联邦法规》第 36 卷第 1234 节的规定。

（b）存储永久、长期或未划定期限的档案时，声像存储器及附件须使用 ISO18902 和 ISO18911 推荐的非腐蚀金属、惰性塑料、纸制品等其他安全材料（参照第 1237.3 条纳入参考范围）。

（c）若可行，应当储存原件，分别使用副本（如底片或相片）。须将声像档案与文字材料分开存储（如海报类和其他机构出版物分开，照片与一般参考文件分开）。通过检索工具标注，或其他说明机制保持对资料的智能管理。

（d）存储永久和未划期限的 X 光片，如依据本小节第 1238.20 条规定，勿将 X 光片夹在纸质档案（案卷）中。在一般条件下储存短期 X 光片，须依据 ANSI/PIMA IT9.11-1993（参照第 1237.3 条纳入参考范围）提出的储存条件，确保其保管期满。

（e）储存海报和其他类似的巨幅图像作品时，应当使用地图盒、悬挂式文件夹或其他足够大而柔韧的外包装，避免图像滚动、折叠、弯曲，保护其完整性和稳定性。

（f）储存光盘应当置于单独容器中，使用毡尖、水笔做标记。

## 第 1237.18 条　存储声像档案的环境标准是什么？

（a）感光胶片和照片。本段规定也适用于永久、长期和未划期限的声像档案。

（1）总则。所有胶片须依照国际标准组织在 ISO18911 中的指导意见（参照第 1237.3 条纳入参考范围）低温保存。另可参见 ISO18920（参照第 1237.3 条纳入参考范围）。

（2）彩色图像和醋酸基介质。温度须在华氏 40°以下，相对湿度在 20% ~ 40%，以延缓彩色图像褪色和醋酸基介质的分解。

（b）磁盘数字影像。存储在磁盘上的数字影像，环境恒定温度须保持在华氏 62° ~ 68°，相对湿度在 35% ~ 45% 之间。参见 ISO18923 的推荐规范（参照第 1237.3 条纳入参考范围）以及 CFR 第 36 卷第 1236.28 条中有关电子档案储存的要求。

（c）光盘数字图像。存储永久、长期或未划期限的光盘数字影像，适用 ISO 18925（参照第 1237.3 条纳入参考范围）规定的温度和湿度。

## 第 1237.20 条　保存声像档案有何特殊要求？

机构应当：

（a）按照公认的行业惯例处理声像档案。

（b）保护包含数字介质及声音视频磁性介质在内的声像档案免受意外或故意更改、删除。

（c）声像档案若备有不同版本（如长版本、短版本或外语版本），各版本需为保存目的保存未经更改的副本。

（d）将声像档案与检索工具连接，检索工具包括说明、发布和未发布的目录、库存清单、索引和形成过程文件，以及音像制作过程中产生的类似文件。须建立制度并在机构范围内传达，明确文字说明标准、程序和责任。

（e）保存现有的和可能获得的文献，确认声像资料的创建者、他们与机构的准确关系，以及版权的性质和状态，影响从机构外部资源获得的物品当前或将来使用的其他权利（见本小节第 1222.32 条明确机构对合适的承包商制作档案的所有权的要求）。

（f）为所有声像档案创建唯一的标识码（如数字文件，使用文件命名惯例），说明相关元素的关系（如相片和底片，或原始编辑母本和配音视频音频资料），以及关于创建、赞助或申请机构的相关档案。

（g）短期声像档案和永久声像档案须分别保存。

（h）要求工作人员戴白色无绒（或其他经批准的材质）手套处理胶片。

## 第1237.22条　保存地图和相关资料有何特殊要求？

机构应当：

（a）永久和未划定期限的地图、建筑档案和工程档案，保存在温度不超过华氏70º，相对湿度低于50%的环境中。

（b）为每个系列建立一个标识方案，在每系列内，为每个条目指定唯一的识别符号。

（c）用相关文本档案的相互参照，维系每个系列的目录和索引。

（d）避免将不同系列的地图、表格或图纸交叉归档，应当将永久的地图和建筑档案与短期档案分别归档，除非手工更改版本已与其他出版的地图系统归于一个中心或主案卷。

（e）避免卷曲与折叠地图、图纸。将永久地图和图纸放入无酸文件夹，平铺于无酸盒子中。

（f）不得碾压大幅原生档案。关于维护、储存和处理方案，请咨询国家档案局项目保管部。

## 第1237.24条　存储和维护航拍影像档案有何特殊要求？

（a）每个航拍胶片装具应当使用唯一编码进行标记，以便识别和归档。

（b）用航拍胶片的标识码或航拍胶片的装具代码标识航拍胶片的索引，便于检索。另外，航拍索引标记应当使用便于影像范围内检索的方式归档和标记。

## 第1237.26条　机构形成声像档案需要何种资料和工序？

机构应当：

（a）重印永久、长期或未划期限的底片和影片（底片、母本及其他副本），应当使用聚酯介质，并符合ISO18906规定的行业标准流程（参照第1237.3条纳入参考范围）。

（1）确保刚处理过的黑白底片上残留的硫代硫酸钠（定影剂）含量不超过每平方米0.014克。

（2）要求实验室按此标准处理影片，按照制造商的建议处理彩色影片。

（3）如果采用反转处理技术，要求是完全反转；如显影、漂白、曝光、定影、冲洗。

（b）为了重现摘录或库存底片，应当避免"A&B"格式作为最终的影片格式（两个准确匹配的卷盘应当设计为可一起打印的）。

（c）制作永久、长期或未划期限的录音档案原件，只可使用工业或专业的视频、音频录制设备，并使用新磁带或空白介质（如 DVD 和 CD）。用户格式仅限于分销、参考副本或期满销毁的档案。避免用 VHS 格式使用录像带制作永久或未划期限档案原件。

（d）记录永久、长期、短期或未划期限的光学介质的录音材料由制造商提供。避免使用盒式录音带制作永久或未划期限档案原件（可用于参考资料）。

（e）永久或未划期限档案的原始数码图像或扫描数字图像，图像的档案版本（或母版本）质量上应当与 35mm 或更高层级的胶片匹配，并以标签图像文件格式（TIFF）或 JPEG 文件交换格式（JFIF、JPEG）保存。其他图像格式的细节要求和解决方案，参见本小节第 1235.48（e）条。对于短期数码图片，机构可选择其认为最能满足业务需求的格式。

## 第 1237.28 条　数码照片有何特殊要求？

本部和《联邦法规》第 36 卷第 1236 节的规定均适用于数码照片，无论原始数码照片或扫描照片、幻灯片或底片，国家档案局关于数码照片移交管理指南亦适用，网址：http://www. archives. gov/records-mgmt/initiatives/digital-photorecords. html.

机构和承包商应当：

（a）在最短时间内划定数码照片和相关数据的保管期限，并按照期限表的处置说明及时移交。

（b）选择图像管理软件与硬件须符合长期保管档案的要求，既要符合移交国家档案馆的要求也要符合业务需求。更多信息和帮助可以从国家档案局现代档案规划部（NWM）获取。

（c）起草数码照片存储策略时，须在存储系统中构建冗余，通过在线、离线或两者并用的方式备份图像资料（另可参见本小节第 1236.28 条电子存储要求）。

（d）对永久或未划期限的扫描照片、数码照片、幻灯片和底片，扫描期间需实施文件质量控制流程。

（1）检查图像样本有无瑕疵，评估检索工具的准确性，确认文件版头及文件名称的完整性。

（2）须按照 ANSI／AIIM TR34 提出的质量采样方法（参照第 1237.3 条纳入参考范围），对足量样本进行研究，以得到有效的统计结果（另可参见 ISO2859-1，参照第 1237.3 条纳入参考范围）。

（e）应当定期对永久、长期或未划期限的数码照片进行检查，采用抽样或更全面的检查体系（如校验程序）评估图像的稳定性，以及文件质量和检索工具的可靠程度。

机构还须建立数据刷新程序（再复制）和文件迁移程序，尤其是保存 5 年以上的图像和数据。

（f）为与其他版本分开保存的一组图像档案集命名。已压缩过的、成套的永久或未划期限的图像档案（如压缩的 TIFF 或第一代 JPEG），尺寸不得变更。

（g）按逻辑顺序整理图像档案。永久数码照片与短期数码照片须分别管理。

（h）关于数码图像制作过程的文件信息。永久或未划期限图像的描述要素如下：

（1）标识码；

（2）图像内容信息；

（3）拍摄者的身份和所属机构；

（4）现有版权和潜在的利用限制；

（5）技术参数，包括文件格式、版本、位深、图像尺寸、相机的品牌和型号、压缩方法和层级、特制或通用的色彩预制文件（ICC/ICM 配置文件），以及由特定数码相机将标题嵌入图像文件的可交换图像文件格式（EXIF）信息。

（i）规定唯一文件名称以标识数码图像；

（j）编制充分详尽的检索工具，实现有效而精确的检索。确保索引、图片说明列表和项目日志可识别，并依时间给图像划块，以便向国家档案局移交。

## 第 1237. 30 条　机构如何管理硝酸盐基和纤维素醋酸酯基薄膜影片？

（a）硝酸盐基是一种类似于火棉的物质，化学性质不稳定，易燃。机构使用硝酸盐胶片（20 世纪 50 年代仍用于制造胶片、35mm 影片、航拍影像以及照片）应当遵循下列规定：

（1）将硝酸盐胶片（如 35mm 影片和大量照片）从档案储存库区移除。

（2）通知国家档案局现代档案规划部，地址：大学公园阿特兰德路 8601 号，MD：20740，电话：（301）837-1738，询问是否销毁硝酸盐胶片，还是由机构制作副本移交到国家档案局。如果国家档案局认为硝酸盐胶片可以销毁，但机构仍希望留存，则应当符合 NFPA40-2007 标准（参照第 1237. 3 条纳入参考范围）。

（3）包装和运输硝酸盐胶片应当遵守运输部法规规定（《联邦法规》第 49 卷第 172. 101 条：有害物质表；第 172. 504 条：交通运输；第 173. 24 条：包装标准要求；第 173. 177 条：硝酸盐的电影胶片和 X 光片）。

（b）机构应当定期检查醋酸纤维胶片，查看是否有乙酸气味，是否起皱，胶片边缘或表面是否有结晶沉积物等变质现象。机构对由醋酸纤维素制成的永久或未划期限的声像档案进行检查后，应当及时通知国家档案局现代档案规划部，地址：大学公园阿特兰德路 8601 号，MD：20740，电话：（301）837-1738，以便机构在胶片原件和复制件移交国家档案局前进行拷贝。

# 第 1238 节　缩微档案的管理

## 分节 A——总则

### 第 1238.1 条　本节的范围是什么？

本节包括联邦档案管理过程中使用缩微技术的标准和程序。

### 第 1238.2 条    第 1238 节有哪些权限?

本节的法定权限指《美国法典》第 44 卷第 29 章和第 33 章中所述。

### 第 1238.3 条    哪些定义适用于本节?

参见本分章 1238 节的第 1220.18 条中的术语定义。

### 第 1238.4 条    哪些标准可用作本节指南?

规定须符合 ISO15489-1：2001 指南，第 7.1 条（档案管理规划原则），第 9.6 条（存储和处理）。

### 第 1238.5 条    本节参考收录了哪些出版物?

（a）依据《美国法典》第 5 卷第 552（a）条和《联邦法规》第 1 卷第 51 章规定，经联邦登记处主任批准，某些资料通过引用纳入本部。若实施非本节指定的版本，国家档案局须在《联邦登记》公布更改通知，且公众可查阅，所有批准的材料也可用于联邦登记处的检查。该材料在联邦登记办公室可查阅，电话：(202) 741-6030 或访问该部门的网站：http://www.archives.gov/federalregister/codeoflfederalregulations/ibrllocations.html。

（b）通过引用收录的材料，国家档案局档案图书信息中心亦可获取，或者从下表所列机构购买。若获取下列标准遇到困难，可联系国家档案局政策和规划部。

（c）美国国家标准协会和国际标准组织的标准。下列 ANSI 和 ISO 标准可从美国国家标准研究协会获取，或在线获取 http://webstore.ansi.org。

（1）ANSI/AIIM MS1-1996（ANSI/AIIMMS1），为检查和质量控制，字母数字采用缩微处理推荐标准，IBR 根据第 1238.14 条于 1996 年 8 月 8 日批准。

（2）ANSI/AIIM MS5-R1998（ANSI/AIIM MS5），信息和图像缩微平片管理标准，IBR 根据第 1238.10 条于 1998 年 12 月批准。

（3）ANSI/AIIM MS14-1996（ANSI/AIIM MS14），16mm 和 35mm 卷式缩微胶片格式操作推荐标准，IBR 根据第 1238.10 条于 1996 年 8 月 8 日批准。

（4）ANSI/AIIM MS19-1993（ANSI/AIIM MS19），缩微识别操作推荐标准，IBR 根据第 1238.12 条于 1993 年 8 月 18 日批准。

（5）ANSI/AIIM MS32-1996（ANSI/AIIM MS32），35mm 缩微胶片工程源文件缩微记录操作推荐标准，IBR 根据第 1238.10 条于 1996 年 2 月 16 日批准。

（6）ANSI/AIIM MS41-1996（ANSI/AIIM MS41），组合缩微胶片载体和光圈维度（光圈、相机、拷贝和图像卡），IBR 根据第 1238.10 条于 1996 年 7 月 16 日批准。

（7）ANSI/AIIM MS43-1998（ANSI/AIIM MS43）操作实务和检验流程、缩微复制过程和质量控制文件及来自网络推荐标准，IBR 根据第 1238.14 条于 1998 年 6 月 2 日批准。

（8）ANSI/AIIM MS45-1990（ANSI/AIIM MS 45），存储银明胶缩微片退化证据检验操作推荐标准，IBR 根据第 1238.22 条于 1990 年 1 月 22 日批准。

（9）ISO18911：2000（ISO18911），图像材料存储实务（处理过的安全摄影胶片），第一版，IBR 根据第 1238.20 条于 2000 年 11 月 1 日批准。

（d）技术标准集。下列标准可从技术标准集分销商 Techstreet 处获取，安娜堡市 Ranchero Drive 3916 号，MI：48108，电话：（800）699-9277，或在线获取 www.Techstreet.com。

（1）ISO18901：2002（ISO18901），图像材料规格稳定性（处理过的银明胶黑白胶片），IBR 根据第 1238.10、1238.14、1238.20 条于 2002 年 2 月 15 日批准。

（2）［预留］

（e）公司文件中心。下列文件可从标准经销商——公司文件中心获取，或在线获取 http://www.document-center.com。

（1）ANSI/NAPM IT2.19-1994（ANSI/NAPM IT2.19），美国国家标准图片密度尺寸第 2 编：传输密度的几何条件，IBR 根据第 1238.14 条于 1995 年 2 月 20 日批准。

（2）ANSI/PIMA IT9.2-1998（ANSI/PIMA IT9.2），处理过的摄影胶片、平片和文件归档装具、存储装具标准，IBR 根据第 1238.10、1238.20 条于 1998 年 4 月 15 日批准。

（3）ANSI/AIIM MS23-1998（ANSI/AIIM MS23），文献的银盐缩微胶片，摄制操作、检查和质量保证推荐第一代标准，IBR 根据第 1238.10、1238.14 条于 1998 年 6 月 2 日批准。

（4）ANSI/ISO 3334-1991，ANSI/AIIM MS51-1991（ANSI/ISO 3334，ANSI/AIIM MS51），缩微照片类型和适用，2 号分辨率测试图，IBR 根据第 1238.14 条于 1991 年 5 月 10 日批准。

（5）ANSI/NAPM IT2.18-1996（ANSI/NAPM IT2.18），美国国家标准图片密度测试第三部分：光谱条件，IBR 根据第 1238.14 条于 1996 年 3 月 8 日批准。

## 分节 B——缩微胶片标准

**第 1238.10 条　缩微胶片档案的格式标准是什么？**

缩微档案须使用以下格式：

（a）胶卷：

（1）源文件。16mm 和 35mm 胶卷缩微源文件必须使用 ANSI/AIIM MS14 规定的格式（参照第 1238.5 条纳入参考范围）。信件和打印件建议缩微率不大于1:24。使用 ANSI/AIIM MS23（参照第 1238.5 条纳入参考范围），比率的缩小和格式须满足图像质量要求。缩微 35mm 胶片时使用 ANSI/AIIM MS41 中的光圈卡和格式大小（参照第 1238.5 条纳入参考范围），必须使用 ANSI/AIIM MS41 表 1 和图示 1 中的光圈卡"D 光圈"（参照第 1238.5 条纳入参考范围）。光圈卡的组件包括纸和胶，必须符合 ANSI/PIMA IT9.2 的要求（参照第 1238.5 条纳入参考范围）。用于 35mm 胶片的光圈卡必须符合 ISO18901 LE 500 指定的胶片（参照第 1238.5 条纳入参考范围）。

（2）COM 技术。使用计算机技术形成缩微胶片（COM），必须使用 ANSI/AIIM MS14 说明的单工模式（参照第 1238.5 条纳入参考范围），实际比率为 1:24 还是 1:48 根据实际情况决定。

（b）缩微平片。通过缩微源文件或使用 COM 技术形成缩微平片时，ANSI/AIIM MS5 中规定的格式和缩微比（参照第 1238.5 条纳入参考范围）必须作为被拍摄文件指定的尺寸和质量。使用 ANSI/AIIM MS23（参照第 1238.5 条纳入参考范围）确定合适的缩微比和格式，以满足图像质量要求。

（c）索引位置：

（1）源文件。缩微源文件时，将索引、目录或其他检索工具（如果已缩微），放置在第一卷胶片第一帧图像或最后一卷的最后一帧图像。缩微平片则将索引放置在最后一张缩微平片或者最后一组缩微胶片的封套上。

（2）COM。将索引放置在一卷胶卷的 COM 数据后或放在最后一张缩微平片的最后一帧图像，或最后一个系列的最后一帧。索引的其他位置可用特定系统指明。

### 第 1238.12 条 缩微胶片档案要求有哪些文件?

机构须确保缩微能够获取所有包含在源文件的信息，并确保其可用于为源文件服务。

缩微档案必须标识和整理，以支持简单检索和利用。机构必须：

（a）缩微胶片档案须整理、著录、做索引，以支持特定文献或者档案成分的检索。

（b）每帧缩微胶片或平片须加注标题。如果标题信息不适合放在平片的页眉，可将其放在第一帧图片。标题信息至少包括：

（1）档案的标题；

（2）每组缩微胶片的数量、标识符号；

（3）保密级别，如有；

（4）机构和二级组织的名称，包括日期、名称或其他识别一个缩微单元档案的数据。

（c）添加显示缩微日期的识别符。如果需要赋予缩微副本法律地位，还必须标识授权缩微人员。使用 ANSI/AIIM MS19 识别目标标准（参照第 1238.5 条纳入参考范围）。

## 第 1238.14 条　永久和未划期限档案的缩微胶片有哪些要求？

（a）机构对下列档案进行缩微时须适用本标准：

（1）永久的原始纸质档案即将销毁时（只能是得到国家档案局授权之后）；

（2）未划期限的原始纸质档案即将销毁时（只能得到国家档案局授权之后）；以及

（3）永久和未划期限的原始缩微档案（无纸质原件）自动形成时，例如 COM 技术。

（b）机构须使用符合 ISO18901 关于 LE 500 影片要求的聚酯基银胶类影片（参照第 1238.5 条纳入参考范围）。

（c）机构必须按照 ISO18901（参照第 1238.5 条纳入参考范围）处理缩微品，使残留硫代硫酸盐离子浓度不超过每平方米 0.014 克，并适用处理流程。

（d）机构必须适用以下质量标准：

（1）分辨率：

（i）源文件。机构在运用质量指标法确定缩微源文件时的最小分辨率和预期损失时，须确定缩微源文件的最小分辨率，如 ANSI/AIIM MS23 和 ANSI/AIIM MS43 所述（参照第 1238.5 条纳入参考范围）。

（ii）COM 技术。COM 必须符合 ANSI/AIIM MS1（参照第 1238.5 条纳入参考范围）的要求。

（2）图像的背景基调密度。

机构缩微下列类型文件时须适用 ISO 背景基调标准。须使用适当的缩微视觉漫透射密度以及 ANSI/AIIM MS23 描述的密度测量流程（参照第 1238.5 条纳入参考范围）。密度计必须符合 ANSI / NAPM IT2.18（参照第 1238.5 条纳入参考范围）关于光谱条件和 ANSI/NAPM IT2.19（参照第 1238.5 条纳入参考范围）传输密度几何条件的要求。

（i）文件图像的视觉漫透射背景基调密度推荐如下：

| 类　别 | 文件类型 | 背景密度 |
|---|---|---|
| 第一组 | 高质量、高对比度印刷书籍、期刊和黑色打印。 | 1.3～1.5 |
| 第二组 | 精细导线原件、黑色不透明铅笔书写、小高对比度印刷的文件。 | 1.15～1.4 |
| 第三组 | 铅笔墨水画、褪色印刷品和很小的印刷品如打印页面底部的脚注。 | 1.0～1.2 |
| 第四组 | 低对比度的手稿绘画，留白的方格纸，精美彩色线条；旧色带的字母输入、印刷不良、模糊的文件。 | 0.8～1.0 |
| 第五组 | 低对比度文件（特殊的除外）。 | 0.7～0.85 |

（ii）计算机形成图像的视觉漫透射背景基调密度推荐如下：

| 胶片类型 | 工　序 | 密度测量方法 | 最小值 | 最大值 | 最低密度差 |
|---|---|---|---|---|---|
| 银　胶 | 传统的 | 打印或者漫射 | 0.75 | 0.15 | 0.60 |
| 银　胶 | 完全反转的 | 打　印 | 1.50 | 0.20 | 1.30 |

字符密度或线密度，用显微光密度计测量，或用一个已知密度通过在显微镜下比较缩微图像测量。

（3）缩微片的基底加雾密度。

未曝光的基底加雾密度、加工缩微片不得超过 0.10。使用有色基地影片密度可增加。这种差异必须添加到本部分表中（d）段（2）款规定的数值。

（4）行宽度或笔划宽度。在大多数显微系统中，由于光学限制，出现在源文件的细线缩微胶片图像会填满它们的宽度和密度函数。因此，由于给定系统的减速比增加，减少背景密度需要确保副本清晰。

**第 1238. 16 条**　短期档案、复制件及用户的拷贝片的缩微胶片档案有哪些要求？

（a）保管期超过 99 年的短期档案，机构须采用第 1238. 14 条的缩微规定。

（b）保存少于 99 年的短期档案、复制件和用户拷贝片。国家档案局不要求此类缩微采用特殊标准。机构可以选择库存胶片满足用户需求，并需确保缩微胶片保管期满。国家档案局建议机构查考第1238.3条中提到的合适标准和制造商加工生产及缩微过程的维护，以确保图像在保存期内可查阅和利用。

## 分节C——缩微档案的存储、使用和处置标准

### 第1238.20条　缩微档案应当如何存储？

（a）永久和未划期限的档案。机构必须按照超过ISO18911和ANSI/PIMA IT9.2规定期限的存储条件存储永久和未划期限的档案（参照第1238.5条纳入参考范围），除了存储库区的相对湿度必须恒定为35%（±5%）。与银盐原件及其副本不同，缩微片的非银盐复制件必须异地保存。

（b）短期档案。机构存储短期缩微档案的条件必须确保它们能够保存法定的保管期限。国家档案局建议机构可以参考ISO18901寿命率准则（LE）（参照第1238.5条纳入参考范围）。

### 第1238.22条　检测永久和未划期限的缩微档案有哪些要求？

（a）机构必须按照本节（b）款的要求检测，或与承包商、国家档案局商议检测永久及未划期限档案的缩微胶片母片。

（b）本节（a）款所列的缩微片必须依照ANSI/AIIM MS45（参照第1238.5条纳入参考范围）先行检测。所有缩微片2年后也必须检测。初次检测后，在移交国家档案局之前，除非遇到灾难性的事件，缩微检测必须按照如下期限执行：

（1）1990年后产生的缩微片，每5年检测一次。

（2）1990年前产生的缩微片，每2年检测一次。

（c）为了便于检测，机构必须保存缩微胶片清册，列出每组缩微品或产品的生产日期、生产商、加工者、格式以及和前面的检测结果。

（d）检测包括以下内容：

（1）依据ANSI/AIIM MS45（参照第1238.5条纳入参考范围）进行老化瑕疵检测；

（2）目标分辨率的再读；

（3）密度的重新测量；

（4）根据第1238.20（a）条的规定对缩微存储的环境进行认证。

（e）机构必须准备检测报告，并依照第1238.28（c）条将副本发送到国家档案局。

检测报告须包含：

（1）检测结果汇总，包括：

（i）每年按照批次列出清单，包括每批缩微卷片和平片的识别号；

（ii）缩微品检测数量；

（iii）缩微整体环境评估；

（iv）不足之处汇总，例如氧化还原瑕疵或基础变形；

（v）整改措施汇总。

（2）检测期间需建立详细日志，内容包括如下信息：

（i）检查所有档案的完整描述（标题；卷片或平片号或每组胶片检测的其他唯一标识符；保密类别，如有；起止日期、名称、识别单张档案胶片的其他数据）；

（ii）检测日期；

（iii）检测要素（参见本节 d 段）；

（iv）不足之处；

（v）改正措施。

（f）检查如果发现缩微品母片磨损，机构须依照第 1238.14 条规定制作银盐复制品，取代日益退化的母片。缩微复制品在移交到档案中心或国家档案局之前，必须符合检测要求（参见第 1238.22 条）。

（g）按照 ANSI/AIIM MS45 规定（参照第 1238.5 条纳入参考范围），检查必须在环境控制区进行。

**第 1238.24 条　国家档案局检测短期缩微档案的要求是什么？**

国家档案局推荐但不强求机构适用第 1238.22（a）条中规定的检测程序。

**第 1238.26 条　永久和未划定期限的缩微档案的利用限制有哪些？**

（a）机构不得使用银盐明胶缩微母片，或者复制依照本部第 1238.14 条规定形成的永久或未划期限档案的银盐明胶缩微片。复制母片时，机构须确保胶片母片清洁、完好无损。

（b）下列情况机构须提供副本：

（1）参考；

（2）反复复制；

（3）大规模复制；

（4）分发缩微档案。

（c）保存原始档案的机构，依照核准的档案处置期限表，可以申请适用缩微档案的机构标准。

### 第 1238.28 条　在将永久缩微档案传送至档案存储中心时机构必须做什么?

机构必须:

（a）遵循本章第 1232 节的程序和本节附加的要求。

（b）非银盐副本须与银盐明胶母片、银盐复制品分开包装，并在非银盐副本上作醒目标识。

（c）档案发送或以附件发送时须包含以下信息（国家档案局联邦登记中心 SF 135）。将档案发送至机构档案中心或商业性档案存储中心时，须将此信息作为本分章第 1232.14 条要求的文件的一部分提交给国家档案局。

（1）机构名称和项目构成;

（2）档案标题及使用的媒介和格式;

（3）每个缩微品单元的标识符和编码;

（4）保密类别，如有;

（5）日期、名称、识别档案胶片单元的其他数据;

（6）未包含在缩微品中的检索工具;

（7）第 1238.22（e）条要求的检测日志和报告。

（d）缩微品形成 2 年后，只有经过机构、承包商或国家档案局联邦档案中心进行首次检测或认证后（在可补救的基础上），机构才可将永久缩微档案移交给符合本分章第 1232.14（a）条档案存储要求的机构（参见本分章第 1233.10 条关于国家档案局联邦档案中心的规定）。

### 第 1238.30 条　在向国家档案局移交永久缩微档案时机构必须做什么?

机构必须:

（a）遵循本分章第 1235 部的程序及本节的附加要求。

（b）如果档案未在国家档案局联邦档案中心，须提交本分章第 1232.14（c）条指定的信息。

（c）移交银盐胶片母片须附加缩微复制品（或按照第 1238.14 条要求复制已形成的银盐明胶缩微品）。

（d）须确保缩微品是最新检验的。国家档案局在永久缩微档案首次检查完成前不会登记入册（缩微品形成 2 年以后）。

（e）非银盐副本应当与银盐原片、银盐缩微复制品分开包装，并在非银盐副本上作醒目的标识。

### 第 1238.32 条　机构处置缩微档案和源档案是否需要国家档案局的批准?

（a）永久和未划期限档案。机构须对源文件（原件）和缩微胶片划分保管期限。在任何一份档案（包括原件）销毁之前，国家档案局须根据处置档案授权要求，遵照本分章第 1225 节的规定批准保管期限表 SF115：

（1）执行第 1238.14 条标准的机构，在 SF115 表中必须包括下列承诺："遵照执行标准《联邦法规》第 36 卷第 1238 节规定，以该方式记述的档案认证将可能被缩微。"

（2）机构采用的缩微方式、材质和流程若不符合标准第 1238.14（a）条的要求，在 SF115 表中必须包括使用体系和标准类型的说明。

（3）若机构计划留存永久档案的银盐缩微母片，并销毁原始档案，必须在 SF115 中标注，缩微胶片的存储须符合第 1238.20 条的标准和第 1238.22 条的检验要求。

（b）短期档案。机构计划销毁已经缩微的短期档案无需获取国家档案局的额外批准。已批准的短期档案保管期限同样适用于其缩微副本。

一旦缩微胶片得以确认，原始档案即可销毁，法律或其他规定禁止提前销毁的除外。

# 分章 D——解密

## 第 1260 节　国家安全信息的解密

分节 A——总体说明
第 1260.1 条　本节的目的
第 1260.2 条　适用于本节规则的定义
第 1260.4 条　本节覆盖了哪些国家档案局馆藏？

分节 B——职责
第 1260.20 条　谁负责对由国家档案局登记入册的涉密国家安全行政分支信息进行解密？
第 1260.22 条　谁负责对国家档案局馆藏的涉及国家

安全的由白宫形成的信息进行解密？
第 1260.24 条　谁负责对国家档案局馆藏的外国政府信息进行解密？
第 1260.26 条　谁负责签发国家档案局馆藏中关于情报活动以及情报来源、方法或保密密码档案解密的特殊程序？
第 1260.28 条　谁负责解密限制级数据（RD）、先头

第 1260.78 条　当一个针对在国家
　　　　　　　档案局法定保存的
　　　　　　　行政部门信息的
　　　　　　　MDR 申请被部分
　　　　　　　或全部否决时，申
　　　　　　　诉程序是什么？
分节 G——移交给国家档案局的
　　　　　　档案的再分级
第 1260.80 条　当信息在其实体法
　　　　　　　定保存地正当解密

后再次涉密时，国
家档案局应当采取
什么行动？
第 1260.82 条　当信息在其实体法
　　　　　　　定保存地，未经
　　　　　　　正当解密就已经
　　　　　　　提供给公众时，
　　　　　　　国家档案局应当
　　　　　　　采取什么行动？

# 分节 A——总体说明

## 第 1260.1 条　本节的目的

（a）本分章定义了国家档案局及其他联邦机构对国家档案局馆藏的涉密国家安全信息进行解密的职责。本节还描述了国家档案局的下列工作程序：

（1）国家解密中心的操作；

（2）信息移送给其他机构的审查；

（3）使国家档案局馆藏的系统评价更便利；

（4）对国家档案局馆藏申请进行强制性解密检查。

（b）研究人员申请利用包含《联邦法规》第 36 卷第 1256 节中规定的涉密国家安全信息的材料的规则。

（c）为方便用户，下列图表提供了本部中各节与对应的行政令及实施指南中相关章节的参考。

| 联邦法规章节 | 行政令 13526 的相应章节 | 实施指南的相关章节 |
| --- | --- | --- |
| 1260.20 谁负责对由国家档案局登记入册的涉密国家安全行政分支信息进行解密？<br>1260.22 谁负责对国家档案局馆藏的涉及国家安全的由白宫形成的信息进行解密？ | 3.3、3.3 (d)(3)、3.6 | 2001.24 (i) |

| 联邦法规章节 | 行政令 13526 的相应章节 | 实施指南的相关章节 |
|---|---|---|
| 1260.24 谁负责对国家档案局馆藏的外国政府信息进行解密？ | 3.3 (d)(3)、3.6 6.1 (s) | |
| 1260.28 谁负责解密限制级数据、先头限制级数据及跨密级外国核信息？ | 3.3，3.3 (d)(3)，3.4 | |
| 1260.34 国家解密中心的职责 | 3.3 (d)(3) | |
| 1260.36 机构和国家解密中心的责任是什么？ | 3.3 | |
| 1260.40 国家解密中心处理什么类型的信息移送？ | 3.3 (d)(3)(B) | |
| 1260.42 国家解密中心如何处理联邦档案的信息移送？ | 3.3 | |
| 1260.46 国防部如何处理信息移送？ | 3.3 | |
| 1260.50 国家档案局评审的档案如何作为自动解密进程的一部分？ | | |
| 1260.52 机构人员评审国家档案局法定实体保管的档案的程序是什么？ | | 2001.30 (p) |
| 1260.56 当实施自动解密的时候，国家档案局都考虑些什么？ | 3.3 | |
| 1260.72 当国家档案局收到对行政部门档案进行强制性解密审查 MDR 申请时应当遵循什么样的程序？ | 3.3 | 2001.33 |
| 1260.74 在收到由国家档案局转发的强制性解密审查 MDR 请求后机构职责是什么？ | 3.6 (a)，3.6 (b) | Appendix A |
| 1260.76 国家档案局收到机构的解密决定后履行什么程序？ | | 2001.30 (p)，2001.33 |
| 1260.78 当一个针对在国家档案局法定保存的行政部门信息的 MDR 申请被部分或全部否决时，申诉程序是什么？ | 3.5 (c) | |
| 1260.80 当信息在其实体法定保存地正当解密后再次涉密时，国家档案局应当采取什么行动？ | | 2001.13 |
| 1260.82 当信息在其实体法定保存地，未经正当解密就已经提供给公众时，国家档案局应当采取什么行动？ | 3.3 | 2001.13 |

## 第 1260.2 条　适用于本节规则的定义

"涉密国家安全信息"或"涉密信息",指在行政令 E. O. 13526(涉密国家安全信息)或之前任何其他令中规定的信息,要求不发生未授权揭露,并对以文件形式存在的信息明确标识其涉密情况。

"解密",指授权改变信息的状态,从涉密信息变为非涉密信息。

"信息资产",指的是信息:

(1)在机构控制下的最初分类;

(2)在功能转移事件中,接受方机构所属的信息;

(3)一个机构已经停止存在时,其继任机构所属的信息。

"案卷系列",指的是按照归档系统整理在一起或因与特定主题或功能相关,是同一活动的结果,记录了特定类型的事务,采取了特定实体形式,或从它们的形成、接收、利用(如利用的限制)中产生的其他关联而被放在一起的案卷单元或文件。

"整体案卷群组",指由本节定义的案卷集的一个不寻常的组件,为确保档案的完整性应当将其作为独立单元保存。一个整体案卷群可以由一系列档案构成,这些档案覆盖特定话题,或特定时间段,如总统执政或 5 年退役时间表,即特定案卷集作为一个群组退出正常使用的时间表。为了能实现自动解密,整体案卷群应当仅包括如下情况的档案,即最旧的档案,其鉴定时间最长都不超过 10 年的那些档案。

"强制性解密检查",指为响应解密申请,对涉密信息进行解密的检查。该申请需满足第 13526 号行政令中第 3.5 节的要求。

"档案",指机构档案和总统材料或总统档案,正如在《美国法典》第 44 卷中定义的那些术语,包括由收到合同、许可证、证书或授给物的发起机构管理的政府承包商、执照持有者、凭证持有者或受让人形成或维护的档案

"信息移送",指将一个机构档案中的信息移送到另一个机构来决定其涉密情况。该信息是另一机构原生的或对另一机构含义明确的。

"系统解密检查",指对涉密信息解密的审查,包括包含在档案里的,以前被排除的信息。由美国国家档案局局长决定,其符合《美国法典》第 44 卷第 2107 条的要求,具有永久性历史价值的那些档案。

## 第 1260.4 条　本节覆盖了哪些国家档案局馆藏?

本部覆盖的国家档案局馆藏是那些法定移交给国家档案局的档案,包括联邦档案(《美国法典》第 44 卷第 2107 条)、总统档案(《美国法典》第 44 卷第 2201~2207 条)、尼克松总统资料(《美国法典》第 44 卷第 2111 条)及捐赠的历史资料(《美国法典》第 44 卷第 2111 条)。

## 分节 B——职责

**第 1260.20 条    谁负责对由国家档案局登记入册的涉密国家安全行政分支信息进行解密？**

（a）符合第 13526 号行政令中第 3.3 节有关自动解密的要求，原生机构负责对其信息解密并明确信息资产持有人。

（b）机构可以将解密权授权给国家档案局。

（c）如果机构不将解密权授权给国家档案局，在档案的自动解密日期到来之前，机构要负责评估检查档案，明确其他机构的信息资产。

（d）国家档案局负责对无后续继承者的失效机构的法定保管的档案进行解密。国家档案局在作出符合第 13526 号行政令中第 3.3（d）（3）节和第 3.6 节要求的解密决定之前，先要与拥有档案中的信息资产的机构进行磋商。

**第 1260.22 条    谁负责对国家档案局馆藏的涉及国家安全的由白宫形成的信息进行解密？**

（a）国家档案局负责对上一届政府产生的信息进行解密，包括：

（1）总统和副总统；

（2）白宫工作人员；

（3）由总统任命的委员会、专门委员会或议会；

（4）其他专门为总统提供咨询和建议或代表总统行为的。

（b）国家档案局在作出符合第 13526 号行政令中第 3.3（d）（3）节和第 3.6 节要求的解密决定之前，先要与拥有档案中的信息资产的机构进行磋商。

**第 1260.24 条    谁负责对国家档案局馆藏的外国政府信息进行解密？**

（a）对信息进行接收或定密的机构负责解密。

（b）在机构解散的情况下，国家档案局负责对外国政府信息进行解密，该信息是在第 13526 号行政令中第 6.1（s）节规定的，属于国家档案局馆藏。国家档案局在作出解密决定之前，先要与拥有档案中的信息资产的机构进行磋商。

**第 1260.26 条    谁负责签发国家档案局馆藏中关于情报活动以及情报来源、方法或保密密码档案解密的特殊程序？**

（a）国家情报总监负责签发属于情报活动以及情报来源、方法的涉密档案解密的特殊程序。

（b）国防部长负责签发保密密码档案解密的特殊程序。

### 第 1260.28 条　谁负责解密限制级数据（RD）、先头限制级数据（FRD）及跨密级外国核信息（TFNI)?

（a）只有能源部（DOE）指定官员可以解密限制级数据（如 1954 年《原子能法》及修正案中的定义）；对先头限制级数据（如《联邦法规》第 10 卷第 1045.3 条中的定义）的解密，应当在由能源部指定官员协同国防部指定官员作出移除先头限制级数据标签之后再行实施；对跨密级外国核信息（如《联邦法规》第 32 编第 2001.24（i）条中的定义）的解密，仅能源部指定官员可实施。

（b）任何包含限制级数据、先头限制级数据及跨密级外国核信息的档案应当被排除在自动解密之外，且由初审机构提交给能源部，用完整的标准表格 SF715 沟通信息移送行为和初审机构对信息资产采取的行动。任何初审机构鉴定可能包含限制级数据、先头限制级数据及跨密级外国核信息的档案应当以完整的标准表格 SF715 提交给能源部。

## 分节 C——国家解密中心

### 第 1260.30 条　什么是国家解密中心?

建于国家档案局内的国家解密中心使解密程序合理化，促进质量保障措施，对被认定为具有永久历史价值的档案的解密实施标准化培训。

### 第 1260.32 条　如何管理国家解密中心?

（a）国家解密中心是由其主任进行管理的，主任是由美国国家档案局局长经与国务卿、国防部长、能源部长、国土安全部长、总检察长和国家情报总监协商后来任命的。

（b）国家档案局局长与国家解密中心的代表协商并接受公众意见后，应当建立在研究人员的兴趣和解密的可能性基础上，在国家解密中心的职责内，制定解密活动的优先次序。

### 第 1260.34 条　国家解密中心的职责

国家解密中心应当协调以下活动：

（a）信息移送，包括：

（1）遵循第 13526 号行政令中第 3.3（d）(3) 节的要求，及时、适当地处理所有信息移送；

（2）机构间交流解密指导细节，使信息移送符合本节段落第（a）(1) 款的规定。

（b）一般的跨机构解密活动应当符合第 13526 号行政令中第 3.3、3.4 节的要求。

（c）开发有效、透明、规范的解密工作流程、培训及质量保障措施。

（d）制定针对包含在电子档案或特殊介质中的信息进行解密的解决方案，及当新型技术出现时信息的解密方案计划。

（e）编写包含解密检查决定的文件汇集和出版物，以及连接、使用现有机构数据库支撑国家解密中心的解密责任。

（f）在可补偿基础上，对包含涉密国家安全信息的联邦档案提供存储及相关服务。

### 第 1260.36 条　机构和国家解密中心的责任是什么？

机构负责人应当充分与国家档案局局长合作，支持国家解密中心的工作，为其运行提供以下资源：

（a）按照完善且现行的解密指导方针，符合第 13526 号行政令中第 3.3 节第（d）(3) 款的规定，以及按第 1260.54（a）条的明确要求，实施信息移送；

（b）应国家档案局局长的要求，将机构负责人委托授权的机构人员分配到国家解密中心，由他们评审、移除或解密由机构产生的，在移交给美国国家档案馆的档案中发现的信息；

（c）协调国家解密中心，建立机构的集中设施和内部操作以实施解密检查，确保这些机构对具有永久历史价值的档案实施内部解密检查。

### 第 1260.38 条　国家解密中心如何确保解密检查工作的质量？

由国家解密中心建立的、具有丰富解密检查经验的跨机构团队，根据由独立的跨机构项目管理团队批准的抽样方法，对被检查的档案实施抽样检查。遵循公法 105-261（112 Stat. 2259）和公法 106-65（113 Stat. 938）的要求，跨机构团队将证实机构检查的每个档案集都符合 2000 年 3 月 3 日《特殊历史档案检查计划》（增刊）（能源部-美国国家档案局计划）的要求。已被检查的档案集不能被证明符合能源部-美国国家档案局计划要求的，将不能通过国家解密中心的验证流程，直到国家解密中心收到该证明。能源部将参与该跨机构团队，按照能源部-美国国家档案局计划的要求，根据国家解密中心建立的优先次序，实施质量控制复审。

### 第 1260.40 条　国家解密中心处理什么类型的信息移送?

国家解密中心处理联邦档案和总统档案的信息移送。在增加的联邦档案中确定的信息移送,由跨机构信息移送中心(IRC)处理。由总统图书馆保存的档案中确认的信息移送,由远程档案捕获(RAC)项目处理(远程档案捕获项目是一个合作项目,该项目促进总统图书馆涉密档案的解密检查,符合第 13526 号行政令中第 3.3 节的规定。在该项目中,分布在多个总统图书馆的涉密总统档案被扫描后带到华盛顿特区大都市区,以电子形式由信息资产持有机构来进行检查)。

### 第 1260.42 条　国家解密中心如何处理联邦档案的信息移送?

(a)所有信息移送都是通过跨机构信息移送中心来处理的。

(b)从收到国家解密中心发出的信息移送正式通知起,机构将有一年时间对其档案中的信息资产进行检查。如果机构在收到正式通知 1 年内没有完成检查,其信息将会根据第 13526 号行政令中第 3.3(d)(3)(B)节的规定被自动解密,除非该信息被资产持有机构在符合第 13526 号行政令中第 3.3 节规定的条件下适当排除。

(c)一旦被通知,机构将协同国家解密中心进行检查,因此国家解密中心可以适当管理跨机构信息移送中心的工作流。

### 第 1260.44 条　国家解密中心如何处理远程档案捕获项目的信息移送?

(a)总统图书馆使用远程档案捕获项目处理信息移送。

(b)国家解密中心根据年度优先次序日程表通知机构远程档案捕获项目信息移送事项。

(c)远程档案捕获项目会确认持有档案中的信息资产的首要机构。

(d)首要机构自接到信息移送通知后将有一年时间来完成其信息资产的检查,并确定其他在档案中有利益的机构("二级机构")。如果机构在 1 年内没有完成检查,其信息资产将被自动解密。

(e)二级机构通过远程档案捕获项目收到信息移送通知后将有 1 年时间来完成其检查。

### 第 1260.46 条　国防部如何处理信息移送?

(a)国防部建立联合信息移送中心(JRC),按第 13526 号行政令中第 3.3 节的规定对国防部机构档案和包含在这些档案中的所有国防部信息资产进行解密评估。

(b)联合信息移送中心应当包括充分的质量保障评审政策,该政策应当符合国家解密中心的政策并给国家解密中心就评审结果提供充分信息,以促进非国防部机构信息移送处理及公开发布的最终归档处理。

（c）为此目的，国家档案局可以借出增加的档案给联合信息移送中心。

# 分节 D——自动解密

**第 1260.50 条　国家档案局检查的档案如何作为自动解密进程的一部分？**

（a）符合第 13526 号行政令中第 3.3 节有关自动解密的规定，国家档案局员工可以检查解密档案，这些档案的发起机构已提供书面授权适用其经核准的解密指导方案。发起机构应当检查未提供授权的档案。

（b）通过派人去国家档案局的待进行解密检查的档案保存设施，机构可以选择检查自己的但已经移交给国家档案局法定保存的档案。

（c）总统图书馆的涉密材料可以通过远程档案捕获项目移送给持有档案中信息资产的机构。

**第 1260.52 条　机构人员检查国家档案局法定实体保管的档案的程序是什么？**

（a）国家档案局将：

（1）将档案提供给已确定的机构评审者；

（2）给机构检查者在档案所存储的设施中提供检查所需必要条件；

（3）为机构检查者提供适当处理归档资料的培训和指导。

（b）机构检查者必须：

（1）遵守国家档案局的安全规定及处理归档资料的程序。

（2）使用标准表格 SF715，遵守国家档案局的程序，按照第 13526 号行政令中第 3.3 节或《联邦法规》第 32 卷第 2001.30（p）条的规定，确认、记录要求豁免、信息移送或排除的档案。

（3）在将计算机、扫描仪、录音机、缩微阅读器及其他阅读或复制档案的必要设备带入国家档案局档案存储设施之前，要获得国家档案局的批准。国家档案局将不会允许使用任何对造成归档材料损坏具有不可接受风险的设备。可接受设备的更多信息见《联邦法规》第 36 卷第 1254 节的规定。

（4）为国家档案局提供由国家档案局局长和/或国家解密中心主任申请的信息，以便在其评审中促进信息移交和归档的处理进程。

**第 1260.54 条　国家档案局会将已移交进馆的档案借回给原机构来实施解密检查吗？**

在罕见情况下，当机构评审者不能进入国家档案局设施时，国家档案局将考虑将档案借回给位于华盛顿特区大都市区的原机构来实施解密检查。每个这样的申请都建立在逐案判别的基础上。申请机构应当：

（a）确保存储、评审文件的设施通过国家档案局的检查，以保证设施具有：

（1）能够存储永久档案的适宜的档案保存环境；

（2）能够存储、处理涉密国家安全资料的适宜安全环境。

（b）满足国家档案局要求，确保档案的安全。

（c）遵守国家档案局处理档案材料的程序。

（d）对根据国家档案局的程序不能解密的文件进行确认和标识。

（e）使用任何例如扫描仪、复印机、照相机等设备之前，要获得国家档案局批准，以确保这些设备的使用对档案材料不会产生不可接受的损害风险。

## 第1260.56条　当实施自动解密时，国家档案局都考虑些什么？

（a）整体案卷群。在一个整体案卷群中的涉密档案，没有经过评审且适于免于解密，或移送给信息资产持有人，将于文件块中最新的档案日期的第25年的12月31日自动解密，本节中段落（b）、（c）、（d）详述的情况除外。为了能实现自动解密，整体案卷群应当仅包括，其中最旧的档案，其鉴定时间最长不超过10年的那些档案。每届总统执政档案应当作为一个整体案卷群，通过远程档案捕获项目，经扫描后进行解密评审。

（b）特殊介质的档案。在与国家解密中心主任协商后，在档案自动解密之前，机构负责人或资深机构官员可以将对包含在特殊介质中的涉密信息的自动解密期延迟5年，这使得可能的解密检查免于更加困难或昂贵。作为其全面优先次序战略的一部分，国家档案局将通过国家解密中心协调进行特殊介质档案中的信息移送。

（c）信息移送。国家解密中心跨机构信息移送中心将对联邦档案提供官方通知，与此同时远程档案捕获项目将对总统档案提供正式通知。对于在接到跨机构信息移送中心或远程档案捕获项目的正式通知之后不能执行信息移送的机构，国家档案局将按照第13526号行政令中第3.3（d）（3）（B）节的规定自动解密其信息。

（d）附加的信息移送。机构将根据第13526号行政令中第3.3（d）（3）节的规定确认信息移送。国家档案局将对一些涉密档案的自动解密期延迟1年，如果某些涉密档案已经过档案原生机构或国家档案局确认，具有需要进行信息移送的涉密信息，但首要评审机构还没有进行确认。

（e）其他情况。来自另一机构的信息，未经适当确认和移送，不能自动解密。当国家档案局按照第13526号行政令中第3.3节的规定确认了信息，机构在接到正式通知之日起，将有1年时间对其信息进行解密评审。

（f）无意中发现的未经检查的信息。当国家档案局验明在其实体法定保存的案卷集或集合中包含有已过 25 年的涉密信息，且属于在自动解密有效期前非故意未检查的，国家档案局必须在发生该情况 90 天内，将该发现报告给信息安全监督办公室（ISOO）和应当负责的机构负责人或资深机构官员。信息安全监督办公室、应当负责的机构和国家档案局将协商延期 3 年以检查这些档案。

## 分节 E——系统解密

### 第 1260.60 条　国家解密中心如何实施非单份或案卷集层次档案的系统评审？

（a）国家档案局通过国家解密中心，遵循基于第 1260.52 条而建立的关于机构为检查而利用那些排除在案卷集之外的档案的程序。

（b）国家档案局通过国家解密中心，为评审单份联邦档案之外的档案建立优先次序进度表。该进度表将考虑即将到期的豁免、研究者的兴趣点和解密的可能性。该进度表将被包含进国家解密中心的年度工作计划，作为其中的一部分。

（c）总统图书馆将直接与机构合作实施非案卷集层次档案的检查。

（d）为了检查以前总统图书馆系统中被豁免的涉密材料，总统图书馆通过国家解密中心将建立优先次序进度表。通过远程档案捕获项目，这些材料将被移送给持有档案中信息资产的机构。

## 分节 F——强制性解密审查（MDR）

### 第 1260.70 条　研究者如何提交 MDR 申请？

（a）对在国家档案局法定实体保管的档案申请强制性解密审查 MDR，应当向坐落在学院公园的国家档案馆提交申请；

（b）对于在总统图书馆保存的总统档案，就尼克松总统材料或捐赠的总统材料而言，强制性解密审查 MDR 申请应当提交给实体法定保存那些档案的总统图书馆；

（c）对于在国家档案局保存的国会档案，强制性解密审查 MDR 申请应当提交立法档案中心，地址：华盛顿特区宾夕法尼亚大道西北 700 号，20408 或发送电子邮件至 legislative. archives@ nara. gov.

（d）对于所有在国家档案局实体法定保管的档案，强制性解密审查 MDR 申请应当对档案或资料有充分特征描述，使国家档案局能够在合理的工作量范围内找到该档案或资料。如果国家档案局不能找到该档案或资料，或者需要额外信息，国家档案局将通知申请人。

## 第1260.72条　当国家档案局收到对行政部门档案进行强制性解密审查MDR申请时应当遵循什么样的程序？

（a）国家档案局将审查被申请的档案并决定其是否已经解密。如果没有解密，国家档案局将档案复制件送至档案原生机构和与涉密信息有利害关系或相关活动的机构进行解密检查。机构也可以派人到存放档案的国家档案局设施中进行解密检查，或可以将解密代理权授予国家档案局。

（b）当档案来源于一个已解散机构，且没有继任机构，国家档案局负责制定解密决定，但会与一些机构进行协商，这些机构与涉密信息有利害关系或相关活动。

（c）如果在过去两年内，文件或信息已进行过解密检查，国家档案局可以选择不进行第二次审查，而是告知申请人这一事实以及前一次的审查决定，并告知其在符合《联邦法规》第32卷编第2001.33条的规定下的申诉权。

（d）如果国家档案局认为一个申请人同时在强制性解密审查MDR和《信息自由法》下针对同一信息提交申请，国家档案局将通知该申请人，他/她需要选择其中一个程序。如果申请人不能选择出其中一个，那么该申请将按《信息自由法》的规定处理，除非被申请的信息或资料仅适于强制性审查。

（e）在每一个申请案例中，国家档案局将确认收到申请并通知申请人所采取的行动。如果对国家档案局已经被委托授权的材料作出解密决定需要更多的时间，国家档案局将告知申请人需要多长时间处理申请并告知其有申诉权。如果按照第13526号行政令中第3.6节第（a）和（b）款的规定，部分或全部被申请信息移送给其他机构进行解密检查，国家档案局也可以告知申请人。

（f）如果国家档案局不能在申请之日起1年内给申请人提供针对强制性审查请求的最终决定，申请人可以向机关间安全保密上诉委员会（ISCAP）申诉。

## 第1260.74条　在收到由国家档案局转发的强制性解密审查MDR请求后，机构职责是什么？

（a）机构收到信息移送后将按照第13526号行政令中第3.5节第（c）款的规定及时处理、审查该信息移送的解密问题，并逐页公布。机构将与国家档案局沟通其审查决定。

（b）在特定情形下，当机构向任何其他机构转发国家档案局没有发送信息移送审查的另一机构的解密决定时，机构应当通知国家档案局。

（c）机构必须对每份被移送的文件返给国家档案局带有机构决定的一个完整副本，该决定不留疑问地明确说明了信息的状态及其是继续涉密还是解密。

## 第1260.76条　国家档案局收到机构的解密决定后履行什么程序?

（a）如果一份文件不能被整体解密，机构应当返给国家档案局一份带有对需要继续涉密部分作出明确标识的文件副本。如果一份文件需要整体继续涉密，机构必须返给国家档案局明确标识整体涉密的文件副本。

（b）国家档案局将告知申请人其评审结果，并提供可解密的全部或部分文件副本。如果被申请的信息不能整体解密，国家档案局将向申请人发送一份对该决定在60日内具有向美国国家档案局副局长申诉权利的通知。申诉的额外信息可以在《联邦法规》第36卷第1264节和第2001节的附录A（第8条）中找到。

## 第1260.78条　当一个针对在国家档案局法定保存的行政部门信息的MDR申请被部分或全部否决时，申诉程序是什么?

（a）国家档案局应当书面回复申请人，其强制性解密审查申请被全部或部分否决以及否决的理由，是依据第13526号行政令中第1.4节对不满25年信息的规定，或者依据第13526号行政令中第3.3节对已满25年信息的规定，或者依据《联邦法规》第32卷第2001.30（p）条对由1954年《原子能法》及修正案调整的信息的规定，或者依据1947年《国家安全法》及修正案的规定。国家档案局将通知申请人在60日内有向国家档案局副局长申诉的权利。如果最终决定自申诉日起60个工作日内没有作出，申请人可以向机关间安全保密上诉委员会申诉。

（b）国家档案局将依据《联邦法规》第32卷第2001.33（a）（2）（iii）条的规定处理所有申诉。国家档案局将通知所有在被否决信息中有信息资产利益的机构。这些机构将协助国家档案局处理申诉案件，并符合《联邦法规》第32卷第2001.33（a）（2）（iii）条的规定，及时向国家档案局提供最终的解密审查决定。

（c）国家档案局也将通知申请人对被否决利用事项有权向机关间安全保密上诉委员会申诉，联系方式：国家档案局c/o信息安全监察办公室，地址：华盛顿特区宾夕法尼亚大道西北700号503室，20408，或发送电子邮件至iscap@nara.gov。

（d）相关的国家档案局部门或总统图书馆将配合由机关间安全保密上诉委员会解密的信息的潜在公开事项。

## 分节G——移交给国家档案局的档案的再分级

## 第1260.80条　当信息在其实体法定保存地正当解密后再次涉密时，国家档案局应当采取什么行动?

（a）当在国家档案局实体法定保存地经过正当解密已经提供给公众利用的信

息，根据《联邦法规》第 32 卷第 2001. 13（b）(1) 条的规定，建议再次涉密时，国家档案局应当采取以下行动：

（1）机构负责人对信息作出再次涉密决定时，应当书面通知涉及该再次涉密信息的国家档案局；

（2）国家档案局应当暂停公众利用，等候由信息安全监督办公室主任对再次涉密申请作出的批准或不批准的决定；

（3）信息安全监督办公室主任通常应当在 30 日内对再次涉密申请的有效性作出决定；

（4）国家档案局或机构负责人可通过国家安全顾问就信息安全监督办公室主任作出的决定向总统进行申诉；

（5）利用应当暂停，等候对申诉作出的决定。

（b）［预留］

**第 1260. 82 条　当信息在其实体法定保存地，未经正当解密就已经提供给公众时，国家档案局应当采取什么行动？**

（a）当在国家档案局实体法定保存地已经提供给公众使用，但没有适当授权解密的信息，需要恢复其原始涉密标识时，原定涉密主体应当按照《联邦法规》第 32 卷第 2001. 13（a）(1) 条的规定，书面通知国家档案局局长。

（b）如果国家档案局局长不同意再次涉密的决定，且该信息已超过 25 年，那么先将该信息从公众利用中撤回，之后国家档案局局长就机构决定向信息安全监督办公室主任申诉，信息安全监督办公室主任应当按《联邦法规》第 32 卷第 2001. 13（a）(1) 条的规定，作出最终决定。国家档案局局长或机构负责人可通过国家安全顾问就信息安全监督办公室主任作出的决定向总统进行申诉。

（c）被划定为重新涉密或如第 1260. 80 条和 1260. 82 条中描述的恢复其密级的档案，这些档案的信息每个季度将通过国家档案局网站来提供。信息包括责任机构、在国家档案局的存放地点、撤回日期、档案号及页数。

# 加拿大
## Canada

境外国家和地区档案法律法规选编

A SELECTION OF THE LEGISLATION ON ARCHIVES
AND RECORDS OF OVERSEAS COUNTRIES AND REGIONS

# 图书馆与档案馆法

## 2012年9月30日修订

❧⸙❧

《立法修改和巩固法》中第31（1）和（2）款，2009年6月1日生效，内容如下：

**第31条** （1）根据本法，由部长颁布的加强法规或加强条例的复印件，无论是印刷的还是电子形式，都是这个法规或条例或其内容的证据，并且，每一份部长颁布的复印件都被认为应当如此颁布，除非有相反的情况。

（2）依据本法，由部长颁布的加强法规，如果和原始法规或后续的修正案之间有不一致之处，且该不一致之处由议会助理根据《成文法的公布》进行证明，则以原始法规和修正案为准。

## 注　释

此次合并从当前至2014年6月12日。最后修正案于2012年9月30日生效。任何修正案，若至2014年6月12日止没有效力，则放置于这份文件最后标题为"无效力修正案"部分。

## 条款表

本法旨在制定《加拿大图书馆与档案馆法》，修订《版权法》及后续相关法律。

## 简　称

**第1条** 简称

## 解释和适用

## 建立与组织机构

## 目标和权力

## 法定存储

## 为保存而获取具有长久保存品质的录制品

## 政府和各部档案

## 《皇家资产盈余法》

## 财政规定

## 总　则

## 违法行为和处罚

## 《著作权法修正案》

## 相应修正案

## 过渡条款

## 协调修正

## 撤　销

## 生　效

# 相关条款

本法旨在制定《加拿大图书馆与档案馆法》，修订《版权法》及后续相关法律。

2004 年 4 月 22 日通过

以下方面很有必要：

（a）为了现代和后代人的利益，保护加拿大文献遗产；

（b）成立服务于加拿大的机构，成为对公众公开的永久的知识储藏地，从而有利于作为自由民主社会的加拿大的文化、社会和经济进步；

（c）该机构促进加拿大社区之间在知识获取、保存和传播方面的协作；

（d）该机构服务于加拿大政府及其所属机构永久记忆的保存。

因此，现在女王陛下在参议院和众议院的建议和支持下，颁布如下法律：

## 简　称

**第 1 条**　本法可以称为《加拿大图书馆与档案馆法》。

## 解释和适用

**第 2 条**　本法定义如下：

"文献遗产"指的是对加拿大有价值的出版物和档案。

"政府机构"的含义与《信息利用法》第 3 节或《隐私法》第 3 节所规定的相同，或者指的是总督指定的组织机构。

"政府档案"指的是在政府机构管控下的档案。

"图书馆和档案馆长"指的是第 5（1）款任命的加拿大图书馆和档案馆馆长。

"部长"指的是加拿大枢密院的成员，是总督为了本法之目的而任命的部长。

"枢密院档案"指的是担任部长职务的加拿大枢密院成员的档案，这部分档案与枢密院工作有关，而不是具有个人或者政治属性的档案，也不是政府档案。

"出版"指的是制作多份复制品或在多个地方，无论是否收费，面向公众的或者其他通过订阅给限定读者利用的图书馆事务。出版可以通过任何媒介以任何形式展现，包括印刷材料、在线项目或者录制品。

"档案"指的是任何媒介或者任何形式的文献材料，而不是出版物。2004，c，11，s. 2；2006，c，9，s. 179. 1.

**第3条** 本法约束女王陛下在加拿大的权利。

## 建立与组织机构

**第4条** 据此建立一个联邦公共管理的分支机构，即为大家所知的加拿大图书馆与档案馆，由部长主持工作，受图书馆和档案馆馆长指导。

**第5条** （1）总督应当任命图书馆和档案馆馆长，秉承意旨担任部门副职，且拥有部门副职的职责和权力。

（2）如果图书馆和档案馆馆长缺席或不能胜任，抑或此职务空缺，部长应当任命一个人行使图书馆和档案馆馆长的职责和权力，但是在未得到总督同意的情况下，此类任命的期限不能超过6个月。

**第6条** 部长可以建立咨询委员会，就加拿大人和对加拿大感兴趣的人了解这些文献遗产并促进其利用方面给图书馆和档案馆馆长提供建议。

## 目标和权力

**第7条** 加拿大国家图书馆与档案馆的目标是：

（a）获取和保存文献遗产；

（b）使文献遗产为加拿大人和对加拿大感兴趣的人知晓，且被方便利用；

（c）成为永久保存加拿大政府出版物和具有历史及长久价值的政府和部长档案的基地；

（d）促进政府机构的信息管理；

（e）整合政府机构的图书馆服务；

（f）支持图书馆与档案馆委员会的发展。

**第8条** （1）为了完成国家图书馆与档案馆的目标，图书馆和档案馆馆长履行如下职责：

（a）收集出版物和档案，并获取其管理；

（b）采取措施，编制目录、分类、识别、保管和储存出版物和档案；

（c）汇编和保管信息资源，例如全国总书目和全国联合目录；

（d）提供信息、咨询、研究或借阅服务，以及其他便于检索文献遗产的服务；

（e）制定计划，促进或者组织包括展览、出版和其他活动，宣传并诠释文献遗产；

（f）与加拿大境内外的图书馆、档案馆或其他机构达成协议；

（g）在政府机构管理其形成或使用的信息时，给予建议，并提供服务；

（h）为政府机构的图书馆服务提供指导；

（i）在保存和宣传以及提供利用文献遗产方面提供专业、技术和经济方面的支持；

（j）执行总督指定的其他职责。

（2）在行使第（1）（a）款中的权力时，为了保存文献，图书馆和档案馆馆长可以其认为合适的时间和方式，获取与加拿大有关的文献材料的代表性样本，以使加拿大公众可以通过网络或其他相似媒介不受限制地利用这些样本。

**第9条** （1）如果图书馆和档案馆馆长认为不再有必要保存，则可以处置，包括销毁其管理的任何出版物或档案。

（2）出版物或档案的处置均须遵从收集或获取时的条款和条件。

## 法定存储

**第10条** （1）依据规定，在加拿大发行出版物的出版商，必须在下列时间内无偿为国家图书馆与档案馆提供两份出版物样书（国家图书馆与档案馆需出具回执）。

（a）除（b）提到的情况外，出版七天之后；或者

（b）如属于第（2）（d）款规定的出版物类别，收到国家图书馆与档案馆书面要求七天后，或是要求中指明的更长期限。

（2）为本条目的，部长制定的法规有：

（a）定义"出版商"；

（b）采取必要措施确保非纸质出版物及其内容可被国家图书馆与档案馆利用；

（c）规定只需提交一份样书的出版物种类；且

（d）规定依据第（1）款，图书馆和档案馆馆长基于职责书面提出要求的出版物种类。

（3）依据本条提供给图书馆和档案馆馆长的出版物，属于女王陛下，并成为加拿大图书馆与档案馆收藏的组成部分。

（4）为本条目的，出版物的每一版本、每一版次和每一形式，都被认为是一份独特的出版物。

## 为保存而获取具有长久保存品质的录制品

**第11条** （1）如果国家图书馆与档案馆判定在加拿大发行的录制品具有历

史和长久保存价值，可以书面要求任何具有法定权利的人，依照规定条例，为国家图书馆与档案馆提供录制品的复制品，其形式和质量要符合国家图书馆与档案馆规定，以便适合长久保管或符合特殊要求。

（2）本条中，"录制品"是指使用设备读取的声音、影像或者其他信息内容的材料。

（3）根据第（1）款提供复制品的人，国家图书馆与档案馆应当向其支付制作这份复制品的实际花费，而非女王陛下或其代理人进行偿付。

（4）本节约束女王陛下职责范围的权利。

（5）根据本节，提供给国家图书馆与档案馆的复制品，属于女王陛下，并成为加拿大图书馆与档案馆收藏的组成部分。

# 政府和各部档案

**第 12 条** （1）未经国家图书馆与档案馆同意，或者没有得到国家图书馆与档案馆书面委派从而具有这项权力的人的同意，任何政府或部长级别的档案，无论其是否是政府机构的多余财产，都不可以被处置，包括被销毁。

（2）无论国会法如何规定，国家图书馆与档案馆有权利用允许其处置的档案。

（3）本条中，《信息利用法》第 69（1）款的档案，国家图书馆与档案馆只有在得到枢密院助理同意后才有权使用；政府档案，依据本法编制目录的规定，对其所包含内容的揭露必须限制在法律范围之内，且必须经过档案所涉及的政府机构领导人的同意，图书馆与档案馆方可使用。

（4）无论国会法如何规定，政府机构的官员或雇员可以授权国家图书馆与档案馆使用其允许处置的任何档案。

（5）国家图书馆与档案馆，及任何代表或受命于国家图书馆与档案馆的人员，使用档案时，应当满足所有安全要求，并采取措施保守秘密。

**第 13 条** （1）国家图书馆与档案馆认为具有历史和档案价值的政府或各部档案，应当依据相关档案移交协议，转给国家图书馆与档案馆管控。此协议由国家图书馆与档案馆与政府机构或者对档案负责的个人之间签订。

（2）总督依据法规可以规定第（1）款所指档案移交的条款和条件。

（3）如果国家图书馆与档案馆认为，第（1）款涉及的政府档案，有遭遇严重损害的风险，则国家图书馆与档案馆可以要求这些档案按照其阐明的方式和特定时间，进行移交。

（4）停止运行的政府机构的档案，除了总督管理的以外，其余全部由图书馆和档案馆馆长管控。

**第14条** 第12与13条不适用于政府机构为了参考或者展览目的

**第15条** 《信息利用法》第69（1）款的加拿大枢密院涉密档案，如果没有枢密院助理的同意，图书馆与档案馆无权提供利用。

**第15.1条** 各部门（《金融管理法》第2部分所指）在为公共舆论调查而进行的数据收集完成后的6个月内，应当向国家图书馆与档案馆提交书面报告（《金融管理法》第40（2）款里提及的）。该公众舆论调查是应部门要求，在合同指导下实施的，且是女王在加拿大权利的专用。

## 《皇家资产盈余法》

**第16条** 无论《皇家资产盈余法》如何规定，政府机构要求之外的所有多余出版物，均要归国家图书馆与档案馆管控。

**第17条** 《皇家资产盈余法》不适用于由国家图书馆与档案馆管控的任何出版物和档案。

## 财政规定

**第18条** （1）将加拿大图书馆与档案馆收到的所有款项，包括别人赠送的，都归入一个加拿大账户，该账户称为加拿大图书馆与档案馆账户。

（2）为本法之目的要求的支付金额可以由加拿大图书馆与档案馆账户支付。

（3）第（1）款中所涉及的金额的使用，应当依据与其有关的条款和条件。

## 总　则

**第19条** （1）依据第（2）款，图书馆与档案馆在被要求制作其管控的档案或出版物的复制件时，可以认证并制作复制件，该副本同原件具有相同的证据效力，无需正式签字或进行认证。

（2）在法院、法庭或其他实体的要求下，图书馆与档案馆制作一份档案或出版物以满足其需要。法院、法庭或其他实体考虑到原件制造过程中存在的风险，以及保护和继续使用它的重要性，觉得很有必要制造出这个档案或出版物的原版，那么法院、法庭或其他实体必须确保，所有对其保护和保存的措施必须得以实施，并且确保一旦所讨论问题不再需要原版，则立刻归还于图书馆与档案馆。

## 违法行为和处罚

**第20条** （1）任何人违反第10（1）款规定或者没有遵守图书馆与档案馆依据分节11（1）提出的要求，这种违反行为有罪，并对违反行为负责。

（a）若是个人，则依据刑法第787（1）款涉及的罚款，进行处罚；

（b）若是团体、企业，则依据刑法第735（1）（b）款涉及的罚款，进行处罚。

（2）尽管刑法第787（2）款有规定，依据第（1）款所应当收缴的罚款，如若拖欠不实施监禁。

（3）依据第（1）款征收的罚款，是应当支付给女王陛下的债务，会在有管辖权的法庭上或由《议会法》中所规定的方式的情况下被返还。

## 《著作权法修正案》

**第21条** ［修正案］

# 相应修正案

## 《信息利用法》

**第22条** ［修正案］
**第23条** ［修正案］
**第24条** ［修正案］

## 《版权法》

**第25条** ［修正案］
**第26条** ［修正案］

## 《退伍军人事务部法》

**第27条** ［修正案］

## 《消费税法》

第 28 条　　［修正案］

## 《金融管理法》

第 29 条　　［修正案］
第 30 条　　［修正案］

## 《历史遗址和纪念碑法》

第 31 条　　［修正案］

## 《所得税法》

第 32 条　　［修正案］

## 《受伤军人补偿法》

第 33 条　　［修正案］

## 《努纳武特领土声明协议法》

第 34 条　　［修正案］

## 《加拿大议会法》

第 35 条　　［修正案］

## 《退休金法》

第 36 条　　［修正案］

《隐私法》

第 37 条　　［修正案］
第 38 条　　［修正案］
第 39 条　　［修正案］
第 40 条　　［修正案］
第 41 条　　［修正案］

《犯罪收益（洗钱）和恐怖主义融资法》

第 42 条　　［修正案］

《公共部门赔偿法》

第 43 条　　［修正案］
第 44 条　　［修正案］

《公共服务人员关系法》

第 45 条　　［修正案］
第 46 条　　［修正案］

《退伍军人津贴法》

第 47 条　　［修正案］

《青年刑事司法法》

第 48 条　　［修正案］
第 49 条　　［修正案］

《育空原住民土地权利法》

第 50 条　　［修正案］

## 《育空原住民主自治法》

**第51条** ［修正案］

## 过渡条款

**第52条** （1）第5（1）款即将生效，在第55条生效前的加拿大国家档案馆和国家图书馆工作人员不再担任其职务。

（2）在第55条生效前，加拿大国家档案馆和国家图书馆收藏的部分档案和出版物，要移交给国家图书馆与档案馆，图书馆与档案馆要遵守任何适用于这些档案和出版物的条款和条件。

（3）在第55条生效前，所有加拿大国家档案馆或图书馆的雇员，都要成为加拿大图书馆与档案馆的雇员。

（4）在第55条生效前，属于加拿大国家档案馆账户和国家图书馆特殊操作账户的资金，都应当转移到加拿大图书馆档案馆账户里。

（5）除非文中另有要求，否则在以下内容中，所有"加拿大国家档案馆"和"国家图书馆"都要改为"加拿大图书馆与档案馆"：

（a）《法定文件法》中第2条规定的法规，且

（b）其他法律文件：

（i）《议会法》授予的权利的执行，或

（ii）总督授权。

（6）除非文中另有要求，否则在以下内容中，所有"加拿大国家档案馆馆长"和"国家图书馆馆长"都要改为"图书馆和档案馆馆长"：

（a）《法定文件法》中第2条规定的法规，且

（b）其他法律文件：

（i）《议会法》授予的权利的执行，或

（ii）总督授权。

（7）除非文中另有要求，否则任何合同及其他文件中提及

（a）"加拿大国家档案馆"和"国家图书馆"都要改为"加拿大图书馆与档案馆"；

（b）"加拿大国家档案馆馆长"和"国家图书馆员"都改为"加拿大图书馆和档案馆馆长"。

## 协调修正

**第53条** ［撤销，2012，c.19，s.751］

**第 54 条** ［修正］

## 撤 销

**第 55 条** ［撤销］
**第 56 条** ［撤销］

## 生 效

**第 57 条** 本法条款，除了第 21、53、54 条，其余都要在总督命令的某一天或某几天里生效。

［注明：第 21、53、54 条于 2004 年 4 月 22 日生效；除了第 21、53、54 条，本法于 2004 年 5 月 21 日生效，见 SI/2004-58］

## 相关条款

——2011，c. 25，s. 57

57. 尽管有第 58 条和第 67 条，《加拿大图书馆与档案馆法》仍适用于企业，但仅适用于涉及该法定义的政府档案，且此政府档案归企业所保管，时间为在本法此部分应用的前一天。

——2012，c. 6，s. 29

29.（1）枪支委员会委员应当确保，加拿大枪支注册局的所有关于枪支注册的档案和归委员会委员管理的这些档案的复印件，一旦可行应当及时销毁。这些枪支注册的档案并不是用于禁止和限制枪支的。

（2）主要枪支管理员都应当确保，属于他们管理的所有关于枪支注册的档案和属于他们管理的这些档案的复印件，一旦可行应当及时销毁。而这些枪支注册的档案并不是用于禁止和限制枪支的。

（3）《加拿大图书馆与档案馆法》中的第 12 和 13 条和《隐私法》中的第 6（1）和（3）款，不适用于第（1）和（2）款所涉及的档案和复印件的销毁。

# 教育机构、图书馆、档案馆和博物馆的例外条例

SOR/99-325 1999年7月28日登记

## 版权法

《教育机构、图书馆、档案馆及博物馆的例外条例》P. C. 1999-1351，1999年7月28日。

经产业部长建议，总督根据《版权法》第30.2（6）ª，30.21（4）ª，6ª和30.3（5）ª条款，制定附加地针对教育机构、图书馆、档案馆及博物馆的例外条例。

加拿大教育机构、图书馆、档案馆及博物馆的例外条例

## 解　释

**第1条**　（1）在条例中，"法律"特指"版权法"。

（2）在条例中，作品副本的参考文献是指作品副本的全部或重要部分的参考文献。

## 报纸或期刊

**第2条**　对于本法第30.2（6）款，"报纸或期刊"指的是非学术、科学或技术期刊的报纸或期刊，且在副本形成前已经出版发行一年以上。

## 遵循本法第30.2条保管的档案

**第3条**　对于图书馆、档案馆或博物馆根据本法第30.2（1）款采取的活动，只适用于作品的复制品。

**第4条**　（1）依据第（2）款，图书馆、档案馆或博物馆，或某馆授权者，

应当对遵循本法第 30.2 条形成的作品副本记录以下信息：

（a）制作副本的图书馆、档案馆或博物馆的名称；

（b）如果制作副本的申请是图书馆、档案馆或博物馆受其捐赠者委托发出的，应当记录图书馆、档案馆或博物馆名称；

（c）申请时间；且

（d）能够充分识别作品的信息，例如：

（i）题名；

（ii）国际标准书号（ISBN）；

（iii）国际连续出版物编号（ISSN）；

（iv）发表作品的报纸、期刊或学术科技期刊的名称；

（v）发表作品的报纸或期刊的日期或卷号；

（vi）发表作品的学术科技期刊的日期或卷号和数量；

（vii）复制页数。

（2）如果作品副本是遵循 2003 年 12 月 31 日之后制定的第 30.2（1）条款，图书馆、档案馆或博物馆，或某馆授权者不必记录第（1）款作品副本相关信息。

（3）图书馆、档案馆或博物馆，或某馆授权者，应当对第（1）款中的作品副本保存如下信息：

（a）保存副本申请书；或者

（b）在合理期限内其他可以重构信息的可理解书面形式。

（4）图书馆、档案馆或博物馆，或某馆授权者，对第（1）款）中关于作品副本的相关信息至少应当保存 3 年。

（5）图书馆、档案馆或博物馆，或某馆授权者，应当使第（1）款中作品副本的信息每年提供给如下人员，此要求由第（7）款所指人员提出：

（a）作品中的版权所有者；

（b）作品中的版权所有者的代理人；或

（c）作品中的版权所有者授权的团体。

（6）图书馆、档案馆或博物馆，或得到某馆授权者，对第（1）款中关于作品副本的相关信息，应当在收到申请人申请书后 28 日内，或与申请人达成共识的更长时间内，向申请者提供利用。

（7）第（5）款所指申请必须以书面形式发出，标明作品作者的姓名及作品题名，同时由申请者签名，并表明申请者之申请是在符合第（5）(a)、（b）或（c）项的条件下发出的。

**第5条** 废止 SOR/2008-169，s. 5。

## 档案馆资助者

**第6条** （1）如果某人登记成为档案馆资助者，档案馆应当在其登记时书面告知：

（a）依据本法第30.21条的任何作品副本仅用于研究或个人学习之目的；

（b）其他任何目的的利用需要该作品版权所有者的授权。

（2）如果某人依据本法第30.21条，向档案馆申请作品的副本，且未登记成为档案馆资助者，档案馆应当在其申请时书面告知：

（a）作品副本仅用于研究或个人学习之目的；且

（b）除研究或个人学习之外的任何利用都需要获得所涉作品的版权所有者的授权。

## 作品副本戳记

**第7条** 遵循本法第30.2或30.21条制作作品副本的图书馆、档案馆或博物馆或得到某馆授权者，应当通过在副本上印制文字或加盖印章的方式（如果副本是印刷形式），或其他合适的方式（如果副本是其他形式）告知副本利用申请人，

（a）作品副本仅用于研究或个人学习之目的；且

（b）除研究或个人学习之外的任何利用都需要获得所涉作品的版权所有者的授权。

## 告 示

**第8条** 适用于本法第30.3（2）、（3）或（4）款的教育机构、图书馆、档案馆或博物馆，应当确保至少包含下列信息的告示粘贴在各处的复印机上或其周围临近区域，且对于使用复印机的人而言是明显可见和清晰易读的：

## 注意事项

受版权保护的作品只能在获得以下授权时，方可在本复印机上进行复印：

（a）版权法中的公平原则或符合版权法中列出的特定例外；

（b）版权所有者；或

（c）本机构与其他团体之间的许可协议，或者价目表（如有）。

要了解授权复制的更多细节，请参见许可协议或价目表（如有），或向机构职员了解其他相关信息。

版权法是面向公民的和对版权侵犯采取惩罚措施。

# 生　效

**第 9 条**　本条例自 1999 年 9 月 1 日起生效。

# 澳大利亚
**Australia**

境外国家和地区档案法律法规选编
A SELECTION OF THE LEGISLATION ON ARCHIVES
AND RECORDS OF OVERSEAS COUNTRIES AND REGIONS

# 1983年档案馆法

2015年8月12日　2015年第62号法

本法系有关档案资源的保存、利用及其他相关目的的法律。

# 第1章　前　言

## 第1条　简　称

本法可简称为《1983 年档案馆法》。

## 第2条　生　效

本法自公告分别确定之日起生效。

## 第2A条　本法的目标

本法目标是：

（a）规定澳大利亚国家档案馆的职责，包括：

（i）鉴别联邦档案资源；和

（ii）保存并为公众提供联邦档案资源；

（iii）通过制定标准和为联邦机构提供咨询，监督联邦档案的保管；和

（b）履行保管联邦档案的义务。

## 第3条　解　释

（1）本法中，除有相反意思出现，则：

"档案馆"指第5（1）款规定的澳大利亚国家档案馆。

"联邦机关"指：

（a）为公共目的设立的机关、团体、法庭或组织，无论法人还是非法人：

（i）根据北方领土或诺福克岛以外领地的法律、行政法规或某领地法律规定而设立；

（ii）由总督设立的；或

（iii）经由部长批准的。

（b）联邦法定机构负责人；或

（c）联邦管理的公司或团体。

但不包括：

（d）法院；

（e）澳大利亚首都直辖区；

（f）根据《1988年澳大利亚首都直辖区自治法》的规定设立的团体；

（g）北方领土；或

（h）外部领土的行政部门。

"内阁笔记"指在内阁或内阁委员会会议讨论或审议过程中，由内阁秘书或其授权人所做的笔记或其他类似记录。

保管：档案馆保管的档案，如果：

（a）属于档案馆保管的档案；

（b）根据第64条规定属于个人保管的档案。

人口普查日由第22B条确定。

"人口普查信息"指依据《1905年人口普查和统计法》第8A条，移交到档案馆保管的信息。

"主席"指委员会主席。

"调查委员会"指：

（a）同《1908年检疫法》中的调查委员会；或

（b）同《2006年海洋石油和温室气体存储法》中的调查委员会。

"联邦控制的团体"指联邦能够实施控制的团体，但不包括法规规定非联邦控制的团体。

"联邦控制的公司"指联邦能够控制的股份公司，但不包括法规规定非联邦控制的公司。

"联邦机构"指：

（a）总督正式设立的组织；

（b）行政委员会；

（c）参议院；

（d）众议院；

（e）部门；

（f）联邦法院或除北方领土及诺福克岛以外的领地法院；

（g）联邦机关；或

（h）诺福克岛以外的外部领土的行政机关。

"联邦档案"指：

（a）属于联邦或联邦机构所有的档案；或

（b）根据第（6）款或第22条规定被视为联邦档案的档案。

但不包括豁免材料或根据第8章保存的登记簿或指南。

"委员会"指第10（1）条所指的澳大利亚国家档案咨询委员会。

"现行联邦档案"指非为本法目的，而是为联邦机关的需要，保管备查的联邦档案。

"部门"指

（a）与联邦政府相对应的澳大利亚公共服务部门；或

（b）议会部门。

"副主席"指委员会副主席。

"馆长"指根据《1999年公共服务法》的规定，在职的澳大利亚国家档案馆馆长或履行其职责的人员。

"从事行为"指

（a）作为；或

（b）不作为。

"豁免材料"指：

（a）根据《1980年澳大利亚战争纪念法》收集的纪念资料，第（6）款规定的材料除外；

（b）澳大利亚国家图书馆收藏图书的资料；

（c）澳大利亚国家美术馆收藏的艺术作品的资料；

（ca）澳大利亚国家肖像馆收藏的作品的资料；

（d）澳大利亚博物馆拥有的含在历史资料中的资料；

（e）为符合本定义，法规规定应当为保管机关收藏的资料。

因违反第24条规定而被纳入的资料除外。

"资料"系指档案及其他物品。

"馆藏资料"指国家档案馆保管的档案（但不包括国家档案馆涉及行政管理的现行联邦档案）。

"国家证人保护项目"指根据《1994年证人保护法》，以该名义建立的项目。

"物品"不包括建筑物、其他结构物、船舶、飞行器、车辆，但规定的船舶、飞行器、车辆除外。

有关档案公开期限，如下：

（a）内阁笔记——见第22A条；

（b）人口普查信息——见第22B条；

（c）其他档案——见本章第7条。

"议会部门"指根据《1999年议会服务法》设立的议会部门。

"法人"包括联邦机关或组织。

"档案"指正在或已经以任何形式（包括电子形式）记录的，因下列原因而保管的文件或物品：

（a）它含有或可从它获得信息和事由；

（b）它与事件、人物、环境、事情有关。

注：文件的定义，参见《1901年法律解释法》第22b条。

"皇家委员会"指由总督任命、以女王的名义对任何事项进行调查和报告的专员或委员。

"主管联邦档案的部长"指其职责与档案关系最密切的部长。

（2）为本法目的，联邦档案资源，包括联邦档案及其他具有国家重要性或关涉公共利益与下列事项有关的资料：

（a）澳大利亚历史或政府；

（b）联邦或联邦机构的法律依据、起源、变迁、组织或活动；

（c）过去或现在与联邦机关有关的人员；

（d）领地历史或政府；

（e）现在或曾经是国际组织或其他组织会员的联邦或联邦机关。

但不包括下列情形：

（f）依部长意见，应当属于其他国家或国际组织的档案资料；

（g）仅或主要涉及州、北方领土、诺福克岛或称为联邦一部分的殖民地历史或政府的资料；且不属于：

（i）联邦档案；

（ii）《宪法》第85条规定的财产；

（iii）依法律或协议规定，由州、北方领土或诺福克岛移交给联邦的资料。

（h）除联邦档案外，仅涉及曾经是但现在不是领地的地方资料；或

（j）豁免资料。

（3）为本法目的，国防部应当视为包括：

（a）国防军队；

（b）澳大利亚陆军训练队；

（c）澳大利亚海军军训队；

（d）澳大利亚空军训练队。

（3A）依本法规定，适用于个人的自由裁量节款也适用于国家档案馆的行为；该行为是国家档案馆有权并依个人请求而为，但不包括下列行为：

（a）依本法规定的国家档案馆的行为；或

（b）国家档案馆为履行其职责必须做出的行为。

（4）为本法目的，澳大利亚联邦警署应当视为联邦机关。

（5）为本法目的，议会持有或代表议会、议院持有的档案应当交付为联邦财产。

（6）为本法节款或本法特定节款的目的，法规须规定，在特定情况下，联邦或联邦机关拥有或有权拥有的档案应当视为联邦档案。

（7）为本法目的，依据第22A和22B条规定，应当按照下表计算档案的公开期限：

**档案的公开期限**

| 项目 | 若一份档案形成于下列年度（截至12月31日） | 该档案在下列日期后公开 |
|---|---|---|
| 1 | 1980年之前形成的 | 形成31年后的1月1日公开，例如：1979年形成的档案，公开时间为2010年1月1日。 |
| 2 | 1980年或1981年 | 2011年1月1日 |
| 3 | 1982年或1983年 | 2012年1月1日 |
| 4 | 1984年或1985年 | 2013年1月1日 |
| 5 | 1986年或1987年 | 2014年1月1日 |
| 6 | 1988年或1989年 | 2015年1月1日 |
| 7 | 1990年或1991年 | 2016年1月1日 |
| 8 | 1992年或1993年 | 2017年1月1日 |
| 9 | 1994年或1995年 | 2018年1月1日 |
| 10 | 1996年或1997年 | 2019年1月1日 |
| 11 | 1998年或1999年 | 2020年1月1日 |
| 12 | 2000年 | 2021年1月1日 |
| 13 | 2000年后 | 形成21年后的1月1日公开，例如：形成于2001年的档案在2022年1月1日后公开。 |

**注**：内阁笔记和包含人口普查信息的档案公开期限有所不同（参见第22A和22B条）。

（8）国家档案馆不得因本法授权影响下列保管：

（a）第2章生效后，由州、北方领土、诺福克岛或其机关拥有或继续拥有的

联邦档案的资料；或

(b) 除联邦档案外，随时由州、领地或第（a）款提及的机关拥有的资料；但经拥有该资料的州、领地或机关同意者除外。

## 第 3A 条　非为公益设立的公司

为本法目的，为公共目的设立的机关、团体、法庭或组织，无论法人还是非法人，不再被视为公共公司，只有：

(a) 法律节款；或

(b) 本节明确规定。

为本法目的，机关、团体、法庭或组织从未被视为公共目的设立。

## 第 3B 条　由联邦控制又非联邦机关的公司或团体

本节生效前，若公司或团体属于：

(a) 下列情形的联邦控制的公司或团体：

(i) 非为公共目的设立；但

(ii) 并非依据第（c）款规定的联邦机构定义立刻实施的；或

(b) 下列情形的联邦控制的公司或团体：

(i) 为公共目的设立；但

(ii) 从未依法律规定为公共目的设立。

因此，尽管有第（c）款定义的联邦机关情形，该公司或团体依然被视为非联邦机构。

## 第 3C 条　馆长可判定联邦档案资源

(1) 馆长可以书面形式判定某特定的联邦档案或其他资料成为联邦档案资源的一部分。

**注**：馆长可通过引用一类档案指定一份档案［参见《1901 年法律解释法》第 33（3AB）条］。

(2) 馆长不得依据本节作出决定，除非他或她确信，指定的联邦记录或其他材料属于联邦档案资源的一部分［依据第 3（2）条规定］。

(3) 依据本节作出的判定，可在类似由第 24（2）(b) 条的许可批准或者第 24（2）(c) 条的否决通知中阐明。

(4) 依据本节作出的判定书不属于法律文书。

**第4条　延至其他领地**

本法对所有外部领土均适用。

**第4A条　刑法的适用**

刑法第2章适用于所有违反本法的情形。

**注：**刑法第2章阐明了刑事责任的一般原则。

## 第2章　澳大利亚国家档案馆的设立、职责及权力

**第5条　澳大利亚国家档案馆的设立及职责**

（1）设立澳大利亚国家档案馆：

（1A）为财政法的目的（《2013年公共治理、绩效和责任法》所指明的含义）

（a）档案馆是一个登记在册的实体。

（b）馆长负责档案馆。

（c）下列人员属档案馆职员：

（i）馆长；

（ii）第9条规定的档案馆职员。

（d）档案馆的目的包含第（2）条规定的档案馆职责。

（2）依本法规定，澳大利亚国家档案馆的职责应当包括：

（a）确保联邦已有的及将来的档案资源的保护及保存。

（b）促进其他有关澳大利亚档案资源的保存。

（c）以为联邦机关提供建议及其他协助的方式，促进作为联邦档案资源部分的现行联邦档案能以有效、经济及促进利用的方式得以保管。

（d）判定构成联邦档案资源的资料。

（e）保管及管理以下联邦档案（不含现行联邦档案）：

（i）联邦档案资源部分；

（ii）必须检查并确认其是否属于联邦档案的资源；或

（iii）虽非永久保存，但需要保管的；并且

（f）寻求获取、保管与管理不属于联邦机关保管但构成联邦档案资源的部分，及依馆长意见应当属于澳大利亚国家档案馆的资料（包括联邦档案）。

（g）经部长同意，接受、保管、管理虽非联邦档案资源但构成澳大利亚相关档案资源的资料；并根据部长意见，出于安全保管或其他理由的考虑，应当使其处于国家档案馆监管之下。

（h）鼓励、促进、宣传及资助档案资料的使用。

（j）依本法规定，促进联邦档案的利用，参与部署联邦档案的其他利用。

（k）从事档案及其他档案资料的管理、保管的研究并提出建议。

（l）开展、促进与联邦档案资源及其他澳大利亚档案资源保管、利用有关的协作活动。

（m）经部长同意，并依据负责豁免资料人员的安排，对属于联邦档案资源的资料履行上述职责。

（3）本章规定并未削弱保管现行联邦档案的其他联邦机关的权力及职责。

## 第6条　国家档案馆的权力

（1）只要不影响前述原则，国家档案馆须从事必须完成或便于完成的、涉及其职责的所有事务，如应当：

（a）设置、管理馆库和设施，以存放、展示与各州、澳大利亚首都直辖区、北方领土或其他法人相关的馆藏档案材料，管理已经存放、展览国家档案馆资料的馆库及设施。

（b）从事联邦档案的调查、鉴定、登记、编目、著录及索引编制。

（c）部署接收联邦的、与著作权有关的资料；安排监管联邦档案资源。

（d）记录联邦机构组织及其职能的事项以及其他具有档案意义的事务，以积累联邦档案资源。

（e）以缩微或其他方式制作档案副本，但不得侵害该资料的著作权（著作权属联邦所有的除外）。

（f）部署出版联邦档案资料或依据资料出版的作品，但不得侵害该资料或著作的著作权（著作权为联邦所有的除外）。

（g）出版档案资料索引或其他指南。

（h）授权处置或销毁联邦档案。

（j）依申请，协助联邦机关培训负责保管现行联邦档案的人员。

（k）培训或协助培训涉及档案或其他档案资料的工作人员（不包括保管现行联邦机关档案的人员）。

（l）获得、维护检索设备，及其他可获取档案信息的设备。

（m）为利用国家档案馆资料的用户提供信息及设备。

（2）国家档案馆为履行其职责，若从联邦机关以外的人员处接收档案，须签订协议，规定国家档案馆或其他人员使用该档案的范围，并不影响第5章第3条的执行。

（3）国家档案馆从联邦机关以外人员接收涉及联邦机构的档案，双方签订的协议，涉及档案的内容若与第5章规定不一致，应当优先适用该章条款。

### 第6A条　不属于联邦档案资源的档案

（1）本法不要求国家档案馆接收保管 3c 节规定的尚未确定为联邦档案资源的档案。

（2）如果：

（a）联邦机构已将联邦档案移交给国家档案馆保管；

（b）依据第 3c 款规定，尚未确定属于联邦档案资源一部分的档案；

档案馆可以：

（c）如果另一联邦机构已承继该机构的相关职能，档案移交给继任者保管，但必须按照继任机构同意的协议办理；或

（d）另外，档案移交给一联邦机构保管，须按照该机构同意的协议办理。

# 第3章　国家档案馆的馆长及职员

### 第7条　馆　长

（1）澳大利亚国家档案馆设馆长一名，并依《1999 年公共服务法》任命或聘用。

（2）馆长除行使本法明确赋予的权力、履行本法课以的义务外，可以国家档案馆的名义，行使本法明确赋予国家档案馆的权力，履行本法明确课以国家档案馆的义务。

（3）在不违反本法规定的情况下，部长可就馆长权利的行使或义务的履行给予指示。

### 第8条　馆长的授权

（1）馆长可依据本法，按照通用或其他授权规定，以亲笔书写的方式，将其权力的全部或部分授权他人行使，但不包括委托权本身。

（2）为本法目的，被授权人行使被授予的权力时，应当视为等同馆长行使。

（3）本节规定授权并不排除馆长行使其权力。

### 第9条　职　员

国家档案馆的职员应当依据《1999 年公共服务法》聘用。

# 第4章  澳大利亚国家档案馆咨询委员会

## 第10条  澳大利亚国家档案馆咨询委员会

（1）依据本法设立"澳大利亚国家档案馆咨询委员会"。

（2）委员会应当由下列委员组成：

（a）参议院选任的参议员1名；

（b）众议院选任的众议员1名；

（c）部长指派的委员11名。

（3）依本法规定，议会选任的委员任期可由议院选任时决定，但不得超过3年。

（4）依本法规定，部长指派的委员任期应当由部长指派时协议确定，但不得超过3年。

（5）议会选任或部长指派的委员可以连任。

（6）委员会委员缺额不影响本委员会履行职责。

## 第11条  委员会的职责

（1）委员会应当就与国家档案馆职责相关的事务向部长或馆长提供建议。

（2）部长或馆长应当就上款规定的事务，提交委员会征求意见，委员会亦可在适当时机主动就该项事务向部长或馆长提出建议。

## 第12条  委员会主席及副主席

部长应当任命一名委员作为委员会主席，任命另一委员为副主席。

## 第13条  委员的代理人

（1）参议院或众议院选任的委员可以根据具体情况，指派一名参议员或众议员为其代理人。

（2）部长可指派一人为第10(2)(c)条规定的委员的代理人。

（3）委员缺席委员会会议时，其代理人有资格出席，并应当视为委员会委员。

## 第14条  委员的报酬及津贴

（1）第10(2)(c)条规定的委员或其代理人的报酬按照薪酬仲裁庭的决定支付，但若薪酬仲裁庭未作出决定，应当按规定支付薪酬。

（2）第 10（2）（c）条规定的委员或其代理人的津贴也应当按规定支付。

（3）第 10（2）（a）条或第 10（2）（b）条规定的委员或其代理人出席委员会会议，或经委员会同意参与委员会事务产生的合理费用应当予以报销。

（4）本条与《1973 年薪酬仲裁庭法》一并生效。

## 第 15 条　委员职务的终止

（1）部长指派的委员因行为不当或身心无法胜任时，部长可以停止该委任。

（2）部长指派的委员若连续三次缺席委员会会议，部长可以停止该委任，但委员会批准的休假除外。

（3）议会可以撤换其选任的委员。

（4）若议会议院选任的委员不再担任议会议员，也应当同时停止其出任委员或被指派为代理人。

（5）为第（4）条的目的，若议会议院选任的委员有权继续领取津贴时，其应当被视为尚未终止议会议员的职务。

## 第 16 条　委员辞职

（1）部长指派的委员可以通过其向部长递交签署的书面材料辞职；

（2）参议院选任的委员可以通过向参议院议长递交签署的书面材料辞职；

（3）众议院选任的委员可以通过向众议院议长递交签署的书面材料辞职。

## 第 17 条　委员会会议

（1）委员会应当在必要时举行会议，以履行其职责；

（2）委员会主席可以随时召集委员会会议；

（3）若收到委员会其他两名委员书面申请时，委员会主席应当随时召集委员会会议；

（4）多数人参加委员会会议构成法定人数；

（5）馆长有权得到委员会会议的通知，馆长或其任命的国家档案馆职员经委员会同意，可出席委员会任何会议，并可参与投票以外的议程；

（6）主席若出席会议，他应当主持所有委员会会议；

（7）若主席缺席但副主席出席，应当由副主席主持委员会会议；

（8）若主席、副主席均缺席，应当由委员选举一人主持会议；

（9）委员会会议上所提的问题，应当由出席委员会的多数委员投票决定；

（10）主持委员会的委员有审议投票权，并在票数相当时拥有决定性投票权；

（11）在未设主席、主席离开澳大利亚、主席未能履行其职务的情况下，第

（2）及（3）款有关主席的规定适用于副主席。

# 第5章　联邦档案

## 第1节　前　言

### 第18条　议会档案

依据第20、21条规定，第2、3条的规定不适用于参议院、众议院及议会部门拥有的档案。

### 第19条　法院档案

（1）依第20、21条规定，第2、3条规定不适用于法院档案或法院登记室拥有的档案。

（2）第4、5条规定不适用于法院或法院登记室拥有的档案，但行政管理类档案除外。

### 第20条　关于特定档案的法规及协议

（1）依本节规定，在这种条件或符合指定条件下，法规须规定第2、3条的全部或部分条文适用于第18、19（1）条所述的全部或部分档案，并应当规定该条款依规定修改后同样适用。

（2）为上款之目的，关于参议院、众议院或议会部门拥有的档案，不得针对其订立第2、3条适用的法规，除非部长与下列人员协商：

（a）若档案属于参议院或参议院部门所有，与参议院议长协商；

（b）若档案属于众议院或众议院部门所有，与众议院议长协商；

（c）若档案属于参议院部门或众议院部门以外的议会部门所有，同时与参议院议长及众议院议长协商关于上述档案规定的适用。

（3）为第（1）款之目的，关于法院或法院登记室拥有的档案，不得针对其订立第2、3条适用的法规，除非就哪些规定适用于哪些档案，部长与首席大法官、法院的首席法官，若无首席大法官、首席法官，与部长满意的负责法院业务的审判人员协商。

### 第21条　特定档案须移交国家档案馆保管

（1）依第20条规定，拥有第18、19（1）条所述的档案保管权的人员须与国家档案馆达成档案保管协议。

（2）上款关于档案保管的协议，须规定国家档案馆或其他人员可利用该档案的程度。

## 第 22 条 皇家委员会档案

（1）本节适用于：

（a）皇家委员会保管的档案，不论本章生效前、生效后，无论调查是否开始、是否完成；

（b）调查委员会保管的档案。

（2）联邦有权拥有皇家委员会、调查委员会不再需要的档案，依本法规定应当视为联邦档案。

（3）第（2）款提及的档案应当根据主管部长的指示保管，国家档案馆无权保管，部长特此指示的除外。

（4）皇家委员会、调查委员会禁止公开文件或事务的指示，不适用于依本法公众利用公开的档案，也不适用于依本法个人利用公开档案出版的作品。

（5）为本法目的：

（a）实施《1902 年皇家委员会法》的部长应当视为皇家委员会档案事务的主管部长；

（b）依据本法，实施《1908 年检疫法》的部长应当视为调查委员会档案事务的主管部长；和

（c）依据本法，实施《2006 年海洋石油和温室气体存储法》的部长，应当视为调查委员会档案事务的主管部长；

（6）若皇家委员会依据州长委托和总督委托开展调查时，第（2）、(3) 款仅适用于由联邦与该州协议认定的皇家委员会档案。

## 第 22A 条 内阁笔记

（1）为本法目的，须按照下表计算内阁笔记的公开期限：

**内阁笔记的公开期限**

| 项目 | 若一份内阁笔记形成于下列年度（截至 12 月 31 日） | 该内阁笔记在下列日期后公开 |
|---|---|---|
| 1 | 1960 年之前形成的 | 形成 51 年后的 1 月 1 日公开，例如：1959 年形成的内阁笔记公开时间为 2010 年 1 月 1 日。 |
| 2 | 1960 年、1961 年或 1962 年 | 2011 年 1 月 1 日 |
| 3 | 1963 年、1964 年或 1965 年 | 2012 年 1 月 1 日 |
| 4 | 1966 年、1967 年或 1968 年 | 2013 年 1 月 1 日 |
| 5 | 1969 年、1970 年或 1971 年 | 2014 年 1 月 1 日 |
| 6 | 1972 年、1973 年或 1974 年 | 2015 年 1 月 1 日 |
| 7 | 1975 年、1976 年或 1977 年 | 2016 年 1 月 1 日 |
| 8 | 1978 年、1979 年或 1980 年 | 2017 年 1 月 1 日 |
| 9 | 1981 年、1982 年或 1983 年 | 2018 年 1 月 1 日 |
| 10 | 1984 年、1985 年或 1986 年 | 2019 年 1 月 1 日 |
| 11 | 1987 年、1988 年或 1989 年 | 2020 年 1 月 1 日 |
| 12 | 1990 年 | 2021 年 1 月 1 日 |
| 13 | 1990 年后 | 形成 31 年后的 1 月 1 日公开，例如：形成于 1991 年的内阁笔记在 2022 年 1 月 1 日后公开。 |

**注**：非内阁笔记档案公开期限不同于普通档案［参见第 3（7）条］和第 22B 条的人口普查信息档案。

（2）第 3（7）款规定不适用于内阁笔记。

## 第 22B 条  人口普查信息

（1）为本法目的，来自特定人口普查的人口信息档案自人口普查日后 99 年公开。

（2）第 3（7）条及第 56 条不适用于包含人口普查信息的档案。

（3）本法中：

"人口普查日"指《1905 年人口普查及统计法》第 8（2）款指定的人口普查日。

## 第23条 政府机构之间的档案

法规须规定本法所有限制性、排除性条款的实施，该条款可能涉及所有档案，也可能涉及已设立的一个机构或团体：

（a）为履行联邦法律及州、澳大利亚首都直辖区、北方领土、诺福克岛及其他国家法律规定的职责；或

（b）为实施联邦与州、澳大利亚首都直辖区、北方领土、诺福克岛或其他国家间的协议，或已设立的机构或团体的运行。

# 第2节 联邦档案的处理

## 第24条 联邦档案的处置、销毁

（1）依本章规定，个人不得从事导致以下情形的行为：

（a）联邦档案的销毁或其他处置；或

（b）联邦档案保管权或所有权的转让；或

（c）联邦档案的损坏或修改。

刑罚：20处罚单位

（1A）违反第（1）项者，若损害的档案属于联邦档案，并构成违反要件者，应当适用较重的刑责。

**注**：较重的刑责参见《刑法》第6.1条。

（2）第（1）款不适用于下列情形：

（a）依法律规定者；

（b）经国家档案馆许可，或经国家档案馆同意的做法或程序；

（c）符合通用做法，但国家档案馆已通知某联邦部门或机构不同意其做法的除外；

（d）为非联邦或联邦机关保管的联邦档案存放于有权保管的联邦或联邦机关保管之目的。

（3）若馆长不同意档案移交国家档案馆，第（1）款不适用于《1968年著作权法》第47（1）、70（1）、107（1）款所述及的联邦档案的销毁。

（4）属于联邦机构所有或联邦机关移交给国家档案馆的联邦档案，在未经联邦机关或承继其职责的机关的同意下，本条不授权国家档案馆许可该档案的销毁及其他方式的处置。

（5）第（1）款适用于机读档案，任何导致无法再从档案获取信息的处理或修改行为，应当视为档案的销毁。

### 第25条 关于处置做法给委员会的建议

（1）国家档案馆应当：

（a）本章生效后，尽快向委员会提供一份关于联邦档案销毁或其他处置书面声明，说明处置做法详情，国家档案馆须遵循及许可该声明，无论该做法是否经国家档案馆和任何某特别联邦机关双方商定。

（b）本章生效后，若国家档案馆变更或批准变更（a）款所述的做法，而非国家档案馆与特别联邦机关双方协商，在国家档案馆决定变更或核准变更该做法后或该变更做法实施前，应当在可行范围内，尽快向委员会提供一份变更细节声明。

（c）在本章生效后的任何时间，经国家档案馆与联邦机构双方约定的联邦档案销毁或其他处置做法——应当在约定之后，可能情况下，在其实施之前，尽快向委员会提交一份声明阐述上述做法的细节。

（2）第（1）款中提到的经国家档案馆及联邦机关双方商定的处置做法声明，包括关于处置做法约定的证明，如此约定是为了本章生效前后的各种做法均视为由国家档案馆与该机构先前已经商定的。

### 第26条 联邦档案的更改

（1）违反以下情形者应当属于犯罪：

（a）已保管15年以上的联邦档案；及

（b）涉此行为者；及

（c）该行为造成档案的增添或更改。

刑罚：20个刑罚单位

（1A）第（1）(a)款适用较重的刑责。

**注**：较重的刑责参见《刑法》第6.1条。

（2）第（1）款不适用于下列情形：

（a）依据法律规定；或

（b）经国家档案馆批准，或由国家档案馆同意的做法或程序。

### 第27条 特定联邦档案向国家档案馆移交

（1）本节适用于下列联邦档案：

（a）联邦机关而非国家档案馆保管的联邦档案；

（b）依据第3C条规定，确定属于联邦档案资源的一部分。

**注**：在某种情形下，联邦机构或部长可以豁免某些档案遵从此节（参见第29条）。

（2）负责保管档案的人员须按照档案馆同意的协议将档案移交国家档案馆。

（3）下列档案必须移交：

（a）非现行联邦档案——一旦联邦档案不再是现行档案须尽快移交；

（b）任何情况下——档案形成 15 年之内。

## 第 28 条　国家档案馆利用档案

依本章规定，为本法目的，国家档案馆有权在合理时间内，完全并免费利用由联邦机关而非国家档案馆保管的联邦档案。

**注：**在某种情形下，联邦机关或部长可以豁免某些档案遵从此节（参见第 29 条）。

## 第 28A 条　不再是联邦机关的公司或团体的档案

若一个公司或团体于特定日期，终止为联邦机关，那么，无论公司或团体以下列哪种方式终止：

（a）终止日前已存在的公司或团体档案仍为联邦档案；及

（b）国家档案馆须与公司或团体签署协议，促使公司或团体的档案依据本章规定以同等方式进行处置，正如公司或团体并未终止为联邦当局。

## 第 29 条　特定档案的豁免

（1）经馆长同意，联邦机关或有权代表联邦机关的人员可判定一类联邦档案或一类中的一份档案，成为联邦机构拥有的或与其职责相关的联邦档案：

（a）依据第 27 条，未被要求移交国家档案馆保管的档案；或

（b）依第 28 条或那节国家档案馆无权使用的档案，国家档案馆遵守的特定条件除外。该决定生效的指定期限内，联邦机关或有权代表联邦机关的人员可随时撤销该决定。

（2）即使有上款规定，主管部长仍可裁定联邦档案或联邦档案类别中的某份档案为：

（a）依据第 27 条，不要求其移交国家档案馆保管；或

（b）依第 28 条或本条规定，国家档案馆无权使用该档案，国家档案馆遵守的特定条件除外。

尽管该决定一经通知国家档案馆则立即生效，但在生效的指定期限内，主管部长可随时撤销该决定。

（3）国家档案馆可与联邦机关达成协议，档案移交国家档案馆可在国家档案馆遵从的特定条件下进行，但不得违反本章规定。

注：依据第 64 条规定，保管联邦档案的人员（非档案馆）必须确保档案馆履行本节规定的义务。

（4）若：

（a）国家档案馆希望利用非国家档案馆保管的联邦档案；及

（b）档案保管人员认为，依据第（2）款所作的决定适用于第 2（b）款所述档案是适当的，他须立即告知国家档案馆，并采取适当措施将其意见递交作出决定的主管部长。

（5）若依第（4）款规定，就某份档案的通知书已做出，一个月之内，国家档案馆无权使用该档案；但若负责保管该档案的人员在上述期满前撤回通知的，则该规定无效。

（6）公开期间的档案，依第（1）款规定不适用于第（1）(b) 款涉及的档案，除非：

（a）该档案因包含第 33（1）(a) 或第 33（1）(b) 条涉及的信息或事项为豁免档案；

（b）该档案的保密级别不适合档案馆利用。

（7）依据第（2）项规定，公开期间的档案并不适用于第 2）(b) 款涉及的档案，除非：

（a）因包含第 33（1）(a) 条或第 33（1）(b) 条涉及的信息或事项属于豁免档案；

（b）该档案的保密级别不适合档案馆利用。

（8）依第（1）款规定，由以下联邦机关或代表它的人员作出的决定，无需馆长同意：

（a）澳大利亚安全情报组织；

（b）澳大利亚秘密情报局；

（ba）澳大利亚地理空间情报组织；

（c）澳大利亚信号署；

（d）国防情报组织；

（e）国家评估办公室；

（f）情报与安全总检察官。

（9）依第（1）款规定，由澳大利亚联邦警察署署长作出的决定，公开有关档案信息将危及下列人员安全者，无需馆长同意：

（a）正在或已经确定纳入国家证人保护计划的人员；或

（b）该计划中依《1994 年证人保护法》的界定，正在或已经是证人的人员。

## 第30条 联邦机构可利用的联邦档案

（1）国家档案馆应当确保，若要求合理，所有移交其保管的联邦机构档案可被下列机构利用：

（a）机构；或

（b）接续联邦机构职责的机构。

**注**：根据第64条，保管联邦档案的非档案馆人员须确保档案馆履行本节规定的义务。

（2）若档案保存已超过15年，须依据第（1）款规定提供联邦机关使用，但不得以脱离档案保管者的方式提供使用，除非联邦机关开展业务必须利用。

## 第30A条 禁止公开人口普查信息

（1）在含有人口信息的档案公开之前，档案馆官员均不得将此信息泄露、传播给其他人员，除非档案馆其他官员为执行本法规定的职责或基于与执行职责相关的目的。

**注**：《1914年犯罪法》第70条设有联邦官员披露信息罪。

（2）国家档案馆现任官员，在含有人口信息的档案公开之前的任何时间，不得：

（a）被动向法院或裁判庭泄露或散布该信息；或

（b）主动为法院或裁判庭诉讼提供该信息作为证据。

（3）第58条规定不影响本节的实施。

（4）本条中，国家档案馆官员指馆长或国家档案馆工作人员。

# 第3节 联邦档案的利用

## 第31条 公众利用公开档案

（1A）本条适用于下列联邦档案：

（a）公开档案；及

（b）档案馆或者联邦机构保管的；及

（c）非豁免档案。

（1）根据本章规定，国家档案馆应当为公众提供档案。

**注**：根据第64条规定，保管联邦档案的非档案馆人员，应当确保档案馆履行本款规定的义务、

（2）若档案属于联邦机构保管，机构须与档案馆达成协议，使国家档案馆能履行依第（1）款规定应尽的义务。

**注：** 若档案属于国家档案馆资料，第（2）款所述协议必须包含第64条规定的联邦机构保管的档案。

（3）依据第20条规定，前项不适用于下列情形：

（a）参议院、众议院、议会部门，以及由参议院、众议院或议会部门所持有的档案；

（b）法院，由法庭或法庭档案室所持有的档案。

（4）国家档案馆可依据第35条规定，在合理的审核期间，拒绝公众使用联邦档案或某类联邦档案。

## 第32条　与各州协商

（1）当各州、澳大利亚首都直辖区或北方领土政府，根据具体情况合理地期待并主张依据第31条规定为公众提供档案，而可能对该州、澳大利亚首都直辖区或北方领土的利益产生不利影响，该档案将不提供公众使用，除非联邦与该州、澳大利亚首都直辖区或北方领土已达成协议。

（2）为便于前项协商，联邦可在适当时机，与州、澳大利亚首都直辖区或北方领土达成协议。

## 第33条　豁免档案

（1）为本法目的，若联邦档案包含下列信息或事项，将被认定为豁免档案：

（a）依据本法，披露该信息或事项，将被认为可能对联邦安全、国防或国际关系造成损害。

（b）下列信息或事项：

（i）由外国政府、代表外国政府、外国政府的授权机关、国际组织秘密传输给联邦政府、联邦授权单位，或代表联邦或联邦授权单位接收该信息或事项的人；

（ii）外国团体建议联邦组织保密；

（iii）合理的保密。

（c）依据本法披露该信息或事项，将对联邦或联邦机构的财政、财产利益产生重大负面影响，且又不符合公众利益。

（d）依据本法披露该信息或事项将会违反保密规定。

（e）依据本法披露该信息或事项将可能造成：

（i）损害或可能损害法律调查的进行，未能或可能未遵守税法的相关规定；或在特别情况下损害法律的执行与适当管理。

（ii）披露或能使人确认某信息的存在或秘密信息的来源，该信息涉及法律的执行及管理。

（iii）危害个人生命或财产安全。

（f）依据本法规定，披露该信息或事项将可能造成：

（i）损害当事人的公平审判，或某案件的公正裁决；

（ii）披露合法的方法或程序，其用来预防、侦测、调查或处理致使违反法律、规避法律的事项，该披露将损害或可能会损害该方法或程序的有效性；

（iii）损害了为保护公共安全而采取的合法方法的维护或实施。

（g）依据本法规定，披露该信息或事项将不合理地涉及有关个人（包括死者）的信息。

（h）与商业秘密相关的信息或事项，或其他具有商业价值的信息或事项，披露该信息或事项将可能造成其商业价值的毁减或减损。

（j）除第（h）款所述外，有关个人经营或事业信息或事项，或有关某一组织、企业的营业、商业或财务信息与事项，这些信息或事项的披露将可能给个人合法经营或专业事务或对该组织、企业的商业或财务事项造成不合理的负面影响。

（1A）为第（1）（e）（ii）款之目的，有关法律执行、管理的秘密信息来源包括：

（a）为澳大利亚犯罪委员会提供或已提供涉及该事项的秘密信息的人；或

（b）为澳大利亚联邦警察署提供或已提供有关该事项的秘密信息的人；或

（ba）提供或已提供保密信息给下列对象的人员：

（i）廉政专员（《2006年廉政专员法实施法》）；

（ii）澳大利亚廉政法执行委员会的成员；

（iii）该法第12章第4节规定的特别调查员。

与下列事务有关的：

（c）符合《1994年证人保护法》界定的国家证人保护计划中的证人。

（2）为本法目的，联邦档案若具备下列特征则为豁免档案：

（a）在司法程序中，基于法律职业特权而生的；并且

（b）披露该档案将违背公众利益。

（3）为本法目的，下列联邦档案为豁免档案：

（a）包涵下列信息或事项：

（i）涉及任何个人业务、事务或专业事务（包括死亡人员）；

（ii）涉及一个组织或企业的经营、商业或财务的信息或事项；及

（b）对特定信息或事项予以规范的现行税法，禁止有关人员披露该信息或事项，不论是完全禁止还是遵从例外情况的禁止。

（4）第（1）（e）、（f）款和第（3）款中所谓的法律，指联邦或一州或领地的法律。

（5）本节所指的企业，包括由联邦、州、澳大利亚首都直辖区及北方领土，

或其授权单位，或地方政府经营的企业。

## 第35条　豁免档案的认定

（1）馆长在与负责的部长或部长授权之人协商后，应当部署公开的联邦档案被国家档案馆视为豁免档案的判定工作，部署联邦档案可判定为豁免档案的范围，而不至泄露其被认定为豁免信息或事项的原因。

（2）除了依据第29条规定，在凭借确定该档案无需国家档案馆移交的情况下，对前项档案的检查将由国家档案馆进行。

（3）依本节规定，豁免档案的认定应当依照馆长批准的计划，在有关档案公开之前进行。

（4）依第（1）款规定，对豁免档案的认定应当依据该节所述的安排进行复核，复核工作由馆长依照第42条规定，在考量档案的性质、相关情况以及是否需要重新考虑该决定后，在其认为适当的时间进行。

（5）国家档案馆执行为公众提供联邦公开档案的职责，须时时与依照本节作出的决定相符，除非该决定与法庭依据本法作出的复核决定不一致。

## 第36条　档案利用方式

（1）若本章要求国家档案馆须确保一份档案为公众利用，任何人遵从本章规定有权利用该档案。

（2）为公众提供档案，可以下列一种或多种形式进行：

（a）提供合理的时间查阅档案；

（b）依照规定收取合理费用后，提供该档案副本；

（c）若档案包含的信息、事项可以电脑、投影仪或其他设备制作或以特别形式取得，按照规定，收取一定费用后，可为用户提供设备获取该信息或事项；

（d）若档案以文字方式记录并可以声音方式复制，或该文字以速记或编码的形式留存，依照规定收取一定费用后，可提供该档案信息的书面文本。

（3）依据第（4）款规定，公众以特定方式申请利用档案，须以该方式提供。

（4）依本章规定，申请人若以下列情形申请使用档案：

（a）将过度干扰国家档案馆或保管该档案的联邦机构的正常运行；

（b）不适合于该档案的物理性质；

（c）将有损于档案的保管；

（d）仅限本法，包含在档案中的事项将可能侵害著作权（但不包括联邦、联邦机关、州、澳大利亚首都直辖区或北方领土拥有的著作权），且该事项与联邦机构的事务无关。

以上述方式申请使用档案可能被拒绝，也可能以其他方式提供。

(5) 依据第 (4) 款规定，联邦机构所有的著作权，将不延至由澳大利亚广播公司、特别广播服务公司的工作，或其他构成其节目内容主题的著作权。

## 第 37 条　有关适当保管档案的条件

(1) 为确保档案的安全保管和妥善保存，馆长可决定利用该档案的条件是否合理，也可决定该档案是否暂不提供公众使用。

(2) 依前项规定拒绝提供档案时，若切实可行又无损于档案的妥善保存和安全保管，可依据馆长意见提供档案的副本。

## 第 38 条　部分豁免档案的利用

依本章规定，当豁免档案必须为公众提供时，若合理可行且不会披露该档案被视为豁免档案的信息和事项，国家档案馆应当依本章规定提供部分档案或部分复制件。

## 第 39 条　关于特定文件是否存在的信息

(1) 本法不要求国家档案馆提供特定档案是否存在的信息，若联邦档案中包含有特定档案是否存在的信息，其将依第 33 (1)(a)、33 (1)(b)、33 (1)(c) 条的规定被视为豁免档案。

(2) 若向国家档案馆申请使用前项所述的档案（若该档案存在且属于前项所述的档案），国家档案馆须以书面形式告知申请人：国家档案馆既不承认也不否认该档案作为联邦档案的存在，同时，假设该档案确实存在，其将被视为豁免档案。并说明下列事项：

(a) 适用第 40 条规定，如同告知决定是依第 40 条作出的。

(b) 为第 4 条的目的，告知决定将被视为国家档案馆依据个案情形，基于该档案依第 33 (1)(a)、33 (1)(b)、33 (1)(c) 条被视为豁免档案，而拒绝申请人使用该档案的决定。

## 第 40 条　决定的告知

(1) 本条适用于向国家档案馆申请利用或申请延伸利用第 31 条规定的档案，该申请必须：

(a) 书面形式；

(b) 按照本节规定表述；

(c) 注明申请人在澳大利亚的地址，便于依本法通知申请人；及

(d) 须提供诸如澳大利亚档案资料指南包含的相关档案的详情。

（2）国家档案馆应当为申请人提供一切合理援助，使其申请符合第（1）（d）款的规定。

（3）当依据本节制作申请时，国家档案馆应当采取合理的措施使申请人尽快获得申请决定的通知，无论何种情形，通知最晚必须于国家档案馆接到申请后90日内完成。

（4）法规须规定第（3）款有效，正如以前项90日替代特定的更短期限。

（5）当拒绝申请人利用档案时，决策者必须书面通知申请人，通知须包含下列事项：

（a）阐明有关事实的调查结果、该调查依据的资料以及决定的理由；

（b）当该决定由国家档案馆作出时，说明作出决定的人员姓名和职务；及

（c）适当为申请人提供下列信息：

（i）申请人复核该决定的权利；

（ii）申请人有关该决定向申诉专员申诉的权利；及

（iii）行使（i）、（ii）款权利的程序。

包括依据第42条规定，申请复核的特殊方式。

（6）《1977年的行政处分法（司法审查）》第13条不适用于依前项规定作出的决定。

（7）依第（5）款规定作出的通知，不得含有使得该档案成为第33条豁免档案的事项。

（8）当：

（a）依本节规定制作申请时；

（b）自国家档案馆收到申请之日起，90日期限或按照第（4）款规定的其他时间已过；

（c）申请人尚未收到申请决定的通知。

依第43条规定，为了确保申请人向法庭申诉，在期限的最后一天，将视为国家档案馆已经作出因该档案为豁免档案而拒绝提供的决定。

（9）当申诉人依据《1976年监察专员法》就尚未作出决定并通知申请人（无论申诉在第（8）款规定的期限届满之前或之后提出），向监察专员提出申诉时，监察专员根据《1976年监察专员法》第12条规定，将申诉结果通知申请人之前，申请人将不得依本法第43条规定向法庭提出申诉。

（10）如果申请人在第（8）款所定期限届满之前提出申诉，监察专员进行调查后，若认为国家档案馆存在不合理推延利用申请的情形，须给申请人出具证明确认其意见。如果监察专员出具了证明，依第43条规定，为了确保向法庭提出申请，国家档案馆将被视为在证明形成之日已经作出因该档案为豁免档案拒绝提供的决定。

（11）在申请人依第（8）款规定向法庭提出申请且法庭尚未作出最终裁决前，国家档案馆若就申请事项已作出决定，而申请人对其决定不满意，法庭须依据申请人的要求，按照本章规定，将程序延伸到对决定的复核。

（12）法庭在进一步处理依据第（8）款提交的申请前，须依馆长的申请许可国家档案馆有更多的时间处理申请人利用档案的申请。

## 第4节　对决定的复核

### 第42条　决定的内部复核

（1）当申请人依据第40条提出申请又对申请决定不满意时，他须在收到决定通知的28日内，或在国家档案馆许可的时间范围内，以书面形式向国家档案馆提出对决定进行复议的申请。

（2）当依本条向国家档案馆提出复议决定的申请时，国家档案馆必须：

（a）复议该决定，并基于此，根据第35条安排必要的复核；及

（b）若切实可行，应当将复议的决定通知申请人（不论该决定是否维持原决定）。

（3）国家档案馆依据本节就申请档案复议作出的决定，必须由馆长或其授权人员对申请予以考虑后才能作出。

（4）第40条规定适用于依据本节针对利用档案规定进行复核的决定，此也是申请书的主题。

### 第43条　向行政上诉法庭的申请

（1）依据本条规定，符合下列情形时，申请人可就国家档案馆对利用档案所作的决定向行政上诉法院提出申请：

（a）拒绝利用档案申请的决定，是基于该档案属于豁免档案，或该档案是第3节不适用的联邦档案；

（b）拒绝申请人扩展利用所申请档案内容的决定，是基于该档案是豁免档案，或申请人要求的提供档案的方式不可行（申请人要求的形式将会披露该档案被视为豁免档案的资料或事项）；

（c）拒绝申请人利用档案的决定是基于第35条作出，该档案已处于待查状态暂停提供公众利用；

（d）拒绝申请人利用档案的决定是基于第37条作出，该款规定该档案已被扣留，暂停提供公众利用，但依据该条款指定条件作出的决定除外；

（e）拒绝申请人利用档案的决定是基于申请人提出以第36（4）（a）、（b）、

（d）条款规定的特殊方式利用；

（f）拒绝同意为复核决定延长第42（1）条款规定的期限的决定。

（2）依据第（3）款规定，若一个人依据第42条规定有权申请复核第（1）款所述的决定，其就无权依据第（1）款就该决定提出申请，但他可以作出复核决定的申请。

（3）在下列情形下，前项规定不妨碍申请人向法庭提出申诉：

（a）相关人已根据第42条申请复核该决定；

（b）自国家档案馆收到申请后已超过14天；及

（c）相关人并未接到复审结果通知。

同时，若法庭认为向法庭提出的申请并无不合理的迟延，该申请将被视为在第（4）款规定的期限内作出。

（4）不受《1975年行政上诉裁决法》第29条规定的限制，依本节第（1）款所作的申请期限（但法庭可延长）为：

（a）除第（b）、（c）款适用的情形外，申请期限从申请人收到决定通知之日起到其后的60日止；

（b）若该决定被视为依据第40（8）条或第40（10）条作出，申请期限从该决定作出之日起到其后的60日止；或

（c）第55（4）条适用的情形，期限从监察专员依该项规定通知申请人之日起，至其后60日止。

（5）若依第42条规定，在完成重新审议决定且结果通知申请人之前，申请人向法庭提出复核决定的申请，法庭若认为重新审议决定需要更多时间是合理、必要的，可以在认为适当的期间内休庭。

（6）当依本法第40（5）条已通知申请人，《1975年行政上诉法庭法》第28条不适用于依据本节向法庭提出的关于决定的申请。

（7）申请人依本项规定申请判决时，依第40（5）条规定已经接到通知后，若法庭认为通知未包含足够的对事实调查结果的细节、足够的证据参考资料、调查结果其他的依据材料，或未包含作出相关决定的充分理由，法庭须据此作出判决。同时，法庭判决后，负责通知的人员必须尽快（最晚在28日内）另行告知申请人，通知须进一步说明判决中有关事实发现、证据及其他资料和理由。

## 第44条　法庭的权力

（1）在本条规定的程序中，除其他权力外，法庭还有权依本节规定复核国家档案馆就申请利用档案所作的决定，或有权裁定有关申请的任何事项（国家档案馆就该申请可能已经作出决定），法庭依本条规定作出的决定与国家档案馆作出的决定有同等效力。

（2）当申请人依第 43（1）（d）条规定针对决定提出申请时，法庭有权许可申请中涉及的档案利用，有权许可特定条件下利用该档案，无论馆长依据第 37 条是否已经作出任何决定。

（3）按照第 43 条向法庭提出诉讼，若该档案已明确为豁免档案，除非依第（7）款规定，法庭无权决定该档案提供使用。

（7）依第 43 条规定向法庭申请复审，法庭若认为提供部分豁免档案或其副本利用方式可行，且不致泄露该档案被视为豁免档案的信息或事项，可以决定提供利用该档案。

## 第 46 条　为豁免档案的诉讼组成法庭

范围：

（1）本条适用于按照第 40 条规定关于复核拒绝下列档案的利用向法院提起的诉讼：

（a）因包含第 33（1）（a）条或第 33（1）（b）条规定的信息或事项被认定为豁免档案；

（b）非澳大利亚安全情报局档案。

注：《1975 年行政上诉法庭法》第 19F 节包含了有关澳大利亚安全情报局档案组成法院进行诉讼程序的要求。

（2）法庭的构成：

（a）3 名审判员，或

（b）单独 1 名审判员。

（3）如果法庭由 3 名审判员构成，审判员听证会的程序为：

（a）如果法庭审判员为成员之一，由审判员主持；

（b）如果法庭审判员非成员之一但有一名或多名法官，由高级法官主持；

（c）若（a）、（b）均不适用，由审判长指定副审判长主持。

## 第 48 条　《1975 年行政上诉法庭法》 第 42 条的修改

在《1975 年行政上诉法庭法》第 42 条适用本法第 46 条的申请程序时，第 42（1）条将被下列条款取代：

"（1）如果

（a）依据《1983 年档案法》第 46 条规定，诉讼程序由 3 名审判员组成法庭。

（b）成员关于法律问题意见不一时，解决分歧的途径为：

（i）若法庭中仅一名成员为法官，依法官的意见决定；

（ii）若法庭中有 2 名成员为法官，依多数成员意见决定。"

### 第 50 条　当事人

为本章目的，以及《1975 年行政上诉法庭法》规定的程序在本章的适用，档案馆作出的决定须由馆长作出。

### 第 50A 条　情报与安全检察专员在特定诉讼中必须提供证据

（1）本条适用于：

（a）个人依据第 43 条，申请法庭复核因被划为豁免档案拒绝为公众利用的决定；

（b）法庭决定个人可以利用档案或利用部分档案；

（c）档案馆可以就法庭决定向澳大利亚联邦法院提出上诉。

（2）如果本节适用于法庭决定，该决定的实施自提起上诉起依据本节将被延缓。

（3）在依据第 38 条决定可以利用部分档案或部分档案的副本之前，法庭必须要求情报与安全检察专员亲自出庭提供下列证据：

（a）若该公开部分档案或其副本将可能有损于联邦的安全、国防或国家关系；

（b）若不公开部分档案或部分副本，维护下列两项信息或事项保密是否合理：

（i）该信息或事项属于外国政府（或代表外国政府）、外国政府机关、国际组织（外国团体）与澳大利亚政府、联邦当局、代表联邦或联邦当局（联邦实体）的人员秘密联系；

（ii）外国团体建议联邦团体该信息或事项仍应当保密。

（4）在听取检察长证据前，法庭必须先听取下列组织或其代表提交的证据：

（a）国家档案馆；

（b）拥有档案的联邦机构部门。

（5）检察长必须遵守第（2）或（3）款的要求，除了检察长的意见之外，他没有资格就其被要求提供证据的事项提供证据。

（6）为了确保检察长能够遵守第（2）或（3）款的要求：

（a）法庭可许可检察长拥有、复制或摘录因程序所需提交给法庭的档案；

（b）检察长可要求获取档案的复制品，该档案因含有第 33（1）（a）或（b）款规定的信息或事项被划为豁免档案；

（c）检察长可要求获得上款所述的联邦机构档案的复制品；

（d）检察长可对第（b）和（c）款规定的档案，制作复制品或摘录；

（e）待为法庭提供证据的合理期限过后，检察长必须：

（i）将档案原件返还给法庭或档案形成机构；

（ii）销毁档案复制品及摘录内容。

（7）如果检察长在合理期间内无法查阅档案，检察长须许可他人查阅第（6）（a）到（d）项涉及的档案，如同该人员享有查阅权。

（8）依据本节规定，法庭不受检察长在提供证据时表达意见的约束。

（9）法庭必须给予检察长一定期限考量第（6）（a）到（d）款涉及的档案，考察下列事项是合理的：

（a）要求检察长提供的证据的性质；

（b）检察长提出要求履行其他职责的时间。

（10）个人有义务依据第（6）款规定形成文件，这一事实并不在其他方面影响任何人主张与上述文件相关的法律职业特权。

## 第51条　义　务

依第43条规定，向法庭的申诉程序中：

（a）国家档案馆有责任证明国家档案馆所作决定是合法正当的，或认定法庭应当作出不利于申请人的判决；

（b）依据第35条规定，法庭不受在任何时间作出的任何决定所限。

## 第52条　法庭确保特定事项保密

（1）在判定法院为了第43条有关诉讼申请的规定，对于依据《1975年行政上诉法庭法》第35（2）、（3）或（4）款颁布命令或命令是否合乎需要，法庭必须：

（a）考虑：

（i）避免向申请人披露包含与诉讼有关的档案和豁免档案中的事项的必要性；

（ii）避免向申请人披露第39（1）条涉及的该类信息的必要性。

（b）如果档案中因包含第33（1）（b）条涉及的信息或事项被划为豁免档案，与该档案相关的诉讼应当特别重视档案馆提交的意见，因为档案包含有该类信息或事项，需要依据《1975年行政上诉法院法》第35（2）条、第35（3）条或第35（4）条的规定颁布命令。

（2）无论《1975年行政上诉法庭法》如何规定：

（a）依据本法，法庭在作出决定以及理由中不得包含前项所指的任何事项或信息；及

（b）为防止对申请人披露前项所指的任何事项或信息，必要时，法庭可在申请人或其代表人缺席时接受证据或听取辩论。

### 第53条　豁免档案的提供

（1）《1975年行政上诉法庭法》第37条和第38AA条不适用于被认定为豁免档案的档案，但在有关档案的诉讼中，法庭根据证人证言或其他证据，如果不认为其为豁免档案，可要求提供该档案，并仅由法庭成员进行审查。

（1A）根据审查结果，如果法庭同意该档案为豁免档案，法庭必须将档案交还原提供人，不得允许第三人利用，也不得向第三人披露档案内容，除非其为：

（a）因程序需要组成法庭的成员；或

（b）履行其职责的法庭职员；或

（c）第50A(6)(a)条许可的情形下——情报与安全监察专员。

（2）为裁决依第38条规定达成的协议是否可行及可行的范围，法庭可要求提供豁免档案，仅由法庭成员审查。当依前述规定提供豁免档案，法院在其为程序需要组成法庭成员审查完毕后，须将该档案退还原提供人，不许第三人利用，也不许向第三人披露档案内容，除非其为：

（a）因程序需要组成法庭的成员；或

（b）为履行其职责的法庭职员；或

（c）第50A(6)(a)条许可的情形下——情报与安全监察专员。

（5）第（1）、（2）项不适用，以便阻止法庭依该项规定要求出示文件并依《1975年行政上诉法庭法》第46条将文件送至联邦法院，而一旦文件送达联邦法院，法院必须采取一切措施确保该文件的内容不泄露（除非依本法规定披露）给任何人，但因诉讼需要组成法院的成员及为履行职责的法院职员除外。

（6）第（5）款规定不能阻止澳大利亚联邦法院依《1975年行政上诉法庭法》第46(1)(c)(i)条规定将诉讼文件送至联邦上诉法院。

（7）若依据第（1）、第（2）款规定将提供的文件，按照《1975年行政上诉法庭法》第46(1)(c)(i)条规定的方式送达澳大利亚联邦上诉法院，联邦上诉法院必须采取一切措施确保该文件内容不会披露（除非依本法规定披露）给任何人，但下列人员除外：

（a）为诉讼需要组成联邦上诉法院的联邦法官；

（b）联邦上诉法院为履行其职责的职员成员。

### 第55条　向监察专员的申诉

（1）虽然本法和《1976年监察专员法》第6(3)条（须遵守该法第6(2)条规定）有详尽规定，但监察专员就本法相关事项的权力行使，不受本法赋予当事人向法院提出申请的权利所限。

（2）为《1976年监察专员法》的目的，国家档案馆针对向其提出利用档案申请采取的措施，将被视为国家档案馆就相关事项所从事的行政行为。

（3）为《1976年监察专员法》的目的，国家档案馆就前项规定采取的措施，将被视为国家档案馆从事的行政行为。

（4）当申请人依据《1976年监察专员法》，就依本法所作决定向监察专员提出申诉时，在监察专员依该法第12节通知申请人申诉结果之前，不得向法院递交对决定的复核申请。

（5）尽管《1976年监察专员法》有详尽规定，但依该法提交的档案利用申请申诉报告，不得包含本法第39（1）条涉及的信息。

## 第55A条　特定上诉决定的自动延期

（1）本条适用于：

（a）根据第43条规定，个人向法庭申请复核，因属于豁免档案拒绝公众利用档案的决定；

（b）法庭决定个人可以利用档案或部分档案；

（c）国家档案馆就法庭决定向澳大利亚联邦法院提起上诉；

（2）若本条适用于法庭决议，该决议自提起上诉时因本节规定延期执行。

（3）若国家档案馆就法院判决向澳大利亚联邦法院上诉，由澳大利亚联邦法院所作的上诉决定，直至下列时间前有效：

（a）澳大利亚联邦法院所作的上诉决定生效时；

（b）澳大利亚联邦法院作出其他决定时。

（4）若国家档案馆就法院判决向澳大利亚联邦法院上诉，由澳大利亚联邦巡回法庭所作的上诉决定，直至下列时间前有效：

（a）澳大利亚联邦巡回法庭所作的上诉决定生效时；

（b）澳大利亚联邦巡回法庭作出其他决定时。

（5）本节并不影响澳大利亚联邦法院、澳大利亚联邦巡回法院根据《1975年行政上诉法庭法》第44条就相关事项形成决议的权力，延期的法庭决议除外。

# 第5节　杂　项

## 第56条　加急利用或特别利用的约定

（1）依照总理批准的协议，尚未公开的特定类别的联邦档案，部长或其授权人不得提供给公众使用。

（2）尽管依本法规定某些联邦档案不得提供公众利用，部长或其授权之人依总理许可的协议，依相关法规规定的特定情形下可以提供申请人使用。

（3）有下列情形者将认定为犯罪：

（a）在申请人遵从相关条件下，依前项规定为其提供档案；及

（b）申请人从事该行为；及

（c）申请人的行为违反该条件。

处罚：20 个处罚单位

（4）依第（2）条规定由总理许可的协议，部长必须以书面形式将该协议的副本送交委员会。

（5）本章生效后不超过 3 个月，此后每隔 3 个月，部长必须向委员会提供下列特别事项的报告：

（a）该报告期限内，依第（2）款规定，提出的每一个利用文件的申请；及

（b）部长或其授权之人就该申请所作的决定。

但书面报告不得披露申请人的身份。

## 第 57 条 保护特定诉讼

（1）在本法规定的正常情况下，当根据本章规定为公众提供档案时：

（a）不得针对联邦或有关授权人员为公众提供档案的行为，提起任何诽谤、泄露机密或侵害著作权的诉讼；

（b）不得因任何出版事项，因提供档案给联邦机构，对档案形成者或其他人员提起诽谤、泄露机密的诉讼；

（c）不得因授权或提供公众利用档案的行为，对授权或提供档案的人员认定为有罪。

（1A）若档案利用属下列情形：

（a）按照第 6（2）条规定的协议；

（b）坚信这些档案是第 31（1）条适用的档案；

（c）依下列规定确保档案可利用：

（i）依照第 56（1）条为公众提供利用；或

（ii）依照第 56（2）条为个人提供利用。

依第（1）款规定，提供利用的档案是依本章规定应当供公众利用的档案。

（2）为有关诽谤、泄密法律之目的，依本法规定提供利用的档案（包括豁免档案）不应被视为授权或同意使用人可以公开该档案或其内容。

## 第 58 条 本法规定外的档案利用

本法并未阻止个人出版或以其他方式利用档案（包括豁免档案），根据本法或其他法律要求他能够正当利用的除外。

## 第 59 条　秘密类别

若依本法规定档案可为公众利用时，适用于该档案的所有秘密类别失效。

## 第 60 条　关于利用的暂行规定

为本章之目的，如果按照本章生效前实施的管理部署判定属于公开的档案是拒绝还是提供公众利用，该决定将被视为本章生效后立即按照第 35 条——根据具体情况判定该档案是否为豁免档案——作出的。

# 第 6 章　档案馆档案材料样本

## 第 62 条　国家档案馆档案材料样本

（1）部长可以通过政府公报，公告不属于第（3）、（4）、（5）款规定的特殊类别物品适用第（2）款。

（2）国家档案馆可要求联邦机构，将符合本项规定的属于联邦或联邦机构财产的物品样本送交国家档案馆保管。

（3）经国家档案馆要求，澳联储应当将其印刷或其授权印刷的联邦境内合法流通的纸币样本送交国家档案馆保管。

（4）经国家档案馆要求，澳大利亚皇家造币厂应当将为国库铸造的现行流通硬币样本送交国家档案馆保管。

（5）经国家档案馆要求，澳大利亚邮政公司应当将发行的现行邮票样本送交国家档案馆保管。

# 第 7 章　国家档案馆资料的保管

## 第 63 条　国家档案馆资料的保管场所

（1）依本章规定，国家档案馆资料应当放置于馆长认为合适的场所。

（2）在考量国家档案馆资料保管场所时，馆长应当考虑下列因素：

（a）方便用户使用该资料；

（b）相关资料保管在同一个地方的合理性；

（c）涉及一个州、领地及其地方的相关资料保管于该州或领地的适当性。

（3）构成国家档案馆资料的档案副本应当保管在馆长认为合适的处所。

## 第64条　非国家档案馆保管的国家档案资料的监管

（1）根据联邦其他法律规定及联邦机关权限，若馆长认为合适，国家档案馆可与个人达成协议，由其保管按照要求需移交国家档案馆的档案或资料。

（2）该协议应当包括：

（a）规定该协议涉及资料的保管；

（b）规定国家档案馆对资料进行例行检查；

（c）依据第29（3）条、第30（1）条和第31（1）条有关该资料的规定，促使档案馆履行其义务；

（d）如果国家档案馆馆长有令，要求档案保管者向国家档案馆移交保管权限。

注：第29（3）条、第30（1）条和第31（1）条规定了档案的可用性。

（3）依据《1968年著作权法》规定，所有已移交国家档案馆的国家档案资料，经澳大利亚国家图书馆馆长同意，可存放于澳大利亚国家图书馆，但联邦档案除外。

# 第8章　国家档案馆的登记册及指南

## 第65条　澳大利亚国家档案登记册

（1）国家档案馆应当保存《澳大利亚国家档案登记册》。

（2）《澳大利亚国家档案登记册》应当包含馆长认为适当的国家档案馆资料的详情。

（3）《澳大利亚国家档案登记册》须包含以下馆长认为适当的资料详情：

（a）现行联邦档案；

（b）州档案馆的资料；

（c）其他档案馆的资料（包括私人档案）；及

（d）有关澳大利亚的其他档案资源。

（4）为本节的目的，国家档案馆应当寻求与州档案或其他档案的所有人或保管者合作。

## 第66条　澳大利亚国家档案资料指南

（1）国家档案馆应当保存《澳大利亚国家档案资料指南》。

（2）依第（4）款规定，《澳大利亚国家档案资料指南》应当包含馆长认为合适的、依据第35（1）条规定已经审查的所有应当公开的联邦档案的详情。

（3）依第（4）款规定，《澳大利亚国家档案资料指南》须包含该《指南》所

包含副本的详情 。

（4）《澳大利亚国家档案资料指南》不得包含：

（a）披露第33条所述的信息或事项的详情；或

（b）披露的详情将违反国家档案馆依本法所签订的协议。

（5）《澳大利亚国家档案资料指南》的副本应当保存在国家档案馆在各州或领地的办公室、国家档案馆主办公区，也可以保存在馆长认为适当的国家档案馆其他处所。

（6）任何人可以查阅《澳大利亚国家档案资料指南》，并在依法支付费用后，有权获取一份《澳大利亚国家档案资料指南》或部分该《指南》。

## 第 67 条　涉及档案研究的澳大利亚国家登记册

（1）国家档案馆应当建立并留存涉及国家档案馆的澳大利亚国家登记研究的《登记簿》，簿册中，国家档案馆应当竭力列出有关澳大利亚的正在或已经完成的研究项目，以及已经涉及或将要涉及档案利用的所有研究项目。

（2）为第（1）款的目的，国家档案馆应当与有意开展上述研究的人员及组织寻求合作，包括负责州档案的州政府机构及大学。

（3）《登记簿》的副本，应当保存在国家档案馆设立在各州或领地的办公室、国家档案馆主办公区，以及馆长认为适当的国家档案馆其他场所。

（4）任何人员可查阅簿册，在支付规定的费用后有权取得《登记簿》中条目的副本。

# 第 9 章　其他事项

## 第 68 条　委员会的年度报告

（1）委员会应当于每年 6 月 30 日，起草该日前 12 个月的委员会运营报告，并向部长提交。

（2）部长接到报告后，应当按照第（1）款规定在议会开会前的 15 日内，将报告副本送达议会所有议员。

## 第 69 条　经认证的档案副本

（1）馆长可提供认证，证明认证中所述档案属于档案馆保管档案的真实文本，该认证在法庭上就相关事项可作为初步证据。

（2）除非有相反证据，依本条规定作为证明出具的书面材料，将被视为正式出具的证书。

### 第 69A 条　联邦机构自由裁量服务的费用

若

（a）国家档案馆为联邦机构提供自由裁量服务；及

（b）本法并未对服务费用进行其他规定。

经馆长以书面形式决定后，国家档案馆可收取一定数额或一定比例的服务费。

### 第 70 条　过　渡

（1）在第 2 章生效前，联邦或领地的任何法律或由联邦档案局、档案部门、有关档案保管机构签署的合约或协议所引证的，在第 2 章生效后，国家档案馆亦适用。

（2）尽管第 2 章有规定，第 2 章生效前关于联邦档案处置及保管即刻实施的协议继续适用，直至馆长作出不同指示。

（3）第 2 章生效前，由联邦、某机构或代表联邦利益的个人从个人而非联邦机构接收的档案，如果按照协议保存在澳大利亚档案馆（当时已存在的）。从第 2 章生效之日起，个人与国家档案馆签订的这些协议（包括有关档案使用、处置的条款）仍然有效，第 6（2）款亦同样适用。

### 第 71 条　法　规

总督可制定法规规范以下事项，但不得违反本法：

（a）本法要求规定或许可规定的；或

（b）为执行本法，必须规定或切实可行的。

在不影响上述规定的一般性原则前提下，包括颁布法规、制定条例及由费用、费率造成的保证金要求，或者依据有关规定：

（c）按照利用档案或档案所含信息的申请，进行检索；

（d）依据本法提交申请的档案复制件或手稿的规定；及

（e）为联邦机构以外人员自由裁量服务制定的规范。

**附录：**

澳大利亚是世界上较早颁布档案法的国家之一，早在 1983 年就制定了一部较为完备的档案法——《1983 年澳大利亚档案馆法》。三十多年来，该法历经修订，日臻完善，形成了独具特色的立法风格。

1.《澳大利亚档案馆法》的制定

1960 年，根据帕顿委员会的建议，澳大利亚联邦议会通过澳大利亚《国家图书馆法》，并于次年 3 月正式实施。依据该法，档案部门从国家图书馆的内部机构改为联邦总理下属的档案办公室。虽然，档案机构已然独立，但它在处理联邦机构拒绝移交档案的相关事宜时，并未真正发挥作用。随后的工作中，档案工作者逐步认识到，建立档案专用库才是妥善保管国家历史遗产的首要任务，1972 年首个档案库在悉尼维拉乌德正式落成。1973 年，加拿大档案专家沃克·兰勃（WK Lamb）受邀访问澳大利亚，他主张档案馆的角色和职能应当以法律的形式得以确认和增强。1974 年，澳大利亚特别内务部长莱昂内尔·鲍恩（Lionel Bowen）提议制定一部档案法，同时，将联邦档案办公室更名为澳大利亚国家档案馆。1978 年 6 月，澳大利亚第一部《信息自由和档案法（草案）》提交参议院，法案提出只有联邦档案馆可以授权处置和销毁联邦档案；若出现档案损毁、更改等必须予以处罚；联邦机构档案形成 25 年后须尽快移交到国家档案馆集中保管；联邦档案馆享有判定哪些材料属于联邦档案资源的最高决策权。《澳大利亚档案馆法》最终于 1983 年获得通过，它从机构设置、联邦档案管理范围及管理方式等方面规定了澳大利亚档案馆工作的基本准则。

2.《澳大利亚档案馆法》的修订

《1983 年澳大利亚档案馆法》自颁布以来，为了适应档案馆工作的发展需要，进行了多次修订，规模比较大的有两次：一次是 1995 年 3 月 15 日批准的第 10 号法律，另一次为 2008 年 10 月 31 日批准的第 113 号法律。修订法案简称为《1995 年档案馆法修订案》、《2008 年档案馆法修订案》。每次修订后相关部门会定期出台法律全文汇编本，汇编本均简称为《1983 年澳大利亚档案馆法》。

与法律汇编本不同，修订案的内容仅包括修订法案的简称、生效时间、修订条款列表及议会通过修订案的日期。如《2008 年档案馆法修订案》，列表共 82 项内容，涉及对原法案多项条款的增加、替代或删除。《2008 年档案馆法修订案》中仅标出此次修订的条款，未经修订的条款则不在此列，且继续有效。

3.《澳大利亚档案馆法》的汇编

澳大利亚联邦有关机构会定期发布法律汇编，将近期其他法律涉及《澳大利亚档案馆法》的修订条款一并列出，以全文版供公众利用。值得注意的是，法律汇编的条款编号，依然维持法律首次颁布时的编号顺序。此后修订时若有增加，则在原条款下增设分款，如第 3 条，若修订过程中在其后新增加条款，编号为 3A、3B、3C 等；修订时若有删除的条款，原有的条款序号也一并删除。如 2003 年 12 月汇编版《澳大利亚档案馆法》中，曾有第 34、41、45、47、54、61 条等多个条款，后因历次修订中相关条款相继删除，对应的序号也一并删除，这样，汇编版《澳大利亚档案馆法》中就可能出现跳号现象。

现行《澳大利亚档案馆法》为 2015 年汇编版，共 9 章 71 条，汉译本约 2.3 万字。主要包括导言，国家档案馆的设立、职责及权力，国家档案馆的馆长及职员配备，澳大利亚国家档案馆咨询委员会，联邦档案的管理，国家档案馆资料样本，国家档案馆资料的保管条件，国家档案馆登记与指南，附属事项等诸多内容。

# 新西兰
New Zealand

境外国家和地区档案法律法规选编

A SELECTION OF THE LEGISLATION ON ARCHIVES
AND RECORDS OF OVERSEAS COUNTRIES AND REGIONS

# 2005年公共档案法

## 公共法2005年第40号 2005年4月20日通过

## 第1条　名　称

本法称为《2005年公共档案法》。

## 第2条　实　施

本法自（英国）王室批准第二日起实施。

# 第1章　目的、初则和重点行政规定

## 第1节　目的和初则

### 第3条　本法的目的

制定本法的目的是：

（a）规定永久保管公共档案的国家档案馆命名为新西兰档案馆。

（b）规定档案馆馆长在建设和支持政府保管档案的职责，包括独立决定公共档案和某些地方政府档案的处置。

（c）通过以下方式协助政府履行职责：

（i）确保中央和地方政府事务中形成并维护完整、准确的档案；且

（ii）规定保管具有长期保存价值的档案，并向公众开放。

（d）加强公众对公共档案和地方政府档案完整性的信任。

（e）视具体情况规定合理框架：公共机构形成和保存公共档案，地方政府形成和保存地方政府档案。

（f）通过系统化地形成和保存公共档案和地方政府档案，加强新西兰历史文化遗产类档案和提升新西兰国民身份认同感的档案的开放程度。

（g）依据第7条，弘扬《怀唐伊条约》缔结的友好合作精神。

（h）支持私人档案的保管。

### 第4条　名词解释

除本法另有规定外：

学术人员是指高等教育机构中从事教学或研究或者兼具两者的工作人员。

行政主管是指：

（a）不是（b）中政府办公室，负责办公室工作的人员，如《1989年公共财政法》第2（1）节规定的主管人；

（b）执行法定工作职责的政府办公室中的主管，如土地注册局局长；

（c）地方政府中负责地方政府工作的人员，如依据《2002年地方政府法》第42条任命的主管，或第4节地方政府一词定义中（b）所指的机构主管。

获批的档案馆库是指根据第26条规定的经部长审核批准的档案馆库。

档案委员会是指根据第14条成立的档案委员会。

新西兰档案馆指名为新西兰档案馆的国家部门和国家档案馆库，两者的名称延续见第9节。

档案馆馆长是指第10条所指的档案馆馆长。

当局地方政府与地方政府档案相关：

（a）指掌管地方政府档案的地方政府；并且

（b）包括该政府的继任政府。

主管公共机构：

（a）是指：

（i）涉及公共档案时，指管控公共档案的公共机构；

（ii）涉及公共馆藏档案时，指有权确定利用公共馆藏档案的公共机构。

（b）包括该主管机构的继任者。

注销登记是指第19（1）（b）条中所指的登记。

注销档案是指第25条中已取消公共档案身份的档案。

处置，与公共档案或地方政府档案相关，是指：

（a）档案管理的移交；或

（b）档案的拍卖、变更、销毁或注销。

电子包括电的、数字的、磁性的、光学的、电磁的、生物的和光子的形式。

散存档案

（a）是指除以下方式外，已处置的公共档案、公共馆藏或者被保护的档案：

（i）依据本法经档案馆馆长授权；或

（ii）依据其他法律规定的要求；但

（b）不包括已注销的公共档案。

地方政府

（a）与《2002年地方政府法》第5（1）条中的含义相同；并且

（b）包括该法第5（1）条中定义的以下机构：

（i）议会管理机构；

（ii）议会管理的贸易机构；

（iii）地方政府机构。

地方政府馆藏档案

（a）是指以下两种地方政府档案：

（i）当局地方政府不再现行使用的；或

（ii）存在满25年或以上的（无论是否现行使用）；并且

（b）包括：

（i）受保护的档案；和

（ii）当局地方政府认为具有永久保存价值的地方政府档案。

地方政府档案是指由地方政府在日常事务中形成或接收（本法实施之前或者之后）的任何形式的，整体或者部分的档案或者某类档案。

部长是指现任负责本法行政管理的内阁大臣。

部长文件是指部长任内阁大臣时形成或接收（本法实施之前或之后）的档案。

公开档案是指

（a）公共档案：

（i）存在至少满25年或已移交档案馆馆长管控的；且

（ii）第44（2）条归类为公开档案的；

（iii）第49条不禁止公开的；

（b）地方政府馆藏档案：

（i）第46（2）条归类为公开档案的；且

（ii）第49条不禁止公开的。

议会档案是指呈交或属于众议院及其下属委员会的档案。

特定档案是指为本法目的，本法第38节确定的指定档案。

私人档案是指不是由公共机构或地方政府形成或接收的档案，也不是部长文件。

受保护档案是指为本法目的，本法第40条确定的属于受保护档案的地方政府档案。

公众利用登记是指第19（1）（d）条所指的登记。

公共馆藏档案是指由档案馆馆长管控的公共档案。

公共机构

（a）是指新西兰政府的立法、执法、司法部门；且

（b）指这些政府部门的机构或分支；且

（c）包括（不限于机构或分支）：

（i）《1988年国家部门法》第2条规定的部门；

（ii）《1989年公共财政法》第2（1）条规定的议会办公室；

（iii）《1986年国有企业法》第2条规定的国有企业；

（iv）《2004年王室实体法》第7（1）条规定的公有实体；

（v）议会咨询办公室；

（vi）议会服务局；

（vii）众议院秘书长办公室；

（viii）新西兰警察；

（ix）新西兰国防力量；

（x）新西兰安全情报局；

（xi）依据本法第5条第(1)(a)(i)款，枢密令声明的任何人员或团队为本法所称的公共机构。

公共档案

（a）是指公共机构在日常事务中形成或接收（本法实施之前或者之后）的任何形式的，整体或者部分的档案或者某类档案；

（b）包括：

（i）依据本法第5(1)(a)(ii)条，某档案或某档案类别为本法所称的公共档案；

（ii）散存档案；但是

（c）不包括：

（i）特殊收集的；

（ii）高等院校学术人员或学生形成的档案，除非该档案已成为高等院校档案的一部分。

档案是指无论是否是原始形式，含有（但不局限于）文件、签名、封印、文本、图像、声音、演讲或汇编、记录、保存的数据等的信息：

（a）各种材料的书写记录；或

（b）保存在胶片、底片、磁带或其他介质上能被复制；或

（c）由记录设备或程序、计算机或其他电子设备或程序记录的。

责任部长是指

（a）负责主管公共机构行政管理的现任内阁大臣；或

（b）当局地方政府管理中，负责《2002年地方政府法》行政管理的现任内阁大臣。

限制公开档案是指依据第44(3)条公开受限的档案。

特殊收藏是指：

（a）公共机构出于研究或档案的保存目的而收集的档案；但是

（b）不包括公共档案。

标准是指依据第27条档案馆馆长颁布的标准。

统计员是指《1975年统计法》第2条规定的含义。

学生是指在高等院校注册学籍的人。

高等院校是指《2004 年公有实体法》第 7 (1)(e) 条中规定的含义。

毛利习俗是指毛利人的风俗习惯。

## 第 5 条　法律适用性变更

(1) 依据部长建议而颁布的枢密令，总督可：

(a) 宣布：

(i) 直接或间接为王室所有或受王室监管的个人或实体，或这类个人或实体构成的一个或多个团体，为本法所称的公共机构；

(ii) 某档案或某类档案为本法所称的公共档案。

(b) 针对以下，变更分节 (2) 中的条件：

(i) 涉及一个或多个公共机构，而非分节 (3) 中所指的公共机构；

(ii) 涉及一份或多份公共档案；

(iii) 涉及一份或多份地方政府档案。

(2) 依据本条，变更第 (1) 款的条件：

(a) 本法除第 17 条（要求形成并保存公共档案和地方政府档案）和第 18 条（禁止不经批准处理公共档案和受保护的档案）以外的所有规定；

(b) 依照本法制定的规定；

(c) 标准。

(3) 分节 (1)(b)(i) 不适用于第 4 条 (c)(i) 和 (v) 到 (x) 款中公共机构的定义。

(4) 根据部长建议颁布的枢密令，总督可以修订或撤销依据分节 (1) 制定的枢密令。

(5) 依据第 (1) 或第 (4) 款作出建议之前，部长必须：

(a) 根据以下情况咨询：

(i) 依据第 (1)(a)(i) 或第 (4) 款的建议，征询该建议所针对的对个人、团体或某类人员或团体负责的现任主管内阁大臣；

(ii) 依据第 (1)(a)(ii) 或第 (4) 款的建议，征询档案或档案类别的所有人或所属团体；

(iii) 依据第 (1)(b)(i) 或 (ii) 或第 (4) 款的建议，征询涉及的主管公共机构的主管部长。

(b) 任何情况下，尊重档案委员会的建议。

(6) 在依据第 (1)(b)(iii) 或第 (4) 款，作出地方政府档案相关的建议之前，部长必须：

(a) 咨询《2002 年地方政府法》定义的现任内阁大臣；并且

(b) 尊重档案委员会的建议。

## 第6条 法律不适用范围

本法不适用于：

（a）依据以下法律条款，递送至众议院秘书长的表决投票或选举投票（或者相关的电子材料）：

（i）《1993 年选举法》第 187 条；

（ii）《2000 年投票（邮寄投票）法》第 54 条。

（b）依据《2001 年地方选举法》第 89（2）条区法院注册官收到的投票文件和特定材料。

## 第7条 怀唐伊条约

为了认可并尊重王室的职责，适当重视怀唐伊条约：

（a）第 11 条（涉及档案馆馆长的职责和义务）要求：为行使档案馆馆长职责，档案馆馆长必须确保同毛利事务部部长协商的各程序已就位；

（b）第 14 条（涉及档案委员会的建立）要求：档案委员会中至少有两名工作人员了解毛利习俗；

（c）第 15 条（涉及档案委员会的职能）特别规定档案委员会应当对与毛利习俗有关的档案保管和档案事务给出相关建议；

（d）第 26 条（涉及档案馆库的批准）规定建立在基于尹维（子部落）及哈普（部落）的档案馆库可以批准用于安全存放公共档案。

## 第8条 本法约束王室

本法约束王室。

# 第 2 节 重点行政规定

### 新西兰档案馆

## 第9条 新西兰档案馆的延续

（1）根据《1957 年档案法》第 5 节建立的国家档案馆，仍旧沿用新西兰档案馆的名称（Te Rua Mahara o te Kāwanatanga）。

（2）作为国家部门的新西兰档案馆，仍旧沿用该名称（Te Rua Mahara o te Kāwanatanga）。

## 档案馆馆长

### 第 10 条　档案馆馆长

（1）有自己的办公室。

（2）同时也是新西兰档案馆的最高行政官。

（3）本法生效前任职的档案馆馆长在本法生效后继续使用该办公室，使用期限与条件不变。

### 第 11 条　档案馆馆长的职责和义务

（1）为实现本法宗旨，档案馆馆长职责为：

（a）在公共机构档案保管和新西兰公共档案管理中发挥领导作用。

（b）涉及公共档案方面：

（i）授权处理公共档案；

（ii）依照第 27 条发布标准；

（iii）审阅、修订、撤销上述标准；

（iv）依据本法发布指令；

（v）为公共档案的形成、保管或有效管理的过程或最佳实践提供建议或指导方针，并对这些建议或指导方针进行审阅、修订或撤销；

（vi）监督和报告公共机构对本法的执行情况；

（vii）依据第 22 条，对公共档案延期移交提供协议与程序；

（viii）根据第 33 条为公共机构的独立审核发布标准，并对这些标准进行审阅、修订或撤销。

（c）涉及公共馆藏档案方面：

（i）管控公共馆藏档案；

（ii）确保公共馆藏档案的保存；

（iii）促使公众利用公共馆藏档案，并提高利用率。

（d）涉及地方政府的档案方面：

（i）为实现本法宗旨，对地方政府档案进行保护，并对这些档案的处置进行管控；

（ii）就地方政府档案的处置和利用发布相关的档案形成、保管、控制、管理或鉴定标准，并对这些标准进行审阅、修订或撤销；

（iii）为地方政府档案的形成、保管或管理的程序或最佳实践提供建议或发布指南，并对这些建议或指南进行审阅、修订或撤销；

（iv）监督（如有必要报告）地方政府对本法的执行情况。

（e）就部长公文或私人档案的形成或保管向部长或其他人员提供建议。

（f）依据本法要求保管登记册。

（g）在促进和协调新西兰档案活动中发挥领导作用。

（h）依据本法的规定行使其他职责或义务。

（2）另外，依据档案馆馆长同公共机构或地方政府相关管理负责人达成的协议，档案馆馆长可以有偿提供与公共档案或地方政府档案相关的服务（包括但不限于在公共档案或地方政府档案管理方面的存储或培训服务）。

（3）为履行第（1）款中档案馆馆长的任何职责，档案馆馆长必须确保与毛利事务部部长协商的各程序已就位。

## 第 12 条　档案馆馆长职权独立

依据第 20（1）条公共档案的处置，档案馆馆长：

（a）必须独立行使其职权；

（b）不受部长指令限制。

## 第 13 条　档案馆馆长授权

（a）授权处置：

（i）公共档案；

（ii）受保护档案。

（b）委派权力。

（2）对于委派：

（a）必须为书面形式；

（b）必须遵从档案馆馆长认为合适的任何限制和条件；

（c）可以随时以书面形式撤销；

（d）不阻碍档案馆馆长的职责、义务或权力的行使。

（3）被委派人可以相同的行为方式行使职责、义务或权利，并产生同等效力，如同由本法直接授予而非委派。

（4）在缺乏相反条款规定时，被委派人要依据授权条款行使职权。

## 档案委员会

## 第 14 条　档案委员会的建立

（1）档案委员会是非法人团体。

（2）档案委员会成员不得超过 7 人，由部长任命并在《公报》上通报。

（3）部长必须在与毛利事务部部长和档案馆馆长商议之后，基于自己的判断任命档案委员会成员：

（a）具备与档案委员会职责有关的专业知识和任职资格；且

（b）至少由两人组成，并了解毛利习俗。

（4）档案委员会成员：

（a）由部长指定任命公告，任期不超过3年；

（b）可连任；

（c）任期到时，该成员继续工作（除非该成员辞职或调离），直到：

（i）该成员连任；或

（ii）已任命该成员的接任者；或

（iii）部长书面指定该成员的任期已到。

（5）部长可在任何时候基于任何原因，依据自己的判断，通过向档案委员会任何成员发出书面通告，免职其档案委员会委员。

## 第15条　档案委员会的职能

（1）档案委员会的职能是根据部长的要求或主动向部长提供：

（a）有关档案保管和档案事务的建议，包括（但不限于）：

（i）与毛利习俗相关的档案保管和档案事务；

（ii）依据第5条制定的枢密院令；

（iii）依据第20（3）条授权公共档案的处置；

（iv）依据第26条批准档案馆库；

（v）依据第34条为新西兰档案馆独立审计建立的合理标准。

（b）依据第55条，向部长提出建议。

（2）依据本法为行使职能之目的，档案委员会拥有充分的权力、权利和特权。

（3）档案委员会每年须向部长报告前一年的履职情况。

（4）部长在收到分节（3）中所述的报告后，必须尽快将报告递交给众议院。

## 第16条　行政事务

（1）档案委员会可以调整自己的运作程序。

（2）新西兰档案馆必须为档案委员会提供行政管理服务。

（3）档案委员会成员有权享受工资，其工资来源于议会基于以下目的所拨付的款项：

（a）部长根据政府政策所定的费用；

（b）为履行档案委员会职能所发放的工资津贴或实际和合理的报销费用。

# 第2章 档案保管要求

## 第1节 重要职责

### 第17条 档案形成与保管要求

（1）公共机构及地方当局必须按照正规严谨的工作惯例，为自身事务建立完整准确的档案并进行保管，包括外包给独立承包商承担的任何事项的档案。

（2）公共机构必须以合理方式保管其管控的所有公共档案，以方便以后的利用，直到依据本法案授权或其他法律要求对这些档案进行处置。

（3）地方政府必须以合理方式保管其管控的所有受保护档案，以方便以后利用，直到依据本法授权对这些档案进行处置。

### 第18条 公共档案和受保护档案的授权处理要求

（1）依据本法规定，除非得到档案馆馆长授权，任何人都不能处置，或授权处置公共档案或受保护的档案。

（2）若其他法律对处置公共档案或受保护档案有要求的，则第（1）款不适用。

## 第2节 公共档案的管控

### 登记册

### 第19条 登记册

（1）档案馆馆长必须保留以下登记册：

（a）第22条规定的所有延期移交登记册；

（b）第25条规定的公共档案注销登记册；

（c）第38条规定的所有指定档案的登记册；

（d）含有以下信息的公众利用档案登记册：

（i）第44（3）条所述的公众利用公共档案的限制；

（ii）第49条所述由档案馆馆长管控的公共馆藏档案或受保护档案的禁止开放；

（iii）本段所述禁止和限制条款的理由；

（iv）第40（4）（a）条中认可的，关于移交给档案馆馆长管理的受保护档案向公众开放的条件。

（2）在新西兰档案馆，档案馆馆长须提供这些登记册以方便公众查阅。

## 处　置

### 第20条　公共档案处置权

（1）为实现本法宗旨，档案馆馆长可书面授权对公共档案（除了分节（3）中所述情况以外）进行如下处置：

（a）将公共档案的管控移交至其他公共机构；或

（b）将公共档案的管控移交给档案馆馆长；或

（c）变更或销毁公共档案；或

（d）出售公共档案；或

（e）注销公共档案。

（2）依据第（1）款对公共档案进行处置前，档案馆馆长必须以自己认为合适的方式，至少提前30天作出公告，公告内容如下：

（a）处置公共档案的目的，以及对相关公共档案的概括描述；

（b）可获取相关公共档案其他信息的场所，以及联系人。

（3）未经部长的书面授权，档案馆馆长禁止对新西兰档案馆形成或接收的档案进行处置（除非适用第21和23条）。

（4）若部长收到档案委员会基于档案馆馆长的建议，可书面授权对新西兰档案馆的公共档案进行处置。

## 移　交

### 第21条　公共档案的强制移交

（1）公共机构必须将其所有和管控的形成已达25年的公共档案移交给：

（a）新西兰档案馆所有并受档案馆馆长管控；

（b）得到批准的馆库所有并受档案馆馆长管控。

（2）下列情况不适用于第（1）款：

（a）依据本法条款或其他法律要求销毁的公共档案；

（b）经公共机构行政主管和档案馆馆长的书面认可，在25年期满之前应当进行下列移交的公共档案：

（i）移交新西兰档案馆所有并受档案馆馆长管控；或

（i）移交获得批准的馆库并受档案馆馆长管控；或

（c）第22条规定的需要延期移交的公共档案。

## 延期移交

### 第22条　公共档案延期移交

（1）依据第21（1）条，公共档案移交要求不适用于：

（a）依据《1975年统计法》第3部分规定，向统计局提供的具有特殊移交进度的公共档案；或

（b）若经公共机构行政主管和档案馆馆长的书面同意，公共档案可在其认为适当的任何情形下，延迟特定的期限后再移交；或

（c）电子形式的公共档案，如果档案馆馆长书面指令主管公共机构在25年期满后继续保存和管控这些档案；或

（d）若责任部长和其他部长商议后，确认：

（i）第（6）款里提到的，适用于公共档案的一种或多种情况；

（ii）公共档案延迟特定的期限后移交。

（2）在第（1）（a）款中，《1975年统计法》第2节对移交进度进行了规定。

（3）对于第（1）（a）款里提到的公共档案，这些档案：

（a）依据《1975年统计法》第23（2）条，在由总督宣布指定日期起100年后，必须移交给档案馆馆长管控并由新西兰档案馆所有；且

（b）必须遵从《1975年统计法》第37条第D和DA款规定；且

（c）不受第3部分限制。

（4）对于符合第（1）（b）款的情况，在征得主管公共机构行政主管和档案馆馆长同意后，可以重新确定公共档案的延迟移交时间。

（5）依据第（1）（c）款所述的指令：

（a）必须明确公共档案的相关指令；且

（b）必须指导新西兰档案馆为该类公共档案的维护、保存和公众利用向主管公共机构支付费用，费用由档案馆馆长和主管公共机构协议决定，且；

（c）可包含与相关公共档案的保存和使用相关的条件；且

（d）可指定将这些档案移交给档案馆馆长管控的日期。

（6）分节（1）（d）仅适用于如果公布公共档案所包含的信息有可能会引起的如下情况：

（a）损害新西兰安全或防卫，或损害新西兰政府的国际关系。

（b）损害以下机构向新西兰政府委托其信息：

（i）其他国家政府或该政府的某一机构；

（ii）某一国际组织。

（c）损害法律维护，包括对于违法行为的预防、调查和侦查，以及公平审判的权利。

（d）威胁公民安全。

（7）根据第（1）（d）款所述许可的延迟，应当由责任部长在与其他部长商议后，重新确定日期。

（8）本节所述的任何一种延迟移交，必须依据第19（1）（a）条，在延迟移交登记册中进行登记。

## 第 23 条　公共档案的移交

（1）如果作为公共机构的主管公共机构终止作为，或终止发挥与公共档案相关的职能，其公共档案应当移交给：

（a）接管主管公共机构职责，管控这些公共档案的公共机构；或

（b）若（a）不适用，则移交给由档案馆馆长指定的，负责这些公共档案的公共机构。

（2）依据第（1）（a）款，履行接管责任的公共机构必须在公共档案移交后3个月内通知档案馆馆长。

（3）第（1）款在经过必要修改后，也适用于地方政府档案。

## 第 24 条　向主管公共机构临时归还其公共档案

如果主管公共机构行政主管向档案馆馆长确保公共档案是作为行政所需，则档案馆馆长：

（a）必须在规定期限把公共档案归还给具有该公共档案所有权的公共机构；且

（b）可以提出限制条件，以确保这些公共档案在归还公共机构期间得到安全保管和保存。

## 转　让

## 第 25 条　公共档案的转让

（1）仅当下列情况时，档案馆馆长可书面授权公共档案的转让：

（a）档案馆馆长认为该公共档案适合转让；且

（b）该公共档案为当前不再使用的公开档案；且

（c）公共档案的发布符合《1993年隐私法》的准则；且

（d）该公共档案不在《1982年政府信息法》所要求的受限范围内；且

（e）主管公共机构的行政主管同意转让该公共档案；且

（f）公共档案的转让对象为非部长、档案馆馆长、新西兰档案馆和档案委员会工作人员、档案委员会成员，或主管公共机构的雇员。

（2）仅当下列情况时，档案馆馆长可书面授权含有指定人员信息的这一类公共档案的转让：

（a）档案馆馆长认为该类公共档案适合转让；且

（b）主管公共机构的行政主管同意转让该类公共档案；且

（c）档案馆馆长和公共机构行政主管达成一致，逐件转让该类公共档案；且

（d）有适当的程序确保档案只对该信息的主体或其正式委托代理人转让；且

（e）该类档案的转让符合《1993年隐私法》的准则。

（3）公共档案一旦转让：

（a）其所有权属于转让对象；且

（b）终止其作为公共档案的状态，或不再受本法限制。

（4）依据第19（1）（b）条，按本节转让的公共档案必须在转让登记册进行登记。

## 批准的档案馆库

### 第26条 档案馆库的批准

（1）在档案委员会和档案馆馆长的建议下，部长可以：

（a）（涉及档案馆库的批准）规定建立在基于尹维和哈普部落的档案馆库可以批准用于安全存放公共档案。

（b）修改或撤销批准。

（2）档案馆馆长可以：

（a）在发出合理公告后的任一时间，视察批准的档案馆库；

（b）在取得主管公共机构行政主管及批准档案馆库的同意后，将公共档案存放于批准的档案馆库；

（c）为批准的档案馆库建立标准、施以条件或发布指示，以确保：

（i）王室在公共档案方面的利益受到了保护；

（ii）公共馆藏档案得到适当保管；

（iii）公共馆藏档案对公众恰当公开得到保障；

（d）指示批准的档案馆库将公共档案移交给新西兰档案馆、其他批准的档案馆库或主管公共机构所有。

## 第3节 标准、查阅、报告及审计

### 第27条 标 准

（1）档案馆馆长

（a）应当为公共档案或地方政府档案颁布相关标准，以便：

（i）这些档案的形成、维护或管理；

（ii）对这些档案的处置进行鉴定；

（iii）公开这些档案；且

（b）可以对（a）里提到的任何标准进行评审、修改或废除；且

（c）必须为每一标准给出相关声明：

（i）该标准适用的公共机构、公共机构类别、批准的档案馆库或地方政府；且

（ii）是否必须遵守该标准。

（2）在颁布强制标准前，档案馆馆长必须提供标准草案的副本，并安排与公共机构、批准的档案馆库、地方政府或其他档案馆馆长认为适用于该标准的个人，及所有相关人员的协商程序到位。

（3）档案馆馆长须确保本节下的每一标准都以其认为适当的方式颁布。

### 第28条 标准的应用及内容

档案馆馆长发布的标准应包含（但不限于）下列所有或其中任一内容：

（a）适用于特定公共档案或地方政府档案的标准；

（b）必须遵守与形成、维护或管理公共档案或地方政府档案相关的程序或惯例，或获得与之相关的成果；

（c）判定档案保管工作质量的标准；

（d）被允许的档案保管工作最低标准。

### 第29条 查阅权利

（1）在向公共机构或地方政府发出合理通告后，档案馆馆长可以视情况查阅公共机构或地方政府所有，或受其管控的公共档案、地方政府档案或地方政府馆藏档案。

（2）第（1）款：

（a）允许档案馆馆长查看公共机构或地方政府系统以便对公共档案、地方政府档案或地方政府馆藏档案的保存情况进行维护；但

（b）不允许档案馆馆长对带密级的公共档案、地方政府档案或地方政府馆藏档案进行查阅，或未经主管公共机构或当局地方政府行政主管的同意，对受其他法律限制的公共档案、地方政府文件或地方政府档案进行查阅。

（3）本条中的密级分类与政府不定期发布的政府部门安全手册中的密级定级一致。

## 第30条  免  除

（1）对于公共机构或地方政府提出的免除遵守档案馆馆长所发布的标准或指示的请求，档案馆馆长可在其认为适当的条款和前提（如果有）下，对该类请求进行豁免。

（2）对于依据第（1）款所作出的裁决，公共机构或地方政府行政主管可以依照第51条对该裁决进行上诉。

## 第31条  向档案馆馆长报告指引

档案馆馆长向公共机构行政主管或经批准的档案馆库负责人发出书面通知，指示他们向自己或向其指定的其他人员报告：

（b）档案保管情况；

（b）受其管控或（如经批准的档案馆库）为其所有的公共档案。

## 第32条  档案保管年报

（1）档案馆馆长必须向部长提交一份关于公共机构档案保管情况的年报。

（2）依照《1988年政府部门法》第30（1）条，可将该报告纳入向部长提交的年报内。

（3）部长须向众议院递交档案馆馆长提供的报告。

## 第33条  公共机构独立审计

（1）自本法生效日起5年后，必须对所有公共机构开展档案保管工作的独立审计。

（2）档案馆馆长必须委托审计，并承担相应费用。每一次审计须：

（a）涵盖档案馆馆长为审计目的所指定的有关档案保管工作的各个方面；且

（b）以档案馆馆长制定的标准为基础。

（3）自上一次审计日起后每隔5~10年（最短不低于5年，最长不超过10年）须再次进行审计（但不需要在同一年对所有公共机构开展审计）。

## 第 34 条　新西兰档案馆审计

（1）部长必须对新西兰档案馆进行独立审计：

（a）自本法生效日起 5 年后开展；且

（b）自上一次审核日起后每间隔 5~10 年（最短不低于 5 年，最长不超过 10 年）再次进行审计。

（2）依据第（1）款所开展的审计必须：

（a）涵盖部长为审计目的所指定的有关档案保管工作的各个方面；且

（b）以部长结合档案委员会意见所制定的标准为基础。

## 第 35 条　审计报告

开展审计工作的财政年末：

（a）档案馆馆长须向部长准备一份依据第 33 节开展审计的报告；且

（b）部长必须准备一份依据第 34 节开展审计的报告；且

（c）每种情况，部长必须向众议院递交报告。

# 第 4 节　散存档案、指定档案、受保护档案、部长文件与私人档案

## 散存档案

## 第 36 条　散存档案的查阅

（1）档案馆馆长可以通过向散存档案所有人发出书面指示，使自己在自己指定的时间和地点查阅散存档案。

（2）第（1）款里指定的时间和地点，必须合情合理。

（3）接收到第（1）款所述指示的人员必须服从指示。如果需要，协助档案馆馆长为查阅散存档案而进入该人员所使用的任何场所。

## 第 37 条　散存档案的其他要求

（1）档案馆馆长可以书面通知，指示散存档案所有人开展以下工作：

（a）按照档案馆馆长发布的标准或指令管理散存档案：

（b）使该散存档案向公众公开或可复制：

（c）在通知规定的时间内将散存档案移交至档案馆馆长或者主管公共机构管理：

（d）若散存档案为受保护档案，将其移交至档案馆馆长或当局地方政府管理。

（2）接收到通知的人员必须服从该通知。

## 指定档案

### 第38条　指定档案

（1）为实现本法宗旨，部长应当根据档案馆馆长建议在《公报》上以通知形式宣布某档案、某类或某几类档案为指定档案。

（2）当档案为以下情况时，第（1）款不适用：

（a）主管公共机构管控的公共档案；

（b）档案馆馆长管控的公共档案；

（c）当局地方政府管控的地方政府档案或地方政府馆藏档案。

（3）通知必须说明其适用的档案或某类档案。

（4）指定档案的所有人：

（a）应当在档案馆馆长指示下将指定档案移交至新西兰档案馆、许可的档案馆库、公共机构或者地方政府所有的馆库。

（b）不可将指定档案移交至其他任何人员，除非该人员：

（i）给予档案馆馆长代表王室优先购买指定档案的机会，且

（ii）在移交至其他人员前，告知此档案为指定档案。

（5）依据第19（1）（c）条，档案馆馆长将指定档案的状态记录在指定档案登记册里。

（6）档案馆馆长必须：

（a）在档案作为指定档案状态被撤销时，书面通知指定档案持有者；且

（b）在指定档案登记表里记录其状态变化。

### 第39条　指定档案的征集

档案馆馆长可以：

（a）在付费后要求得到指定档案的副本；

（b）在其和拥有指定档案保管、管理、控制或所有权的人员认可的前提下，征集指定档案，无论是否有偿。

## 受保护的地方政府档案

### 第40条　受保护的地方政府档案

（1）为实现本法宗旨，档案馆馆长可在与任何相关地方政府协商后，在《公报》上以通知形式宣布地方政府档案为受保护档案。

（2）地方政府必须按照档案馆馆长发布的任何适用标准或指令，充分保护和

保存其持有的受保护档案。

（3）地方政府不可对受保护档案进行处理，除非地方政府行政主管：

（a）向档案馆馆长书面通知说明其处置受保护档案的意向；且

（b）明确相关的受保护档案；且

（c）说明处置受保护档案的意图。

（4）依据第（3）款，档案馆馆长必须在接收到书面通知后的3个月内：

（a）依据地方政府行政主管和档案馆馆长协商一致的条件（如有），书面指示地方政府将受保护档案移交至档案馆馆长管控；或

（b）依据第（3）（b）款，授权处置受保护档案。

## 第41条　过渡性条款

尽管第66（b）条撤销了《1974年地方政府法》第17部分，第40条适用于《1974年地方政府法》第256条在《公报》中通告为受保护档案的任何类别，如同依据本法受保护的地方政府档案类别。

### 议会档案、部长文件、私人档案与其他档案

## 第42条　档案馆馆长可接收议会档案、部长文件、私人档案与其他档案

（1）档案馆馆长接收如下档案，存放于新西兰档案馆：

（a）议会档案；

（b）部长文件；

（c）对公共档案起补充作用并具有下列特征的私人档案：

（i）重大历史事件；或

（ii）与现在或前公共机构，或与新西兰政府机构相关；

（iii）与新西兰历史、政治或文化各方面重要人物相关。

（d）本法生效前，《1957年档案法》第3（a）~（d）条中提到的由政府办公室建立或接收的档案。

（2）依据第（1）（a）款存放的议会档案要遵从档案馆馆长与众议院秘书长书面认可的条款。

（3）依据第（1）（b）或（c）款存放的文件和档案：

（a）仍由档案馆馆长负责；且

（b）除非部长或寄存文件/档案人以书面形式表示不同意，否则仍为部长或该寄存人所有并管控；且

（c）可遵从部长或该文件/档案寄存人与档案馆馆长书面认可的条款，包括以下相关情况：

（ⅰ）该文件或档案的公众利用；

（ⅱ）该文件或档案的保管与管控；

（ⅲ）该文件或档案的出版、（出处）声明与复制；

（ⅳ）该文件或档案的预期所有权。

（4）分节（1）中提到的公文和档案因其存放于新西兰档案馆，可以不受《1982年政府信息法》限制。

（5）依据第（1）（d）款存放的档案仍然：

（a）受主管公共机构的管控；且

（b）如《1957年档案法》继续对其适用，则遵从该法。

（6）王室及其代理人，包括档案馆馆长，必须依据第（1）款中提到的文件或档案的寄存条件执行。

# 第3章 公 开

## 公开或限制状态的确定

### 第43条 公开状态分类要求

（1）当公共档案已产生25年或即将依据第21条移交至档案馆馆长管控，主管公共机构行政主管必须根据第44条将档案分类为：

（a）公开档案；

（b）限制公开档案。

（2）根据第44条，主管公共机构行政主管可以随时更改公共档案的类别。

### 第44条 评定公开状态的基础

（1）按照第43条对公共档案的公开状态进行分类时，主管公共机构行政主管必须考虑到：

（a）结合档案馆馆长发布的任何相关标准或建议，是否有限制公共档案公开的合理理由；

（b）是否有要求公共档案不对外公开的其他规定。

（2）依据第（1）（a）款，如果没有限制对公众公开的合理理由或要求公共档案不公开的其他规定，主管公共机构行政主管必须将该档案划定为公开档案。

（3）依据第（1）（a）款，如果有限制对公众公开的合理理由或要求公共档案不公开的其他规定，主管公共机构行政主管必须与档案馆馆长协商：

（a）决定是否需要：

（ⅰ）在指定期限内限制公共档案的公开；

（ii）视具体情况允许公开；且

（b）如第（a）（ii）款可适用，确定合适的公开条件。

（4）主管公共机构主管可在与档案馆馆长协商后，随时更改或撤销第（3）（b）款中规定的条件。

（5）第（3）（a）（i）款受限的公共档案，在其限制撤销时变为公开档案。

（6）新西兰档案馆与档案馆馆长必须遵从第（3）（b）款中规定的公开条件。

（7）依据第19（1）（d）条，公共档案公开的限制必须在公共开放登记册中注明。

（8）所有主管公共机构有责任依据《1982年政府信息法》处理政府信息的开放需求，并依据《1993年隐私法》处理个人信息的开放需求。

## 地方政府档案公开

**第45条　地方政府档案公开状态分类要求**

（1）当地方政府档案成为地方政府馆藏档案时，根据第46条，地方政府行政主管必须将其分类为：

（a）公开档案；

（b）限制公开档案。

（2）根据第46条，当局地方政府行政主管可以随时更改地方政府档案的类别。

**第46条　决定地方政府档案公开状态的基础**

（1）依据第45条对地方政府档案公开状态进行分类时，当局地方政府行政主管必须考虑到：

（a）结合档案馆馆长发布的相关标准或建议，是否有限制地方政府档案公开的合理理由；

（b）是否有要求地方档案不对外公开的其他规定。

（2）依据第（1）（a）款，如果没有限制对公众公开的合理理由或要求地方政府档案不公开的其他规定，当局地方政府行政主管必须将该档案划分为公开档案。

（3）依据第（1）（a）款，如果有限制对公众公开的合理理由或要求地方政府档案不公开的其他规定，当局地方政府行政主管必须结合档案馆馆长发布的相关标准和建议：

（a）决定是否需要：

（i）在指定期限内限制地方政府档案公开（不得超过25年）；

（ii）视具体情况允许公开；且

（b）如第（a）（ii）款可适用，确定合适的公开条件。

（4）除了第（3）（a）（i）款，如果有合理理由，当局地方政府行政主管可以在一段指定时间内或多次更长指定时期内（每次不超过 25 年）限制地方政府档案的公开。

（5）当局地方政府行政主管结合档案馆馆长发布的相关标准或建议，可以随时更改或撤销第（3）（b）款中规定的条件。

（6）第（3）（a）（i）款里受限的地方政府档案在其限制撤销时变为公开档案。

2010 年 7 月 7 日，第 46（2）条由 2010 年通过的《公共档案修订法》（2010 年 79 号）第 4 条修订。

## 档案公开利用

### 第 47 条　档案公开利用的公共查阅

除非本法另行规定，拥有公开档案的公共机构、地方政府、许可的档案馆库或新西兰档案馆在接到公众查阅档案的要求后，须在合理可行范围内尽快向公众免费提供公开档案以供查阅。

### 第 48 条　公共档案的出版或复制

档案馆馆长可以在其认为合适的任何情况下，给予作为公开档案的公共档案的出版或复制以书面权限。

### 第 49 条　禁止开放或复制

（1）档案馆馆长可以在他认为必要的任何时期内和下列情况下，禁止公众利用或复制其管控的公共档案或受保护档案：

（a）出于保护公共档案或受保护档案的目的；

（b）公共档案或受保护档案处于分类、修复或其他处置期间。

（2）根据第 19（1）（d）条，禁止公开必须在公开登记册中注明。

（3）当局地方政府行政主管可以在他认为必要的任何期限和下列情况下，禁止公众利用或复制地方政府档案：

（a）出于保存地方政府档案的目的；

（b）地方政府档案处于分类、修复或其他处置期间。

## 档案限制利用

### 第 50 条　限制利用的期限

依据第 44(3)(a)(i) 条公共档案的限制利用期限：

(a) 可根据档案馆馆长的书面要求，在公开登记册中登记限制开放之日起满 10 年后进行复审；并

(b) 在限制开放期满前，可按主管公共机构行政主管的要求延长一段时间。

# 第 4 章　申诉程序及其他条款

## 第 1 节　申诉程序

### 第 51 条　公共机构或地方政府向部长申诉

(1) 主管公共机构行政主管可向部长提出申诉，反对档案馆馆长的如下决策：

(a) 对依据第 22(1)(b) 条提出的公共档案延期移交要求予以拒绝；

(b) 要求公共机构依据第 22(1)(c) 条保存并管控超过 25 年期限的电子公共档案；

(c) 对依据第 30 节提出的豁免要求予以拒绝。

(2) 档案馆馆长依据第 30 条拒绝豁免请求时，当局地方政府行政主管可以向部长申诉，反对档案馆馆长的决策。

(3) 依据本法，当局地方政府适用经必要修订后的第 52 条、第 53(3) 条、第 54~56 条提出申诉。

### 第 52 条　提起申诉

(1) 主管公共机构行政主管依据第 51(1) 条，在档案馆馆长作出决策向主管公共机构通报之日起的 20 个工作日内，向部长提出书面申诉。

(2) 申诉书必须包含：

(a) 申诉的对象，即（档案馆馆长）决策的所有细节；以及

(b) 申诉理由。

### 第 53 条　申诉效力

(1) 分节 (2) 和 (3) 适用于：

（a）档案馆馆长作出具有申诉权的决策之时起至申诉期满；

（b）若已提出申诉，自馆长作出决策之时，至部长给出裁决并依据第56（3）条向档案馆馆长和主管公共机构或地方政府行政主管发出通报期间（视情况而定）。

（2）在第（1）（a）或（b）款中提到的时间内（根据实际情况）：

（a）档案馆馆长不得就申诉相关事宜发出指令或采取进一步的行动；

（b）对于依据第51（1）（a）条提出的申诉，不要求公共机构移交相关公共档案；

（c）对于依据第51（1）（b）条提出的申诉，公共机构必须继续维护并管控其电子档案；

（d）对于依据第51（1）（c）条提出的申诉，公共机构必须继续遵从提出豁免申请所依据的标准或指令。

（3）如果地方政府依据第51（2）条提出申诉：

（a）档案馆馆长不得就申诉的相关事宜发出指令或采取进一步的行动；且

（b）地方政府须继续遵从提出豁免申请所依据的标准或指令。

### 第54条　申诉程序

在收到依据第52条提出的申诉通知后，一旦确认合理可行，部长必须：

（a）通知档案委员会和档案馆馆长已提出的申诉，且

（b）将主管公共机构收到的所有相关文件的副本提供给：

（i）档案委员会；

（ii）档案馆馆长。

### 第55条　档案委员会的建议

在收到依据第54条提出的申诉通知后，一旦确认合理可行，档案委员会必须：

（a）对申诉及申诉的理由予以考虑；且

（b）向部长建议批准或驳回全部或部分申诉；且

（c）说明建议的理由。

### 第56条　部长决策

（1）部长可批准或驳回全部或部分申请。

（2）在依据第（1）款作出裁决前，部长必须：

（a）与提出申诉的主管公共机构的责任部长协商；且

（b）考虑档案委员会的建议。

（3）部长必须：

（a）向下列单位或个人给出书面裁决通知，并说明原因：

（ⅰ）主管公共机构的行政主管；

（ⅱ）档案馆馆长；

（ⅲ）档案委员会。

（b）在政府《公报》上向公众发布裁决公告。

（4）部长的裁决为最终裁决，并以此约束档案馆馆长和主管公共机构。

## 第 2 节 其他条款

### 第 57 条 《1994 年版权法》 的应用

《1994 年版权法》不受本法限制。

### 第 58 条 《1982 年政府信息法》 的应用

为了避免不确定性，依据本法移交给新西兰档案馆或批准的档案馆库中的公共档案因其已被移交，所以不受《1982 年政府信息法》限制。

### 第 59 条 服务费用

（1）档案馆馆长可根据公共档案利用需求，对其所提供的相关研究、复制或其他服务收取费用。

（2）依据第（1）款收取的费用必须合理，应当考虑到提供服务所需的人力和物力。

### 第 60 条 名称保护

（1）除非议会总督同意，否则不允许任何人基于其他条例或以其他方式以下列名称组建或登记组织：

（a）新西兰档案馆（Te Rua Mahara o te Kāwanatanga）；

（b）新西兰档案馆；

（c）Te Rua Mahara O te Kāwanatanga；

（d）国家档案馆；

（e）Te Whare Tohu Tuhituhinga o Aotearoa；

（f）与（a）到（e）款类似的可能误导他人的其他名称。

（2）除新西兰档案馆外，其他任何人不得独立或与他人共同将下列名称用于贸易、商业运作或使用其职能：

(a) 第（1）款中规定的名称；

(b) 与分节中列出名称类似的可能误导他人的名字。

## 违规与处罚

### 第61条 违 规

任何人，不论有意或无意做出下列动作视为违规：

(a) 损坏公共档案；

(b) 未按本法条款处置或销毁公共档案；

(c) 违反或未遵从本法条款或基于本法制定的任何规定。

### 第62条 处 罚

（1）对任何违犯第61条规定的个人，应当处以：

(a) 对个人，予以不超过5000美元的罚款；

(b) 对其他涉及单位，予以不超过10 000美元的罚款。

（2）对于违反了第61条的个人，除规定的处罚外，法院将判其在法院认定的时间内禁止进入新西兰档案馆。

## 行政法规制定权

### 第63条 行政法规

总督应当依据议会的命令，针对下列所有或某一目的制定行政法规：

(a) 规范公共机构向新西兰档案馆或批准的档案馆库移交公共档案；

(b) 规范公共档案的销毁或其他处置方式；

(c) 规范公众进入新西兰档案馆和利用存放在新西兰档案馆的公共档案的行为；

(d) 规定寄存于新西兰档案馆的部长文件及私人档案的保管和保护，以及保管和保存的费用（如有）；

(e) 规定本法目的构成；

(f) 规定本法关注的事项、实现管理所必需的或有助于实现完整效力的事项。

## 保留和过渡条款

### 第64条 保 留

（1）除第66条第(a)款外，在本法实施前即刻生效的分节（2）中规定的事宜在分节（2）规定的时间内（如有）继续有效，如果该法规尚未制定。

（2）分节（1）涉及事项适用于：

（a）依据《1957 年档案法》第 8 条第（2）(c)款颁布的证明，直至出现下列情况时为止，以先到者为准：

（i）部长要求的延期期限到期；

（ii）依据本法第 21（1）条执行的移交；或

（iii）依据本法第 22（1）(b)条达成的协议。

（b）对于新西兰档案馆所有的公共档案，依据《1957 年档案法》第 14 条制定的条款，按条款中说明的期限（如有）执行。

（c）依据《1957 年档案法》第 21 条给出的授权，直至出现下列情况时为止，以先到者为准：

（i）授权公布的完成；

（ii）授权期满。

（3）本法不适用于《1957 年档案法》第 3 条（a）~（d）款中涉及的，以及在本法实施前由相关政府办公室产生或接收的公共档案。

（4）但是，当第 42（1）(d)条与第（3）款冲突时，以前者为准。

### 第 65 条　过渡条款

（1）除第 66（a）条，在本法生效前即刻生效的分节（2）中涉及的协议或其他事宜，按该分节的规定继续有效。

（2）分节（1）涉及的协议和其他事宜，适用于：

（a）依据《1957 年档案法》第 8 条第（2）(a)或（b）款制定的协议，协议期限同本法第 22（1）(b)条。

（b）依据《1957 年档案法》第 11 条制定的协议，协议期限同本法第 42（3）(c)条。

（c）依据《1957 年档案法》第 13 条制定的协议，协议期限同本法第 24 条。

（d）按《1957 年档案法》第 16（6）条发放的授权证书：

（i）相当于授权公共档案的处置；且

（ii）相当于依据本法第 20（1）(c)条授予；且

（iii）直到授权处置完成为止。

（e）根据《1957 年档案法》第 19（1）条作出的批准或存放，等同依据本法第 26 条作出的批准和存放。

（f）契据注册官根据《1957 年档案法》第 19（2）条执行的存放，等同依据本法第 26 节同意的存放。

（g）对于新西兰档案馆所有的公共档案，依据《1957 年档案法》第 20（1）

（b）条、（c）或（ca）款规定的查阅限制，等同依据第44（3）条，对按第43（1）
（b）条进行分类的公共档案实行利用限制。

（h）对于新西兰档案馆所有的公共档案，其公开应当满足第（3）节所述条
件，等同于根据第44（3）条，对按第43（1）（b）条进行分类的公共档案实行利用
限制。

（3）第（2）（h）款按下述条件执行：

（a）对已存在25年或以上的公共档案，按《1957年档案法》第8（3）条
执行；

（b）对已存在不满25年的公共档案，按《1957年档案法》第10（2）条
执行；

（c）《1957年档案法》第16（7）条。

2010年7月7日，第65（2）（b）条已根据2010年《公共档案修订法》（2010
年第79号）第5部分修订。

## 废止与修订

### 第66条　废　止

已颁布的下列法律及相关条款予以废止：

（a）《1957年档案法》

（b）《1974年地方政府法》第17部分。

### 第67条　修　订

（1）一览表中第一和第二部分规定的相关法律，按照相关部分指定的方式
修订。

（2）一览表中第三部分规定的行政法规，按照其所在部分指定的方式修订。

# 一览表

## 修订的法律法规

### 第1部分

各法相应修正案

《1997年（跨国）收养法》（1997年第109号）

本法包含修正案。

《2000年档案、文化和遗产改革法》（2000年第32号）

本法包含修正案。

《1995 年出生、死亡和婚姻登记法》（1995 年第 16 号）

本法包含修正案。

《1994 年版权法》（1994 年第 143 号）

本法包含修正案。

《1992 年新西兰王室研究中心法》（1992 年第 47 号）

本法包含修正案。

《1995 年司法部（结构调整）法》（1995 年第 39 号）

本法包含修正案。

《1989 年教育法》（1989 年第 80 号）

本法包含修正案。

《2002 年电子交易法》（2002 年第 35 号）

本法包含修正案。

《2000 年能源效率与保护法》（2000 年第 14 号）

本法包含修正案。

《2003 年家庭委员会法》（2003 年第 128 号）

本法包含修正案。

《1981 年标识、徽章和名称保护法》（1981 年第 47 号）

本法包含修正案。

《2003 年赌博法》（2003 年第 51 号）

本法包含修正案。

《1974 年住房公库法》（1974 年第 19 号）

本法包含修正案。

《1994 年所得税法》（1994 年第 164 号）

本法包含修正案。

《2003 年新西兰国家图书馆法》（2003 年第 19 号）

本法包含修正案。

《2000 年新西兰公共卫生与残疾法》（2000 年第 91 期）

本法包含修正案。

《2003 年新西兰贸易与企业法》（2003 第 27 号）

本法包含修正案。

《1975 年行政监察专员法》（1975 年第 9 号）

本法包含修正案。

《1976 年水管工、煤气工和排水管道工法》（1976 年第 69 号）

本法包含修正案。

《2001 年公共信托法》（2001 年第 100 号）

本法包含修正案。

《1988 年国家部门法》（1988 年第 20 号）

本法包含修正案。

《1975 年统计法》（1975 年第 1 号）

本法包含修正案。

## 第 2 部分

各法相关修正案

《1988 年警察投诉管理局法》（1988 年第 2 号）

本法包含修正案。

《1994 年税收管理法》（1994 年第 166 号）

本法包含修正案。

## 第 3 部分

法规相应修正案

《1996 年儿童、青少年及其家庭（家庭护理）法规》（SR1996/354）

本法规包含修正案。

《1995 年版权（一般事项）法规》（SR1995/146）

本法规包含修正案。

《2001 年新西兰公共卫生与残疾（档案）法规》（SR2001/248）

本法规包含修正案。

目录

1. 总则

2. 重印版状态

3. 如何准备重印版

4. 根据《1989 年法律和法规出版法》第 17C 节进行的更改

5. 本重印版包含的修正案清单（最近一次的）

## 注　释

### 1. 总则

这是《2005 年公共档案法》的重印版。本重印版包含《1989 年公共档案法》2010 年 7 月 7 日的所有修正案，修正案清单在注释末尾。含有无法在本重印版中编写的过渡、例外或应用条款的任何修正法规的相关条款也包含在本重印版中，按照年代顺序排列于主要法规之后。更多详情请参见 http://www.pco.parliament.govt.nz/reprints/。

### 2. 重印版状态

依据《1989 年法律和法规出版法》第 16D 节，认定的重印版正确表明执行的主要法律及其制定的法律修正案（截至重印日期）。即使重印版中包含了《1989 年法律和法规出版法》第 17C 节批准的编辑上的修改，这一认定也同样适用。这一认定可通过制定包含主要法律及其修正案的法律或法规的正式文案来否决。

### 3. 如何准备重印版

在准备重印版时，沿用了一些编辑惯例。例如，法律中不包括法律词汇，且省略了废止或撤销的条款。编辑惯例详情请参见 http://www.pco.parliament.govt.nz/editorial-conventions/或《新西兰法律、条例、制定法规和视同法规表》的第 8 部分。

### 4. 依据《1989 年法律和法规出版法》第 17C 节进行的更改

《1989 年法律和法规出版法》第 17C 节允许对重印版进行适当的编辑修改，该法第 17D 节和第 17E 节规定了这些编辑上的修改，重印法律的格式和风格与当前立法起草惯例一致。不允许进行改变立法效力的修改。在 2000 年 1 月 1 日引入了新的立法格式。从 1997 年起，还对立法起草风格进行了更改，现仍继续有效。在《1989 年法律和法规出版法》第 17C 节许可的范围内，所有在 2000 年 1 月 1 日后重印的法律采用新立法格式，体现重印时的起草惯例。

概括地说，《1989 年法律和法规出版法》第 17C 节批准的在重印版中进行的编辑修改如下，这些相关更改应当用在本重印版的准备中：

省略多余参考文字（如"本节的"和"本法的"）；

字体和字号（新罗马字体、总体为 11.5 号字）；

条款布局，包括：

缩进；

节标题位置（如编号和标题现位于每节上方）；

定义格式（如定义的术语为粗体、无引号）；

日期格式（如之前表达为"1999 年 1 月的第 1 天"，现为"1999 年 1 月 1 日"）；

批准日期位置（现位于每部法律的首页）；

标点（如在定义后不使用冒号）；

采用罗马数字编号的部分更换为阿拉伯数字编号，且所有的对照参考也作了相应修改。

字母和单词的大小写与外观，包括：

标题格式（如以前的标题中每个单词的首字母大写，其余字母小写，现更改为仅第一个单词（及任何合适的名词）的首字母大写，且为粗体）；

节或分节参考中的小写字母现为大写字母;

为附件重新编号(如"第一附件"更改为"附件 1"),且所有的对照参考也作了相应修改;

页头标题(每页顶部出现的信息);

相应修正案的双栏附件的格式,及废止案附件的格式(如它们按字母顺序重新排列,而不是按年代顺序)。

5. 本重印版包含的修正案清单(最近一次的)

《2010 公共档案修正法》(2010 年第 79 号)。

# 英 国
## United Kingdom

境外国家和地区档案法律法规选编
A SELECTION OF THE LEGISLATION ON ARCHIVES
AND RECORDS OF OVERSEAS COUNTRIES AND REGIONS

# 英国1958年公共档案法 *

## 1958年7月23日

━━━━━━━━━❖❧❖━━━━━━━━━

### 第 1 条　大法官对公共档案的一般责任

（1）对公共档案馆的监督管理由主簿官移交给大法官，大法官应当履行本法赋予的基本职责并对公共档案保护和保存进行监督。

（2）应当建立公共档案咨询理事会，就有关公共档案事务，特别是公共档案馆工作中那些影响到公众利用的设施方面向大法官提出建议。

主簿官应当作为咨询理事会主席，其他成员由大法官依据其设定的专门条件任命。

（2A）公共档案咨询理事会可以向大法官提供咨询建议的事项包括有关适用《2000 年信息自由法》第六部分中属于历史档案的公共档案信息事项。

（3）大法官应当每年就公共档案馆的工作情况向议会两院提交报告，其中应包括咨询理事会报告的内容。

### 第 2 条　公共档案馆

（1）大法官应当任命公共档案馆馆长，负责对公共档案馆及其保管的档案进行指导，并应当就机构人员和条件，与财政部一同任命他认为适合公共档案馆服务的其他人员。

（2）公共档案馆馆长及其他依据本法任命的人员，应当得到财政部经常指导下的薪水及报酬。

（3）公共档案馆馆长的职责是：采取所有可行的措施，确保其所管理档案的保存。

（4）公共档案馆馆长应当有权采取以下其认为必要或适宜的方法，维护公共档案馆的利用服务，特别是：

━━━━━━━━━━━━━━━━

*　为有关公共档案、公共档案馆及相关目的新设规定而制定本法。

（a）编制和提供公共档案馆馆藏档案的索引和指南，包括一览表及文本；

（b）编制有关公共档案馆所提供的服务及设施介绍的出版物；

（c）规范公众查阅公共档案及其他档案或使用公共档案馆其他实施的条件；

（d）提供真实的档案复制件及摘要，满足法律诉讼程序或其他目的作为证据之需；

（e）承担档案的安全保管职责，而非仅是公共档案；

（f）提供专门的库房，用于影片及其他需特殊保管条件保存的档案；

（g）对用于纪念展览或其他目的的档案出借，须由大法官批准；

（h）收集档案、接受捐赠和贷款；

（5）大法官应当依据法规与财政部共同制定规章并纳入法规文件，规定档案馆馆长负责制下的档案利用收费项目，包括档案的真实复制件或摘抄、公共档案馆官员提供其他服务项目以及在规定情形下的授权减免。

（6）依据前述条款所收费用应当上缴国库。

## 第3条　公共档案的选择与保存

（1）对任何非公共档案馆或大法官指定的馆库保存各类公共档案的每个责任者，应当依据本法就其所负责的应当永久保存档案的选择和安全保管制定协议。

（2）依据本节，每个人都应当按照公共档案馆馆长的指导履行其职责；公共档案馆馆长应当负责对本节规定的活动进行协调和监管。

（3）所有形成于1660年以前的公共档案，都应当属于永久保存的档案。

（4）依据本节，已选为永久保存的公共档案，应当在其形成满30年（《2010年宪法改革与治理法》第45条将其改为20年）之前向公共档案馆或大法官依据本法指定的其他馆库移交。大法官可建议：

根据负责这些档案的责任者（而非大法官）的意见，如果这些档案出于行政管理目的需要或因其他原因必须继续保存，并且大法官已经知悉这一情况并加以批准，任何档案即可在保存期满后继续保存。

（4A）《2010年宪法改革与治理法》第45条生效后满10年，第（4）分节依据该节第（2）分节作出的任何指令才具有效力。

（5）如果大法官认为符合公共档案馆合理管理需要，可以指令任何种类档案依据本节的移交活动暂停，直到其先前接收的协议完全履行。

（6）依据本条制定的协议中属于不需要永久保存的公共档案应当销毁，或者在非大法官的其他人负责之下的档案，可以报经大法官批准等以其他方式处置。

（7）依据本条涉及任何公共档案的个人职责问题，应当报送大法官由其决定。

（8）本条规定不适用于负责公共档案的个人非法向苏格兰公共档案馆或北爱尔兰公共档案馆的转移。

## 第4条　公共档案之馆库场所

（1）如果大法官认为公共档案馆之外有适合的设施能够满足档案的安全保管、保存和公众利用，大法官可以依据本法与该馆库负责机关签订协议，将其选为相关种类公共档案之永久保管之馆库场所。

（2）依据本条可为以下机构的公共档案选择馆库场所：

（a）季审法院或治安法院；或

（b）郡或自治市验尸官法院。

对与暂时负责档案的当事人签订协议时，大法官应当关注档案将保存且从未签署过该类协议的场所。而且除非该机构或人员向大法官表明其对选择其他地点馆库场所的主要关心问题一致的情况下，协议应当依据迄今为止可行的原则进行，即任何该类法庭档案必须在本郡和自治市区域内，包括法庭管辖或坐落的地区保存。

（3）大法官任何时候都可以依据本条规定，指令公共档案应当从公共档案馆向指定的馆库移交，或从某一馆库场所向公共档案馆或其他馆库场所移交。

（4）在依据本条指定馆库场所之前，对某类非属其负责的公共档案，大法官应当与该部部长或其他人协商；如果明显有主要相关者的话，如这些档案是地方法庭形成、属于首席司法行政官负责的档案，除本法规定外，大法官应当与其协商。

（5）公共档案馆保存的公共档案应当由馆长负责监管，经大法官依据本法指定馆库场所保存的公共档案应当由该机构官员负责监管。

（6）公共档案馆保存的公共档案或由大法官依据本法指定的其他馆库场所保存的档案，应当依原移交部门或机构请求临时借回。

## 第5条　公共档案的利用

（1）……………………………（已撤销或删除，下同）

（2）……………………………

（3）公共档案馆馆长应当履行其职责，合理配置其设施，供公众查阅和复制公共档案馆所藏、属于依据《2000年信息自由法》所规定应当公开的公共档案。

（4）……………………………

（5）对由大法官依据本法指定在公共档案馆之外的馆库场所保存的公共档案，大法官应当要求其像公共档案馆一样，对其保存的公共档案进行整理以便公众查阅利用。

## 第6条 公共档案馆或其他馆库场所保存公共档案的销毁

公共档案馆或其他依照本法指定的馆库场所保存的公共档案，如果公共档案馆馆长认为是其他公共档案的复制本，且其原件已被选为永久保存或因有其他特殊原因而不需要永久保存，经大法官和主管部长或大法官认为原来就与这些公共档案相关的人的批准，他可以授权这些档案的销毁或批准以其他方式处置。

## 第7条 仍属于主簿官负责的档案

（1）根据本条，主簿官应当继续负责并监管英格兰大法官法庭的档案，包括本法生效后形成的档案，并且有权决定这些档案或其中任何部分的临时存储地。

（2）本法第三条及第四条第（6）款不适用于任何上述档案。但如果其中任何部分存储在公共档案馆，那么这些档案如同公共档案馆中其他档案一样，应当属于由公共档案馆监管并且属于大法官指导的档案。

（3）依照本条前述条款，主簿官不再负责、监督或保存任何公共档案；本法生效时其所监管的任何档案（除英格兰大法官法庭档案外），改由公共档案馆馆长或大法官指定的官员负责监管。

## 第8条 法院档案

（1）法院形成的记录每一案件的公共档案，或每一治安法院的公共档案，虽不在公共档案馆或由大法官依据本法指定的馆库场所保存，但大法官应当对其负责，并有权任命除最高法院档案外的档案事务中负责监管该档案的官员。

（1A）大法官依据第（1）款规定所负责的最高法院档案，应当置于法院首席执行法官的监管之下。

（2）《1925年最高法院法》第170条授权给高等法院遗嘱检验庭庭长的权力，即指导该节所提到的遗嘱以及其他文件在何处存储和保存的权力，应移交给大法官。

（3）..................................

（4）任何已经置于英格兰或威尔士某一法庭的超过50年且无人申领的私人文件，在主簿官批准下，公共档案馆馆长可要求将文件移交给公共档案馆，此后这些文件将依本法作为公共档案。

（5）本法第三条不适用于《第一范围表》第4段第（1）分段（n）款中描述的基督教会宗教法庭档案，因其未在高级法庭或公共档案馆保存；但如果大法官经商家庭局主席后对这些档案发出指令，这些档案应当移交给由大法官指定的馆库场所，并应当由其指定的官员监管。

（6）本法生效时已由牛津大学监管的公共档案，以及依照《1860年牛津大学法》第二节规定送达给遗嘱认证登记官的包括在索引内的档案拷贝，可不依照前述条款移交，但大法官应当与牛津大学协商条件以允许公众查阅这些档案。

## 第9条　公共档案的法律有效性及等效拷贝

（1）只要是符合本法条款或《1838 年至 1898 年公共档案馆法》或其中任何涉及合法监管的条款，任何档案的法律效力不因其转移而受影响。

（2）公共档案馆藏之公共档案的拷贝或摘要，如已由相关官员进行审查和证明其真实性，并且被封存或加盖公共档案馆印章，则在任何司法程序中就应当视为具有证据作用，不需进一步证明其档案原件在该司法程序中是否被接受为证据。

（3）公共档案馆藏之公共档案的电子拷贝或摘要，只要：

（a）有合适的官员检查和证实为真实，且

（b）显示在一个由公共档案馆维护或以其名义的网站上，

就应当在任何司法程序中接受其为证据，而无需进一步或再行证明其档案原件在该司法程序中是否已被接受为证据。

（4）本条中提及的负责官员，是指档案馆馆长，或公共档案馆任何被档案馆馆长授权的其他官员；对于涉及本法生效前档案拷贝与摘要制作工作，是指档案馆副馆长，或依照《1838 年公共档案馆法》任命的任何馆长助理。

## 第10条　解释

（1）本法中的"公共档案"，与本法《第一范围表》所界定的含义相同，即"档案"不仅包括书面档案，也包括任何其他方式所承载的信息形成的档案。

（2）形成于不同日期的档案，若因行政管理目的需要保存在一起作为一个案卷，或案卷中其他所有档案的集合，或其他集合，应当依据本法以最后形成的档案作为档案形成日期。

## 第11条　《公共档案馆法》失效

## 第12条　北爱尔兰

（1）任何政府部门或其他组织或个人，凡持有任何与北爱尔兰有关的公共档案，应将其移交给北爱尔兰公共档案馆。

（2）..................................

## 第13条　简称、撤销及生效

（1）本法可引称为《1958 年公共档案法》。

（2）（撤销）................................

（3）本法于 1959 年 1 月 1 日生效。

# 《第一范围表》

## 公共档案的范围

1. 本《范围表》的规定对本法中确定何为公共档案具有效力。

## 部门档案

2.（1）依据本段规定，无论是在联合王国或其他地方，行政管理及部门档案都属于女王陛下治下的联合王国政府，特别是：

（a）女王陛下联合王国政府部门的档案；

（b）任何机关、委员会或其他组织，或任何女王陛下联合王国政府机构的档案，都属于公共档案。

（2）本段（1）分段不适用于：

（a）任何完全属于或主要属于苏格兰事务或完全或主要在苏格兰进行活动的政府部门或机构的档案；或

（b）依据或执行任何实施办法，无论过去还是将来，在总登记办公室保存或存储的，能够提供出生、死亡、结婚或领养的登记或登记中已登载的证明复制件；或

（c）除已在本《范围表》第 4 段列出的兰开斯特公国档案；或

（d）公营信托受托管理人办公室中关于个人信托的档案；或

（e）《2006 年威尔士政府法》中列出的威尔士公共档案。

3.（1）对前述最后一段第（1）分段之 G 无成见，机构团体的行政管理与部门档案，应当是公共档案，无论其是否属于女王陛下的档案。

（2）本段条款不应被作为应用于任何博物馆或美术馆，表中作为永久馆藏组成部分的档案（即博物馆或美术馆已得到的除政府部门移交或整理之外的档案）。

# 目录表

## 第 I 部分：政府部门的实体及机构

| | |
|---|---|
| 环境、食品与农村事务部 | 农业薪金局<br>农业薪金委员会<br>全国农场调查机构<br>英格兰与爱尔兰官方种子测试站 |
| 国防部 | 气象办公室 |
| 卫生与社会安全部 | 国家卫生监管机构包括：基础保健护理信托、国家卫生服务局信托机构及信托基金会，不包括地方卫生机构和威尔士的区域及地方机构，或属于威尔士的区域的机构（如设在威尔士的国家卫生服务局信托机构的所有医院、单位和设施）。<br>英格兰地方家庭执业医师委员会。<br>英格兰《1977 年国家卫生服务法》所指的卫生服务医院不包括：<br>依据《1946 年国家卫生服务法》第 7 节，移交给理事会的捐赠档案；<br>依据该法第 59、60 节医院理事会和委员会拥有的与基金有关的档案；以及该法第 5 节准许的病人个人档案；<br>依据《1973 年国家卫生服务重组法》第 23~26 节、《1977 年国家卫生服务法》第 97 节、《2006 年国家卫生服务法》第 213 节，或《2006 年国家卫生服务法（威尔士）》第 161 节，移交给地区、区域或卫生机构，或专门的卫生机构的财产档案；<br>依据《1973 年国家卫生服务法》第 21 或 22 节、《1977 年卫生服务法》第 90 或 91 节、《2006 年国家卫生服务法》第 218 节，或该法第 6 项目录第 8 段，或《2006 年国家卫生服务法（威尔士）》第 5 项目录第 8 段，由地区、区域或卫生机构，或专门的卫生机构拥有的财产档案；<br>依据《2006 年国家卫生服务法》第 213 节，或《2006 年国家卫生服务法（威尔士）》第 161 节，或《1977 年国家卫生服务法》第 90 或 91 节，《2006 年国家卫生服务法》第 218 节、该法第 2 项目录第 12 段或第 6 项目录第 8 段，《2006 年国家卫生服务法（威尔士）》第 5 项目录第 8 段建立的战略卫生局或卫生机构，移交给战略卫生局、卫生机构、专门卫生机构或依《1995 年卫生当局机构法》成立的基础保健护理信托机构的信托财产档案。 |

| 内务办公室 | 都会警察局局长办公室<br>都会警区报警办公室 |
|---|---|
| 就业部 | 国家劳工局<br>国家家政工有限机构<br>薪金局与工资理事会 |
| 社会保障部 | 全国保险咨询委员会<br>产业伤害咨询委员会<br>护理津贴局<br>全国保险与产业伤害联合权利局<br>职工年金补偿委员会<br>矽肺病与尘肺病救济局 |
| 运输部 | 机场交通咨询委员会<br>航空登记局<br>民航当局适航局<br>战略轨道当局 |
| 司法部 | 法律援助局<br>法律服务委员会 |

## 第 II 部分：其他机构和组织

- 成人学习督察处
- 盎格鲁-埃及安置局
- 军械局
- 艺术与人类学研究会
- 授权产权转让职业局
- 大乐透基金
- 年金保护局
- 摩西河口两岸地区国家博物馆和美术馆董事会
- 不列颠煤炭公司
- 不列颠理事会
- 不列颠博物馆

- 关爱威尔士理事会
- 关爱质量委员会
- 餐饮业工资委员会
- 中央警察训练与发展中心
- 儿童保护与执法委员会
- 民用核警察局
- 煤炭局
- 煤炭工业社会福利社团
- 建筑与建筑环境委员会
- 公正与人权委员会
- 卫生改进委员会
- 医疗审计与检查委员会
- 产业关系委员会
- 患者与公众卫生投资委员会
- 农村社区委员会
- 社会关爱视察委员会
- 议会调查委员会
- 气候变化委员会
- 竞争委员会
- 竞争服务局
- 邮政服务消费者理事会
- 水资源消费者理事会
- 财产法律事务巡视专员
- 卫生保健规范理事会
- 威尔士乡村理事会
- 刑事犯罪案件复审委员会
- 除代表政府或女王陛下领地之外的皇家海外政府及机构代办机构（包括重新组建之前及之后）
- 英国控股及地产代办
- 威尔士课程与评估机构
- 数据保护专委会
- 依据《1998 年地区开发机构法》建立的开发机构
- 发展委员会
- 公平获得高等教育指导
- 残疾人权利委员会

- 经济与社会研究理事会
- 选举委员会
- ..........................
- 工程及物理科学研究会
- 英国自然委员会
- 环境署
- 学校资助代理
- 英格兰继续教育基金会
- 威尔士继续教育基金会
- 燃气与电力消费理事会
- 基本社会关爱理事会
- 英格兰基本教育理事会
- 威尔士基本教育理事会
- 英格兰高等教育基金会
- 威尔士高等教育基金会
- 英格兰历史建筑遗迹委员会
- 住房与交通局
- 人体组织监管局
- 帝国战争博物馆
- 独立议会标准监管委员会
- 信息委员会专员
- 基础设施规划委员会
- 爱尔兰水手与士兵领地信托基金
- 英格兰学习与技巧理事会
- 法律服务局
- 法律服务顾问团
- 法律服务巡视官
- 地方两会规范办公室
- 英格兰地方政府边界委员会
- 伦敦美术馆
- 大法官法律教育与行为咨询委员会
- ..........................
- 海事管理组织
- 医药研究理事会
- 千年委员会

- 垄断与合并委员会
- 国家审计办公室
- 国家关爱标准委员会
- ............................
- 国家消费者理事会
- 国家美术馆
- 国家彩票慈善局
- 国家彩票委员会
- 国家海事博物馆
- 乡村局
- 国家警务改进局
- 国家肖像美术馆
- 国家储蓄委员会
- 自然英格兰
- 自然环境研究理事会
- 英格兰自然保护理事会
- 新机会基金
- 核设施退役当局
- 职业年金规范监管委员会
- 交通办公室
- 公平贸易局局长办公室
- 公平贸易局
- 卫生专业仲裁员办公室.
- 法律申诉办公室
- 房客与社会房东办公室
- 奥林匹克投递机构
- 奥林匹克彩票分销
- 年金保护基金局巡视官
- 年金补偿局
- 年金巡视官
- 年金监管委员会
- 个人账户投递局
- 警务信息技术机构
- 邮政局
- 邮政公司（《2000 年邮政服务法》第 IV 部分内容）

- 资格与课程开发局
- 威尔士资格、课程与评价机构
- 铁路乘客委员会
- 铁路乘客理事会
- 残疾人就业委员会
- 皇家植物园（丘园）
- 格林尼治皇家天文台
- 学校课程及评估监管委员会
- 威尔士学校基金理事会
- 科学博物馆
- 苏格兰刑事案件复审委员会
- 产业安全监管委员会
- 严重有组织犯罪局
- 国家刑事警察服务机构
- 国家刑事情报局服务处
- 简化贸易程序局
- 塔特美术馆
- 教师培训监管委员会
- 技术战略局
- 伦敦交通指导处
- 学校培训开发局
- 依据《2008年年金法》第75节建立的理事会
- 信托存款银行审查委员会
- 联合王国原子能机构
- 大学奖励委员会
- 评估法庭服务
- 维多利亚与阿尔伯特美术馆
- 华莱士收藏
- 战争工厂委员会
- 为明确联合王国议会选区或英格兰及威尔士的地方当局分界目的建立的任何团体。

3A.（1）女王陛下枢密令修改的本《范围表》第三段，结尾的表格，增加与任何机构有关表格目录部分。

（a）属于枢密令已作出之时，已专门列在《1967年议会监察专员法》（视调

查情况而设置的部门)《范围表》2 中，或

（b）依据该法第 4 条（即授予修改《范围表》的权力）的枢密令，确定哪些机构、何时能增加进该法《范围表》2。

（2）根据本段的枢密令可以与属于特定范围的特定组织或机构相关。

（3）根据本段的枢密令应当是属于在履行议会两院的决定中废除的。

## 法院与法庭档案

4.（1）根据本条规定，下述档案应当属于本法所称的公共档案：

（za）最高法院的档案；

（a）最高法院（包括民事巡回法院下任何法院持有的）或其任何部门持有的档案；

（b）郡法院及从《1846 年郡法院法》通过以来建立的任何其他高级或下级案件纪录法院的档案；

（c）……

（d）季审法院档案；

（e）治安法院档案；

（f）死因裁判法院档案；

（fa）军事法院、简易上诉法院或民事服务法院档案；

（g）无论在联合王国内外，凡女王陛下在联合王国征召武装力量而拥有的军事法院档案；

（h）依据有关商船运输规定，无论是在联合王国国内还是国外海军法院所拥有的档案；

（i）女王陛下在国内非其治下的任何法院行使司法权而拥有的档案；

（j）任何法庭（无论其名称）的档案：

（i）包括联合王国女王陛下政府任何部门职能具有司法管辖权的，或

（ii）该类政府部门属于一个政党或依照该类政府部门决定听取上诉的在司法程序上有管辖权的。

（ja）裁判所档案；

（k）任何租金法庭或地方估价法院档案；

（l）劳资法院，包括经济纠纷法庭以及全国仲裁法庭（已被经济纠纷法庭取代）的档案；

（m）依据《1948 年国家服务法》或《1944 年恢复民事就业法》任命的仲裁人和代理仲裁人档案；

（n）依照《1857 年遗嘱检验法院法》和《1857 年婚姻诉讼法》在分别行使

遗嘱及婚姻审判权而移交的教会法院档案；

（nn）信息法庭档案；

（o）大法官以令发出的法规文件中特别明确的同类其他法院或法庭（无论名称叫什么）的档案。

（1A）符合本条第（1）(b)款中最高法院或任何部门持有的档案，包括兰开斯特郡域大法官法院及达勒姆郡域大法官法院的档案。

（1B）本条第（1）(b)款中的郡法院档案包括以下（《1971年法院法》撤销的）法院的档案：

（a）布里斯托尔市郡市政厅和特设市场灰脚法院；

（b）利物浦航行法院；

（c）诺维奇同业公会法院；及

（d）索尔福德百年案件纪录法院。

（2）本段不适用于任何法院或法庭，其管辖范围延及苏格兰或北爱尔兰。

（3）本段中"档案"包括所涉及的法院或审判庭的任何记录形成的档案，也包括案卷、令状、账册、法律、法案、授权证，以及账目或所涉及机关或法庭所监管的档案。

## 英国大法官法庭档案

5. 依据本法，大法官法庭（衡平法院）档案应当是公共档案，但属于《2006年威尔士政府法》规定的威尔士公共档案除外。

## 公共档案馆保存的档案

6. 依本法目的且符合前述《范围表》条款的公共档案应当包括：

（a）符合《1838年公共档案馆法》的或属该法调整范围的，或本法生效时已由主簿官依据该法保存的所有档案；

（b）当本法生效时在公共档案馆保存的以及依照本法由主簿官负责监管的所有档案（包括本法范围或适用《1838年公共档案馆法》的档案）；

（c）属于本条第（a）或（b）款分段的相同系列及任何系列文件构成的所有档案；但任何由《2006年威尔士政府法》规定的威尔士公共档案除外。

## 增加档案类目与决定存疑案例的权力

7. （1）对大法官依据本《范围表》第4节作出命令的权力没有成见，女王陛下可以枢密令指导，任何不在前述《范围表》条款中的档案著录，以及（《2006 年威尔士政府法》所界定的）威尔士公共档案，都应当依据本法作为公共档案，除非枢密令草案已经提交给议会并由议会各院批准，不建议在枢密院对女王陛下提出建议。

（2）依据本法，任何档案或档案的著录是否属于公共档案的问题，应当提交给大法官由其决定。大法官应当就相关问题在其向议会的年度报告中加以说明，还应当适时编纂并公开《范围表》第 2、3 和 4 条中列出的部门、团体、机构、法院与法庭的名录，并对档案种类目录属于还是不属于《范围表》界定的公共档案加以特别说明。

## 解　释

8. 特此声明，本《范围表》中对任何政府部门、法院、法庭或其他实体或机构形成公共档案的描述，其框架可延及本法生效前或生效后的某一政府部门、法院、法庭或其他实体或机构，尽管所举例证的机构也许已经不存在。

# 苏格兰2011年公共档案法

# 第1章 档案管理计划

## 第1条 档案管理计划

（1）本章适用的机构必须：

（a）制订计划（"档案管理计划"），对机构的公共档案管理予以妥善部署；

（b）向馆长提出计划以获批准；并

（c）确保公共档案的管理与馆长同意的计划相一致。

（2）机构档案管理计划需

（a）确定：

（i）负责机构档案管理的人员；并

（ii）（若有不同）负责人员确保遵从计划。

（b）包括，特别规定下列事项：

（i）管理机构公共档案应当遵循的流程；

（ii）维护机构公共档案的信息安全；

（iii）机构公共档案的归档、销毁及其他处置。

（3）机构档案管理计划可针对各类公共档案的管理分别予以规定（例如须考虑不同类别档案管理的风险级别）。

（4）馆长须就档案管理计划的形式和内容对各机构发布指南。

（5）馆长须依据第4条针对不同机构分别发布指南。

（6）依照第4条发布指南前，馆长须：

（a）就指南草案，咨询以下对象的意见，即

（i）馆长认为将受到指南影响的机构，以及

（ii）馆长认为合适的其他人员（如果有）。

（b）答复咨询时须考虑各方意见。

（7）机构在起草与馆长达成协议的档案管理计划时，必须考虑馆长提出的指导意见。

（8）机构：

（a）如果馆长作此要求，必须

（b）经馆长同意，就机构的独立职能制定单独的公共档案管理计划。

（9）两个或两个以上的一组机构：

（a）如果馆长作此要求，必须

（b）经由馆长同意，视具体情况，为组内两个机构制定共用的公共档案管理计划。

## 第2条　第1章适用的机构

（1）本章适用的机构为团体、官员和其他在册人员，或附表中所列机构与人员。

（2）苏格兰政府可以通过制定法律、行政条例，以下列方式修订附表：

（a）增加：

（i）团体、官员或其他人员；

（ii）团体、官员或其他人员的说明。

（b）删除列表中的条目。

（c）修改列表中的条目。

（3）根据第（2）（a）款，只有当团体、官员或其他人员，或者说明中的每一

个团体、官员或其他人员（视情况而定）属于下列情形时，法律才可以增加一个团体、官员/其他人员或者有关组织、官员或其他人员的说明：

（a）属于苏格兰政府的一部分；

（b）具有混合职责，或在《1998 年苏格兰法》（c. 46）中无保留职责的苏格兰公共机构；

（c）国有公司；

（4）第（3）(c)款中的"国有公司"系指由下列机构全资拥有的公司：

（a）苏格兰各部长，或

（b）另一个机构。

（5）为此目的，一个由下列机构全资拥有的公司：

（a）由苏格兰部长拥有，除了下列人员外不再有其他成员：

（i）苏格兰部长或苏格兰部长全资拥有的其他公司；

（ii）代表苏格兰部长或其他公司的个人。

（b）由其他机构拥有，除了下列人员外不再有其他成员：

（i）由机构或其他公司全资拥有；

（ii）代表苏格兰部长或其他公司的个人。

（6）本条中，公司包括任何法人团体。

（7）依据第（2）款，法律须：

（a）包含相应的、补充的、附带的、过渡的、暂时的或保留条款；

（b）法律的修改。

（8）依据第（2）款，法律草案必须包含以前的法律并经苏格兰议会决议批准，法律才能通过。

## 第 3 条　公共档案的含义

（1）本法中，机构的"公共档案"指：

（a）由机构或代表机构执行其职能过程中形成的档案；

（b）由机构或承包商代表在执行机构职能过程中形成的档案；

（c）隶属于机构的其他人员或承包商在执行机构职能过程中形成的档案。

（2）第（1）款中与机构有关的"承包商"，系指由机构将职能授权的个人（无论依据合同还是其他材料）。

## 第 4 条　计划的协商

（1）机构须将拟定的档案管理计划提交馆长，等待馆长确定日期协商。

（2）拟定的档案管理计划须以馆长指定的方式和途径提交。

（3）一旦收到拟定计划，馆长须：

（a）批准，或

（b）若馆长认为，该计划未就机构档案管理作出妥善整理，可退回。

（4）任何情况下，"妥善整理"由哪些要素构成由馆长确定。

（5）馆长在决定是批准还是退回拟定计划时，须考虑：

（a）馆长依据第1（4）条发布的指南；

（b）依据第8条发布的档案管理计划模板；

（c）机构及其公共档案的性质；

（d）机构的说明。

（6）管理人员在考虑决定退回档案管理拟定计划之前，须：

（a）告知机构：

（i）馆长正在考虑退回拟订计划，以及

（ii）退回的理由。

（b）给机构申述的机会。

（c）考虑机构的申述。

（7）如果馆长退回拟定计划，

（a）馆长须：

（i）说明退回的理由；

（ii）对拟定计划提出修改方案。

（b）机构需将修改后的计划按照与馆长商定的日期提交。

（8）第（2）至（7）款适用于按照第（7）（b）款规定提交的修改计划，正如该款适用于按照第（1）款提交的拟定档案管理计划。

（9）馆长应当依据本条规定，针对不同部门或者部门的不同申述分别作出决定。

## 第5条　计划的审核

（1）机构须：

（a）确保档案管理计划的审核；

（b）如果馆长依照第（2）到（4）款确定的时间要求（无论是计划协商时间或其他时间）在某日（"审核日"）开展计划审核。

（2）馆长不得依据第（1）（b）款规定确定审核日期，该日期应当比上次批准机构档案管理计划日提前5年。

（3）第（2）条中的计划协商包含：

（a）依照第4条商议计划；

（b）若依照本条第（1）（b）款或第六节第（3）（b）款规定要求审核机构计划，视具体情况而定，包含已经修订的协议或者重新提交的计划；

(c) 若机构依照本节第（6）款规定已提交修订计划，包含商议修订计划。

（4）如果

（a）馆长根据第（1）（b）款已确定计划的审核日期，并且

（b）在该日期前，馆长同意：

（i）机构依照第（6）款规定提交的修订计划；

（ii）若依照第6（3）（b）款规定要求对机构计划进行审核，或者根据具体情况对修订计划、重新提交计划进行复核，馆长必须确定新的审核日期，并告知机构。

（5）按照第（1）（b）款规定，开展计划审查后，机构须在复核日期前：

（a）修改计划并将修订版向馆长提交以获批准；

（b）若机构决定不对计划进行修订，须向馆长提交现行计划以获批准。

（6）机构可在任何时间修订其档案管理计划，并向馆长提交修订计划以获批准。

（7）第4条第（2）至（9）款规定适用于申请拟定的档案管理计划提交给馆长以获批准，该条款同样适用于：

（a）依据本条第（5）（a）款或第（6）款规定提交给馆长以获批准的档案管理修订计划；

（b）依据本条第（5）（b）款规定提交给馆长以获批准的档案管理计划。

（8）依据本条规定，馆长须针对不同机构或不同说明分别作出决定。

## 第6条 档案管理审核

（1）馆长可以针对机构是否遵守其档案管理计划进行审核（"档案管理审核"）。

（2）若馆长要求对机构档案管理开展审核，机构必须为馆长提供协助。

（3）下列档案管理审核中，馆长可以：

（a）就机构如何执行档案管理计划提出建议；

（b）要求机构按照馆长确定的日期执行档案管理计划。

（4）第5（5）款适用于依据本节第（3）（b）款评估计划审核，正如它适用于依据第五节对计划进行审核，如果涉及的审核日期是依据本节第（3）（b）款确定的日期。

（5）第（3）款不影响第7条规定的馆长的权力。

（6）馆长可对下列对象进行档案管理审核：

（a）某特定机构；

（b）一组机构。

## 第 7 条　诉讼通知

（1）本条适用于馆长认为机构出现的下列情形：

（a）迄今从未遵守其档案管理计划，或

（b）其他未能遵守或不履行本章赋予机构的职责。

（2）馆长可向机构发布公告（诉讼通知）：

（a）指明通知所述的未遵守的细节，并且

（b）要求机构在指定日期采取指定措施。

（3）馆长考虑向机构发出诉讼通知之前，馆长必须：

（a）告知机构：

（i）馆长正考虑发出诉讼通知；

（ii）发布通知的理由。

（b）给机构申述机会。

（c）考虑机构的申述。

（4）在第（2）（b）款中，"详细说明"系指诉讼通知的说明。

（5）如果机构不符合诉讼通知的要求，馆长可采取适当的措施宣布其未遵守。

## 第 8 条　档案管理计划模版

（1）馆长必须起草并发布档案管理计划模版。

（2）馆长在依据第（1）款发布档案管理计划模板前，必须：

（a）有关计划草案，咨询下列对象：

（i）每个机构；

（ii）馆长认为合适的人员（如果有）。

（b）回复咨询时考虑各方意见。

（3）机构在起草和修订档案管理计划以获批准时，必须考虑本节发布的档案管理计划模版。

（4）馆长必须确保档案管理计划模版可审查、修订，确保修订后的计划模版可以发布。

（5）馆长在依据第（4）款发布修订计划模版前，必须：

（a）有关计划草案，咨询下列对象：

（i）馆长认为会受到修订计划影响的机构；

（ii）馆长认为合适的其他人员（如果有）。

（b）回复咨询时考虑所有意见。

（6）本章涉及的档案管理计划模版包括修订的档案管理计划模版。

## 第 9 条　指　南

（1）馆长可以依据本章发布机构职责指南。

（2）馆长可依据第（1）款，针对各类机构分别发布指南。

（3）依据第（1）款发布指南之前，馆长必须：

（a）有关指南草案，咨询下列对象：

（i）馆长认为将受该指南影响的机构；

（ii）馆长认为适合的其他人员。

（b）回复咨询时考虑所有意见。

（4）机构必须依据第（1）款考虑馆长发布的指南。

## 第 10 条　有关郡法院档案、治安法院档案第 1 章的适用

（1）本节适用于有关郡法院档案或治安法院档案。

（2）郡法院长官负责执行本章规定的机构公共档案的职责。

（3）同时，本章涉及的有关当局的公共档案（除第 3 条）被视为郡长官档案。

## 第 11 条　违规无诉讼权

机构若未能完成下列职责，本章不授予其民事诉讼权：

（a）遵守其档案管理计划；或

（b）依据本章，履行机构其他方面的职责。

## 第 12 条　年度报告

（1）馆长在每个财政年度结束后必须：

（a）起草依据本章本年度履行职责的报告；

（b）向苏格兰政府提交报告。

（2）报告必须：

（a）按照苏格兰政府规定的形式起草；

（b）包括第（3）款指定的信息及苏格兰政府规定的其他信息；

（c）按照苏格兰政府规定的日期提交。

（3）第（2）(b）款的信息是指：

（a）档案管理计划及本年馆长批准的档案管理修订计划信息；

（b）本年度馆长对档案管理计划进行审核的信息；

（c）本年度馆长发布的诉讼通知详情；

（d）未遵守诉讼通知的部门名称以及未遵守的细节。

（4）报告中可包括馆长认为适当的其他信息。

（5）苏格兰政府须将报告提交苏格兰议会。

（6）向议会提交后，馆长须以其认为合适的方式尽快发布报告。

## 第13条　第1章释义

（1）本章中

"诉讼通知"指的是按照第7条发布的通知。

"机构"指的是本章适用的机构（参见第2条）。

"馆长"指的是苏格兰档案馆馆长。

"管理"是指与公共档案有关的留存、存储、保护、归档、保管、销毁或其他处置（"管理"和其他相关表达一并据此解释）。

"公共档案"指的是与官方机构有关的、第1（1）款所界定的含义。

"档案"指的是以任何形式记录的任何信息。

"档案管理计划"指的是第1（1）款中所述的与机构相关的计划。

"档案管理审核"指的是依照第6条开展的审核。

（2）除非上下文另有要求，本章涉及的机构档案管理计划包含不定期修订的计划。

## 第14条　废除

下列内容废除：

（a）1937年《苏格兰公共档案法》第2（3）、2A（4）（c. 43）条（郡法院和JP法院档案的保管与保护）。

（b）1994年《苏格兰地方政府法》第53（1）至（3）（c. 39）条（地方当局档案的保护与管理）。

（c）1995年《环境法》的第30（1）（b）至（d）（c. 25）条（国家环境保护总局档案的保护与管理）。

（d）2000年《苏格兰国家公园法》第27（2）至（4）（asp10）条（国家公园局档案的保护与管理）。

（e）2002年《苏格兰水务法》第58（2）至（4）（asp3）条（苏格兰水务公司档案的保护与管理）。

## 第2章　法院档案的移交

### 第15条　法院档案的移交

（1）1937年《苏格兰公共档案法》作如下修改：

（2）第1条（高等法院和最高民事法院档案）中，在第（2）款后增加

"（3）在依据第（1）款制定休庭法或会议法之前，高等司法法院和高等民事法院须视具体情况同馆长商议。"

（3）第2条（郡法院档案）

（a）第1款替代为：

"（1）经馆长同意，郡长将其领地的郡法院档案移交给馆长。"

（b）第4款，将第（1）款和第（3）款替代为（1）。

（4）在2A条中（JP法院档案）

（a）第（1）款替代为——

"（1）经馆长同意，郡长将其领地的JP法院档案移交给馆长。"

（b）第（2）款删除。

## 第3章　总　则

### 第16条　实施

（1）第1章和第2章在苏格兰政府依据法律文件通过法律确定的日期生效。

（2）本章在本法草案获御准日次日生效。

（3）依据第（1）款规定，法律应当包括过渡条款、临时条款和保留条款。

### 第17条　简称

本法可引用为《2011年苏格兰公共档案法》。

# 法 国
**France**

# 档案馆法

《遗产法典》第2卷（2008年）

## 第1编　档案制度

## 第1章　一般规定

### 第211-1条

档案是所有自然人和法人，在其活动中产生或接收的，无论时间、保存地点、存在形式、载体形式的全部文件也包括数据的统称。

### 第211-2条

档案的保管基于公共利益的需要，既服务于自然人或法人（无论是公法人还是私法人）的管理和权利证明的需要，也服务于历史文献的研究。

### 第211-2-1条

档案最高委员会，归文化部下属，负责公共档案和私人档案的政策审议。

该委员会设主席一人、国民议会议员一人、参议员一人、专门代表国家和地方团体的法定成员，以及经档案工作者投票选举出的权威代表。

同时，该委员会的构成、成员的任命方式以及运作方式，通过颁布具体法律来决定。

### 第211-3条

适用本卷规定，所有负责档案收集或保管的公务员或职员，应当保守职业秘密，对未向公众公开的档案内容保密。

### 第211-4条

公共档案是：

1. 国家、地方团体、公共机构，以及其他承担了同样职能的公法法人，在其活动中所产生的文件。国会的法律和文件受1958年11月17日关于国会运行的第58-1100号法律所规范。

2. 管理公共服务或行使公共服务职能的私法人产生的档案。

3. 公共官员或司法辅助人员的目录和手稿，以及经过公证的同居协议的登记簿。

**注**：2016 年 7 月 7 日第 2016-925 号法律第 65-II 条规定：本条第 1 项、第 3 项从 2009 年 5 月 1 日起开始实施。

### 第 211-5 条

私人档案是指那些属于第 211-1 条所定义的档案但不在第 211-4 条范围内的所有文件。

### 第 211-6 条

本章的适用方式通过咨询最高行政法院后的法律来确定。

## 第 2 章　收集、保管和保护

### 第 1 节　公共档案

#### 第 1 小节　一般规定

### 第 212-1 条

公共档案不受时效约束。

没有法律依据，任何人占有公共档案都是无效的。

文件的所有者、档案行政机关或所有有权限的档案公共服务部门能够提起追回公共档案的诉讼，宣告错误地理解第 2 款规定而采取的所有行为无效的诉讼，或归还诉讼。

这些规定的适用方式，通过咨询最高行政法院后的法律来确定。

### 第 212-2 条

在公共档案完成其现行阶段后，除了第 212-3 条所提到的情况外，应当将那些不具有行政功效、历史或科学价值的档案筛选出来并进行销毁。需要销毁的文件列表、类别，以及销毁条件由其产生（或接收）部门与档案部门共同协商决定。

### 第 212-3 条

当公共档案中包含有个人信息时，这些信息是根据 1978 年 1 月 6 日第 78-

17 号关于信息、文件和自由的法律的处理框架所收集，在该法律第 6 条第 5 项所规定的期限届满之后，应当对这些个人信息进行筛选，区分那些需要保管的信息，和那些因不具备行政功效、科学、统计或历史价值而需要销毁的信息。

需要销毁的信息类别以及销毁条件，由这些信息的产生（或接收）部门与档案部门共同协商决定。

### 第 212-4 条

I 那些经过第 212-2 条和第 212-3 条规定的挑选程序之后，认为需要长期保存的公共档案，应当根据咨询最高行政法院后的法律所规定的条件，向档案公共服务部门移交。该法律规定，作为前述规定的例外，当产生或获取这些档案文件的行政机关或这些机关中有权部门的某些组织有充分的的保管、安全、利用及获取条件时，档案行政机关可以允许这些机关或组织负责保管这些档案文件。该法律同时规定档案行政机关与这些行政机关或组织的合作条件。

前述规定并不适用于地方团体和地方团体组合的档案。

II 本法第 211-4 条所针对的人在其活动中所产生的公共档案，在尚未按照第 212-2 条和第 212-3 条之规定经过筛选的情况下，由其所在单位保管，并接受国家档案行政机关的专业和技术指导。在向档案行政机关作出声明之后，可以将这些档案的全部或部分，保管在档案行政机关所同意的自然人或法人之处。应当通过合同对这种保管作出规定，明确存放文件的安全和保管条件、这些文件的利用和获取方式，和档案行政机关对这些文件的监督方式，以及在合同结束时将其归还。经咨询最高行政法院之后的法律，确定事先声明的方式、保管人表示同意或撤销同意的条件，并明确应当出现于保管合同中的条款的内容。

个人健康有关的信息的保管，按照《公共健康法典》第 1111-8 条的规定进行。

III 本法律第 II 条的规定也适用于那些不负有向档案公共服务部门移交义务的公共档案的保管。

### 第 212-4-1 条

在符合经咨询最高行政法院后的法律规定的条件时，公共档案服务部门保管的数字档案可共享。本条规定也适用于地方团体和财政独立的地方团体组合，但第 212-6 条、第 212-6-1 条、第 212-11 条和第 212-12 条除外。

### 第 212-5 条

当国家部委、机关、组织等公共档案的持有者，在其机构解散时，在没有其他撤销法律规定的情况下，其档案都应当移交至公共档案部门。

## 第 2 小节　地方团体和地方团体组合的档案馆

### 第 1 部分　一般规定

#### 第 212-6 条

地方团体是其档案的所有者，负责本地区档案的保管和增值。但是，科西嘉岛大区和地方团体同样能够通过协议的方式，将保管其档案的职责，分别授予科西嘉大区或其地方团体首府所在省会的档案部门。

#### 第 212-6-1 条

地方团体组合是其档案的所有者，负责本地区档案的保管和增值。它们同样能够通过协议，将保管档案之责授予该组合中的某一市镇或将其存放于有权限的省级档案部门。

在已经证明地方团体组合的档案的保管无法得到适当保障，经责令仍然没有效果时，省长可依职权将其档案存放于省级档案部门。

#### 第 212-7 条

地方团体在符合 1986 年 1 月 1 日 XX 规定的条件下，为了对档案进行保管和增值，可持续获得国家的经济资助。

#### 第 212-8 条

省档案部门受省政府的经济资助。它们负责接收和管理在该省有处所的国家的权力下放部门的档案。这些部门应当将档案移交给它们。其他在权限范围内所形成的公共档案，以及市镇所获得的或决定存放于省档案馆的档案，也同样如此。省档案馆同样能够接收私人档案。

罗纳河省档案馆，对罗纳河省和里昂市行使第 1 款所确定的职能。该档案馆同样承担着确保里昂市的档案保管和增值的职能。罗纳河省和里昂市共同分担该档案馆的经费。

罗纳河省档案馆是一家属于《地方团体一般法典》规定的统一机构，隶属于罗纳河省。第 5111-1-1 条第 5 款所规定的经费报销，是按照罗纳河省和里昂市人口比例来分摊的。为了将本法第二篇的规定适用于罗纳河省和里昂市，所有"省档案馆"、"省内档案"以及"省级档案馆"，都用"罗纳河省和里昂市档案馆"代替。

### 第 212-9 条

作为 1984 年 1 月 11 日第 84-16 号法律第 42 条第 II 项的例外，该条包括了涉及国家公职人员的法定条款，将国家的科技人员和文献交由省使用，让他们在省档案馆内履行他们的职能，且不需要承担支付补助的义务。

省级档案馆馆长必须在有"国家保管员"或"国家遗产管理员"称号的公务员当中选拔。

本条款的适用方式，由经咨询最高行政法院后的法律作出规定。

### 第 212-10 条

保管和利用属于地方团体和地方团体组合的档案，以及根据第 212-6 条和第 212-8 条的规定由省档案馆管理的档案，应当确保在国家的科学和技术监督之下，遵守该领域应当予以适用的立法。本条的适用条件，特别是那些档案保管员——属于国家科技人员，被交给省或大区的议会主席，或科西嘉的执行议会主席使用——能够确保前一款规定的科学和技术监督得到实现的条件，由经咨询最高行政法院后的法律作出规定。

## 第 2 部分　市镇档案馆

### 第 212-11 条

居民不足 2000 人的市镇产生或接收的档案：

1. 可通过协议的方式，保存于市镇从属的市镇组合的档案馆或由该市镇组合指定的某一市镇成员的档案馆，由它们根据经咨询最高行政法院后的法律所规定的条件，管理这些档案。

2. 保存于其所属的省档案馆，针对超过 150 年的居民身份纪录和 50 年的其他文件，在完成行政使用并确定永久保存时。但是，在该省的代表向国家作出声明并经档案行政部门同意后，该市镇可自行保管此类档案，或遵循第 1 项的规定，保存于市镇所属的市镇组合的档案馆或由该市镇组合指定的某一市镇成员的档案馆。

作为例外情况，数字档案可以在其完成行政功能之前就进行移交。

### 第 212-12 条

2000 人或 2000 人以上的市镇，其所产生或接收档案可由市长通过签订协议的方式保存于：

1. 市镇所属的市镇组合的档案馆或由该市镇组合指定的某一市镇成员的档案

馆，它们根据经咨询最高行政法院后的法律所规定的条件来管理这些档案。

2. 其所属的省档案馆，针对超过 150 年的居民身份纪录和 50 年的其他文件，在完成行政使用并确定永久保存时。

作为例外情况，数字档案可以在其完成行政功能之前就予以保存。

### 第 212-13 条

当涉及某些具有历史价值的文件，且能够证明其保管条件存在危险时，省长能够责令该市镇采取所有其列明的措施。如果市镇未采取这些措施，无论该文件对市镇是否具有重要意义，以及这些文件的日期如何，省长可依职权将这些文件存放于省档案馆。

### 第 212-14 条

第 212-11 条至第 212-13 条提到的通过市长移交的市镇档案，所有权仍然属于原市镇。

保存在省档案馆的市镇档案，其归档、保管及利用，要确保按照省档案馆规定的条件进行。保存在省档案馆的市镇档案，在未获得市议会的许可时，不得销毁。

第 3 部分　科西嘉岛大区的省级及地区档案馆（无）

## 第 2 节　私人档案

### 第 1 小节　按历史档案归档

### 第 212-15 条

因历史原因而具有公共价值的私人档案，经档案行政部门建议并通过行政机关决定的方式，可以被归为历史档案。

### 第 212-16 条

将文件归为历史档案，并不会导致其所有权转移给国家。

### 第 212-17 条

即使未获得所有权人的同意，仍可在征求最高行政法院的意见的基础上，依职权通过法律的形式，宣告将私人档案归入历史档案。

### 第 212-18 条

档案行政机关应当即刻通知私人档案所有者归类程序的启动。

自通知之日起，归类的法律效力完全产生。

如果在私人档案的所有权人声称收到通知之日起 6 个月内，未能作出归类决定，那么该程序就应当停止。

### 第 212-19 条

这种归类能够产生对所有权人的补偿，补偿额度相当于因职权归类带来的束缚给其造成的损失。补偿的请求可于收到归类法律通知之日起 6 个月内提出。在未能达成友好协定的情况下，补偿金额由司法法院确定。

### 第 212-20 条

被归入历史档案的私人档案，不受时效限制。

### 第 212-21 条

无论档案经手人如何变化，其过程中对归档产生的影响因素都需要保存。

### 第 212-22 条

被归入历史档案的私人档案的所有权人或占有者，在被要求时，应当按照最高行政法院法律规定的条件向受委托的职员展示档案。

### 第 212-23 条

被归入历史档案的私人档案的所有权人若计划转让档案，应当在符合经咨询最高行政法院后的法律确定的期限之内，向档案行政部门作出事先声明，同样地，这类档案的所有权人、持有人或保管人，如果要将档案从一个地方移至另一个地方，也需要履行此程序。

所有的转让都应当在程序完成之日起 15 日内，通知作出同意决定的档案行政部门。这种通知要明确档案的新接收者的姓名和地址。

同样地，这些档案的转移，无论是继承、分割、捐赠或遗赠，都需要履行这种通知程序。这种通知由档案的继承者、共享者、捐献者或捐赠者完成。

### 第 212-24 条

所有被归入历史档案的私人档案所有权人，在进行档案转让时，需要向档案的接收者明确其被归为历史档案的性质。

### 第212-25条

除非获得档案行政部门的许可，不得对被归类档案进行任何可能导致其被修改或者篡改的活动。

在未经档案行政部门许可的情况下，不得对其进行分割或部分让与。

对被归类档案进行的所有工程，都须经档案行政部门的批准，并在其科学和技术监督下进行。

### 第212-26条

可以应所有权人的请求，或经法国国家档案馆的提议，解除对被归类档案的归类。作出解除归类决定的程序，与作出归类决定的程序一致。

### 第212-27条

禁止破坏已归为历史档案或正在进行归类的档案。

当原始全宗内有不具有历史价值的文件时，经全宗的所有者和档案部门同意，按本法212-2条的规定，可对其实施销毁。

### 第212-28条

在不影响本法第111-7条关于临时出口的规定的情况下，被归入历史档案的私人档案禁止出口。

## 第2小节　私人档案出口前的复制权利

### 第212-29条

国家能够对自费全部或部分复制那些未归入历史档案的私人档案，要求发放本法第111-2条规定的证书，根据该条款，这些档案是可以请求发放证书的对象。其可以为了其自己的利益来行使该权利，也可以应地方团体、公共机构或具有公益目的的基金的请求并为了他们的利益而行使该权利。复制的请求人和受益人支付复制过程中所产生的费用。

复制过程自提出请求之日起，不能超过6个月。

依照前述程序获得的复制品，可以向所有提出请求之人公开，除非其所有权人在出口之前另有规定。在有人提出复制请求时，应当将该信息告知所有权人。

## 第 3 小节　优先购买权

### 第 212-30 条

对企业在司法清算过程中的档案制度，按照《商法典》第 642-23 条的规定进行：

"在所有涉及债务人的档案被购买或销毁之前，清算者应当通知有权档案行政机关以便保管这些档案。该行政机关有优先购买的权利。"

"债务人的档案的最终去向，如果涉及职业秘密，应当由清算方与职业工会或其所属的有权机关共同决定。"

### 第 212-31 条

所有负责对私人档案进行公开拍卖的公共官员或司法辅助人员，无论这些档案是否被归入历史档案，或者《商法典》第 321-4 条和第 321-24 条提到的，有资格组织这种拍卖的所有经纪人，应当至少提前 15 天向档案行政部门发出通知，并附上关于这些文件的所有有效材料。该通知应当明确拍卖的时间和地点。向档案行政部门寄送拍卖目录并说明寄送目的，可替代前述通知。

在司法拍卖的情形下，如果无法遵守上一款所述的期限，公共官员或司法辅助人员，一旦被指定要进行这种拍卖，就应当立刻通知档案行政部门，提交前述材料。

《商法典》第 321-4 条和第 321-24 条规定的有资格从事这种协议购买私人档案文件的经纪人，在按照《商法典》第 321-9 条最后一款规定的条件进行交易时，应当将该交易毫不迟延地通知档案行政部门，并提供涉及前述文件的所有有效材料。

### 第 212-32 条

如果国家认为对于保护档案遗产是必要的，可以对进行公开拍卖或协议购买的所有私人档案文件，按照《商法典》第 321-9 条最后一款规定的条件，行使优先购买权。这种权利行使的效果是国家会替代中标者或购买者。

档案行政部门声明其打算行使优先购买权，在购买结束之后，应当从负责进行这种拍卖的公共官员或司法辅助人员手中进行，或《商法典》第 321-4 条和第 321-24 条所提到的有资格组织公开拍卖或协议购买的经纪人手中进行。行政机关对于是否同意档案机构优先购买的权利的决定，需要在从公开拍卖之日起或通知进行协议购买之日起 15 日内作出，否则无效。

### 第 212-33 条

国家同样能够应地方团体、新喀里多尼亚以及具有公益目的的基金的请求并为了它们的利益，行使本法第 212-32 条规定的优先购买权。国家图书馆也可以为了其自己的利益行使同样的权利。

如果有多家机构提出申请，由行政机关来决定受益者。

### 第 212-34 条

市议会能够从市镇的利益出发，提出让国家对已被归入历史档案的私人档案或未被归入的私人档案行使法律所规定的优先购买权。市议会可以授权市长在《地方团体一般法典》第 2122-23 条所规定的条件下行使优先购买权。

### 第 212-35 条

省议会可以对有关档案立法所规定的优先购买权的行使作出规定。

### 第 212-36 条

科西嘉的大区议会和地方全会，或在其会期之外，它们的常委会可以为了科西嘉大区或科西嘉地方团体的利益，对行使档案立法所规定的优先购买权的适当性作出宣告。

### 第 212-37 条

针对第 212-1 条到第 212-5 条、第 212-15 条到第 212-29 条以及第 212-31 条到第 212-33 条的具体实施方式，由经咨询最高行政法院后的法律作出规定。

## 第 3 章 利用制度

### 第 213-1 条

除本法第 213-2 条的规定外，公共档案应当完全公开。

这些公共档案的获取，按照《公众与行政机关关系法》第 311-9 条规定的关于行政文件的条件执行。

### 第 213-2 条

作为第 213-1 条规定之例外：

I 公共档案在下述期限届满后应当完全公开：

1. 25 年，从文件产生之日起算，或从案卷中最新文件的产生之日起算：

a）对于那些文件，如果它们的公开会侵害政府和一些属于执行权的负责机关的审议秘密、对外关系管理、货币或者公共信贷、工业或者商业领域的秘密、有关部门调查违反税法和关税法犯罪，或统计领域的秘密。所涉信息是通过调查问卷的方式收集的，与第 4 项和第 5 项提到的私人性质的行为和举止相关的信息除外。

b）对于 1978 年 7 月 17 日第 78-753 号法律第 6 条第 I 款第 1 项所提及的文件。例外是在服务提供合同框架下产生的文件，这些服务是为了一个或多个特定人的利益而实施的，这些文件根据其内容属于第 I 条第 3 项和第 4 项的适用范围。

2. 25 年，从利害关系人去世之日起算，针对那些公开会侵害其医疗秘密的文件。若其死亡日期不确定，则该期限为 120 年，从当事人出生之日起算。

3. 50 年，从文件产生之日起算，或从案卷中最新文件产生之日起算，针对那些一旦公开就会侵害国防秘密、国家在对外关系中的基本利益、国家安全、公共安全、个人安全或个人生活保障的文件（涉及本条第 4 项和第 5 项内容的除外）。该期限还适用于对某个自然人的判断或价值评价的文件，特别是那些指向某个人或容易识别的文件，或那些表现了某个人在一些可能对其带来伤害的情形下的行为举止的文件。

50 年的期限还适用于与关押罪犯或经常接收罪犯相关的设施、建筑或建筑的一部分，涉及它们的建造、装备和运行等信息的文件。在这些设施、建筑或建筑的一部分的指定用途终结时，不受该期限的限制。

4. 75 年，从文件产生之日起算，或从案卷中最新文件产生之日起算，或 25 年，从利害关系人去世之日起算，如果后一期限更短：

a）针对那些一旦公开会侵害统计领域秘密的文件，如果这些信息是通过调查问卷等方式收集的涉及私人的信息；

b）针对那些与司法警察所进行的调查相关的文件；

c）针对那些向法院提起的诉讼相关的文件，但对判决和司法决定的执行有特别规定的除外；

d）针对公共官员或司法辅助人员的手稿及目录；

e）针对出生登记簿和婚姻登记簿，从它们结束之日起算。

5. 100 年，从文件产生之日起算，或从案卷中最新文件的产生之日起算，或 25 年，从利害关系人去世之日起算，如果后一期限更短；针对前述第 4 项提到的涉及未成年人的文件：100 年，从文件产生之日起算，或从案卷中最新文件的产生之日起算，或 25 年，从利害关系人去世之日起算，如果后一期限更短；

同样的期限，还适用于那些受保护的或曾受国防秘密保护的文件，这些文件的公开从性质上会侵害个人安全，特别是那些直接指向或容易识别的文件。该期限还适用于涉及司法警察所进行的调查、向法院提起的诉讼的相关文件，但对判决和司法决定的执行有特别规定的除外；以及内容涉及公民性生活的司法判决执行的文件除外。

Ⅱ不能查看那些公共档案，如果它们的公开容易引起构思、生产、使用或定位核武器、生物武器、化学武器，或者其他具有同样毁坏能力的武器的信息扩散。

### 第 213-3 条

Ⅰ此外，在第 213-2 条第Ⅰ款中所规定的期限届满之前，可以同意个人查阅这些公共档案文件的请求，只要查阅这些文件所带来的利益不会导致对法律所保护的利益的过分侵害。保留条件是，在涉及公证人的原件和目录时，需要遵守共和 11 年风月 25 日的《公证处法律》第 23 条的规定，其内容包括公证人的组织、档案行政机关同意个人在得到文件来源方的同意之后提出的查阅请求。

对查阅请求的回复时间，不得超过 2 个月，从收到该请求之日起算。

Ⅱ档案行政机关在征得文件来源方同意的前提下，也可以决定提前公开或部分公开公共档案全宗。

### 第 213-4 条

涉及共和国总统、总理以及其他政府重要成员的公共档案移交时，移交一方需与档案行政部门之间签订备忘录。备忘录要明确在第 213-2 条规定的期限内，被移交的档案全宗的整理、保管、增值和公开的条件。规定同样适用于与其相关的其他公共档案。

第 213-3 条中涉及的提前公开问题，需要得到备忘录签署人的同意。

在签署人去世以后，只能按照第 213-2 条中规定的封闭期执行，而不能提前公开档案。

在 2008 年 7 月 15 日第 2008-696 号法律颁布之前的备忘录，按照其内容决定。在此之后签署的备忘录，统一在签署人去世 25 年以后失效。

### 第 213-5 条

所有持有公共档案或私人档案的行政机关，若拒绝一份公开档案文件的请求，需要说明拒绝的理由。

### 第 213-6 条

公共档案部门，接受以捐赠、遗赠、转让、寄存等形式获得的私人档案，需要遵守捐献者、遗赠人和寄存者就这些档案的保管和公开所作出的规定。

#### 第 213-7 条

第 213-1 条到第 213-3 条、第 213-5 条、第 213-6 条和第 213-8 条的条款内容，需要以可见的形式张贴在公共档案部门面向公众服务的工作场所。

#### 第 213-8 条

经咨询最高行政法院后的法律，对发放档案文件的副本或真实摘录副本的条件作出规定。该法律需要具体规定以下可能产生酬劳的条件：

（a）公共档案部门馆藏档案的副本或真实的副本摘录；

（b）公共档案部门馆藏地图的复印件的真实性证明，其是应利害关系人的要求按照与原件相同的比例尺制作；

（c）公共档案部门馆藏档案的复印件、复制品以及固化品的真实性证明。

## 第 4 章　法律责任

#### 第 214-1 条

所有违反第 211-3 条规定的违法行为，都应当根据《刑法典》第 226-13 条和第 226-31 条的规定进行惩罚。

#### 第 214-2 条

在不违反《刑法典》第 314-1 条和第 432-15 条的情况下，负责收集和保管档案的公务员或工作人员，违反本法第 213-6 条关于私人档案保管或公开规定的，应当处一年监禁并处罚金 1 5000 欧元。

#### 第 214-3 条

在不违反《刑法典》第 322-2 条、第 432-15 条、第 432-16 条和第 433-4 条的情况下，因职务原因而持有公共档案之人，挪用、偷窃全部或部分公共档案，或者在未获档案行政机关事先许可的情况下私自销毁它们，应当处以 3 年监禁并处罚金 45 000 欧元。

因职务原因而持有公共档案之人，如果放任他人挪用、偷窃全部或部分公共档案，或者在未获档案行政机关事先许可的情况下私自销毁它们，也应当处以相同刑罚。

如因过失实施了本条第 1 款和第 2 款所规定的行为，符合《刑法典》第 121-3 条规定的条件和所作的区分，应当处以一年监禁并处罚金 15 000 欧元。

实施第 1 款规定的犯罪未遂，和第 2 款针对的人，放任他人实施这样的未遂行为，都应当遭受同样的刑罚。

### 第 214-4 条

若是自然人涉嫌实施第 214-3 条所规定的犯罪行为，还应当处以下述附加刑：

1. 根据《刑法典》第 131-26 条规定的方式，剥夺民事权利、公民权利和家庭权利；

2. 根据《刑法典》第 131-27 条规定的方式，禁止在其犯罪领域担任公职，或从事职业或社会活动；

3. 根据《刑法典》第 131-21 条规定的方式，没收由于犯罪行为而违法收受的金钱或财物，能归还的财物除外。

### 第 214-5 条

无权持有公共档案，并且没有毫不迟延地将公共档案归还有权机关，应当处 1 年监禁并处罚金 15 000 欧元。

### 第 214-6 条

所有权人，违反本法第 212-27 条的规定，销毁已归入历史档案的个人档案，应当处 3 年监禁并处罚金 45 000 欧元。

### 第 214-7 条

以下情况处罚金 45 000 欧元，罚金可增加至不高于两倍转让档案价值：
1. 所有权人违反本法第 212-23 条的规定转让已归入历史档案的私人档案；
2. 违反本法第 212-31 条的规定出售私人档案。

### 第 214-8 条

以下情况处罚金 30 000 欧元：
1. 转让已被归入历史档案的私人档案，未按本法第 212-24 条之规定，告知档案的接收者该档案已被归入历史档案的性质；
2. 未经本法第 212-25 条规定的行政机关的许可，实施任何可能导致档案被修改或篡改，以及分割或部分让与被归入历史档案的私人档案的活动；
3. 拒绝向本法第 212-22 条规定的工作人员展示已被归档的或正在归档的档案；
4. 违反本法第 212-23 条第 1 款的规定，将已被归入历史档案的档案由一处移至另一处；

5. 违反本法第212-23条第3款规定，已被归入历史档案的私人档案，在通过继承、捐献或遗赠等方式进行转让时，未履行通知义务。

### 第214-9条

若法人应当对违反本法第214-3条的违法行为承担责任，应当根据《刑法典》第131-39条第2项、第8项以及第9项规定的刑罚进行惩罚。

同时，根据《刑法典》第131-39条第2项的规定，禁止其在曾犯罪领域从事相关活动。

### 第214-10条

所有实施违法行为，可能根据《刑法典》第311-4-2条、第322-2条、第322-3-1条、第322-4条、第432-15条和第433-4条规定而遭受惩罚之人，可被禁止进入公共档案的场所或被禁止查阅公共档案文件。该措施应当由行政机关作出，最长期限是5年，根据经咨询最高行政法院后的法律所规定的条件进行。

## 第2编　司法音像档案
## 第1章　建　立

### 第221-1条

行政法院和司法法院的公开庭审，如果这种录音录像对于建立司法历史档案是有价值的，在符合本篇规定的条件下，可以进行录音录像。除了第221-4条的规定之外，录音录像应当是完整的。

### 第221-2条

有权决定对公开庭审进行录音录像的机关包括：

（a）对权限争议法庭：副庭长；

（b）对行政法院：最高行政法院副院长；其他行政法院：院长；

（c）对司法法院：最高法院首席院长；上诉法院或所有其他归其管辖的法院：上诉法院首席院长。

### 第221-3条

本法第221-2条规定的对公开庭审录音录像的决定，或依职权作出，或应一方当事人的申请而作出，或应检察院或其代表提起的申请而作出。除了紧急情况之外，所有的录音录像申请应当在庭审之前 8 日提出，否则不予受理。在作出录音录像决定之前，有权机关应当收集当事人或其代理人、审判长和检察院的意见。其要确定各方提出意见和建议的期限。

### 第 221-4 条

录音录像应当在不影响法庭辩论良好进行和抗辩权的自由行使的前提下进行。录音录像应当在规定的地点进行。如果违反本条前款规定，审判长可以行使其治安权，反对进行录音录像或要求立即终止录音录像。

### 第 221-5 条

庭审的录音录像应当由审判长移交至法国档案局的管理部门，由其负责保管。在需要的情况下，审判长需要指明在录音录像过程中出现的问题。

## 第 2 章　公开和复制

### 第 222-1 条

一旦诉讼因作出终局判决而终结，庭审的录音录像就可基于历史目的或科学目的而公开。

对庭审的录音录像的全部或部分进行复制或发行，需要得到一项许可。在任何人证明其有利益来采取措施行使其权利之后，巴黎大审法庭庭长或负责该事件的法官，应当决定是否给予许可。但是，针对侵犯人权的犯罪的审理的录音录像，从该诉讼因作出终局判决而终结时，可作出对其全部或部分进行复制或发行的许可。

50 年以后，庭审录音录像的复制和发行不再受限。

### 第 222-2 条

对于 1990 年 7 月 13 日之前获得许可进行录音录像的诉讼，可以按照第L222-1 条规定的程序进行复制和发行。

### 第 222-3 条

第 221-1 条至第 221-5 条及第 222-1 条的适用方式，特别是对第 221-2 条和第 222-1 条决定不服后的救济渠道，由经咨询最高行政法院后的法律作出规定。

**附注：**

## 法国档案立法简介

**1. 法国档案立法历史沿革（1789 年至今）**

大革命时期的政权更迭，产生了保存旧政权档案的需求，这一需求推动了档案立法的形成。1794 年，《穑月七日档案法》的颁布标志着世界上第一部近代档案法的出现。此后近两百年的过程中，法国围绕着档案工作的发展与变化，颁布了各类法律和行政规定。20 世纪 70 年代，由于透明政府建设和政府信息公开的需要，法国将之前颁布的法律条文进行整合和修订，形成了 1979 年《档案法》。2004 年，《档案法》被纳入《遗产法典》（Code du patrimoine），成为该法典的第二卷：档案馆（Livre II : Archives）。2008 年，"第二卷：档案馆" 被重新修订。

**1.1　档案立法的萌芽阶段：大革命时期（1789~1800）**

最初的档案立法在大革命时期出现的时候，并没有遇到太多的障碍和困难。因为在这个时期，档案学在法国还处于萌芽阶段，几乎不被人所知，也就不存在任何的对立法理论的指导。在《穑月七日档案法》出现之前，已经有些涉及档案管理的法律条文，是在处理宗教机构和皇家政权财产移交的过程中产生的，例如，1789 年 11 月 27 日，路易十六发布 "公众信"：要求寺院和教会向法庭和市政府的书记室提交其图书和档案目录；1790 年 4 月 29 日，"国王的声明" 中要求所有被取消的皇家政权机构向其替代者移交账目及档案；1790 年 9 月 12 日法律：国会决定建立 "国家档案馆"（Archives nationales），保存其档案文件。

伴随着大革命的深入发展，革命者越来越意识到档案工作的重要性。特别是在 "国家档案馆"（1790）建立以后，迫切需要一部专门针对档案管理的法律，对其工作进行限定和指导。正是在这种现实需求的推动下，《穑月七日档案法》（1794）应运而生。从形式上来看，它的颁布标志着世界范围内第一部近代档案法的出现，开创了整个近代档案立法的先河，具有非常重要的时代意义。从内容上来看，它强调国家对地方档案机构的管理，确立了集中制的档案管理模式。最为重要的是，该法提出 "获取和查阅档案是一项公民权利。国家档案馆应当免费向公众开放"。这是世界范围内第一次明确将利用档案认定为 "公民权利"（Droit civil）。该思想被欧洲档案学界认为是 "革命性的突破"。在此之前，档案作为统治权力的工具，仅向皇权人员、部分政府官员和拥有特权的研究人员开放。在《穑月七日档案法》颁布之后，为了更好地管理地方档案，法国颁布了《雾月五日档案法》和《雨月二十八日档案法》规范地方档案管理工作。

**1.2 档案立法的形成阶段：档案学建立（1838~1970）**

大革命之后，档案学在法国的建立与发展，进入了法国档案立法的第二个主要阶段。在拿破仑的倡导下，"法国国立宪章学院"［又称"法国档案学院"或"法国文献学院"（École nationale des chartes）］于 1821 年成立。该学院是世界上最早的档案学院之一，其建立目的是开展历史学、档案学和古文字学（Paléographe）的研究，定向为法国公共档案机构培养馆员。随着档案学在法国的进一步建立与发展，使得专业的档案工作者的团队不断扩大，档案工作开始更广泛地被大众所熟知和接受。档案立法工作也伴随着档案学的发展而进一步丰富和深入，不再像大革命时期只是"档案管理"的理念，而是将档案学的理论与原则逐渐融入到立法工作中。例如，1841 年 4 月 10 日指令规定了省级档案馆的归档范围，同时规定了档案局（Bureau des archives）归内务部管理。同月，"尊重全宗原则"被写入档案局的法规中。

### 1.3 档案立法的新阶段（1979 年至今）

20 世纪 70 年代，随着透明政府建设的需要，法国出台了一系列与政府信息公开相关的法律。其中包括 1978 年 1 月颁布的《信息自由法》、1978 年 7 月颁布的《行政文件获取法》以及 1979 年 1 月颁布的《档案法》。这三部法律共同架构起法国政府信息公开的立法体系。1979 年《档案法》整合了多项跟档案有关的法律和行政法规，这部档案法是法国最重要的档案法。至今，《遗产法典》中的档案部分仍是以 1979 年《档案法》为核心内容，在此基础上进行调整和修改。

此后，法国行政机构的改革（1983 年），对档案工作产生了巨大影响。首先，随着法国行政机构权力下移，国家档案部门只管理中央部门的档案，地方政府成为其档案的所有人，自主管理其管辖范围内的档案。伴随着社会发展和技术革新，1979 年《档案法》的很多内容已经不能满足实际工作的需求。为此，法国档案局时任局长纪·布莱邦（Guy Braibant）先生于 1996 年撰写了一部《法国档案工作发展现状》（Les archives en France：rapport au Premier ministre）的报告，阐述了法国需要全面修订一部新的档案法的必要性。此后，法国档案界和立法界开始着手档案法的修订工作，然而这一工作进行了 10 年之久。在这个过程中，欧盟出台了《个人信息保护指令》（1995）和《公共部门信息再利用指令》（2003），指导其成员国调整本国相关法律，使其符合欧盟标准。2004 年法国颁布《遗产法典》，涉及档案立法的部分被纳入该法典的第二卷——档案馆。2006 年，法国文化部进行机构调整，将原来直属于文化部的"法国档案局"（Direction des archives de France，DAF）更名为"法国档案服务部"（Service interministériel des Archives de France，SIAF）与"建筑遗产部"、"博物馆部"共同组建了"法国文化部遗产司"（Direction générale des Patrimoine），依旧划归文化部管辖。最终，1979 年《档案法》颁布近三十年之际，在行政变革、社会变革以及技术发展的三重推动下，2008 年法国颁布第 2008-696 号法律对《遗产法典》中的第二卷——档案馆进行全面修订。

### 2. 法国《遗产法典》（第二卷：档案馆）内容解读

法国拥有丰富的文化遗产，被列入联合国教科文组织世界遗产名录的共有 38 处，被列为国家文化遗产的共有约 4.4 万处。1887 年，法国成为世界上第一个通过立法保护文化遗产的国家。进入 21 世纪，为了"加强国家权利部门之间（出台的）关于遗产措施的一致性"，法国将之前分散立法的遗产领域的几部法律，包括《古迹保护法》（1913）、《自然遗址保护法》（1930）、《档案法》（1979）、《考古保护法》（2001）、《博物馆法》（2002）等，集中起来修订了《遗产法典》。在该法典中，遗产的概念、种类、范围、保护方式、保护程序以及法律责任等都得到了进一步明确和统一。至此，一个完整、协调的文化遗产法律保护体系得以建立。

#### 2.1《遗产法典》整体的框架与主要内容

《遗产法典》是法国第一次从法律层面定义了"遗产"（Patrimoine）的概念："本法所指的'遗产'，包括所有可移动或不可移动的，属于公共或私人持有者的，具有历史、艺术、考古学、美学、科学或技术价值的财产。"这个定义比较完整地覆盖了时代对"遗产"这个概念的认识。整部《遗产法典》的核心原则是"不可渡让性"（Principe d'inaliénabilité）。所谓的"不渡让"是指，被认定为"国家遗产"或相关的遗产名录上的遗产，未经国家专业委员会的认可，不可随意转让或者买卖。该原则渗透于每个遗产领域的下设机构（档案馆、图书馆和博物馆等），强调了国家对其遗产工作的整体控制权力。

法国《遗产法典》共七卷，其中第一卷和第七卷是各遗产领域共同面对的问题，即"文化遗产领域的一般规定"（Dispositions communes à l'ensemble du patrimoine culturel）和"涉及海外省文化遗产的规定"（Dispositions relatives à l'outre-mer）；第二卷到第六卷，分别针对"档案馆"（第二卷）、"图书馆"（第三卷）、"博物馆"（第四卷）、"考古"（第五卷）和"历史古迹及保护区域"（第六卷）五个领域的不同遗产类型的管理分别进行了探讨。

其中，第一卷（文化遗产领域的一般规定）集中探讨法典中所涉及的文化遗产领域共同面对的问题，例如，文化遗产的保护（文化遗产的流通、归还、出借、积存和罚则）、文化遗产的获取（国家珍宝、税务规定、艺术品的优先购买）、合法寄存及文化遗产的相关部门（国家古迹中心、建筑遗产城、遗产基金会）等。第七卷（涉及海外省文化遗产的规定）具体针对不同的海外省内对文化遗产的管理和保护作出规定，详细列举了每一个海外省内的特殊规定和情况。

无论是《遗产法典》，还是其他未纳入法典的法律法规，法国文化遗产的保护重点主要放在了物质文化遗产上。在非物质文化遗产方面，法国虽然加入了 2003 年联合国教科文组织的《保护非物质文化遗产国际公约》，但并没有对其法律保护问题作出专门规定。

2.2《遗产法典》中档案管理的基本规定

《遗产法典》的第二卷（档案馆）是与档案相关的立法内容。该部分以1979年《档案法》的内容为基础，2008年7月修改了其中的20条，删除已经不符合时代发展要求的部分，新增了在这三十年过程中其他立法对档案工作的影响，同时更改了部分法律条文的表述方式，使之与《遗产法典》其他章节内容保持一致。修改后的第二卷（档案馆）分为两个部分——"档案制度的基本规定"（Régime général des Archives）和"司法音像档案"（Archives audiovisuelles de la justice）。其中，"档案制度的基本规定"是档案立法的主体部分，它由四章组成：一般规定；收集、保存和保护；利用规则；惩罚。

2.2.1 一般规定（Dispositions générales）

"一般规定"中定义了档案工作的基本内容，例如，档案、公共档案、私人档案等。这一章节中，首先明确了"档案"的概念："档案是所有自然人和法人活动中产生或接收的，无论其产生时间、保存地点、存在形式、载体状态，所有文件的统称。"（第211-1条）这个定义强调了两点：一是"档案"这个概念是不受存在形式（时间、形式、载体等）影响的；二是不仅仅是社会活动中"产生"的叫档案，"接收"的也叫档案。例如，信件往来中，发出的和收到的信件都是档案。

以档案的定义为基础，紧接着明确了"公共档案"（Archives publiques）和"私人档案"（Archives privées）的定义，以及不同的处理方式。指明"公共档案"是来源于以下部门的档案文件：①政府部门、国家机构、公共机构以及其他公共或私人部门为实现公共服务相关的文件；②政府服务的外包私人机构；③所有的公务员，特别是公证员所持有的公务文件。使用排除法来定义"私人档案"："符合档案的定义，但不在公共档案范围内的其他所有档案的统称。"（第211-5条）

此外，该章节强调了档案工作以服务于"公共利益"为原则。档案工作人员需要遵守职业道德，对未公开档案的内容保密。档案工作的最高委员（无论其名称是什么）归文化部管理。

2.2.2 收集、保存和保护（Collecte，Conservation et Protection）

第二章（收集、保存和保护）是针对档案收集和保管流程的法律规定。值得一提的是，在这一部分中"公共档案"和"私人档案"是分开探讨的。前十四条针对公共档案的收集、保管、保存和保护问题，后十二条针对由公共档案部门保管的"私人档案"的管理问题。

在公共档案的部分里，着重强调了公共档案的"不受时效性"（Imprescriptibilité），即公共档案自其产生开始就确定其"公共"性质，该性质不受时间变化的影响。这与整个《遗产法典》的"不可渡让性"原则保持一致。自

1983 年法国行政分权改革开始，地方政府成为其档案的所有人和责任人，对其档案有管理的责任和权利。第 212-6~212-14 条这八条规定了地方政府如何既确保档案的"安全性"，同时又需要采取不同的方式，使其馆藏档案的价值得以被公众了解。同时强调，国家档案局对地方档案馆的工作有"业务指导"和"技术监督"的责任。

在私人档案部分，着重针对"经国家档案部门认定的具有公共价值的私人档案"的管理问题（第 212-15 条）。这类对国家有历史价值的私人档案，在其所有权不变的前提下应当受国家监管。它的买卖、转让等问题必须提前 15 天报备国家档案馆（第 212-23 条）。同时，未经国家档案机构许可，任何人不得对其进行修改或篡改（第 212-25 条）。法律规定允许这类私人档案仅可短期出境（第 212-28 条）。

2.5 档案的公开与利用（Régime de communication）

法国公共档案以"自由公开"（Libre communication）为原则，除非涉及其他权利矛盾（如隐私权等）需要设立封闭期，其他公共档案都应当随时向公众公开。这是 2008 年对《遗产法典》（第二卷：档案馆）进行修订时最重要的改变。它删除了自 1979 年《档案法》颁布以来，法国公共档案三十年的普遍封闭期，而将这个数字降为"0"。所有入馆之前根据《行政文件获取法》可以公开的"行政文件"，都可以直接公开。

若涉及其他权利矛盾，需要封闭一段时间，则根据不同类型和内容，遵循具体的 25~120 年不等的封闭期限。这些特殊的档案可以根据法律的规定"推迟公开"（第 213-1 条），或者"提前公开"（第 213-2 条）。对于尚未到公开期限的档案，公众和研究人员仍然有权向档案的所属机关提出提前公开的申请，被称为"公开特许"（Dérogation）。档案部门针对申请提前公开的档案内容，与档案产生的原部门进行探讨，确认是否可以提前公开。如果档案部门拒绝提前公开的申请，需要给出明确的理由，并在两个月内进行回复（第 213-1 条、第 213-2 条）。在法国目前每年申请提前公开的档案数量约为 6 2000，其中 96% 的申请最终经同意提前公开。

3.4 刑事处罚（Disposition pénale）

最后一章，主要针对档案工作中可能出现的违法现象及其相应的处罚规则。2008 年新的《遗产法典》对该部分进行了全面修改。修改之后，对于危害公共档案（以及经国家归档后保存在公共档案馆的私人档案）的行为，规定了具体的惩罚，例如，利用职权，非法占有、盗取或销毁其管辖范围内的公共档案，将被处 3 年有期徒刑和 45 000 欧元的罚款。同时，有可能被剥夺民法权利和公民权利，并且从此不可在公共部门任职，禁止从事某些专业活动（第 214-3 条）；经国家归档后的私人档案的拥有者，私自转让或销毁其持有的私人档案，将被处 3 年有期徒刑和45 000欧元的罚款（第214-6条）等。刑罚的范围既涉及公共档案，同时涉及对国家有价值的私人档案，通过加强惩罚力度，确保档案遗产的安全。

3.5 司法音像档案（Les archives audiovisuelles de la justice）

司法审理过程中的视频档案，具有其复杂性和特殊性。因此，在整体档案管理的规定之外，单独讨论"司法音像档案"的管理和权利问题。该部分确认了可以通过视频的形式记录部分案件审理过程，保存法庭遗产（Patrimoine de la justice）。这部分的法律条文还详细规定了申请拍摄的过程、决定机关以及拍摄过程等具体问题（第221-2~221-5条）。

此外，司法音像档案的利用问题也被专门列出。自诉讼彻底完结并不能继续申诉为止，审理过程中的视频档案才可以开始使用。庭审记录的影音材料根据机关决定意见，可以为历史研究或者科学研究的需要提供利用。但是，它们的复制和公开需要得到法官的允许。对于违反人权的案件的审理，自案件彻底结案后，可以立刻被扩散（Diffusion）。视频自拍摄之日起，50年以后，可以自由地被复制和扩散，不受限制（第222-1~222-3条）。

# 瑞 士
**Switzerland**

境外国家和地区档案法律法规选编
A SELECTION OF THE LEGISLATION ON ARCHIVES
AND RECORDS OF OVERSEAS COUNTRIES AND REGIONS

# 联邦档案法

1998年6月26日颁布　2013年5月1日修订

联邦议会根据《宪法》第85条第1项，参阅1997年2月26日联邦委员会公告的基础上，决议：

## 第一部分　一般规定

### 第1条　目的和适用范围

1. 本法律针对以下机关文件的归档工作：

a. 联邦议会；

b. 联邦委员会；以及根据1997年3月21日《政府行政组织法》第2条中规定的联邦政府机构；军队及其相关构成；

c. 外交代表及领事部门；

d. 联邦刑事法庭；联邦行政法庭；联邦专利法院；联邦仲裁委员会；

e. 联邦自治机关；

f. 国家银行；

g. 议会外委员会；

h. 其他代表联邦政府职能实施的公共或私人机构；

i. 已经废除或取消的联邦机构。

2. 本法规定联邦内部机构或第三方对联邦档案的使用。

3. 根据本法规定的原则和联邦档案馆的建议，联邦法庭自行管理其档案。

### 第2条　原　则

1. 所有具有法律、政治、经济、历史、社会价值的联邦文件都应当被归档。

2. 档案归档需要确保各种权力的实现，以及行政管理的合理性和连续性，便于历史学和社会学研究。

## 第3条 定 义

1. 本法所指的"文件",是指无论记录于何种载体,由联邦政府在完成其公共职能过程中产生或接收的档案及其检索工具,以及所有相关的信息。

2. 本法所指的"档案",是指联邦档案馆保存的文件,以及根据本法规定的由其他部门自行保管的文件。

3. 具有档案价值的文件,是指那些具有司法或行政重要性,或者具有重大信息价值的文件。

# 第二部分 文件的保管

## 第4条 归档权责

1. 联邦档案馆对联邦政府的档案进行归档。

2. 各州为联邦政府服务而产生的档案,由各州进行归档工作,不受联邦档案法的控制。

3. 国家银行以及其他联邦法律规定的自治机关,按照本法中规定的原则,自行管理其文件。

4. 联邦刑事法庭、联邦行政法庭、联邦专利法院、联邦仲裁委员会,若上述机构不能按照本法规定的原则进行归档工作,可将其文件保管在瑞士联邦档案馆。

5. 其他代表联邦政府实施其职能的公共或私人机构,按照本法规定的原则,自行管理其文件。联邦委员会应出台具体的条例。

## 第5条 信息和档案管理

1. 联邦档案馆向自行持有文件的机关提出建议,指导其档案的组织、管理、保存以及移交等问题。联邦档案馆也可以向其他部门提供补助。

2. 联邦档案馆有权对自行持有文件机关的"档案室"和"信息管理部门"进行参观和检查,确保文件保管工作的顺利开展。

3. 联邦档案馆对自行持有文件的机关,针对以下问题制定建议:

a. 文件的管理、保存以及移交;

b. 并行档案的建设与管理。

## 第6条 强制向联邦档案馆移交档案

本法第1条第1款中提及的不具自主档案管理权的机关和个人,应当主动向联邦档案馆提供对其部门不具有永久价值的文件。

## 第7条　档案价值的确认和文件召回

1. 联邦档案馆与本法第1条第1款中提到的机关合作，共同决定这些机关产生的文件是否拥有档案价值。

2. 文件持有机关应当将其具有档案价值的文件向联邦档案馆移交。其他的机关确保其文件的归档工作。

3. 在联邦立法规定的前提下，联邦档案馆可以暂时保管一些不具有档案价值的文件。

## 第8条　文件的销毁

1. 未经联邦档案馆许可的情况下，不得销毁应当向其移交的文件。
2. 未经原移交机关许可的情况下，联邦档案馆不得销毁任何文件。

# 第三部分　档案的获取

## 第9条　自由获取原则与保护期限

1. 除本法第11、12条规定的情况，公众有权在30年封闭期结束后，自由并免费获取联邦政府档案。

2. 档案移交前就已经可以被公众获取的文件，进入档案馆后仍然可以被公众获取。

## 第10条　封闭期限的计算

一般而言，封闭期限以该事件或该案卷中最新的文件时间为起算点。

## 第11条　个人数据封闭期的延长

1. 根据自然人姓名归档，并且其中包含的个人敏感数据或肖像的档案，封闭期延长至50年，或经当事人同意可进行查询。

2. 除本法第12条的规定，封闭期限延长至当事人去世后3年结束。

3. 经主管机关同意，可以在限制的条件下，查询延长封闭期内的档案，但是查询目的不能针对其中的个人信息。

### 第 12 条　其他的查询限制

1. 若某一公共或私人利益，与规定中可查询的档案类型相违背，在其封闭期结束后，联邦委员会可出台具体法律在一定时间内禁止或限制查阅这部分档案。

2. 若某一公共或私人利益，在特定条件下不适于被查询，其封闭期结束后，联邦档案馆或移交机关可决定在一定时间内禁止或限制查阅这部分档案。

### 第 13 条　封闭期内的查询

1. 移交机关在联邦档案馆申请的前提下，本法第 9、11 和 12 条第 1 款规定的封闭期内的档案，可以提供给部分查询人员使用，具体条件如下：

　　a. 这部分档案的查询不受其他法律限制；

　　b. 不与其他任何公共或私人利益相矛盾。

2. 一旦申请提前公开被批准，所有人都有权在同样的条件下查询档案。

3. 申请许可中应当明确查询的限制条件，档案中含有的个人信息可匿名出现。

4. 瑞士联邦委员会规定许可发放的程序以及档案查询的条件，确保按照《行政许可法》中的基本规定实施。

### 第 14 条　移交机关的查询

1. 移交机关可在封闭期限内对移交的档案进行查询。

2. 若涉及个人信息，移交机关仅可在如下条件下，对已移交的档案进行查询：

　　a. 作为证据使用；

　　b. 立法或司法目的：

　　c. 统计调查；

　　d. 限制或拒绝与档案内容相关的当事人的查询或信息的获取。

3. 同时遵守其他法律中规定的限制因素。

4. 不可对档案内容进行更改。

### 第 15 条　当事人查询和争议

1. 当事人对档案的查询需按照 1992 年 6 月 19 日《数据保护法》中的相关规定进行。由移交机关作出是否拒绝当事人查询的决定。

2. 若与行政管理的合理性相违背，联邦档案馆也可以变更或限制查询申请。

3. 当事人无权销毁或者更改数据，仅可在有争议和不准确的地方进行标记。

## 第 16 条　遗赠和寄存档案的查询

1. 遗赠和寄存档案的查询，按照签署的合同中的相关规定执行。

2. 缺少合同的情况下，按照联邦档案法规中相应规定执行。

# 第四部分　档案的组织与使用

## 第 17 条　联邦档案馆的其他职责

1. 联邦档案馆同时保管赫尔维蒂共和国、调停时期、议会时期的历史档案。

2. 联邦档案馆同时保管对国家有价值的私人或公共部门的档案。档案馆可制定收集这类档案的相关合同。

3. 联邦档案馆需要确保其保管档案的安全和保管条件，以及档案的公开、增值和开发等活动。

4. 联邦档案馆与联邦政府、各州以及私人合作，提升档案工作质量。同时，与国内及国际组织在档案领域开展合作。

## 第 18 条　特殊服务

1. 经联邦委员会同意，联邦档案馆可在其能力范围内向第三方机构提供档案修复、保管或相关的信息服务。这些服务的提供需在私人权利合同的规定下进行。

2. 这些服务仅可作为联邦档案馆履行职能时的附属功能出现，并且这些服务提供的价值不能低于成本价。

## 第 19 条　商业目的的档案使用

1. 以商业为目的的档案使用需要得到授权。

2. 授权可以合同的形式出现，合同中明确说明对档案的使用情况，并指出该使用对联邦工作开展的可能益处。

3. 联邦委员会规定档案商业使用的条件、程序，使其在许可范围内进行。

## 第 20 条　不可转让及不受时限性

1. 联邦政府的档案具有不可转让性。联邦委员会可出台法律针对特殊情况进行规定。

2. 第三方机构不可接收本法所指的档案。

### 第 21 条　使用规定和行政措施

1. 联邦档案馆出台利用规则。对于曾经严重违反本法所述规定的违反者，联邦档案馆可拒绝其获取档案的申请。

### 第 22 条　样　本

全部或部分基于馆藏档案而产生的工作成果或者出版物，都应当免费向联邦档案馆提供样本。

## 第五部分　惩　罚

### 第 23 条

未经许可公开尚在保护期内的档案信息或者禁止公开的信息，若未造成更严重的损害，通过罚款的方式进行惩罚。

## 第六部分　附　则

### 第 24 条　实　施

1. 联邦委员会制定具体实施规则。
2. 联邦委员会制定联邦政府工作人员职务档案的移交和归档。

### 第 25 条　现行法律的修改

对 1992 年 6 月 19 日《联邦数据保护法案》的修改，可查阅 RO 1999 2243。

### 第 26 条　过渡时期规定

1. 1992 年 10 月 9 日《联邦政府公共部档案文件法》到期后被本法替代。
2. 上文法律中提到的文件，以案卷中最新的一份文件时期为起算点，50 年内不得向行政部门提供查询。

### 第 27 条　公民投票和生效

1. 本法需接受选择性的全民公投。
2. 联邦委员会决定本法生效的时间。
生效时间：1999 年 10 月 1 日。

**附录：**

## 瑞士档案立法概述

瑞士是欧洲中部一个实行联邦制度的国家，共有 26 个独立州（20 个州和 6 个半独立州）。因其联邦体制，联邦立法对联邦部门产生强制要求，对各州立法仅有参考价值。因此，《联邦档案法》（1998 年颁布，2013 年最后一次修改）是一部针对瑞士联邦机构的档案管理的法律，对联邦 26 个独立州无强制要求。同时，除提挈诺州之外，25 个州都拥有属于本地区的档案立法。

### 1. 瑞士档案立法的历史

1925 年，日内瓦州率先制定了《公共档案法》（Loi sur les archives publiques），成为瑞士境内最早开展档案立法的地区。经过近六十年的发展，直至 20 世纪 80 年代，其他各州才纷纷开始地区档案法律的制定工作。各州开展档案立法工作的原因也不尽相同，例如，1984 年汝拉州建立档案立法是为了创建档案管理机构，而 1989 年纳沙泰尔州为了应对新的数字载体的挑战，同时更加明确封闭期限，因而开展档案立法工作。

20 世纪末以及 21 世纪初是瑞士档案立法发展的另一个重要时期。这一时期，瑞士各地相继出台"数据保护法"。为了与"数据保护法"和"信息保护法"等相关法律协调，各州相继出台新的档案法，例如，苏黎世（1995）、巴塞尔城市（1996）、日内瓦（2000）、格拉鲁斯和卢塞恩（2003）、楚格（2004）、伯尔尼（2006）等。2007 年阿尔高州颁布了《公共信息、数据保护和档案法》（Loi sur l'information du public, la protection des données et les archives），这是瑞士境内第一次将"公共信息"、"数据保护"和"档案"三个相关主题放在同一部立法中。除了专门的档案立法之外，还有某些法律规定也对档案工作产生了影响。例如，联邦政府、巴塞尔城市州和沃州出台的《个人文件保护规章》，其规定"档案文件的获取会因涉及'职业秘密'而受到限制"。

然而，综观瑞士联邦和各州档案法的名称，更多地使用的是"归档法"（英文：Act on Archiving，法语：loi sur l'archivage），这是因为法律的内容更强调归档过程中以及进入档案馆之后的法律问题，而并不是所有的档案管理过程中的全部问题。因为在一些地区，并没有单独将"档案公开/获取"特别列入法律内容，而是遵循所有政府"文件公开/获取"的相关法律规定，并不因其在政府部门或者档案馆而产生变化。

### 2. 瑞士《联邦档案法》

1998 年 6 月 26 日，瑞士联邦颁布了第一部档案法——《联邦档案法》（英文：Federal Act on Archiving，法语：Loi fédérale sur l'archivage），该法分别于 2003 年、2007 年、2008 年以及 2013 年进行过四次修订。目前最新的版本是 2013 年 5 月 1 日版。该《档案法》被归入联邦立法的"基本权利、生存和个人自由"类别，可见联邦层面将公民的档案权利认定为公民基本权利的一部分，足见其重要性。瑞士《联邦档案法》

只适用于"联邦政府"和其所属"行政部门"以及联邦"司法部门"。

该《档案法》从联邦层面明确了与档案相关的概念，确立了联邦档案馆的性质与地位。同时，该法明确了行政机关向档案馆移交档案过程中的程序，并规定了联邦文件进入档案馆以后的管理和利用问题。虽然联邦档案立法对各州没有强制作用，但事实上 1998 年之后的各州档案立法还是或多或少地受到这部联邦立法的影响。最重要的影响是下降封闭期至 30 年。然而，这也并不是统一的。在瑞士境内，同样一份文件可因所在的州不同而产生不同的封闭期。

### 3. 其他与档案相关的法律

瑞士各州的档案法的内容往往只针对"行政机关"向"档案机关"移交档案过程中的法律问题。与档案相关的管理问题往往同时出现在几部相关法律中。同时，与档案管理相关的立法的不断更新和变化，也对档案法产生着影响和导向作用。

#### 3.1 行政透明相关立法

与其他欧洲国家的历史一样，瑞士公共部门产生的档案，无论是联邦的还是各州的，起初除法律、司法讨论或者政府通报等公开出版物外，都是不可被公众获取的。但是进入 2000 年左右，在世界范围内"透明政府"建设的影响下，瑞士也开始进入行政透明化建设的过程。1993 年伯尔尼州颁布《公共信息法》（Loi sur l'information du public），该法律规定："在不影响公共部门或私人权利的前提下，所有人都有权利查询公共文件"（第 27 条第 1 款），成为瑞士境内第一个允许特殊行政文件被公众获取的地区。

这些行政透明方面的立法深刻地影响了档案的查阅。例如，日内瓦地区的《公共信息和文件获取法》（Loi sur l'information du public et l'accès aux documents，LIPAD）中就规定："根据本法规定的，向档案馆移交前可被公众获取的文件，进入档案馆归档后不受档案法中所规定的封闭期的限制，而仍然可以被公众获取。"（第 29 条第 2 款）

伯尔尼州、索洛图恩州和沃州，档案的获取并未在档案法规中出现，而是在"公共文件获取"法律中出现。因为这三个州认为"公众对公共文件及信息的获取权利是相同的，并不因为这些文件的保管机构而改变。因此，没有必要将'档案获取'单列在立法中"。这也是为什么这些地区的档案法并不包括"档案公开及获取"这个章节的原因，它们将"档案法"的重点放在规定档案归档工作的具体流程上。然而除了上述的特殊情况外，瑞士大部分地区和联邦政府还是保持将档案馆的获取规定放在档案法中的习惯。

#### 3.2 数据保护法

20 世纪 90 年代，"个人数据的保护"问题开始得到各国重视，纷纷开展有关该内容的立法工作。瑞士联邦于 1992 年颁布《联邦数据保护法》（Loi fédérale sur la protection des données）。各州也随之纷纷出台各自的数据保护法，联邦法律应当用于所有没有独立数据保护法的州和地区。数据保护立法的出现，对"档案封闭期"产生了重要的影响。联邦和各州档案法都随之调整了封闭期，延长涉及个人数据档案的封闭期，以配合数据保护立法的实施。除了延长涉及个人信息数据档案的封闭期之外，《联邦数据保护法》的出台标志着瑞士的档案工作不仅受《联邦档案法》的规制，同时受以《联邦数据保护法》等一系列与档案工作有关的法律的共同规制。

### 3.3 其他立法

除上文所列举的法律外，档案工作还需要遵守诸如《联邦著作权法》（Loi fédérale sur le droit d'auteur）、《联邦电子签名法》、《联邦文化鼓励法》等相关法律的要求。例如，瑞士 1992 年颁布《联邦著作权法》。该法律将著作权的保护延长至"作者去世后 70 年"。因此，档案馆在进行档案公开的时候，特别是公开作者手稿、艺术作品、照片以及影像作品的时候，需要更加关注档案内容中是否涉及尚在保护期内的著作权问题。

此外，瑞士虽然不是欧盟成员，但是为了和整个欧洲大陆保持一致，而不成为立法的"孤岛"，瑞士的立法工作也受到欧盟立法的影响，并在节奏上与其保持一致。因此，欧盟出台的与档案管理及公开相关的法律，也会对瑞士档案立法产生影响及引导作用。

# 比利时
## Belgium

境外国家和地区档案法律法规选编

A SELECTION OF THE LEGISLATION ON ARCHIVES
AND RECORDS OF OVERSEAS COUNTRIES AND REGIONS

# 档案法

## 比利时1955年8月12日，224号通报

比利时国王杜博安

向现在和未来的所有人致敬！

经议会通过，我们规定：

### 第1条

1. 司法法院、国务院、政府行政部门、各省以及公共部门，在监督下将其超过30年的、保存完好并经归档整理后的文件，移交至国家档案馆。

2. 由社区政府和公共部门自行管理的超过30年的文件，可以移交至国家档案馆保存。

3. 经所属行政部门同意，未满30年，但已无行政需要的文件，可提前向档案馆移交。

4. 经所有人同意，属于个人、企业或者私人社团的档案也可以移交至国家档案馆保存。

### 第2条

未经移交人（机关负责人、个人、企业或私人社团）的同意，不可销毁其保存在国家档案馆里的文件。

### 第3条

1. 根据本法第1条第1款，移交至国家档案馆的文件具有公共性质。由国王决定公共档案向公众公开的方式，特别是"阅览室"的运营情况、设备条件以及复制等问题。

2. 档案全文或摘要内容经"档案保管员"签字并加盖档案馆印章后，可通过邮寄的方式发送给申请人。该复印件同样具有法律证明作用。

### 第 4 条

由国王决定根据本法第 1 条第 3、4 款保存在国家档案馆的文件向公众公开的方式，特别是"阅览室"的运营情况、设备条件以及复制等问题。

### 第 5 条

未经国家档案馆馆长或其委任的代表同意，任何本法第 1 条第 1 款和第 2 款所提到的档案移交机关，无权销毁已经保存在国家档案馆的档案。

### 第 6 条

1. 国家档案馆馆长或其委任的代表监督本法第 1 条第 1、2 款所提到的公共部门持有文件的管理工作。

2. 国王决定具体的监督方式。

附加条款：国王决定在本法公布过程中，涉及本法第 1 条第 1 款的文件移交工作的开展。

### 第 7 条

本法自其在"通报"上公布起实施。

# 皇家档案监督法

针对1955年6月24日《档案法》第5条和第6条的实施

---

比利时国王阿尔贝二世

向现在和未来的所有人致敬！

根据《宪法》第108条；

根据《穑月七日档案法》（1991年7月19日修改）中规定的国家档案代表的档案管理；

根据《雾月五日档案法》，要求集中省政府中产生的档案向共和国移交；

根据1955年6月24日《档案法》（2009年5月6日修改）中第5条和第6条；

根据国家档案馆2009年10月29日发布的建议；

根据经济观察员2010年1月26日发布的建议；

根据国务院48.101/1号关于1973年1月12日《国务院法》的建议；

在科学政治部部长的提议下，我们决定：

## 第一章 定 义

**第1条** 为了更清楚地对本法进行描述，首先明晰概念：

- "法"指的是1955年6月24日颁布的《档案法》。
- "档案"指的是在公共机构、个人、社会团体活动中产生或接收的，所有能够代表其活动、职能、权利及义务的文件，无论时间、载体形式、所处阶段，都应当被有意识地保存。

也同时包括通过转移、并入、世俗化、公有化、没收、捐赠、遗赠等形式，进入比利时联邦政府领域的文件。

- "国家档案馆"指的是比利时皇家中央档案馆和国家档案馆各地方分馆。
- "部长"指的是分管国家档案馆的部长。
- "皇家档案馆馆员"指的是国家档案馆馆长。

• "委托人"指的是根据本法律，国家档案馆馆长因工作需要，任命的以他的名义开展工作的国家档案馆馆员。

• "公共部门"指的是 1955 年 6 月 24 日《档案法》第 1 条中规定的行政单位。

• "分类目录"指的是所有公共服务部门的档案，必须制定清晰的目录，内容包括档案的题目、内容摘要、保管期限和最终去向。

• "保管期限"指的是档案由于其行政需要，保存在其产生或接受的公共部门的时间。

• "最终去向"指的是指明档案在完成其在公共部门的"保管期限"之后，是移交档案馆"永久保存"还是"销毁"。

## 第二章　公共部门保管档案的监督

**第 2 条**　皇家档案馆馆员或其委托人，监督公共档案部门所掌管的档案，无论其档案载体或者形式。

**第 3 条**　监督的内容包括：控制档案管理和保管的条件，检查归档情况，保证档案材料在其整个生命周期的持久性、真实性、完整性以及所含内容信息的可获取性和可读性。

**第 4 条**　皇家档案馆馆员或其委托人对公共部门的档案工作进行检查，并根据检查情况撰写报告。该报告内容包括检查情况、档案工作所需改善和提升的环节。报告的内容可在相关公共部门内部公开，或者在皇家档案馆馆员决议中出现。

**第 5 条**　皇家档案馆馆员或其委托人，制定针对"档案管理"、"档案归档"、"档案保管"和"档案获取"等方面的"指令"、"建议"和"意见"等，用于指导公共部门档案工作。

**第 6 条**　根据皇家档案馆馆员的建议，部长颁布档案管理应当遵守的技术标准。

**第 7 条**　公共部门根据第 6 条所述内容，按照部长颁布的技术标准，将其档案保管于合适的地点，并配备所需要的设备 。

**第 8 条**　公共部门需要聘用专业的档案馆员，进行档案管理工作。同时，向皇家档案馆馆员提交馆员的姓名、才能以及个人信息。

**第 9 条**　公共部门定期对其档案进行整理归档，确认其保管期限及期满后的获取方式，建立档案目录并定期更新。

**第 10 条**　皇家档案馆馆员的委托人应当享有对公共部门所持有档案的获取权利，该权利不受档案的载体和形式影响。

对保密档案或含有个人信息档案的获取，应当严格按照相关法律的规定进行。

# 第三章　档案的销毁

**第 11 条**　（1）公共部门必须在获得皇家档案馆馆员或其委托人书面许可的前提下，才可以进行档案的销毁。

（2）若向国家档案馆移交的档案，可能对档案馆工作人员或馆藏档案造成实体损害的，根据 2010 年 8 月 18 日《皇家档案移交法》第 12 条第 2 款的规定，由皇家档案馆馆员或其委托人出具处理意见。

**第 12 条**　（1）皇家档案馆馆员或其委托人对公共部门所持有档案的科学价值、历史价值及社会价值等进行评估，在其分类目录上确认其最终是"永久保存"还是"销毁"。

（2）分类目录由皇家档案馆馆员或其委托人与涉及的公共部门负责的工作人员共同制定。

（3）分类目录本身具有公共档案性质。它需经皇家档案馆馆员许可，方可使用。

（4）若所在的公共部门尚未有分类目录，经皇家档案馆馆员或其委托人允许，可以有限制地销毁部分档案。

**第 13 条**　根据本法第 11 条第（1）款规定进行档案销毁时，需向国家档案馆提交一份书面申请。在申请中清楚描述所需销毁的档案内容。

对于已有分类目录的公共部门，销毁申请应当至少提前一个月向国家档案馆提交。

对于尚未有分类目录的公共部门，销毁申请应当至少提前两个月向国家档案馆提交。

**第 14 条**　档案销毁后，公共部门需要向国家档案馆提交一份销毁声明，声明中至少需要包括国家档案馆销毁许可以及销毁档案的内容描述。

**第 15 条**　根据 2010 年 8 月 18 日《皇家档案移交法》第 23 条以及《档案法》第 1 条、第 5 条和第 6 条附加规定，当公共部门向国家档案馆移交电子档案时，档案部门需要保留一份复制件，直至正式收到国家档案馆发出的接收函后，方可销毁。

# 第四章　其他规定

**第 16 条**　当公共部门对本法律规定的内容产生异议时，皇家档案馆馆员需将该情况通知部长或相关的部长。皇家档案馆馆员和部长或相关部长可以进行调停或者修改。

**第 17 条**　皇家档案馆馆员需要每年向总理以及国家观察部部长递交年度"档案监督及销毁报告"。该报告需要向社会公布。

**第 18 条**　科学政治部部长负责本法律的实施。

布鲁塞尔，2010 年 8 月 18 日

经国王阿尔贝二世和科学政治部部长拉吕埃勒通过颁布。

# 皇家档案移交实施法

针对1955年6月24日《档案法》第1条、第5条和第6条附加条的实施

比利时国王阿尔贝二世

向现在和未来的所有人致敬!

根据《宪法》第108条;

根据《穑月七日档案法》(1991年7月19日修改)中规定的国家档案代表的档案管理内容;

根据《雾月五日档案法》,要求集中省政府中产生的档案向共和国移交;

根据1955年6月24日《档案法》(2009年5月6日修改)中第5条和第6条;

根据国家档案馆2009年10月29日发布的建议;

根据经济观察员2010年1月26日发布的建议;

根据国务院48.101/1号关于1973年1月12日《国务院法》的建议;

在科学政治部部长的建议下,我们决定:

## 第一卷 定 义

**第1条** 为了更清楚地对本法进行描述,首先明晰概念:

• "法"指的是1955年6月24日颁布的《档案法》。

• "档案"指的是在公共机构、个人、社会团体活动中产生或接收的,所有能够代表其活动、职能、权利及义务的文件,无论时间、载体形式、所处阶段,都应当被有意识地保存。

也同时包括通过移交、并入、去世俗化、公有化、没收、捐赠、遗赠等形式,进入比利时联邦政府领域的文件。

• "档案移交",广义上指所有形式的档案管理权限的移交。所有权人内部的移交被称为"移交";向非所有人移交被称为"寄存";所有权改变的移交称为"捐赠"或"遗赠"。

- "国家档案馆"指的是比利时皇家中央档案馆和国家档案馆各地方分馆。
- "部长"指的是分管国家档案馆的部长。
- "皇家档案馆馆员"指的是国家档案馆馆长。
- "委托人"指根据本法律，国家档案馆馆长因工作需要，可以任命国家档案馆馆员以他的名义开展工作。
- "公共部门"指的是根据 1955 年 6 月 24 日《档案法》第 1 条中规定的行政单位。

# 第二卷　公共部门向档案馆移交档案

## 第一章　移交期限

第一部分　《档案法》中第 1 条第 1 款规定的
30 年（或更久）的移交期限

**第 2 条**　《档案法》中第 1 条第 1 款提到的档案，根据该《档案法》第 6 条附加款中有关过渡期的规定。移交过渡期为本法律颁布后 10 年。

**第 3 条**　根据皇家档案馆馆员和公共部门之间达成的协议。本法律颁布后的 10 年内，公共部门可分期完成移交工作。

超过一百年的档案，需要在本法律颁布后 1 年内向国家档案馆移交。

**第 4 条**　当公共部门对档案移交过程中的规定产生异议时，皇家档案馆馆员需将该情况通知部长或相关的部长。皇家档案馆馆员和部长或相关部长可以进行调停或者修改。

第二部分　《档案法》中第 1 条第 2 款提到的档案移交

**第 5 条**　允许皇家档案馆馆员与《档案法》中第 1 条第 2 款提到的公共部门达成针对其档案"寄存"在国家档案馆的协议。寄存的期限不少于 30 年，并可续签。

第三部分　《档案法》中第 1 条第 3 款提到的档案移交

**第 6 条**　《档案法》中第 1 条第 2 款提到的档案，当结束其对所在公共部门行政作用，并且该公共部门无法满足其长期保存和获取的条件时，可将其档案移交至国家档案馆寄存。这些档案的寄存需要在皇家档案馆馆员与公共部门签署的协议下进行。协议中所规定的寄存时间，直至该《档案法》中第 1 条第 1、2 款提到的档案移交期限为止。

该条规定也同样适用于公共部门产生的"缩微档案"和"电子档案"。

## 第二章　档案移交的接受部门

**第7条**　公共部门持有的《档案法》中第1条第1款到第3款中提到的档案，可以向以下档案部门进行移交：

（a）对于业务涉及全国或全国大部分地区的公共部门，其档案向比利时皇家中央档案馆移交；

（b）对于业务不涉及全国或全国大部分地区的公共部门，向其所在地区的国家档案馆移交；

（c）对于公共部门产生的数字档案，向皇家档案馆馆员指定的国家档案馆移交。

**第8条**　根据特殊需要，皇家档案馆馆员可以决定公共部门的档案向其他档案部门移交。但须通知国家档案馆科学委员会、涉及的档案部门和公共部门以及公众。

## 第三章　免　除

**第9条**　外交部，对外商务合作发展部以及国防部，在遵循以下要求的前提下，获得至少50年内不向国家档案馆进行档案移交的"豁免权"：

（1）按本法第14、15、16条的规定，确保档案的持久性、真实性、完整性以及所含内容信息的可获取性和可读性；

（2）公众可以在和国家档案馆同样的条件下查询档案。

**第10条**　对于产生30年后，仍对所在公共部门有行政作用的档案，经说明其行政作用后，可以继续留在该部门进行保管。每十年更新一次是否移交。

但同时必须保证保管条件，并确保公众的查询权利。

**第11条**　《档案法》中第1条规定的公共部门产生的档案，其公共性质不受时间影响。

## 第四章　必须向国家档案馆移交的情况

**第12条**　（1）移交时，档案应当按照国家档案馆颁布的标准保持良好的状态，以保证在其整个生命周期的持久性、真实性、完整性以及所含内容信息的可获取性和可读性。

（2）若移交的需要永久保存的档案未能达到本条第（1）款的要求。根据本法第17条的规定，皇家档案馆馆员的委托人和档案所在公共部门的负责人达成一致，并在档案清单中标明。

（3）移交的档案需按照有利于查询的方式归档。国家档案馆根据本法律出台相关的指令和标准，帮助公共部门实施归档工作。

**第 13 条** （1）档案在移交前需要根据本法第 11 至 15 条的规定，进行筛选。

（2）档案的筛选，是指将需要"永久保存"的档案和"最终销毁"的档案区分开。该工作在档案内容所涉及的公共部门（或其替代者）的参与下实施。

**第 14 条** 非数字档案应当在其移交前，去尘去菌，清除载体上的有害物质，使其符合国家档案馆制定的最低标准。

**第 15 条** 移交的档案需要按顺序进行归档。归档顺序在经国家档案馆同意下，按其公共部门工作习惯进行。

**第 16 条** 档案应当在合理的期限后，经整理和描述，在合适的条件下提供给使用者。

**第 17 条** 每次移交都需要附带经皇家档案馆馆员认可的档案清单。

**第 18 条** 所有的检索工具、目录或者数据库等，无论是原件还是复制件，都应当在档案移交时，同时提交给国家档案馆。最好可在第 17 条中所述的档案清单中描述。

# 第五章　移交过程

**第 19 条** 公共部门需要在预计移交日期之前，至少提前 3 个月通知国家档案馆。

**第 20 条** 移交档案需按本法第二卷第四章的规定整理完成。

若移交档案未能按照本法第二卷第四章的规定整理，皇家档案馆馆员将对所在的公共部门进行处理，以确保移交档案的持久性、真实性、完整性以及所含内容信息的可获取性和可读性。处理工作也可能会涉及档案的修复。

自移交阶段开始，档案开始进入自由权利阶段，不受"档案出借"或"档案开发"合同的限制。

皇家档案馆馆员可以在不可抗力的特殊情况下，部分或全部改变本法档案移交的规定。

**第 21 条** 档案管理权限的移交，需要正式的"移交证书"。该证书包含两部分的内容：关于所移交档案的描述及公开过程中的法律限制和规定。附加本法第 17 条中所述的档案清单。该"移交证书"必须得到正式的签售。

**第 22 条** 档案移交的实施在其所在公共部门的共同参与下进行。

**第 23 条** 电子档案的移交以接收到本法第 21 条所述的"移交证书"为终结。公共部门须在收到国家档案馆正式通知接收成功后，方可销毁其所保存的副本。

移交结束后，国家档案馆保存的电子档案，被视为唯一的具有真实价值的版本。

如果公共部门并不能保证所移交档案的真实性和完整性，那么移交给国家档案馆的内容，仅可作为参考版本。

## 第三卷　私人档案的寄存

**第 24 条**　《档案法》第 1 条第 4 款中规定的私人档案，可以寄存、捐赠或遗赠等方式移交给国家档案馆。

**第 25 条**　在寄存的情况下，皇家档案馆馆员决定移交过程所需条件，向某一特定分馆或多个分馆移交，以及档案查询过程中的限制。寄存合同不得少于 30 年，到期后可续存。

在与寄存者达成一致的情况下，皇家档案馆馆员在移交实施前制定一个移交档案的简要名目。该名目作为附录添加在寄存合同中。

**第 26 条**　与潜在的捐赠人达成一致的情况下，皇家档案馆馆员在捐赠实施前制定一个移交档案的简要名目。捐赠一经接纳，皇家档案馆馆员需要在 10 天内，提供给捐赠人"档案捐赠接纳声明"及"捐赠档案名录"。

**第 27 条**　根据现行法律的规定，当遗赠被接纳时，皇家档案馆馆员与遗嘱相关的负责人协商，在 10 天之内制定遗赠档案的名录。

**第 28 条**　本法第 25 条中涉及的档案移交，费用自理。

**第 29 条**　个人、企业或私人团体寄存在国家档案馆内的档案，费用自理。长期保存、清点、包装以及寄存期间所产生的管理费用都可能被考虑在内。

## 第四卷　废止和其他规定

**第 30 条**　同时废除 1957 年 12 月 12 日颁布的《1955 年档案法的实施规定》连同其 1963 年 11 月 28 日、1969 年 5 月 9 日和 1995 年 4 月 5 日的三个修改版本。

**第 31 条**　科学政治部部长负责本法律的实施。

布鲁塞尔，2010 年 8 月 18 日
经国王阿尔贝二世和科学政治部部长拉吕埃勒通过颁布。

附注：

## 比利时档案工作及其法津体系概览

### 1. 比利时档案工作历史与现状

比利时最早的档案工作可以追溯到奥地利统治时期。早在 1773 年，布鲁塞尔就已成立了档案办公室。随后受法国入侵的影响，比利时的档案工作在很长一段时间内遵循《法国档案法》的规定。1794 年 6 月 25 日法国颁布的《穑月七日档案法》也同时成为比利时档案工作的指导性法律；1796 年 10 月 26 日，根据法国颁布的《雾月五日档案法》，比利时各省也逐渐建立省档案馆。此后，1800 年开始国家正式聘用专职档案馆员。荷兰统治时期，各档案馆继续行使其职能。1814 年，让·皮埃尔·奥合提（Pierre-Jean L'Ortye）被指定为国家档案馆馆长（局长），整体负责国家公共档案的管理工作。1830 年比利时独立后，路易·普罗斯珀·加沙尔（Louis-Prosper Gachard）接替让·皮埃尔·奥合提（Pierre-Jean L'Ortye）(1831) 成为独立后的第一任馆长。此后，全国各地的省级档案馆也纷纷建立。

比利时国家档案馆（Les Archives de l'État en Belgique）是比利时联邦政府的一部分。国家档案馆由 19 个遍布于全国各地的分馆（Dépôt d'archives）组成。每个分馆都有一个专属的"阅览室"，提供读者对档案原件和电子版的查询。除了接纳"公共部门产生的超过 30 年的文件"进入档案馆保管之外，国家档案馆还行使对全国公共服务部门档案工作的监督职能。无论是法院、法庭、政府机构还是其他政府公共部门，未经国家档案馆馆长或其委托人的许可，其产生或接收的档案都不可以被销毁。国家档案馆专设"监督、建议及协调办公室"以实现这一监督职能。国家档案馆通过颁布各类建议及标准、定期审查、开展培训班等方式，监督中央和地区档案馆馆员分别对管辖区域内的政府公共部门档案工作的开展情况。同时，比利时也将档案纳入国家遗产工作的管理范围。

进入 21 世纪，比利时档案工作在国际舞台上也越来越活跃。2013 年"古鲁汶大学档案（1425~1797）"被联合国教科文组织（UNESCO）列入"世界记忆名录"；同年，比利时第一次举办国际档案理事会年会（Congrès annuel du Conseil international des Archives）。自 2000 年以来，鲁汶大学每年组织"国际档案研究日"（Journées des archives），邀请各国档案学家探讨档案工作的最新研究热点，并于会议结束后出版该会议论文集。其中，2016 年"国际档案研究日"的主题为："让瞬间永存：档案与社交媒体"。

### 2. 比利时联邦档案法律体系

比利时的联邦档案工作是在一部《档案法》和两部《实施法律》的共同指导下，并遵循其他法律中涉及档案的相关规定进行的。

　　1955 年，比利时终于经投票通过了第一部《档案法》（La loi sur les archives du 24 juin 1955）。该法规定："公共部门需要向档案馆移交超过'100 年'的档案。"这从法律层面确认了档案馆的职能，以及与其他公共部门的关系。这一规定，加速了比利时从联邦到各地新档案馆建设的速度。然而，这部《档案法》内容简单，仅用非常简约的语言对档案工作进行了笼统的描述。

　　在比利时此后的档案工作发展过程中，《档案法》一直没有得到及时的更新和修订。直至 2009 年，联邦政府完成了对《档案法》的第一次修改。本次修订中最重要的改变是将"公共部门向档案馆移交档案的时间从 100 年下降到 30 年"。同时，皇家档案馆馆长及其代理人监督各公共部门的文件管理工作。在未经皇家档案馆馆长或其代理人同意的前提下，任何公共部门不得销毁其档案。同时规定，公共部门档案一旦进入档案馆，在不影响其他权利的情况下，即可被公众获取。由于封闭期的大幅下调，2009 年《档案法》修改后，档案的公开和利用问题成为比利时最重要的档案工作之一。

　　虽然新的《档案法》于 2009 年颁布，但是该《档案法》以纲领性的内容为主，无法具体指导实际工作。2010 年 8 月 18 日，比利时颁布两个《档案法》的实施法律——《皇家档案监督实施法》和《皇家档案移交实施法》，对《档案法》内容进行补充，并指导档案工作的具体开展。

　　《皇家档案监督实施法》针对《档案法》中第 6 条展开规定："本法第 1 条第 1、2 款所提到的公共部门，国家档案馆馆长或其委任的代表监督这些部门持有档案的管理工作。"该法律从定义入手，补充了《档案法》中未能说明的相关概念，确认了国家档案馆馆长或其委任的代表档案监督的范围和实施方式。该实施法律确保了文件生命周期全过程中档案工作管理的一致性。同时，明确档案机构和公共部门在档案管理问题上的关系和职责。

　　《皇家档案移交实施法》针对《档案法》中第 1 条、第 5 条和第 6 条中关于"公共部门向档案馆移交档案"展开具体的描述。法律中明确规定了档案移交的范围、期限、移交对象、移交方式以及豁免单位等。值得一提的是，该实施法律纳入了私人档案的管理和移交问题（第三卷 私人档案的寄存），明确了在支付费用的前提下，国家档案馆可以接纳私人档案进馆。

　　3. 各州各地区档案立法

　　除比利时联邦拥有《档案法》之外，各地区和独立机构也拥有地区内的档案法规或相关规定。这些法规有的以《档案法》的形式出现，有的则在《信息自由法》、《个人隐私法》或其他特殊档案类型的法律和规定中出现。此外，欧盟出台的与档案相关的法律和标准，也是比利时联邦和各地区的重要参考标准。

# 俄罗斯
## Russia

# 联邦档案事业法

*2004年10月27日公布并自公布之日起生效*
*2004年10月1日国家杜马通过*
*2004年10月13日联邦委员会通过*

（历次修订：根据 2006 年 12 月 4 日第 202 号联邦法、2007 年 12 月 1 日第 318 号联邦法、2008 年 5 月 13 日第 68 号联邦法、2010 年 5 月 8 日第 83 号联邦法、2010 年 7 月 27 日第 227 号联邦法、2013 年 2 月 11 日第 10 号联邦法、2014 年 10 月 4 日第 289 号联邦法及 2015 年 11 月 28 日第 357 号联邦法修订。）

## 第一章 基本概念

### 第1条 本法调整的对象

为了俄罗斯联邦公民、社会和国家的利益，本法调整在组织对俄罗斯联邦档案全宗文件和其他档案文件（不论其所有制形式如何）的保管、补充、统计、利用中所产生的关系，以及在档案事业管理中所产生的关系。

### 第2条 俄罗斯联邦档案事业立法

（1）俄罗斯联邦档案事业立法由本法、其他联邦法和相配套的其他联邦法律，以及各联邦主体的法律和其他法规组成。

（2）俄罗斯联邦、联邦主体以及自治市、区关于档案事业的法律法规文件不得与本法相抵触。上述法律法规文件与本法相抵触时，要以本法为准。

### 第3条 本法所使用的基本概念

本法使用以下基本概念：

（1）"俄罗斯联邦档案事业"（以下简称"档案事业"）是指国家机关、地方自治机关、组织和公民在组织对联邦档案全宗和其他档案文件的保管、补充、统计和利用范围内的活动。

（2）"档案文件"是指具有原始证明要素，对于公民、社会和国家具有重要意义而必须保存的固化有可识别信息的物理实体。

（3）"人事文件"是指反映雇佣双方之间劳动关系的档案文件。

（4）"俄罗斯联邦档案全宗文件"是指通过文件价值鉴定，纳入国家统计必须永久保存的档案文件。

（5）"特别贵重的文件"是指具有永久的文化历史价值和科学价值，对社会和国家特别重要，并对其统计、保管和利用建立了特殊制度的俄罗斯联邦档案全宗文件。

（6）"孤本文件"是指在内容和外在特征方面独一无二，从其意义和（或）真迹来看，一旦丧失则无可弥补的特别贵重的文件。

（7）"档案全宗"是指相互之间具有历史联系或逻辑联系的档案文件的总和。

（8）"俄罗斯联邦档案全宗"是指反映社会物质和精神生活的，具有历史、科学、社会、经济、政治和文化意义，通过历史积累并不断补充的档案文件的总和，是俄罗斯联邦人民历史文化遗产不可分割的组成部分，属于信息资源并必须永久保存。

（9）"档案馆"是指负责保管、补充、统计和利用档案文件的机关或者组织机构。

（10）"国家档案馆"是指由俄罗斯联邦政府建立的联邦国家机关（以下简称"联邦国家档案馆"），或者是由俄罗斯联邦主体建立的联邦主体国家机关（以下简称"俄罗斯联邦主体国家档案馆"），负责补充、统计、保管和利用俄罗斯联邦档案全宗文件以及其他档案文件（根据 2010 年 5 月 8 日第 83 号联邦法修订）。

（11）"市立档案馆"是指由市政区和城市区建立的地方自治市政组织的下属机构或市政机关，负责保管、补充、统计和利用俄罗斯联邦档案全宗文件及其他档案文件（根据 2010 年 5 月 8 日第 83 号联邦法和 2015 年 11 月 28 日第 357 号联邦法修订）。

（12）"永久保管的俄罗斯联邦档案全宗文件"是指无限期保管的俄罗斯联邦档案全宗文件。

（13）"临时保管的档案文件"是指销毁之前在依法确认的保管期限内保管的档案文件。

（14）"临时保管的俄罗斯联邦档案全宗文件"是指依本法第 21 条规定，在转入永久保管之前而保管的俄罗斯联邦档案全宗文件。

（15）"寄存保管的俄罗斯联邦档案全宗文件"是指由联邦执行权力机关和组织（包括国家科学院组织，俄罗斯科学院除外）根据协议所确立的期限和条件，以及根据俄罗斯联邦政府授权的执行权力机关所确立的期限和条件而保管的俄罗斯联邦档案全宗文件（根据 2006 年 12 月 4 日第 202 号联邦法修订）。

（16）"文件价值鉴定"是指为了确定文件的保管期限和挑选有价值文件列入联邦档案全宗，依据鉴定标准研究文件的价值。

（17）"档案文件的整理"是指根据联邦执行权力机关所确立的规则将档案文件组织成保管单位（案卷），并对其进行著录和装订。

（18）"档案文件的占有者"是指依法占有和利用档案文件，并在法律和协议规定的范围内全权处置档案文件的国家机关、地方自治机关、法人或者自然人。

（19）"档案文件的利用者"是指为了获取和利用必要的信息，依法提出档案利用请求的国家机关、地方自治机关、法人或者自然人。

**第4条 俄罗斯联邦、俄罗斯联邦主体、市政组织在档案事业领域的权利**

1. 俄罗斯联邦在档案事业领域的权利：

（1）制定和实施档案事业领域统一的国家政策；

（2）制定俄罗斯联邦档案全宗文件和其他档案文件的保管、补充、统计和利用规则，并监督对这些规则的遵守；

（3）保管、补充、统计和利用以下机关的档案文件和档案全宗：

（а）联邦国家档案馆、联邦博物馆和图书馆；

（б）联邦国家权力机关，以及其他联邦国家机关，包括：联邦监察机关、联邦中央选举委员会、联邦计量局、俄罗斯联邦中央银行（俄罗斯银行）（根据2007年12月1日第318号联邦法增加，根据2013年2月11日第10号联邦法修订）。

（в）国家预算外基金；

（г）国家科学院及其组织机构（根据2006年12月4日第202号联邦法修订）；

（д）联邦企业联合体包括国有企业、联邦国家机关（以下简称"联邦组织"）和俄罗斯境外的国家机关。

（е）国家社团、国有公司（根据2013年2月11日第10号联邦法增加）。

（4）解决将联邦所有的档案文件向联邦主体和（或）市政组织的移交问题。

（5）解决俄罗斯联邦档案全宗文件的临时出境问题。

2. 俄罗斯联邦主体在档案事业领域的权利：

（1）在联邦主体范围内执行国家档案事业政策；

（2）保管、补充、统计和利用以下机关的档案文件和档案全宗；

（а）俄罗斯联邦主体的国家档案馆、联邦博物馆和图书馆；

（б）俄罗斯联邦主体的权力机关和联邦主体的其他国家机关；

（в）俄罗斯联邦主体的企业联合体，包括联邦主体的国有企业和国家机关（以下简称"俄罗斯联邦主体组织"）；

（3）解决将联邦主体所有的档案文件向联邦、其他联邦主体和（或）市政组织的移交问题。

3. 市政组织在档案事业领域的权利：

（1）保管、补充（组建）、统计和利用以下机关的档案文件和档案全宗：

（a）地方自治机关、市立档案馆、博物馆和图书馆；

（6）市政的企业联合体，包括国有企业和机关（以下简称"市政组织"）；

（2）解决将市政所有的档案文件向俄罗斯联邦、联邦主体和其他市政组织的移交问题。

4. 农村自治地方机关、县、市镇和城际区根据 2003 年 10 月 6 日颁布的联邦法《俄罗斯联邦地方自治组织基本原则》（No. 131-Ф3）关于地方问题的授权开展档案活动（根据 2015 年 11 月 28 日第 357 号联邦法修订）。

5. 自治区和城市区的地方自治机关，对属于国家所有并位于市政组织区域内的档案文件具有保管、补充、统计和利用的专门权力，以及为了实现上述权力所必需的物质技术和经费保障。

# 第二章　俄罗斯联邦档案全宗

## 第 5 条　俄罗斯联邦档案全宗的组成

俄罗斯联邦档案全宗包括存在于俄罗斯联邦版图内的所有档案文件，不论其来源、产生时间和方式、载体形态、所有权形式和保管地点如何。包括法律文件，机关文件，含有科学研究成果的文件，工程设计和技术成果文件，电影、照片、录像、录音文件，电子和遥测文件，手稿、图画、图纸、日记、书信、回忆录、档案文件原件的复制件，以及位于国外的国家组织的档案文件。

## 第 6 条　档案文件列入俄罗斯联邦档案全宗

1. 在对文件价值鉴定的基础上将档案文件列入俄罗斯联邦档案全宗。

2. 由联邦政府专门授权的中央鉴定检查委员会负责解决文件价值鉴定和将其列入俄罗斯联邦档案全宗有关的科学方法问题，确认其中特别贵重的文件，包括孤本文件。

3. 由联邦政府专门授权的执行权力机关确定合乎鉴定标准的档案文件清单以及使用指南，并指明文件的保管期限（根据 2014 年 10 月 4 日第 289 号联邦法修订）。

4. 俄罗斯联邦国家档案馆的鉴定委员会和被授权的联邦主体的执行权力机关在其主管范围内负责将具体的文件列入联邦档案全宗。

5. 文件价值鉴定由联邦主体授权的档案事业执行权力机关、国家及市立档案馆和档案文件的所有者及占有者共同实施。

6. 联邦所有的、联邦主体所有的、市政所有的任何载体形式的档案文件必须进行价值鉴定，未经过文件价值鉴定程序的文件禁止销毁。

7. 在文件价值鉴定的基础上，由国家档案馆和市立档案馆、博物馆、图书馆和俄罗斯科学院组织与档案文件所有者和占有者签订协议，将私人档案列入俄罗斯联邦档案全宗。协议中应当明确档案文件所有者和占有者在保管、统计和利用俄罗斯联邦档案全宗文件方面的义务（根据 2015 年 11 月 28 日第 357 号联邦法修订）。

## 第 7 条　属于国家所有的档案文件

1. 属于联邦所有的档案文件：

（1）保存在联邦国家档案馆、联邦博物馆、图书馆和俄罗斯科学院组织的档案文件（根据协议移交到上述机关，但所有权未发生转移的档案文件除外）。

（2）本法第 4 条第一部分第三点的"б"和"е"所指的国家机关和组织的档案文件（根据 2013 年 2 月 11 日第 10 号联邦法修订）。

（3）由于第二次世界大战而迁移至苏联，并处于俄罗斯联邦版图内的历史上的敌对国家的档案文件，如果俄罗斯联邦没有其他关于文化价值迁移立法的。

（4）根据联邦法律归联邦所有的档案文件。

2. 属于俄罗斯联邦主体所有的档案文件：

（1）保存在俄罗斯联邦主体的国家档案馆、博物馆和图书馆的档案文件（根据协议移交到上述机关，但所有权未发生转移的档案文件除外）；

（2）俄罗斯联邦主体国家机关和组织的档案文件。

## 第 8 条　属于自治城市所有的档案文件

1. 以下档案文件归自治城市所有：

（1）地方自治机关和市政组织的档案文件；

（2）保存在市立档案馆、博物馆和图书馆的档案文件（根据协议移交到上述机关，但所有权未发生转移的档案文件除外）；

（3）自治组织之间、自治组织与联邦主体之间关于自治组织在形成、联合、分解和地位变化之前所形成的，并保存在市立档案馆的档案文件的所有权划分问题，根据俄罗斯联邦主体的有关立法解决。

## 第 9 条　属于私人所有的档案文件

1. 以下档案文件属于私人所有：

（1）俄罗斯联邦境内的非国家和非自治地方的社会组织的档案文件，包括根据俄罗斯联邦关于社会团体和政教分离以后的宗教联合体的立法而登记成立的社会组织（以下简称"非国家组织"）的档案文件；

（2）由公民产生或者依法获得的档案文件。

### 第10条　俄罗斯联邦、联邦主体或者自治城市的档案文件所有权法律状况

1. 由俄罗斯联邦政府根据联邦执行权力机关的专门授权，将俄罗斯联邦所有的档案文件的所有权转移给俄罗斯联邦主体和自治城市。

2. 根据俄罗斯联邦法律、联邦主体的法律和自治城市的法规规定，将俄罗斯联邦主体或者自治城市所有的档案文件的所有权转移给俄罗斯联邦、其他联邦主体和（或）自治城市。

3. 如果俄罗斯联邦加入的国际条约和联邦法律没有其他规定，国家所有或者自治城市所有的档案文件，禁止私有化，不能成为出卖、交换、赠送的对象。

4. 实施私有化的国有企业或者自治城市企业，在其活动中形成的档案文件包括人事文件，仍然归俄罗斯联邦、联邦主体和自治城市所有。

### 第11条　俄罗斯联邦档案全宗文件中的私人所有文件的所有权转移

1. 私人所有的俄罗斯联邦档案全宗的文件可以收归国有，也可以通过合法继承等多种方式进行所有权的转移。继承者必须向与原所有者签订协议的国家和市立档案馆、博物馆、图书馆以及俄罗斯科学院组织通报所有权的转移。

2. 私人所有的俄罗斯联邦档案全宗的档案文件的所有权转让时，应当依本法第6条第七部分的规定，在转让协议中指明义务的转让。

3. 如果特别贵重的档案文件的所有者和国家文件的保管者没有履行保管、统计和利用这些文件的义务，可能导致它们丧失重要意义的，根据《俄罗斯联邦民法典》第240条的规定可由法院判决没收。

4. 私人所有的档案文件进行拍卖时，拍卖组织者必须在距拍卖当天30天以内以书面形式向拍卖地由联邦政府专门授权的档案事业领域的执行权力机关、联邦主体专门授权的档案事业领域的执行权力机关通报，并注明出售的条件、时间和地点。对于违反上述程序进行档案文件出售的，联邦政府专门授权的档案事业领域的执行权力机关、联邦主体专门授权的档案事业领域的执行权力机关可依据民法相关规定，据此要求通过司法程序而获得作为购买者的权利和义务。

5. 对"俄罗斯联邦总统历史遗产中心"的俄罗斯联邦档案全宗私人档案文件的所有权管理问题，根据联邦法律《关于终止"俄罗斯联邦总统历史遗产中心"职能》的规定执行（根据2008年5月13日第68号联邦法增加）。

## 第 12 条　保护档案的所有权

1. 档案文件的所有权不管其形式如何都受到法律保护，禁止在联邦法律没有规定的情况下没收档案文件。

2. 被非法占有的档案文件必须根据俄罗斯联邦加入的国际条约和俄罗斯联邦的法律规定转交给档案文件的所有者或者合法占有人。

# 第三章　俄罗斯联邦档案事业管理

## 第 13 条　档案馆的建立

1. 国家机关、县、市镇和城际区机关为了保管、补充、统计和利用在其活动过程中形成的档案文件必须建立档案馆。

2. 组织和公民为了保管在其活动过程中形成的档案文件，包括为了保管和利用非国有或者非市政所有的档案文件，有权建立档案馆。

## 第 14 条　俄罗斯联邦档案事业的组织管理

1. 国家是本法所规定的权利的保证者，国家在实行相应的科学-技术政策和财政政策包括税收政策和信贷政策的基础上，保障俄罗斯联邦档案事业的发展。

2. 俄罗斯联邦档案事业的管理由联邦国家权力机关和由联邦政府专门授权的联邦执行权力机关来实现。

3. 俄罗斯联邦主体的档案事业管理由联邦主体的国家权力机关和由联邦主体专门授权的档案事业领域的执行权力机关来实现。

4. 自治组织的档案事业管理由地方自治机关来实现。

5. 国家机关、地方自治机关、组织和公民为了在组织对档案文件的保管、补充、统计和利用活动中适用统一的原则，必须在工作中遵守俄罗斯联邦的档案法律（包括由联邦政府授权的联邦执行权力机关制定的规则），以及俄罗斯联邦主体的法律和自治城市的法规文件。

## 第 15 条　档案事业的财政和物质技术保障

1. 不具备法人资格的国家机关、地方自治机关、组织和公民从事企业活动的，必须为档案文件的组织、保管、统计和利用提供经济的、物质技术的和其他方面的必要条件，为了满足保管档案的正常需要以及为档案工作人员提供劳动条件而必须提供档案库房和（或）场所。

2. 国家机关、地方自治机关在决定对国有和市政所有的档案馆建筑进行改造、转让、拆除时，为了满足保管档案文件的正常需要必须为这些档案提供保管处所。

3. 国家和市立（地方自治机关的下属机构除外）档案馆有权以成立时的文件规定为限进行有限的营利性活动，应当服务于并符合其既定的目标，或者采用俄罗斯联邦法律所允许的其他方式抵偿自己的开支。

## 第 16 条　俄罗斯联邦档案事业的守法监督

俄罗斯联邦档案事业的守法监督由俄罗斯联邦国家权力机关和俄罗斯联邦政府专门授权的联邦执行权力机关、俄罗斯联邦主体的权力机关和联邦主体授权的执行权力机关，在俄罗斯联邦法律和俄罗斯联邦主体的法律规定的职权范围内实现。

# 第四章　档案文件的保管和统计

## 第 17 条　不具备法人资格的国家机关、地方自治机关、组织和公民从事企业活动的，有安全保管档案文件的义务。

1. 不具备法人资格的国家机关、地方自治机关、组织和公民从事企业活动的，在俄罗斯联邦法律和其他法规所确定的保管期限内，必须保证档案文件包括人事文件的安全保管以及本法第 6 条第三部分和第 23 条第一部分所列文件的安全保管。

2. 禁止销毁俄罗斯联邦档案全宗的档案文件。

3. 对于特别贵重的档案文件包括孤本文件制定特殊的统计、保管和利用制度，建立这些文件的安全副本。

4. 将俄罗斯联邦档案全宗文件列入特别贵重的档案文件和孤本文件的制度，对这些文件的统计制度，以及建立和保管安全副本制度，由联邦政府专门授权的执行权力机关制定。

## 第 18 条　俄罗斯联邦档案全宗文件的保管

1. 国家所有的俄罗斯联邦档案全宗文件的保管：

（1）"永久保管"由俄罗斯联邦国家档案馆、博物馆、图书馆和俄罗斯科学院负责永久保管；

（2）"临时保管"由国家机关和组织设立的档案馆负责临时保管。此外，地方自治区、城市区和市立档案馆对自治区域内的国家所有的档案文件的保管、补充、统计和利用拥有独立的国家权力。

2. 属于俄罗斯联邦所有的联邦档案全宗文件的寄存保管，由联邦执行权力机关和组织（包括国家科学院组织，俄罗斯科学院除外）负责，文件清单由俄罗斯联邦政府制定。联邦档案全宗文件寄存保管的期限、条件以及利用，由联邦执行权力机关和组织（包括国家科学院组织，俄罗斯科学院除外）与联邦政府专门授权的联邦执行权力机关签订协议来确定（根据 2006 年 12 月 4 日第 202 号联邦法修订）。

3. 自治城市所有的俄罗斯联邦档案全宗文件的保管：

（1）"永久保管"由自治区的档案馆、博物馆和图书馆负责保管；

（2）"临时保管"由自治机关、市政机关以及它们所建立的档案馆负责临时保管。

4. 私人所有的档案文件可由文件所有者或占有者自行保管，也可以通过协议方式由国家或市立档案馆、博物馆、图书馆以及俄罗斯科学院保管，在这种情况下，文件的保管条件由文件所有者或占有者遵照本法的规定来确定。

5. 对于终止行使职能的"俄罗斯联邦总统历史遗产中心"的俄罗斯联邦档案全宗文件永久保管（根据 2008 年 5 月 13 日第 68 号联邦法增加）。

## 第 19 条　俄罗斯联邦档案全宗文件的国家统计

1. 无论俄罗斯联邦档案全宗文件保管在何处，必须进行国家统计。俄罗斯联邦档案全宗文件的国家统计制度由联邦政府专门授权的联邦执行机关制定。由联邦政府专门授权的联邦执行机关负责进行孤本文件的统计并制定联邦档案全宗孤本文件清册。

2. 保存在国家和市立档案馆、博物馆、图书馆以及俄罗斯科学院的联邦档案全宗文件，不列入上述机构的财产。

# 第五章　档案馆对档案文件的补充

## 第 20 条　国家和市立档案馆补充档案文件的来源

1. 国家机关、地方自治机关、组织和公民在其活动中形成的属于俄罗斯联邦档案全宗的文件和其他档案文件，必须由国家和市立档案馆接收保管，它们是国家和市立档案馆补充档案文件的来源。

2. 国家和市立档案馆负责制定向其移交联邦档案全宗文件和其他档案文件的来源名单，可根据协议在名单上列入非国有组织和公民。

## 第 21 条　移交俄罗斯联邦档案全宗文件进行永久保管

1. 属于国有和市政所有的，临时保管在国家机关和地方自治机关或者国家和市政组织的俄罗斯联邦档案全宗文件，如果临时保管期限已满，移交至相应的国家和市立档案馆永久保管。

2. 位于俄罗斯联邦主体区域内的俄罗斯联邦国家权力机关和联邦组织以及其他联邦国家机关在其活动中产生的联邦档案全宗文件，可根据移交机关或组织与联邦主体授权的档案事业领域的执行权力机关之间签订的协议，移交至俄罗斯联邦主体的国家档案馆保管。

3. 私人所有的俄罗斯联邦档案全宗文件，可根据国家和市立的档案馆、博物馆、图书馆和科学院组织与档案文件的占有者之间签订的协议，移交至国家和市立的档案馆、博物馆、图书馆和科学院组织保管。

4. 禁止国家机关、地方自治机关、国家和市政组织将其在活动中形成的俄罗斯联邦档案全宗的文件移交给博物馆、图书馆、俄罗斯科学院组织及其他非国家组织。

5. 根据《俄罗斯联邦文件呈缴本法》，将档案文件无偿移交国家和市立档案馆永久保管。

## 第 22 条　俄罗斯联邦档案全宗文件在永久保管之前的临时保管期限

俄罗斯联邦档案全宗文件在进入国家和市立档案馆之前应当确定下列临时保管期限：

（1）列入俄罗斯联邦档案全宗的俄罗斯联邦国家权力机关的文件，其他联邦机关包括俄罗斯联邦检察机关、俄罗斯联邦中央选举委员会、俄罗斯联邦计量局、俄罗斯联邦中央银行（俄罗斯银行）的文件，以及构成俄罗斯联邦档案全宗的国有企业预算外基金和联邦组织的文件——15 年（根据 2013 年 2 月 11 日第 10 号联邦法修订）。

（2）列入俄罗斯联邦档案全宗的俄罗斯联邦主体国家权力机关的文件，联邦主体其他国家机关和组织的文件——10 年。

（3）列入俄罗斯联邦档案全宗的地方自治机关和市政组织的文件——5 年。

（4）列入俄罗斯联邦档案全宗的专门档案文件：

（а）关于公民（生、死、嫁、娶等的）民事注册的记录——100 年；

（б）人事文件、公证活动记录、经济账簿以及涉及住宅基金私有化方面的文件——75 年；

（в）基本建设的设计文件——20 年；

（г）技术和设计文件——20 年；

（д）发明专利、有益模型和工业样品专利——20 年；

（e）科学研究文件——15 年；

（ж）影片、照片文件——5 年；

（з）录像、录音文件——3 年。

## 第 23 条　国家机关、地方自治机关和组织在补充国家和市立档案馆档案文件方面的义务

1. 俄罗斯联邦国家权力机关和其他联邦国家机关与联邦政府专门授权的执行权力机关联合制定和确认在其活动中形成的文件清单以及下属机构形成的文件清单，并指明保管期限。

俄罗斯联邦政府专门授权的执行权力机关与俄罗斯中央银行联合确认在其信贷组织活动中形成的文件清单，并指明保管期限，制定使用指南（根据 2014 年 10 月 4 日第 289 号联邦法修订）。

2. 国家机关、地方自治机关、国家和市政组织根据联邦政府专门授权的联邦执行权力机关制定的规则保证档案文件的挑选、准备，并将整理好的联邦档案全宗文件移交到国家和市立档案馆永久保管。与挑选、准备和移交有关的所有工作，包括整理和运输工作的经费都由移交机关支出。

3. 非国家组织对其所占有的属于联邦、联邦主体及市政所有的档案文件，应当保证挑选并将整理好的档案文件移交到国家和市立档案馆。用于此项工作的经费依法从联邦政府制定的预算计划、联邦主体执行权力机关制定的预算计划，以及地方自治机关制定的预算计划的资金中划拨。

4. 在国家档案馆改组情况下，将整理好的档案文件移交到改组后的国家档案馆。

5. 在地方自治机关机构变化情况下，将整理好的档案文件移交到重新成立的地方自治机关。

6. 在国家和市政组织改组情况下，将整理好的档案文件移交到改组后的组织。在国家和市政组织的所有权形式发生改变时，可在该组织与国家和市立档案馆签订协议的基础上将档案文件暂时移交到重新产生的组织保管。

7. 国家和市政组织在改组中分成一个或几个组织，档案文件继续保管的条件和地点由组织的创办人决定，或者由授权管理这些创办文件的机关协同联邦政府授权的档案事业执行权力机关或者联邦主体授权的档案事业执行权力机关共同确定。

8. 国家机关、地方自治机关、国家组织和市政组织撤销的，构成联邦档案全宗的文件、人事文件以及未满临时保管期限的档案文件，应当将其整理好并移交

给相应的国家和市立档案馆保管。

9. 非国有组织改组时，档案文件继续保管的条件和地点由这些组织的创办人决定，或者由授权管理这些创办文件的机关决定。

10. 非国有组织撤销的（包括因破产而撤销的），应当由撤销委员会（撤销者）或者选拔的主管人员根据他们与国家和市立档案馆签订的协议，将该组织在活动过程中形成的构成联邦档案全宗的档案文件、人事文件以及未满临时保管期限的档案文件整理好并移交相应的国家和市立档案馆保管。在这种情况下，由撤销委员会（撤销者）或者选拔的主管人员负责整理撤销组织（包括因破产而撤销的组织）的档案文件。

# 第六章　档案文件的获取和利用

## 第 24 条　档案文件的获取

1. 为了研究档案文件，利用者有权自由地查找和获取档案文件（根据 2010 年 7 月 27 日第 227 号联邦法修订）。

1.1 确保对档案文件的获取

（1）为利用者提供档案文件（包括电子文件）检索工具和相关信息。

（2）为利用者提供必要的档案文件（包括电子文件）原件和（或）复制件。

（3）通过信息通信网络（包括互联网）提供档案文件的普遍利用，可提供对其的复制（1.1 根据 2010 年 7 月 27 日第 227 号联邦法修订）。

2. 借阅私人所有的档案文件的条件由档案文件的所有者和占有者制定，联邦法律有其他规定的除外。

## 第 25 条　档案文件获取的限制

1. 档案文件的获取受到俄罗斯联邦参加的国际条约和联邦法律的限制，以及私人所有的档案文件所有者和占有者的决定的限制。

2. 含有国家秘密信息及其他受联邦法律保护的秘密信息的档案文件限制获取，不管其所有权形式如何。特别贵重的档案文件原件和孤本文件限制获取。根据由联邦政府专门授权的执行权力机关的规定，对于物理状况不令人满意的俄罗斯联邦档案全宗文件限制获取。取消对含有国家秘密信息及其他受联邦法律保护的秘密信息的档案文件的获取限制，要根据相关的俄罗斯联邦法律来实行。

3. 含有公民个人秘密和家庭秘密信息、公民私生活信息，以及对其安全构成威胁的信息的档案文件，自上述文件产生之日起的 75 年内限制获取。获得公民本人的书面允许，或者在公民死亡以后获得其继承人的书面允许，对含有公民个人秘密和家庭秘密信息、公民私生活信息，以及对其安全构成威胁的信息的档案文件的获取限制可取消，可早于这个期限而提前利用。

## 第 26 条　档案文件的利用

1. 档案文件利用者有权为了任何合法目的和采取任何合法方式，利用、传递、传播提供给他的档案文件和档案文件复制件中所含有的信息。

2. 国家和市立档案馆、博物馆、图书馆和俄罗斯科学院组织要为档案文件利用者提供必要的查找和研究档案文件的条件。

3. 不具有法人资格的国家机关、地方自治机关、组织和公民从事企业活动的，必须按照有关规定，以其拥有的相关档案文件为档案文件利用者无偿提供与公民的社会保障有关的，包含有养老保障以及依法获得其他优惠待遇和补偿的档案证明或者档案文件副本。利用者可以电子文件方式通过公共信息网络（包括互联网）提交申请和请求（根据 2010 年 7 月 27 日第 227 号联邦法修订）。

4. 地方和市立（地方自治机关的下属机构除外）档案馆、博物馆、图书馆和俄罗斯科学院组织以及国家和市政组织，可依法在其拥有的档案文件和档案检索工具的基础上，为档案文件利用者提供有偿信息服务，可与他们签订利用档案文件和检索工具的协议。

5. 国家和市立档案馆的档案利用制度由联邦政府专门授权的联邦执行权力机关制定，国家机关、地方自治机关、国家和市政组织、国家和市立博物馆、图书馆、俄罗斯科学院组织的档案利用制度，由它们根据联邦法律以及联邦政府专门授权的联邦执行权力机关制定的规则来确定。

6. 对受到《俄罗斯联邦知识产权法》调整的档案文件的利用要考虑到该法的要求。

7. 国家和市立档案馆、博物馆、图书馆和俄罗斯科学院组织，国家机关档案馆、地方自治机关档案馆、国家和市政组织档案馆，要为国家机关和地方自治机关实现其权力提供必要的档案信息和档案文件副本（可以电子文件方式），公布和展览档案文件，编制能揭示馆藏文件内容成分的信息检索出版物（根据 2010 年 7 月 27 日第 227 号联邦法修订）。

8. 根据俄罗斯联邦法律作为物证没收的档案文件必须归还给档案文件的所有者或占有者。

# 第七章　违反《俄罗斯联邦档案事业法》的法律责任

## 第 27 条　违反俄罗斯联邦档案事业法的法律责任

法人、责任人和公民违反《俄罗斯联邦档案事业法》的，根据联邦法律规定应当承担民事、行政和刑事责任。

# 第八章　国际合作

## 第 28 条　俄罗斯联邦档案事业的国际合作

国家机关、地方自治机关，国家和市立档案馆、博物馆、图书馆及其他法人在自己的职权范围内，以及档案所有者和占有者为公民的，都可以参加档案事业国际合作，参加有关档案问题的国际组织、国际会议和大会工作，参加国际信息交流。

## 第 29 条　档案文件的出境和入境

1. 国家所有或者市政所有的俄罗斯联邦档案文件以及私人所有的俄罗斯联邦档案全宗文件，禁止出境。

2. 私人所有的档案文件可以出境，申请出境的档案文件必须根据联邦政府的规定进行文件价值鉴定。

3. 国家所有或者市政所有的俄罗斯联邦档案文件以及私人所有的俄罗斯联邦档案全宗文件暂时出境，根据俄罗斯联邦法律的有关规定实施。

4. 由于第二次世界大战迁入苏联并位于俄罗斯联邦版图内的，不归俄罗斯联邦所有的档案文件出境，要根据俄罗斯联邦法律的有关规定实施。

5. 通过合法途径购买和（或）得到的档案文件允许进入俄罗斯联邦境内。

## 第 30 条　档案文件副本的出境和入境

通过合法途径购买和（或）得到的任何载体形式的档案文件副本可以出境和入境，但俄罗斯联邦法律规定的限制获取的档案文件副本不能出境。

# 第九章 附 则

## 第 31 条 本法的生效

1. 本法自官方公布之日起开始生效。本法例外规定的其他的生效期限和程序除外。

2. 本法第 3 条第（11）项，第 4 条第 5 款自 2006 年 1 月 1 日起生效，在此日期之前，上述条款仅用于调整在自治（市、区）组织的边界发生变化或者自治（市、区）组织改组时产生的法律关系。

3. 本法第 4 条第 4 款自 2006 年 1 月 1 日起生效。

4. 本法第 6 条第 7 款，第 13 条第 1 款，第 18 条第 1 款第 2 项，关于自治区地方自治机关和市立档案馆的内容自 2006 年 1 月 1 日起生效。在此日期之前，上述条款仅用于调整在自治（市、区）组织的边界发生变化或者自治（市、区）组织改组时产生的法律关系。

## 第 32 条 由于本法的通过而废止相关法律

自本法生效之日起废止以下法律：

（1）1993 年 7 月 7 日生效的《俄罗斯联邦档案全宗和档案馆法》（No. 5341-I)（俄罗斯联邦人民代表大会和俄罗斯联邦最高苏维埃 1993 年第 33 号公报，第 1311 页）。

（2）1993 年 7 月 7 日俄罗斯联邦最高苏维埃发布的《关于实施俄罗斯联邦档案全宗和档案馆法的命令》（No. 5342-I)（俄罗斯联邦人民代表大会和俄罗斯联邦最高苏维埃 1993 年第 33 号公报，第 1312 页）。

俄罗斯联邦总统
普京
莫斯科，克里姆林宫
2004 年 10 月 22 日
第 125 号联邦法

境外国家和地区档案法律法规选编
A SELECTION OF THE LEGISLATION ON ARCHIVES
AND RECORDS OF OVERSEAS COUNTRIES AND REGIONS

# 联邦档案安全与利用法

2013年8月7日公布并自公布之日起生效

（历次修订：1990 年 8 月 31 日联邦法律公报第二部第 889 条、1992 年 3 月 13 日联邦法律公报第一部第 506 条、2001 年 10 月 29 日联邦法律公报第一部第 2785 条、2002 年 6 月 5 日联邦法律公报第一部第 1782 条、2002 年 9 月 5 日联邦法律公报第一部第 2722 条、2013 年 6 月 27 日联邦法律公报第一部第 1888 条、2013 年 8 月 7 日联邦法律公报第一部第 3154 条修订。）

**第 1 条**

联邦档案馆在保护期内对档案进行保护、管理和利用。

**第 2 条**

（1）德意志联邦立法机关、行政机关、联邦法院以及隶属于联邦的各组织机关，为保护已公开文件的安全或者处理使用过的文件，必须依据本法将工作中产生的各类证明文件向联邦档案馆移交。其中，已经公开的工作信件、邮件以及通讯录除外。移交机构要保护这些文件的机密性及安全性。

（2）立法部门自行决定文件是否向档案馆移交。

（3）联邦下级部门的文件，特别是不在上述规定中的地方性机关，则由隶属的最高级部门决定文件是否移交。文件在必要时可以依照各州档案法进行价值鉴定。如果这些文件被确定有价值并且符合本法中有关档案保护期的保护要求，最高级部门必须向档案馆移交这些文件。

（4）以下文件同样需要移交：

①根据 Abgabenordnung（《税规》），ErstenSozialgesetzbuch（《第一部社会法》）第 35 章有关联邦银行的第 32 条以及《信用法》第 9 章中包含的部分机密文件。

②第 1 条所列举部门中的需要保密的文件。

联邦档案馆在接收档案过程中要重视和保护相关单位和人员的利益，尤其是要重视对个人隐私的保护。

（5）对于第 3 条所指的价值文件，在对其进行大量接收时，要由接收档案馆与移交档案馆共同决定其利用范围、利用方式并且对此进行注释。对于电子文件要进行特殊的保护。这些电子类文件的保存要参考相关科技法进行相应的保护。如果电子文件在 4 个月之内未能被移交档案馆，相关部门将失去之后的文件利用资格。

（6）第一段中列举的需要移交的文件，如果不具有重要的公开价值，可以不提供利用与公开。

（7）有关文件销毁方面的规定尚未出台。

（8）本法所指的文件材料包括：档案文件、文书材料、卡片、计划书以及其他包含有重要信息、图片、影片以及其他标识的；需要移交的机构包括第（1）款中提及的组织和部门。

（9）书面材料的来源同时也包括德国其他党派和社会团体，相关法人以及民主德国的组织和部门。

（10）第（1）款中规定的部门具体由联邦档案馆商议决定。

## 第 2a 条

（1）以"联邦德国政党以及社会组织的基金会档案"的名义制定一个独立的联邦基金会和党派档案法。基金会不隶属于任何联邦行政部门。

（2）基金会有以下责任和义务：接收第 2 条第（1）~（9）款中所提及的所有材料；在保护期内对档案进行保护、利用和管理。这些书面材料还包括德国及国际工人运动的材料。

（3）第 2 条第（9）款中所提到的文件将作为基金会财产由基金会自行管理，对于其他的材料、文献以及图书馆馆藏应当与文件所有者进行商议后有针对性地进行管理。

（4）第 5 章规定的 30 年保护期制度对基金会档案无效。对于基金会中其他文件的使用需要参考第 5 条最后一句话，以及第 2、5、6 段。

## 第 3 条

联邦档案馆对移交档案的部门有以下接收标准：文件是否存在科学研究价值、历史研究价值，对社会、国家的利益保护价值以及对立法部门、行政部门的信息传递价值。

## 第 4 条

（1）针对私人档案的处置法规尚未出台。

（2）对于已经作为档案保存的文件，直接利益关系人可以通过申请的方式对其进行利用。联邦档案馆设置的文件管理处将受理这类申请工作。

（3）当私人文件存在争议以及不确定因素时，相关部门和责任人需参考其他有关文件或者通过其他方式对文献中的信息进行确定。当私人文件存在争议时，需要相关部门对档案的最终处理结果进行反馈报道。反馈报道同样适用于遗产分配或者存在其他利益冲突时的情况。

### 第5条

（1）如果没有其他特殊规定，档案文件的公开利用时间为自形成之日后的30年。有关私人文件保护期的特殊法规尚未出台。

（2）联邦档案馆的档案文件，如果由一个自然人所有，在所有人死亡后的首个30年内可以至多被利用3次。如果所有人死亡具体时间无法确定，这个年限则为所有人出生后的110年。

（3）第2条第（4）款中所规定的档案保护期为自形成之日后的60年，这项保护期制度不适用于1949年3月23日前产生的档案，以及具有明确科学研究价值或者历史研究价值的档案。

（4）第4条第（1）~（3）款中的档案文件不适用于以下文件：已经被公开出版，或者在移交至档案馆之前存在已公开信息的文件。

（5）第一段中所规定的保护期制度在以下情况下可以缩短：

①档案所有者同意对所有的文件进行出版、公开发行。

②科学研究所需要的档案，可以在对其妥善保护的情况下进行有限利用，这种利用不向匿名利用者提供。

③行政类文件在相关部门和机关需要时可以进行利用。

保护期的延长时间至多为30年，如果文件为机关所有，具体的保护期调整时间由机关自行决定。

（6）档案文件在以下情况下不允许公开利用：

①文件的利用有损联邦利益或者其他国家利益。

②已经受到损坏的文件不允许被利用。

③保护期内的文件利用费用或者维护代价较高时不允许利用。

④与《保密法》等其他法律有所冲突时文件不能被利用。

⑤与《刑法》第203章第1-3段或者其他联邦法律对保密义务的规定相违背时。

（7）根据《刑法》第203章第1、3段规定，如果有保密方面的需求，文件可以被文件的直接责任人限制利用或者不提供利用。本条款对于第3条第2句涉及的文件同样适用。

（8）对于文书档案的利用，如果年限超过 30 年或者文件属于第 2 章所规定的机构，那么将按照第（1）~（7）款中的规定对档案进行管理。这些条款不适用于第二章 5.6 段不属于联邦档案馆接收的文件。

（9）个人档案保存的前提是文件没有被损坏。

## 第 6 条

对于文化方面以及属于联邦政府管理的媒体类组织团体产生的文件，也同样要依照联邦各类档案法对档案进行利用。利用过程中费用的收取要公开和透明，同时要考虑文件所有人和所属部门的情况。

## 第 7 条

联邦政府可以将本法或其他法律中规定的档案文件之外、与联邦档案有实际联系或有对于德国历史有研究价值的文件作为档案进行传播。

## 第 7a 条

联邦政府同样可以依照《联邦档案法》管理以下对文化研究有利的文件材料

（1）在德国境内上映电影的出品方或者联合出品方要在数据库中进行数据备份和注册。注册时间为电影公开发行 12 个月内（"公开发行"指的是在电影院、国际性电影节或者颁奖典礼上进行公映，如果电影没有公映，那么这个日期以电影制作完成为准）。

（2）电影的制片人和联合制片人最晚需要在电影发行后 12 个月在联邦档案馆进行注册，影片应当以一个无损的数字化复刻格式进行保存。如果电影影片的所属管理机构发生变更，也要通知档案馆进行登记。

（3）本法所指的影片包括：

①已经确定要公开发布或者参加国内或者国际电影节、公开颁奖礼的电影。

②2006 年通过、2009 年修改的《德国国家图书馆法》第 3 章第 4 段提及的部分。

本法中所涉及影片的制片人必须为联邦德国人、在德国定居或者拥有公司；联合摄制组、共同制作人中必须有德国人。

（4）本法规定的各类电影和颁奖活动，在 2004 年出台、2010 年 7 月 31 日修改的《电影法》中有具体规定。

（5）本条第 1 项中提及的没有公映的电影，如果这些电影确定将在未来进行公开发行或者参加电影节，那么它的长度不能超过 79 分钟（展映）及 59 分钟（电影院公映）。

**第 7b 条**

（1）违法条约：

①未能按照第 7a 条第 1 段第一句中的规定进行正确登记和注册或者违反相关电影放映规定；

②未能按照第 7a 条第 2 段第 1 句中的规定将档案正确接收和保存。

（2）违法行为：

负责人对影片注册存在疏漏或是用于商业目的并以此牟利。

（3）处罚最多为 10 000 欧元。

（4）根据《违法条例》第 36 章第 1 段中规定，管理部门为联邦档案局。

**第 8 条**

依据《税规》第 30 章所规定的有关公司机密或者商业机密的文件，应同样依据第二条对文件进行提供和移交。对于这些文件的使用也需满足第 2 条中第四部分的规定。

**第 9 条**

官员以及公共机构服务人员必须遵守与保密有关的法律和档案法规定，对档案进行安全移交。这些法律包括：《税法》第 30 章、《刑法》第 203 章、《联邦银行法》第 32 章以及《信用法》第 9 章。

**第 10 条**

第十部《社会法》（1980 年 8 月 18 日通过，1982 年 11 月 4 日修改）依照《档案法》进行以下修改：

（1）第 71 章：

①前言中"报告通知义务"改为"义务"。

②第一段第二句这样修改：个人数据在以下情况可以允许公开，即依照《联邦档案法》第二章、第五章以及国家其他相关法律规定，在保护期之外可以利用和传递。

（2）第 76 章：

第一段中的条款不适用于：

①第 69 章对于个人数据相关规定的背景下，依照社会福利基本捐赠法则或者用于公共展览的文书材料，不能与公共所有权有任何冲突。

②在 71 章的第 2 段的前提下，第 84 章的"点"改为"重点"。

③第 71 章第一段第二句话删除。

### 第 11 条

对于《保密法》第 8 章、第 10 章提及的保密材料，要依照本法第 2 章相关内容进行移交和利用，并且在进行相关行为时考虑材料所有权人和所有机关。

### 第 12 条

［失效］

### 第 13 条

本法自公布之日起生效。本法修改发布的基础是 1988 年 1 月 15 日发布的《档案法》。

# 爱尔兰
## Ireland

境外国家和地区档案法律法规选编
A SELECTION OF THE LEGISLATION ON ARCHIVES
AND RECORDS OF OVERSEAS COUNTRIES AND REGIONS

# 1986年国家档案馆法

1986年5月8日　1986年第11号

## 第1条　释义

（1）本法中

"馆藏档案"的释义由第2条规定。

"委员会"指根据第20条下所设立的国家档案馆咨询委员会。

"部门档案"的释义由第2条规定。

"国家档案馆馆长"的释义由第 5 条规定。

"职能"包括职权与职责，而职能的履行包括慎重对待权限和职责、职权的行使和职责的完成。

"地方当局"指以下机构：

（a）郡委员会；

（b）郡级市委员会；

（c）非郡级市委员会；

（d）城区委员会；

（e）镇委员会委员；或

（f）依成文法或在其下设立的联合董事会或委员会，履行（a）、（b）、（c）、（d）或（e）款中提到的归属于两个及以上机构的职能；

"国家档案馆"指依照第 3 条所设立的机构；

"公共服务组织"指由地方当局、卫生委员会依成文法设立并由基金全额或部分资助、由政府成员或持有股份的政府成员提案提供的贷款所设立的机构。

（2）（a）在本款中，"附录所列机构"指机关、机构、局（处）、委员会或本法附录中提及的委员会。

（b）在本法中（除（c）项外），涉及国家部门、法院及附录所列机构，第 2 条第（2）款中"部门档案"的定义要作出相应解释。

（c）在本法中，对所涉及的政府成员均应当进行适当解释，第（1）款和第 2 条中的除外：

（i）涉及总统秘书处、司法总长办公室、总审计长办公室、检察长办公室的，参照总统、司法总长、总审计长、检察长。

（ii）涉及法院的，参照司法部长。

（iii）涉及国家部门或附录所列机构（除本条第（1）款中列明的局（处））的，参照对该部门或附录所列机构负责的政府官员。

（d）经总理与国家档案馆馆长和委员会商议后，可对本法附录进行修订。

（e）对本分节提议发布的规则，应当将规则草案提交议会两院审议，且获得两院通过后方可发布。

（3）本法中，涉及因特定法条或特定目的而授权国家部门官员，应当依照总理制定的规则中所指定类别、等级、职别的部门官员作出解释。

（4）本法中，提及的法条除在其他成文法中另有所指外，均指本法法条。

（5）本法中提及的款，除在其他成文法中另有所指外，均指其所在条下的款。

## 第 2 条　馆藏档案、部门档案

（1）就本法而言，馆藏档案包括：

（a）在本法生效之时，已保存于爱尔兰公共档案馆或国家文件中心的档案和文件（及其复制件）。

（b）依照本法规定，移交至国家档案馆接收保管的部门档案。

（c）其他由国家档案馆从公共服务组织、机构及个人处永久获得或借用的档案、文件（及其复制件）。

（d）本法生效时，所有存放于爱尔兰公共档案馆（已废止的《1867 年爱尔兰公共档案法》所规定）之外的公共档案。

（2）本法中，部门档案是指以下任何一种：

账册，地图，计划、规划，图纸，文件，案卷，照片，影片，缩微胶片和其他缩微品，录音资料，图片档案，磁带，磁盘，光盘或影碟，其他的机读档案，其他纪录片或经加工材料。

第 1 条第（2）款所指的国家部门或其他机构，如委员会、管委会、由政府适时委任的调查审理委员会、政府成员或司法总长，在业务活动中形成、接收及保存的档案记录，也包括这类档案的复制件。但以下除外：

（i）授予物、契约或其他当时尚属国家所有财产者，及

（ii）图书馆、博物馆、美术馆永久收藏品。

（3）任何人或机构不得阻碍国家部门保留依本法移交至国家档案馆的档案复制件。

## 第 3 条　国家档案馆的设立

自本节生效起，爱尔兰公共档案馆（包括《1867 年爱尔兰公共档案法》授予档案代理保管人的职能）和国家文件中心的职能应当由国家档案馆馆长来履行，该机构的设立始于本节生效，且在本法中称为国家档案馆。

## 第 4 条　国家档案馆馆长的职能

（1）除第 3 条中所提及的之外，国家档案馆馆长的职能还应当包括：

（a）控制和管理国家档案馆。

（b）保存、修复、整理和著录国家档案馆所保管的馆藏档案。

（c）依照本法，检查、接收部门档案。

（d）经有关政府成员的同意或按其要求，视察和检查部门档案的整理工作，对部门档案进行验收。

（e）就其管控下的档案的管理、保存、复制，向政府成员和公共服务机构提

出指导意见。

（f）通过购买、赠与、遗赠或借用的方式，征集应当由国家档案馆保管的档案、文件及复制件；如有与前述获取方式相关的惯例，也可由国家档案馆接收。

（g）准备和提供国家档案馆保管档案的指南、目录、索引和其他检索工具。

（h）经委员会同意，国家档案馆馆长可向档案或教育机构、图书馆、博物馆、美术馆及其他适合的机构和社团出借馆藏档案，且出借范围不限于国内。

（i）制作和提供国家档案馆所保管档案的复制件及摘录。

（j）依照本法，向公众提供国家档案馆所保管档案的查阅利用。

（k）出版国家档案馆馆藏档案、检索工具及其他资料。

（l）提供总理适时批准的教育服务。

（m）提供总理适时批准的有关档案管理的职能。

（2）总理可适时赋予国家档案馆馆长类似的或与第（1）款中所列职能一致的其他职能及第（3）款下授予的补充职能。

（3）（a）政府可藉命令授予国家档案馆馆长补充职责，亦可藉之修订或撤销本款下的命令，

（b）本款下所有命令一经发布，就应当提交议会两院，且如果其后的21天内两院中任何一院开会审议通过了取消该命令的决议，则该命令应当被宣告无效。但之前据该命令所做行为的合法性不受影响。

（4）倘若出现国家档案馆馆长办公室无人值守、馆长能力欠缺或疏于职守的情形，总理可授权国家档案馆的一名馆员履行本法所授予国家档案馆馆长的某些或全部职能。

## 第5条　国家档案馆馆长

（1）总理可适时任命一人为国家档案馆负责人，其在本法中被称为"国家档案馆馆长"。

（2）国家档案馆馆长应当履行本法所赋予的职能，以及根据第4条第（2）款或第4条第（3）款适时赋予他的其他职能或与国家档案馆有关的补充职能。

（3）总理与公共服务部部长协商一致后，国家档案馆馆长可依总理适时确定的条件（包括薪酬）就任职务。

## 第6条　国家档案馆工作人员

（1）总理与公共服务部部长适时协商后，任命适当的前述人员、多名人员出任国家档案馆馆员（除国家档案馆馆长之外）和雇员。

（2）经公共服务部部长同意，本条下被任命的国家档案馆馆员和雇员可依总理的决定（包括薪酬）任职和受雇。

（3）《1956 年文官委员会法》、《1956、1958 年文官管理法》、《1834～1963 年养老金法》及任何现行生效法律、新法或修正案都应当适用于本条下被任命的国家档案馆馆长、馆员、雇员。

## 第 7 条　部门档案的保留和处置

（1）根据 19 条（3）、（4）款的规定，除依照第 8 条被移交至国家档案馆，或依本条第（5）款被处置以外的部门档案，都应当由政府各部门持有、保存，且除依照本条第（5）款相关规定外，任何情形下均不得擅自处置；凡前述档案存在一份以上副本时，要保留原始档案，如原始档案已不可使用，则应当保存一份准确、完整的副本。

（2）国家档案馆馆长或为施行本条被馆长委任的国家档案馆其他馆员（在本节被称为"被委任的馆员"）可依据本条之规定作出授权。

（3）本条所规定之授权：

（a）应当授权处置相关部门档案；

（b）应当列明关于前述处置的情形；且

（c）应当依据其款项和列明情形生效。

（4）作出本条下的授权时，应当遵循如下情形：

（a）为施行本条，被授权的国家部门官员已证实该部门的管理中并不需要其制作、接收、保存且由证书列明的特定部门档案，或是前述列明档案的特定一类或几类，并已提请国家档案馆馆长或委任官员给予书面授权；

（b）国家档案馆馆长或委任官员确信在第（a）款下的证书列明的档案或档案种类并未授权国家档案馆保管；

（c）就最高法院的档案记录而言，该授权需经首席法官同意作出；就高等法院而言，该授权需经法院院长同意作出。

（5）对部门档案的处置，需经本条下的授权许可，必要时应当通过销毁来处置部门档案，以确保其机密性不受影响及档案内容不被泄漏。

（6）尽管本条有其他规定，但本条中的授权可能涉及在授权时并不存在的部门档案（或这类档案的一种或几种）。

（7）国家档案馆馆长或被委任的官员可检查任何部门档案，经本条下授权对之进行处置也在其职责范围内。

## 第 8 条　期满 30 年部门档案的移交

（1）凡期满 30 年以及本条下相关授权书尚未生效的部门档案，应当根据第 7 条规定，由产生档案的部门移交（或如果档案由其他部门保管，可由该部门移交）至国家档案馆供公众查阅。

（2）基于本款规定，被授权的国家部门官员可以证明由于规定原因，30年以上且证书列明、符合第（11）款规定的特定的部门档案或部门档案的特定一类或几类，在该部门被定期使用或因管理职能而需要，且其向国家档案馆的移交行为将严重干扰该部门的正常管理。

（3）国家档案馆馆长（或因此目的被国家档案馆馆长委任的官员）可证明特定部门的档案（或其一类或几类），如其在30年以上且证书列明尚未许可移交国家档案馆，以及任何经此证明的档案，就应当存放于适当的部门或（依照具体情况）返回原部门加以保管或根据第7条第（4）款第（a）项下的授权由该部门被授权官员予以处置。

（4）为施行本款，被授权的国家部门官员，经内阁官员同意（与内阁有关的档案除外），对符合第（11）款规定的在30年以上并由证书列明的特定的部门档案或部门档案的特定一类或几类，为使其利于公众查阅，可证明其：

（a）可能与公众利益相冲突，或

（b）以所持有的信息为由将会违背法定义务、违反善意的信任，或

（c）以他们所持有的有关个人信息为由将会给国民招致危难或可能导致危险的行为，甚或造成损害、中伤的行为。

（5）第（2）或（4）款下证书许可的相关部门档案可以保留在国家部门，也可移交国家档案馆保管，但依第7条第（5）款被处置的除外。

（6）依第（5）款被保留的部门档案应当由被授权的国家部门官员每5年至少复审一次，并考虑依据第（1）款移交国家档案馆的可能性。

（7）凡为确保妥善保存或其他管理原因而要求移交，经国家档案馆馆长同意，本条下任何人或机构不得阻止30年以下的部门档案移交至国家档案馆，但经此移交的档案均不得供公众查阅，本法另有规定除外。

（8）经与国家档案馆馆长协商，总理可依据本节对任何种类、组别的部门档案移交国家档案馆进行指导，且直至总理对移交安排表示满意，移交工作才可继续进行。

（9）根据本款获得授权的国家部门官员可向国家档案馆馆长书面申请暂时征用原为部门档案记录的馆藏档案，对公众有权查阅的这类被征用馆藏档案的整理要作出具体规定。

（10）（a）根据第（b）款的规定，第（1）款应当自本条生效2年后开始生效。

（b）尽管有第（a）款的规定，总理可应政府成员或国家档案馆馆长书面申请以书面形式延长该项提及的2年生效期，前提是其与申请中列明的国家部门有关而总理认为该延长是出于合理的管理原因。

（c）本条生效之前，第（a）项中任何人或组织不得阻碍30年以上部门档案向国家档案馆移交。

(11) 总理可藉命令，对与第（2）或（4）款下证书有关的档案，规定其特定一类或几类，也可修订或撤销依本款制定的命令。

## 第 9 条　国家档案馆馆长对馆藏档案的处置

（1）国家档案馆馆长可对其监管下的馆藏档案进行处置，只要：

（a）国家档案馆馆长认为，这些馆藏档案不需要继续由国家档案馆保存，或者国家档案馆保存的这些档案的件数已经足够需用，且

（b）委员会同意，且

（c）负责移交这些档案、存放到国家档案馆的有关政府成员、机构、个人同意如此处置。

（2）第（1）款授权处置的档案应当：

（a）以确保其机密性不受影响、内容不被泄露的方式进行销毁；或

（b）经委员会及对移交、存放至国家档案馆负责的有关政府成员、机构、个人同意，根据国家档案馆馆长书面规定的情形，被移交至另外的档案机构或合适的机构，并存放于该处。

（3）尽管有第（1）款规定，但最高法院的档案未经首席法官的同意不得被处置，高等法院的档案未经院长同意不得被处置。

## 第 10 条　馆藏档案查阅权

（1）依据本法所有存放于国家档案馆或其他地方的馆藏档案，应当遵循总理适时发布的规则，向公众提供查阅利用。但以下情况除外：

（a）原为部门档案且形成期不满 30 年的馆藏档案（法院或遗嘱文件除外）；

（b）原为部门档案且根据第 8 条第（4）款已被授予证书的馆藏档案。

（2）凡已由国家档案馆根据限制公众利用档案的条款获得的馆藏档案，应当遵照此限制条款。

（3）第 8 条规定适用于本条生效时原为部门档案且存放于爱尔兰公共档案局或国家档案保存处的馆藏档案，或根据第 8 条第（7）款规定移交至国家档案馆的馆藏档案。

（4）本条中任何人或机构不得限制公众查阅档案的权利：

（a）在本法生效之前，或

（b）在前述档案移交至国家档案馆之前。

（5）原为部门档案且产生期满 30 年以上还未向公众开放的馆藏档案应当由被授权的国家部门官员每 5 年至少复审一次，同时考虑决定其是否向公众开放，并作出相应的处理。

（6）任何人或机构不得阻碍政府官员批准对部门档案或不满 30 年的馆藏档

案（作为档案或馆藏档案保存于该官员主管的国家部门）使用权的申请。

（7）授予查阅馆藏档案（或部分馆藏档案）权无需作出解释，考虑到向公众开放会对档案造成损害，国家档案馆馆长应当视情况制作复制件以供公众查阅。

## 第11条　对提供公众查阅档案的指导

尽管有第8条第（2）、（4）、（6）款，第10条第（1）款第（b）项和第10条第（5）款的规定，总理可对部门档案进行指导，那些30年以上且继续保留在部门内的档案应当移交至国家档案馆供公众查阅，如移交后仍未对公众开放的档案，则应当向公众开放。

## 第12条　移交国家档案馆后档案的真实性

依据本法，将部门档案、其他档案或馆藏档案移送至国家档案馆或其他地方保管，都不应影响这些档案或馆藏档案的真实性。但这些被移送的档案、馆藏档案都应当被妥善安置，其在任何法庭或诉讼中的法律效力均等同于其未移送前。

## 第13条　部门档案的确定等

（1）就本法而言，应公共服务组织的申请，总理可宣布该组织的档案或文件（或声明中列明的该档案或文件的特定一类）成为部门档案。

（2）基于《1940~1972年郡管理法》和郡级市管理的相关成文法，本条中地方当局提出申请的行为是其固有职能。

## 第14条　部门档案的存放

与国家档案馆馆长商议后，总理适时批准的特定的部门档案，无论存放于何处，为施行本法均应当向国家档案馆移交。

## 第15条　对私人所有文件的收回

本法中任何人或机构收回文件时均不得侵犯他人声称的对文件的所有权。

## 第16条　国家档案馆的印章

（1）国家档案馆的印章应当由总理批准生效，且该印章应当根据第19条的规定进行验证。

（2）根据第19条的规则，国家档案馆保管的馆藏档案（或部分馆藏档案）的复制件均应当获得验证。

（3）公告文书应当加盖国家档案馆的印章或进行其他形式的认证，且所有宣称及时加盖国家档案馆印章或依据第19条规则获得验证的文件，法院、临时组建的特别法庭、议会两院（或两院委员会）均应当将其作为证据予以接收，且其应当被视为及时验证的复制件，除非有相反情形出现。

## 第17条　馆藏档案的版权与复制

（1）依本法由国家档案馆所保管或存放于其他地方的馆藏档案，在国家档案馆馆长的指导下，其复制件的制作或供应及向公众开放均不得侵犯这类馆藏档案的版权。

（2）除原为部门档案的馆藏档案以外，第（1）款依照所有获得这类馆藏档案的条款得产生效力。

（3）未经国家档案馆馆长的书面同意，任何人不得出版、复制国家档案馆所保管的馆藏档案，或使用依据本法规定存放于其他地方的馆藏档案。

（4）违反第（3）款规定的个人应当被判有罪，可处不超过800英镑的罚金。

## 第18条　馆藏档案的移送等

（1）除非法律另有规定：

（a）个人不得从国家档案馆移出馆藏档案；

（b）个人不得移出根据《1881年爱尔兰教会法修正案》已移交至爱尔兰土地委员会的档案；

（c）在第23条生效时被存放于爱尔兰公共档案局（据该条第（1）款所提及的法案）以外的馆藏档案，个人不得将其从该存放地移出。

（2）违反第（1）款规定，隐藏或损坏馆藏档案、不经国家档案馆馆长同意移出或毁灭馆藏档案者当被判有罪，且可：

（a）循简易程序定罪，判处不超过800英镑的罚金，或根据法庭的自由裁量权处以不超过1年的监禁，或两者并罚；或

（b）循公诉程序定罪，判处不超过10 000英镑的罚金，或根据法庭的自由裁量权处以不超过2年的监禁，或两者并罚。

## 第19条　规则等

（1）经与国家档案馆馆长商议，总理可适时制定有关下列事项的规则：

（a）国家档案馆的管理、工作内容、提供的服务；

（b）部门档案向国家档案馆的移交；

（c）依照本法对馆藏档案和部门档案的处置；

(d) 允许个人查阅馆藏档案且利用国家档案馆提供的设施；

(e) 复制、出版馆藏档案及从中摘录；

(f) 验证馆藏档案复制件及馆藏档案摘录；

(g) 施行本法必需的其他事项。

(2) 总理可适时依照经财政部长同意的规则，确定国家档案馆所给予服务及提供设备的费用总额和给付方式，也可批准豁免规则中列明种类的服务的费用。

(3) 经与国家档案馆馆长商议，公共服务部部长可制定规则：

(a) 为了对国家部门所保管的部门档案进行妥善保管；且

(b) 通过摄影、微摄影或其他加工过程而复制档案的固定标准，并给予验证。

(4) 对于档案的处置，根据第(3)款规定已被复制的原始档案可经国家档案馆馆长书面批准而被销毁，且这类档案的处置应当基于档案的真实性不受影响及档案内容不被泄漏的原则。

(5) 第(1)款或第(3)款中的规则一经制定就应当提交议会两院，且如果两院之一在其后的 21 天内开会通过了宣告规则无效的决议，则规则当被宣告无效，但之前据该规则所做行为的合法性不受影响。

## 第 20 条　国家档案馆咨询委员会

(1) 总理应当建立咨询委员会（本法中被称为"委员会"），以对他行使本法赋予的职权及对馆藏档案和公众使用馆藏档案产生影响的各个方面提出建议，并履行本法所授予该委员会的其他职能。

(2) 委员会应当由 1 名委员长和不超过 11 名委员组成，该委员会成员由总理依据条款经与公共服务部部长商议后任命。

(3) (a) 委员会委员应当包括不少于 2 名爱尔兰文书委员会成员及不少于 2 名非受雇于国家档案馆的档案管理人员；

(b) 国家档案馆馆长有权参加委员会会议。

(4) 总理可随时终止委员长或其他委员的任命。

## 第 21 条　年度报告

(1) 国家档案馆馆长应当向总理递交国家档案馆年度工作报告。

(2) 委员会应当向总理递交委员会年度活动报告。

(3) 总理应当将第(1)、(2)款提及的年度报告复制件提交议会两院。

## 第 22 条　对参照法案的解释

在其他成文法中，无论明示或暗指，任何涉及档案代理保管员、国家文件保管员，或爱尔兰公共档案局、国家档案保存处的，都应当酌情参照国家档案馆馆长或国家档案馆作出解释（除非文本另作要求）。

## 第 23 条　法案的废止等

（1）以下法律特此废除：

（a）《1867 年爱尔兰公共档案法》；

（b）《1867 年爱尔兰公共档案法》之 1875 年修正案；

（c）《1876 年教区档案法》。

（2）（a）尽管有第（1）款规定，本条生效时被存放于爱尔兰公共档案局（据该条第（1）款所提及的法案）以外的馆藏档案（曾作为公共档案）应当保留在本条生效时的存放地。总理经与国家档案馆馆长商议后：

（i）可制定有关这类馆藏档案存放方式和妥善保管的规则；

（ii）凡他认为对这类馆藏档案的保管有必要，可藉命令规定这类档案向国家档案馆移交，或经委员会同意，移交于其他档案机构或适当的机构。

（b）与国家档案馆馆长商议后，总理可藉命令修订或撤销本条下的命令。

## 第 24 条　对借用档案等情形的保护规定

对于本条生效前借给或暂存于爱尔兰公共档案局或其他地方的档案，本法中任何人或机构不得损害其所有权。

## 第 25 条　经费

在财政部部长批准权限范围内，施行本法所发生的经费，从议会提供的资金中支出。

## 第 26 条　简称与生效日期

（1）本法可作为《1986 年国家档案馆法》被援引。

（2）本法应当于总理以命令的形式指定的日期生效，通常也参照特定的目的或规定，且可因本法的不同目的或规定而确定不同的生效日期。

### 机构名录

总统秘书处

中央统计局

国家档案馆咨询委员会

国家档案馆

爱尔兰国家博物馆（包括国家历史博物馆）

司法总长办公室（包括议会立案者办公室、法律法规改革与联合办公室、首席国家律师办公室）

公诉负责人办公室

审计官与首席审计员办公室

财政部主计长办公室

国家储蓄委员会

税收专员

所得税申诉专员办公室

公共工程专员

国家实验室

地形测量局

评估专员和边界总勘测员

文书局

公共部门高等薪资审议机构

公共服务咨询委员会

文官仲裁局

文官事务专员

地方任命专员

警察

土地注册局

契约登记局

适用《1826~1980年监狱法》的局或慈善机构和圣帕特里克慈善社团

电影审查局

电影审查申诉委员会

出版物审查局

出版物审查申诉委员会

刑事损害赔偿特别法庭

慈善捐赠和遗赠专员

水污染咨询委员会

租赁特别法庭

国家人力资源服务部

劳动争议法庭

人权专员

就业申诉委员会

征税申诉委员会

公司注册管理局

专利局

互助组织登记处

限制竞争协议委员会

限制竞争协议核查局

国家物价委员会

消费者事务主管办公室

建房合作社登记处

国家消费者咨询委员会

汽车保险咨询委员会

土地委员会

植物培育权管理局

土地委员会司法专员

土地委员会申诉法庭

土地委员会公共信托人

国家图书馆（包括宗谱处）

爱尔兰地质调查局

国防军队

退伍军人抚恤金委员会

登记总办事处

# 1986年国家档案馆法之1988年条例

## 第1条  引  言

本条例名称为"1986年国家档案馆法之1988年条例"。

## 第2条  定  义

条例中：

"本法"指《1986年国家档案馆法》；

"国家档案馆馆长"指根据本法第4条第（4）款任命的执行国家档案馆馆长职能的官员；

"认证官"、"授权官"、"指定官"以及"征询官"的确定含义，在本条例第

3条"任命官员"中，分别予以相应的定义；

"档案"指单份文件或档案组合；

"节"指的是本法的某节。

## 第3条 任命官员

（1）（a）根据本法第1条第（3）款，为适应本法第7条第（4）款，第8条第（2）、（4）、（6）款以及第10条第（5）款的要求，应当任命级别不低于国家档案馆负责人（或等同职务）的官员作为认证官。

（b）特殊情况下，经总理同意，级别低于国家档案馆负责人（或等同职务）的官员也可被任命为认证官。

（c）单个认证官应当一直由国务院分管秘书（或等职官员）任命。

（d）一个以上认证官可由国务院统一任命。

（e）认证官应当由国务院负责监督执行《档案法》和有关条例职责的秘书或同职官员予以任命。

（2）（a）根据本法第1条第（3）款规定，为适应本法第8条第（9）款的授权要求，应当由国务院秘书（或等职官员）任命级别不低于执行官（或同级别官员）的官员担任征询官。

（b）一名以上征询官可以由国务院来任命。

（3）（a）根据本法第1条第（3）款规定，为适应本法第8条第（4）款之规定，应当一直由总理办公室秘书任命该办公室一名官员担任授权官。

（b）授权官可以由认证官担任，也可以是其他级别不低于国家档案馆负责人（或等职）的官员。

（c）也可任命多名授权官。

（4）国家档案馆馆长和授权官均应当被及时告知各个部门认证官的名字，国家档案馆馆长应当被及时告知征询官的名字。

## 第4条 档案的年限

档案年限应当按其中最晚时间条目的年限予以确定。

## 第5条 部门档案向国家档案馆的移交

（1）按本法条文规定应当移交的档案，要在档案形成期满30年之前移交到国家档案馆。

（2）（a）在每年9月1日或之前，除非国家档案馆馆长已经提前另有安排，每一个部门都应当向国家档案馆馆长报送一份或几份期限表，列出所有的有关档案。按照第 4 条第（1）款的规定，这些档案在来年 1 月 1 日前形成期已满 30 年，并且也未曾进入过此前的同类型的期限表中。

（b）每一份期限表应当按照国家档案馆馆长的指示方针予以准备，要大致说明应当被移交的档案的情况，说明根据本法第 8 条第（2）款、第 8 条第（4）款第（a）项、第 8 条第（4）款第（b）项、第 8 条第（4）款第（c）项建议部分档案或某档案之部分仍被保留下来，以及根据本法第 7 条哪些档案应当予以整理。

（3）在单份档案或较多档案被移交到国家档案馆时，应当由一名国务院官员填写附件 3 的表单，并在移交之前，将表单和有关档案放在一起。

（4）除非国家档案馆馆长提前另有安排，各部门应当负责对移交国家档案馆的档案进行整理、编号、清洁、打包、标注，还要按照负责人发布的指南运输档案。

## 第 6 条　部门档案的处置

（1）（a）根据本法第 7 条，由认证官授权处理部门档案的要求按格式规定在附件 1 中。

（b）对于最高法院或高等法院的档案，有关要求按格式规定在附件 2 中。

（c）如果授权进行有关档案的处置，应当将完整的手续清单交还给相关部门，同时保留一份清单副本在国家档案馆。

（2）（a）对于上述第 5 条中规定的期限表涉及的有关档案，国家档案馆馆长应当正式通知有关部门他对签发有关证书（依照本法第 8 条第（3）款的规定）的意见。为此目的，馆长可对这些档案进行检查。

（b）接到国家档案馆馆长的正式通知，有关部门应当继续对有关档案进行保管，直至收到馆长签发的证书及本条第（f）款所规定的授权予以完成，也就是说直到有关档案被同意移交国家档案馆。

（c）由国家档案馆馆长提供的证书应当不晚于计划表报送后的次年 1 月 1 日。

（d）由国家档案馆馆长根据第 8 条第（1）款签发的证书在附件 1A 或 2A 中相应列出。证书的副本保存于国家档案馆。

（e）收到证书后，有关部门应当按照本法第 8 条第（3）款对相关档案进行处置。

（f）如果有关部门希望对已经由国家档案馆馆长按照本法第 8 条第（3）款签发了证书的档案进行整理，国务院的认证官应当按照附件 1A 或 2A 列出的格式完成授权。对于最高法院的档案，要取得首席大法官的同意；对高等法院的档案，要取得高等法院主席的同意。有关格式按照附件 2A 所示进行。

## 第7条　档案的保留及查阅限制

（1）（a）每年9月1日或之前，国务院的每一个部门（除总理办公室）应当向授权官报送根据本条例第5条制定的期限表副本。

（b）对于各部门建议保留或者限制公众查阅的档案（或者是档案的某些部分），认证官员应当填写完成附件5中列出的有关认定证书。该证书应当和（a）段所示"期限表"一起送交授权官。

（c）依据本法第8条第（4）款，授权官有权要求相关认证官对保留档案或限制利用档案的理由予以解释，也可以原地视察有关档案，或者要求送来相关档案进行检查。

（d）如果授权官认为根据本法第8条第（4）款保留或限制利用某档案理由正当，则应当出具相应的认定证书。

（e）如果授权官认为根据本法第8条第（4）款保留或限制利用某档案是不合理的，也应当出具相应证书。这时，有关档案应当在不晚于来年1月1日前移交到国家档案馆，并向社会公众开放利用。

（f）出具的认定证书正本应当交给有关部门，授权官和国家档案馆馆长各保存和持有证书副本。

（g）对总理办公室的档案，如果该部门也有保留或限制公众利用其档案的意见，认证官员应当填写完成附件5A中所列表单，同时将副本送达国家档案馆馆长。

（2）当根据本法第8条第（2）款认定某档案或某些档案需要保留（在部门而不移交）时，认证官应当填写附件4所列表单。认证书的副本应当送给国家档案馆馆长和授权官。

（3）对于根据本法第8条第（2）和（4）款予以保留和限制利用的档案，认证官应当依照本法第8条第（6）款和第10条第（5）款的规定，作出安排要求上交有关档案进行审查。

## 第8条　档案的部分保留及限制利用

（1）（a）如果根据本法第8条第（4）款进行的认定仅与某档案的部分构成有关，这种情形下，只要不会引起档案的实体损坏，可以将这部分档案从有关部门保存档案抽取出来，然后将其余的原始档案移交国家档案馆，并按附件3所列填写表单。

（b）如果某档案的一部分被抽取，则应当在与该档案有关的目录或检索工具中给予标示。

（c）与认证书有关的部分档案或档案部分，应当根据条例第7条在其他原始档案移交到国家档案馆前予以处理。

（2）第（1）款所述对档案的部分构成进行抽取，必须遵守以下程序：

（a）对于抽取的每一部分，都应当填写附件6所列表单，并放在抽走的位置；如果可能，还应当与原来的档案关联起来。必要的话，还应当在有关部分填写一张以上的表单。

（b）被抽出的档案部分应当以另外的封皮存档，封面清楚注明"抽取档案"。这样的档案封面也应当和原来档案一样，分配以相同的参考、检索数据号。

## 第9条　对档案或档案中部分内容的复核

（1）根据本法第8条第（6）款和第10条第（5）款，附件7的表单被用于对有关档案（或档案的一部分）的后续复核。根据本法第8条第（2）款或第8条第（4）款，这些档案可继续保留在部门。

（2）复核时，如果认证官确定某档案（或档案的某部分）应当被移交国家档案馆、面向公众开放利用，他需填写附件3所列表单。如果有关档案还没有移交国家档案馆，应当安排档案移交事项。

（3）复核时，如果被授权的官员确定某档案或其中部分内容应当仍被保留在部门或继续限制公众利用，需填写附件7所列的相应表单，并在此后5年期满之前，安排下一次对该档案或其部分内容的复核。

## 第10条　对原为部门档案的馆藏档案的复核

（1）对于那些以前是部门档案的馆藏档案：

（a）如其在国家档案馆保管且还没有向社会公众开放查阅，或者

（b）当这些档案形成期尚不足30年便被移交进国家档案馆，且仍没有向社会公众开放查阅，或者

（c）根据本法第8条第（5）款规定，已移交进国家档案馆。

对于以上情形，国家档案馆馆长有责任遵守本法第10条第（3）和（5）款、本条例第7至9条的规定，安排相关的认证官对这些档案进行检查。

## 第11条　部门官员对档案的临时征用

（1）对那些以前是部门档案的馆藏档案，允许由本条例第3条所定义的、按照本法第8条第（9）款的规定经有关部门任命的征用官，对其临时征用。

（2）根据本法第8条第（9）款临时征用的馆藏档案，一般应当在6个月内归还。如征用官申请，征用期限可再延长一段时间。对此期限的延长，要由国家档案馆馆长或馆长指定的官员作出决定。归还后的档案，日后还可以再次征用。

## 第 12 条　各部门官员对国家档案馆馆藏档案的检查

对原为部门档案的馆藏档案、限制公众利用的馆藏档案，相关部门可以指派官员或由部门的秘书、认证官对国家档案馆进行馆内检查。

## 第 13 条　编制档案词目等附属材料

（1）出于法庭程序要求或行政管理原因，对那些原为部门档案的馆藏档案，非常有必要对每册编目、在案卷前加上文件目录或者其他类似材料。这些工作通常是由相关部门人员完成。

（2）为实现上述目的，特殊情况下可由国家档案馆馆长或由其指定人员完成对原为部门档案的馆藏档案的附属材料的编制。

## 第 14 条　馆藏档案的复制与发布

（1）对保管于国家档案馆或根据本法保管于其他地方的馆藏档案，如果国家档案馆馆长或其指定的国家档案馆官员认为复制档案会导致档案的损坏，则不可复制。

（2）对国家档案馆保管的馆藏档案或根据本法保存于其他地方的馆藏档案，可以通过非人工转录的其他方法予以复制。如果采取人工转录的方式复制，除非负责人或其指定官员提前另有安排，应当由国家档案馆的馆员、雇员使用国家档案馆的设备进行复制。

（3）任何人不得全文或部分公布国家档案馆保管之馆藏档案，以及依本法保存于其他地方的馆藏档案。除非其获得了国家档案馆馆长的书面同意，并在同意处签注该负责人的意见。

### 附件 1

1986 年国家档案馆法之 1988 条例

依据本法第七节，对部门档案的处置

处理部门档案（不包括最高法院和高等法院），认证官所使用的公文格式

认证书

本人特此申明：下述类型档案/期限表所列档案，本部门行政管理无使用需求，因此，请根据《1986 年国家档案馆法》第 7 条授权处理。

上面提到的档案为：

---

认证官：

部门/办公室/法院：

日期：

授权书

根据《1986 年国家档案馆法》第 7 条第（3）款，本人确认以上档案/档案类型无需由国家档案馆进行保存，在此，依照本法第 7 条第（5）款授权对其处置，请遵从以下条件：

档案的情形（如果有的话）……

_____

国家档案馆馆长或指定官员：

日期：

说明：

此格式也可被有关部门用于处理在授权期间不存在的部门档案（或此类型档案）。

附件 1A

1986 年国家档案馆法之 1988 年条例

根据本法第 8 条第（3）款，对部门档案的保留或处置

国家档案馆负责人或指定官员处置部门档案（不包括最高法院和高等法院）时所使用的公文格式

认证书

根据《1986 年国家档案馆法》第 8 条第（3）款，兹证明下述档案/附表所列档案不需要转移到国家档案馆保存，可以保留在相关部门或按照如下授权处理，并符合以下条件：

档案的情形（如果有的话）……

上面提到的档案：

_____

国家档案馆负责人或指定官员：

日期：

如果有关部门希望处理上述档案，需要完成授权

根据《1986 年国家档案馆法》第 7 条第（4）款第（a）项和第 8 条第（3）款，兹证明以上档案本部门行政管理无使用需求，因此，授权按照本法第 7 条第（5）款进行处理。

_____

认证官：

部门/办公室/法院：

日期：

## 附件 2

1986 年国家档案馆法之 1988 年条例

根据本法第 7 条，对部门档案的处置

处理最高法院和高等法院的档案时，认证官使用的公文格式

认证书

兹证明下述档案/附表中的档案，法院管理中没有使用需求，因此，请根据《1986年国家档案馆法》第7条授权对其进行处置。

上面提到的档案为：

---

认证法官：

日期：

同意书

同意以下授权：

---

首席法官/高等法院主席：

日期：

授权书

根据《1986年国家档案馆法》第7条第（3）款，本人确认上述档案不需要保存于国家档案馆，在此，授权依照本法第7条第（5）款对其进行处置，并符合以下情形：

档案的情形（如果有的话）……

---

国家档案馆负责人或指定官员：

日期：

说明：

此格式也可被有关部门用于处理在授权期间不存在的部门档案（或此类型档案）。

## 附件 2A

1986年国家档案馆法之1988年条例

根据本法第8条第（3）款，对部门档案的保留或处置

国家档案馆负责人或负责最高法院、高等法院档案事务的指定官员所使用之证书格式

认证书

依照《1986年国家档案馆法》第8条第（3）款，本人特此申明：下述档案/附表中的档案不必移交国家档案馆保管，可以保存在相关国家部门或依照如下授权处置，并符合以下条件：

上述档案为：

---

国家档案馆负责人或指定官员：

日期：

如果国务院要处置上述档案，应当完成有关授权

根据《1986 年国家档案馆法》第 7 条第（4）款，本人特此申明：上述档案并不关涉法院之管理，特此依据本法第 7 条第（5）款授权处置。

认证官：

法院：

日期：

同意书

兹同意作出授权：

首席法官/高等法院主席：

日期：

## 附件 3

1986 年国家档案馆法之 1988 年条例

部门档案向国家档案馆的移交/部门档案面向公众查阅的开放

认证官及其所辖工作官员所使用之证书格式

认证书

本人特此申明：附录之档案/附表中所列之档案 XX 移交到国家档案馆，自 XX 年 1 月 1 日即刻起均可提供公众查阅利用。

上述档案有：

姓名：

级别：

部门/办公室/法院：

日期

＊删去无关内容（该格式既可用于单份档案，也可用于一定数量的档案；这些档案既可是一直保存在有关部门者，也可是已经移交国家档案馆的档案）。

## 附件 4

1986 年国家档案馆法之 1988 年条例

根据本法第 8 条第（2）款，关于部门档案的保管

认证官所使用之证书格式

认证书

根据《1986 国家档案馆法》第 8 条第（2）款，本人特此申明：下述档案/附表中的档案仍经常为该部门所使用，与管理密切相关。这些档案移交至国家档案馆，将严

重干扰该部门/办公室/法院的运行管理。

上述档案有：

_____

认证官：

部门/办公室/法院：

日期：

复核日期：

不能迟于档案必须被审核的日期（日、月、年、5年）

说明：

1. 该格式适用于特定种类的档案。依据《1986年国家档案馆法》第8条第（11）款的规定，这些档案应当由总理颁令予以规定。

2. 自1月1日起，这件/这些原本可供公众查阅的档案至少每5年必须复核一次，以期将这些档案移交给国家档案馆/提供社会查阅利用。

## 附件5

1986年国家档案馆法之1988年条例

根据本法第8条第（4）款规定，对部门档案的保留或限制公众查阅

认证官所使用之证书格式

认证书

根据《1986年国家档案馆法》第8条第（4）款，本人特此申明：如果将下述附录列表中有关种类档案（或者档案的某些部分）面向公众提供查阅利用，将会……（列举第8条第（4）款规定的不能提供档案利用的原因）。

上述档案有：

_____

认证官：

部门/办公室/法院：

日期：

同意书

兹同意作出有关证明。

本人不同意作此证明。

（删去不适用的内容）

_____

授权官：

总理办公室：

日期：

复核日期：

不能迟于档案必须被审核的日期（日、月、年、5年）

说明：

1. 该格式适用于特定种类的档案。依据《1986年国家档案馆法》第8条第（11）款的规定，这些档案应当由总理颁令予以规定。

2. 自1月1日起，这件/这些原本可供公众查阅的档案至少每5年必须复核一次，以期将这些档案移交给国家档案馆/提供社会查阅利用。

### 附件 5A

1986年国家档案馆法之1988年条例

根据本法第8条第（4）款规定，对部门档案的保留或限制公众查阅

总理办公室认证官所使用之证明书格式

认证书

根据《1986年国家档案馆法》第8条第（4）款，本人特此申明：如果将下述附录列表中有关种类档案（或者某些部分）面向公众提供查阅利用，将会……（列举第8条第（4）款规定的不能提供档案利用的原因）。

上述档案有：

_____

认证官：

总理办公室：

日期：

复核日期：

档案必须被审核的最晚日期（日、月、年、5年）

说明：

1. 该格式适用于特定种类的档案。依据《1986年国家档案馆法》第8条第（11）款的规定，这些档案应当由总理颁令予以规定。

2. 自1月1日起，这件/这些原本可供公众查阅的档案至少每5年必须复核一次，以期将这些档案移交给国家档案馆/提供社会查阅利用。

### 附件 6

1986年国家档案馆法之1988年条例

依据本条例第8条，对档案的部分抽取

填写表格，并相应放置在原来档案被抽走的每一个地方

（i）抽走的档案归档后的案卷封面检索号：_____

（ii）抽走文件份数：_____

（iii）每份文件的日期：_____

（iv）每份文件的内容提要：

（如果适当，也可对两份或多份文件给予综合概述）

（v）抽走的原因：

（这些原因将是按照本法第 8 条第（4）款所出具证明书的理由基础）

姓名：

职务：

部门/办公室/法院：

日期：

## 附件 7

1986 年国家档案馆法之 1988 年条例

根据本法第 8 条第（6）款、第 10 条第（5）款，对部门档案的复核

复核填表格式

以下附表所列档案（或档案的某部分）至少应当每 5 年复核一次，查看其是否应当被移交至国家档案馆，以便提供社会公众查阅利用。

上述档案有：

应出结果日期：

复核期限：开放/保留

———————————— ———————————— ————————————
———————————— ———————————— ————————————
———————————— ———————————— ————————————

说明：

1. 如果经复核作出决定，有关档案应当移交国家档案馆提供社会查阅利用，则该决定应当立即予以执行。

2. 如果经复核作出决定，有关档案不应移交国家档案馆提供社会查阅利用，则应当确定下一次复核的日期。这一行为应当具有连续性，直至有关档案移交国家档案馆并提供社会利用为止。

3. 该格式适用于单份档案，也可与提供审核的档案的目录表附在一起。

加盖公章

1988 年 11 月 25 日

# 档案馆法

本法包括2002年12月17日颁布的《丹麦档案馆法》
（第1050号法律）及2005年6月24日第563号法第一节、
2007年6月6日第532号法的修正案

## 第一章　法律适用范围

**第1条**　（1）本法关于公共档案馆的各项规定适用于公共行政管理部门和法院系统实施的所有行为。

（2）本法适用于受到认可的宗教团体所保存的教区各类登记簿。

（3）文化大臣有权作出裁定，在特定情形下，将本法第3至10部分的规则整体或部分适用于非公共管理部门所属的公司、机构和协会等，但仅限以下情况：①其相关活动的经费支出主要源于国家或市政；②法律授予其代表国家或市政当局作出决定的权力。

（4）考虑到下述第4条第1款提到的目的，对于这些非公共管理部门所属的有关公司、机构档案的保存至为必要，文化大臣有权作出裁定，将本法第3至10部分的规则全部或部分地适用于那些依照私法组织起来的但国家或市政当局占有股份的公司、机构。

（5）本法还适用于公共档案馆开展的有关私人档案的活动。

## 第二章　公共档案馆

**第2条**　公共档案馆包括国家档案馆、地方档案馆以及区域档案馆。

**第3条**　（1）国家档案馆包括国家档案馆本体及其附属机构。

（2）国家档案馆馆长是国家档案馆的负责人，由文化大臣任命。

**第4条**　国家档案馆宗旨：

（1）妥善保管具有历史价值的档案，以及对公民、行政当局具有重要行政、法律意义的文献资料；

（2）与本法涉及的行政机构合作，确保对没有保存价值的公共档案进行处置；

（3）为公民和行政当局提供可资利用的档案，满足其用于研究等目的；

（4）就如何利用档案，对公民、行政部门给予指导；

（5）开展研究工作，传播研究成果。

**第5条**　国家档案馆应当处理好国家盾徽的使用事项，并就与盾徽、印章、徽章有关的问题，向公共行政部门提出建议。

**第6条**　（1）国家档案馆应当协助本法所关涉的行政部门开展档案业务，并开展档案研究以及档案长期保存的技术工作等。

（2）对于上款所规定的协助行为，国家档案馆可收取费用作为报酬。

（3）对于不属于已移交给国家档案馆的代管档案，国家档案馆可以收取费用作为报酬。

（4）国家档案馆可以收取档案摘录费。

**第7条**　（1）市镇、区域均可为以下目的而成立档案馆：

①妥善保管具有历史价值的档案，以及对公民、行政当局具有重要行政、法律意义的证据；

②确保对无保存价值的公共档案进行处置；

③为公民和行政当局提供可资利用的档案，满足其用于研究等目的；

④指导公民和行政部门开展档案利用工作。

（2）国家档案馆应当与地方档案馆、区域档案馆开展合作

# 第三章　公共档案的保管与处置

**第8条**　（1）各行政机构应当基于档案的安全考量，以良好的方式来保存档案。

（2）各行政机构应当确保电子媒介文献以适当方式保存，以保证这些文献能够被移交到公共档案馆。

（3）一旦文献被移交给公共档案馆，则对其保管责任也一并转移至相关公共档案馆。

**第9条**　文化大臣应当征求丹麦数据保护机构的意见，就与《个人数据处理法》属性一致的公共档案的安全保管，制定出规则。

**第10条**　（1）为保护档案利益，文化大臣应当制定关于管理、保存、处置国家行政机构档案的规则。

（2）为保护档案利益，文化大臣应当制定关于管理、保存、处置市镇、区域档案的规则。

（3）文化大臣有权利委托国家档案馆馆长制定关于档案保存、处置规定的细则。

（4）国家档案馆应当监督有关规则的执行。

**第 11 条**　文化大臣应当与科技创新部长协商，并按协议制定规则，以达到约束那些未在指定日期将档案转换为电子档案的国家机关支付有关费用的效果。这些费用是依照协议在上述日期之后由国家档案馆保存有关纸质档案而产生的相关开支。

## 第四章　国家档案的移交

**第 12 条**　（1）国家行政部门及其机构、既有教堂和受到认可的宗教团体的档案，必须移交到第 3 条所定义的国家档案馆。

（2）文化大臣应当制定关于向国家档案馆移交档案的细则。

**第 13 条**　（1）除非有不同情形要特殊考量，上述第 12 条第（1）款所列机构应当在其档案形成期满 30 年之前，将其档案移交到国家档案馆。但下述第（2）、（3）款情形例外。

（2）文化大臣应当制定档案移交时间的规定细则，包括允许档案延期移交的有关规则。

（3）文化大臣应当制定电子文件移交时间的规定细则。电子文件的移交时间应当比第（1）款所规定时间提前。

**第 14 条**　文化大臣有权利委托国家档案馆馆长制定关于向国家档案馆移交档案及移交时间的细则。

**第 15 条**　（1）任何公共行政部门如果接收、获得以前或现行国家机构的档案，都应当正式通知国家档案馆。同样，如果上述档案被交给行政部门或以其他方式进入其视界，这些行政部门均应当正式通知国家档案馆。

（2）国家档案馆被授权裁定上述第（1）款所限定的档案是否要移交到国家档案馆。

**第 16 条**　私有个体、企业或机构持有以前或现行国家机构所产生的档案，应当将其移交给国家档案馆。

**第 17 条**　一旦有人企图在拍卖行出售国有档案文献，拍卖商应当及时正式通知国家档案馆。

**第 18 条**　国家对档案的特有权利不能因排他性获得或特殊约定而终止。

## 第五章　地方和区域档案的移交

**第 19 条**　（1）各市镇和区域应当将其档案移交到第 7 条第（1）款所定义之地方档案馆和区域档案馆。

（2）市镇、区域也可将其档案移交到国家档案馆。

**第 20 条**　文化大臣应当就地方和区域档案向国家档案馆的移交制定细则。

**第 21 条**　（1）《个人数据处理法》所涵盖的、有保存价值的地方和区域档案，应当被移交至公共档案馆。这些档案应当在主管部门删除有关信息之前移交。

（2）文化大臣应当听取丹麦数据保护机构的意见，制定出详细规则，就上述第（1）款规定的地方和区域档案移交作出规定。

# 第六章　公共档案的利用

**第 22 条**　（1）产生或提供于公共行政部门、法院以及移交到公共档案馆的档案单元，凡产生期满 20 年者，均应当对社会开放利用。但以下第 23～25、27、28 条另有的规定除外。

（2）有关行政部门应当就申请利用产生期满 20 年但尚未移交至公共档案馆的档案作出规定。除非另有特殊考量，有关申请应当遵守以下第 23～25、27 条的规定。

**第 23 条**　（1）凡档案单元内包含有私人信息，如个人财产、自然状况的内容，其产生期须满 75 年，方可开放利用。

（2）确属必要的情况下，移交档案的行政部门应当与接收方的档案馆协商，对上述第（1）款所界定的档案单元制定出更长或更短年限的档案利用期限表。如果档案材料由公共行政管理部门、丹麦法院行政管理局或者各法院移交而来，则应当征求丹麦数据保护机构的意见，制定出一个低于 75 年的利用开放时限。对这类材料，《个人数据处理法》也有规定。

**第 24 条**　包含有刑法案例的档案单元，凡产生期满 20 年者，也可开放利用。但上述第 23 条除外。如果档案单元产生期不足 50 年，国家档案馆馆长或其授权代表，在取得档案移交方的行政部门同意后，可允许利用有关档案。如果出于保护目的、确属必要，移交方的行政部门也有权作出不同意利用的决定。

**第 25 条**　档案单元中包含有行政机构和各方专家有关法律诉讼、提起诉讼等内容的往来函电、文书，须产生期满 50 年后才能对外开放利用。

**第 26 条**　［已作废］

**第 27 条**　（1）如有保护以下重大利益的要求，作为档案移交方的行政部门应当与接收方的档案馆共同协商，针对上述第 22、24 和 25 条已有规定的大多数文件，确定一个更长的、为期 60 年的档案开放时限。

①国家安全、王国共同体的防卫；

②丹麦外交政策、对外经济利益，包括与外国和国际组织间的关系；

③对刑事案件中的证据、被告人、其他涉案人以及惩戒程序的保护需要；

④公共行政部门的经济利益，包括其实施的商业活动；

⑤私有个体、私有企业的利益，涉及技术装备、工艺操作、商务事项及类似方面的信息保护；

⑥遇有特殊情形因保密要求而涉及的个人、公共利益。

（2）如果涉及相关部门的国家档案，确有必要，有关的大臣可与文化大臣协商，确定出一个超过 60 年的档案封闭期。

（3）地方档案、区域档案如有必要，可以由相关的专区理事会、区域理事会制定出超过 60 年的档案封闭期。

（4）如有特殊原因，比如对档案资源的考虑，只要理由充分，即可对档案单元或档案单元的组合的封闭期时限进行延期。

**第 28 条** （1）由现有教堂、受认可的宗教团体所保存的教区档案、已移交至国家档案馆的南日德兰人登记簿、民事婚姻册，凡形成日期满 50 年者，均应当开放利用。

（2）已移交至国家档案馆的死亡和埋葬登记簿，凡形成日期满 10 年者，均应当开放利用。

（3）国家档案馆馆长应当制定档案利用的极限，即特殊情况下不超过 100 年的时间极限。

**第 29 条** 对以上第 22~25 条和第 27 条第（1）款规定的档案单元开放时限，从相关档案单元所最后记录的年份开始计起；对以上第 27 条第（1）~（3）款规定的文件开放时限，从相关文件的形成之日计起。

# 第七章 限制利用档案

**第 30 条** （1）任何人均可请求允许其使用上述第 6 部分公共档案中有利用限制的档案。

（2）依据上述第（1）款的规定，凡提出利用许可申请者，应当申明其利用有关信息的目的。

（3）在对利用限制的申请作出决定时，应当特别关注申请人是否为事件当事人，或者与利用的档案信息有特别的个人利益关系。

**第 31 条** 在具体情况下，国家档案馆馆长或其授权人可以许可申请人在档案封闭期终止前利用已移交到国家档案馆的文件、档案单元或档案单元组合。但第 33~45 条规定情形例外。

**第 32 条** 在具体情况下，专区档案馆或区域档案馆可以许可申请人在档案开放时限终止前利用已移交到专区、区域档案馆的文件、档案单元或档案单元组合。但以下第 34 条规定例外。

**第 33 条** 如果有以下情形，第 31 条的利用许可须取得档案移交方的同意：

（1）适用第 27 条的规定，已经确定有更长开放时限的文件或档案保管单位；

（2）档案单元内包含有上述第 25 条定义的材料类型，根据规定适用的开放时限尚未期满；

（3）档案单元或文件产生未满 20 年年限。

**第 34 条**　如果档案单元是由公共管理行政部门移交而来并且包含有公民私人事务信息，同时具有以下情形，则上述第 31 和 32 条的利用许可须取得丹麦数据保护机构的同意：

（1）《个人数据处理法》中所规定的较早以前的信息处理；

（2）有关信息源于为服务公共管理而保存的电子数据处理登记簿。

**第 35 条**　如果档案单元由各法院移交而来，包含有公民私人事务信息和《个人数据处理法》中所规定的以前的信息处理，则上述第 31 条所界定的利用许可，须取得丹麦法院行政管理局的同意。

**第 36 条**　如果利用已移交到公共档案馆的限制利用档案，在申请书交给馆方 15 天内还没有给出结论或者被拒绝，相关的公共档案馆应当正式通知申请人，并说明有关决定的理由。

**第 37 条**　上述第 24、33~35 条所提及的有关行政机构，在收到有关公共档案馆征求允许利用档案的申请后，应当尽可能在 30 天内作出是否同意的决定。30 天内没有作出决定，有关机构要正式地向公共档案馆说明理由，并给出作出决定的预估日期。公共档案馆随后要转告申请人。

**第 38 条**　对要求利用产生期满 20 年、尚未移交到公共档案馆的有关档案的申请，相关行政机构应当尽可能在 30 天内作出决定。如果申请书递交后 30 天内，相关行政机构仍未达成结论或者拒绝申请，都应当正式通知申请人，说明理由，并给出作出决定的预估日期。

**第 39 条**　（1）文化大臣应当召集并成立有关委员会，对公共档案馆和相关行政机构在档案开放利用领域的做法进行评估。

（2）该委员会由 1 名主席（应当由法官担任）、2 名研究界代表、2 名新闻界代表和 3 名公共管理界代表共同组成。

（3）委员会根据每年度的档案开放利用工作年度报告来开展工作。年度报告由国家档案馆撰写，报告本法所涉国家行政机构档案开放利用工作情况。

（4）文化大臣有权决定制定细则，规范该委员会的活动，要求有关行政机构向该委员会提供所需信息。

# 第八章　公共档案的利用

**第 40 条**　任何人如果被许可利用限制使用档案，其不得擅自出版、公布和使用他（们）从中获知的机密信息。这些信息的机密性是由法律或权威机构的规定所定义的，或者为保护公私利益确有设为秘密的必要性。

第41条　（1）文化大臣应当听取丹麦数据保护机构的意见，制定出关于使用《个人数据处理法》所涉信息的规则。

（2）上述第31～35条涉及的需要申请方可利用其档案的行政机构，应当就限制使用档案的利用制定特别条款。

（3）制定的特别条款应当以下列两点为基础：

①被许可利用的档案信息的属性；

②依上述第30条第（2）款之规定，说明使用目的。

（4）制定的条款应当包括以下内容：

①不泄露私人财务状况、个人自然状况等个人隐私类信息；

②不与所利用的档案材料中涉及的人及其亲属发生联系；

③不全文公布有关文献；

④不复制文件副本。

（5）如果所利用档案信息具有性特殊，或者利用目的特殊，确有必要的，还应当追加制定其他条款。

（6）一旦依上述第（2）款制定出特别条款，档案利用者须签署确认遵守特别条款的声明文件。

（7）文化大臣可决定对使用公共档案细则的制定。

## 第九章　对《个人数据处理法》涉及资料的利用申请

第42条　（1）任何人都可以向公共档案馆提出请求，申请利用被移交和保存在有关公共档案馆但涉及《个人数据处理法》的有关个人数据资料。

（2）依上述第（1）款提出的申请，应当说明当时办理相关信息的主管机构。

（3）利用申请由上述档案馆转达相关的主管行政机构，由行政机构作出符合《个人数据处理法》规定的决定。

（4）对于利用移交至公共档案馆但涉及《个人数据处理法》的私人文件的申请，相关公共档案馆应当依据《个人数据处理法》的规定进行裁定。利用申请应当说明当时处理有关信息的主管机构。

## 第十章　上诉

第43条　（1）对国家档案馆馆长依据上述第31条作出的档案利用决定，当事人可向相关的行政机构提出上诉。

（2）文化大臣应当制定有关规则，以达到使其免于被起诉的效果。这些起诉可能因国家档案馆馆长根据本法第 3 部分和第 4 部分条文作出某些决策而发生。

# 第十一章　私有档案

**第 44 条**　公共档案馆可收集、接收、保管产生于私有个体、团体、组织的私有文献，包括《个人数据处理法》所涵盖的文献类型。

**第 45 条**　（1）国家档案馆可与具有收集、保管私有档案部分职能的其他文化机构开展合作，提供咨询服务。

（2）文化大臣可召集并组织有关委员会，促进上述机构间的合作。

**第 46 条**　（1）私有档案如果移交给公共档案馆，移交方应当与接收档案馆就档案的利用开放达成明确协议。

（2）文化大臣应当征求丹麦数据保护机构的意见，就《个人数据处理法》所涉资料的开放利用制定出进一步的细则。

**第 47 条**　文化大臣应当决定和许可具有收集和保管私有档案部分职能的机构（没有公共档案馆的身份）可以接收《个人数据处理法》涉及的文献。前提是有关机构必须遵守根据本法第 9 条和第 46 条第（2）款所制定的档案保护、利用方面的要求。

**第 48 条**　任何人如果拥有具备重要研究和文化意义的私有文献，而文献可能要流向国外，都应当在文献离境前交国家档案馆复制备份。

**第 49 条**　包括档案在内的遗产收归国有时，其档案移交国家档案馆。

**第 50 条**　无主私有档案应当归国家所有。这些档案的发现者和持有者应当即刻将其转交给国家档案馆。

# 第十二章　刑事规定与法律生效

**第 51 条**　（1）任何人违反上述第 40 条或依第 41 条设定之条件，均处以罚款或不超过 6 个月的监禁。

（2）任何人违反上述第 16、17、48、50 条，均处以罚款。

（3）依照法律起草的实施细则，可对违反规则的罚款数额给予规定。

（4）根据丹麦《刑法典》第 5 部分的规定，公司等（法人）可作为刑事责任的主体。

**第 52 条**　本法自 2003 年 7 月 1 日起生效。同时，本法也适用于生效前已经为某行政机构整理完毕或拥有的档案。

**第 53 条**　（1）2000 年 7 月 17 日第 740 号综合法中的《公共文献法》予以

废止。

（2）1750 年 3 月 13 日《皇家条例》、1764 年 1 月 6 日《皇家条例》予以废止。

**第 54 条**　2000 年 7 月 21 日第 730 号综合法中的《丹麦小学与初中学校法》，已由 2002 年 6 月 6 日第 412 号法修订，第 52 条第（2）款修订为：教育大臣应当进一步制定学校对在校学生的监督守则。

**第 55 条**　下列行政命令在未被废止或未被依本法制定的新规则替代前，仍具有效力：

（1）哥本哈根市关于档案处置的 4 月 18 日第 152 号行政命令。

（2）1990 年 1 月 3 日第 65 号《县政府档案处置行政命令》。

（3）2001 年 5 月 31 日第 554 号《公共档案馆公共档案及活动行政命令》。

**第 56 条**　本法不适用于法罗群岛和格陵兰岛。本法如果要在这些地区实施生效，尚需皇室命令通过，并由王国行政当局实施有关措施。这是基于法罗群岛和格陵兰岛的特殊情形所要求的。

---

2005 年 6 月 24 日第 563 号法就文化领域的有关法律进行了修订。修订了第 2、7、10 条的内容，第 5 部分的标题，第 19~21、27 和 32 条，包含以下生效规定：

## 第 10 节

（1）本法自 2007 年 1 月 1 日起生效。但第（2）~（6）款规定在丹麦法律公报上公布后的次日起即生效。

第（2）~（6）款（这些规定与档案馆法无关）

---

## 第 2 节

本法自 2007 年 7 月 1 日起实施。

文化大臣：布莱恩·米凯尔森（BRIAN MIKKELSEN）

# 芬 兰
## Finland

境外国家和地区档案法律法规选编

A SELECTION OF THE LEGISLATION ON ARCHIVES
AND RECORDS OF OVERSEAS COUNTRIES AND REGIONS

# 档案馆法

## 1994年9月23日颁布

## 第1章 总 则

**第1条** 本法适用于下列档案形成者：

（1）政府机构、法院以及适用本法的其他组织和政府授权单位；

（2）市政当局和组织；

（3）芬兰银行、赫尔辛基大学、社会保险组织以及其他独立公共机构；

（4）政府和市政企业；

（5）芬兰的希腊东正教教堂及其宗教团体；

（6）其他依法担负公共职责的集团、组织和个人，或者遵循法规、条例，这些职责产生的档案和文件符合《政府活动公开法》的规定。

本法仅第6、7条及第8条第（1）、（2）款适用于议会、国家审计局和议会监察专员办、北欧理事会的芬兰代表机构和国会图书馆。

《芬兰共和国总统档案条例》将另行制定。

**第2条** 《教会法条例》适用于芬兰福音路德（vangelical-Lutheran）教堂档案馆。

有关阿兰省省级行政机构的法规，或者在此基础上制定的条例适用于该省的公共机构。但本法适用于《阿兰自治省法》第30条第（17）款界定的在其区域内运行的政府机构。

## 第2章 国家档案局

**第3条** 国家档案局包括隶属于教育部的国家档案馆及作为地方行政机构同时又隶属于国家档案馆的各省档案馆。

**第4条** 国家档案局的职责是：确保属于国家文化遗产的档案的保管和利用，促进并指导档案馆和档案管理的研究。

**第5条**　国家档案局及国家档案馆由局长领导。局长应根据权限决定法规的颁布，批准国家档案局、档案馆的议事规则。其他应由国家档案局处理且尚未依法委托给其他官员的日常事务，由馆长处理。不得依法委托给其他官员的事务由政府法令确定。

省档案馆的议事规则由省档案馆馆长批准，馆长应按照省级档案馆的权限处理日常事务，依据议事规则将决策权委托给其他官员的除外。

档案馆的任务、人员、职位补缺以及副馆长的任命等细则应当由国家议会法令颁布。

国家档案局的内部行政事务细则应由议事规则规定。

# 第3章　档案、馆藏管理及其机构

**第6条**　档案包含档案形成者在履行职责过程中形成或接收的档案。

本法中，一份档案是指书面、图片、电子以及其他形式形成的，并通过设备可读、可听的材料。

**第7条**　档案与馆藏管理，应确保档案的保管和可利用，提供与文件相关的信息服务，判定档案的价值，处置无需保存的资料。

档案与馆藏管理，应部署安排促使档案证明其形成者的职责，促使个人和机构实现从公开的档案中获取档案信息的权利，适当考虑个人和机构的合法权利和隐私权，应确保有关私人机构和人员合法权利的文件可利用，确保文件为研究工作提供信息服务。

档案与馆藏管理要求，应考虑档案形成者的档案管理和信息服务。

**第8条**　档案形成者应确定，如何组织其档案与馆藏管理计划、职责及实务等。

档案形成者应确定档案的保管方式和保存期限，以积累其职责履行资料，维护档案保管期限。档案保管期限另行发布。

国家档案局须确定哪些档案及信息应永久保管。

**第9条**　各市的档案与馆藏管理由市政委员会负责。市政委员会应任命一官员负责指导档案与馆藏管理，负责保管本市需要永久保存的档案。

第1节有关市政的法规，适用于市政联合会和类似的合作机构。

**第10条**　国家档案局不受法规关于利用档案的限制，有权接收档案形成者关于档案与馆藏管理的信息，并检查第1条第1款述及的档案形成者的档案与馆藏管理工作。

## 第4章　档案的制备、保管和利用

**第11条**　确定需要永久保管的档案应制定列表，适于档案长期保管的材质和信息记录方式由国家档案局另行规定。

**第12条**　档案应妥善保管，防止损毁、损坏及未经授权的利用。

**第13条**　已确定无需永久保管的档案，应在规定期限后以确保信息安全的方式予以销毁。

**第14条**　档案形成者依据第1段第1条第1款规定已经确定永久保存的档案须移交到国家档案馆、省档案馆或由国家档案局规定的其他独立档案馆。但本节规定不适用于外事和国家安全档案。

档案移交之前的保管费用、移交至国家档案馆费用、省档案馆准备工作费用由移交机构负责。

国家档案馆和省档案馆也可根据签订的协议接收其他档案形成者确定需要永久保存的档案，第17条第（2）款的规定也适用，除非利用移交档案制定有其他法规。

**第15条**　档案在利用可控、安全得以保障的情形下，仅能出借给另一个公共机构、国家档案局或其他机构。

**第16条**　国家档案局有权向第1段第1条第1款提及的档案形成者发布档案登记和著录规定。

## 第5章　私人档案

**第17条**　本法所述的国家档案馆、省档案馆和其他档案馆经与所有者签订协议后，可以接收和保管私人档案或文件。

利用前款提及的属于私人档案馆的私人信件和其他文件，须遵守与资料捐赠者签订的各项协议。

本法规定的有关《政府活动公开法》的适用条款适用于私人档案。

**第18条**　对于私人档案中具有重要学术研究价值的档案，国家档案馆须保存目录。

**第19条**　具有学术研究或其他重要价值且属于私人拥有的档案或文件，如果明显处于损毁、丢失或被出售的危险状态，国家档案馆有权在可支付的拨款范围内以当时的市场价格，征购上述文件或制作其复制件。同时应决定如何利用该收购资料。

利用档案遵守适用的法律法规。

具有学术研究或其他重要价值且属于私人拥有的档案或文件，如果明显处于损毁、丢失或被出售的危险状态，国家档案馆有权在可支付的拨款范围内以当时的市场价格，征购上述文件或制作其复制件。同时应决定如何利用该收购资料。

本法关于政府活动公开的条款应得到遵守。档案的出境应遵循本款另行立法规定。

**第20条** 国家档案局在符合第19条第1款的规定下，有权命令私人文件、藏品或档案立刻移交给国家档案馆、省档案馆及其他公共机构的安全存储场所，直到购买、复制等问题依法得以妥善解决。

在上述存放期间甚至之后，如果购买或复制的要求被依法否决，上款规定的任何文件、藏品、档案的信息不得透露给未授权的当事人。

**第21条**

本法第20条第1款所述的暂时存放规定不能被单独提起诉讼。对国家档案馆、省档案馆依据本法第19条作出的裁决的起诉，须遵循本法关于行政事务申诉的规定（154/50）。

对国家档案局根据本法第20条第1款规定颁发的临时保管命令不能被单独提起诉讼。对国家档案局依据第19条制定的规定的诉讼可按照《行政诉讼程序法》（586/1996）规定提交行政法院。

## 第6章 其他规定

**第22条** 本法的实施办法将通过法令制定。

**第23条** 本法于1994年10月1日生效。

本法的实施办法可先于本法生效前制定。

1981年2月20日颁布的《档案馆法》废除。但废除法令中关于省档案馆部门的规定将暂时继续有效。且国家档案馆依照废除法令颁布的条例、永久保存档案的法令、政府机构的登记和著录、永久保管档案的筹备、永久保管档案的设施将暂时有效。

赫尔辛基，1994年9月23日

芬兰共和国总统马尔蒂·阿赫蒂萨里

教育部长海诺宁

# 马耳他
## Malta

# 国家档案馆法

### 2005年第5号法 2007年第427号法律公告进行修订

为规范管理国家档案馆，明确国家档案馆馆长任用条令，以及另外的辅助事务处理，特制定本法。

## 第1部分 序 言

**第1条** 本法名称为"国家档案馆法"。

**第2条** 本法中，除上下文另有特定含义以外：

"档案馆库"指存放和保管档案以供查询利用的独立建筑或部分建筑场所。

"馆藏档案"指经过甄选而永久保存的具有持久价值的档案记录。

"理事会"指依照本法第14条设立的国家档案理事会。

"现行档案"指有关机构为当前事务运行而经常性使用的档案。

"财政年度"指结束于12月31日的各年度时期。但国家档案馆第一个财政年度将开始于本条例的生效期，结束于下一年的12月31日。

"公共部门首长"指高级文官、政府部门首长、企业首席执行官，以及其他承担公共事务管理和运行职责的职务相当的官员。

"地方理事会"指依照《地方理事会条例》设立的地方性理事会机构。

"部长"专指负责和掌管国家档案馆事务的部长。

"国家档案馆"指按照本法第3条成立的马耳他国家档案馆的实体。

"国家档案馆馆长"指依照本法第5条所任命的国家档案馆首长。

"规定"指由本法所衍生的规章、命令。

"私有档案"指除本法附录二所确定的公共档案之外的其他档案。

"公共部门"指任何依据《宪法》或法律而设立的，或者由马耳他政府控制股份而有效掌控的各个实体。

"公共官员"意同《宪法》第124条所规定的内涵。

"公共档案"指本法附录二所确定的档案。

"档案"指由公共部门形成、接收和保管的不同类型和载体的记录信息。公共部门依据档案履行职责、运行事务，并为实现这一目的而提供依据。

"档案人员"指本法第16条所规定的有关人员。

"保管和处置期限表"指记录有关档案鉴定结果，确定其保存或处置的管理文件。

## 第2部分　国家档案馆章程、组成、职能

**第3条**　（1）国家档案馆全称为"马耳他国家档案馆"，承担国家档案保管（人）的职责。依据本法，通过对所有公共档案的保管和利用，保存马耳他民族的集体记忆，是国家档案馆的使命。

（2）国家档案馆是法人团体组织，具有明显的法人属性。依照本法规定，具有签署合约，按其职能获取、持有及支配财产，起诉与被起诉，以及从事其他有助于实现其职能的行为和交易的权力。

**第4条**　（1）国家档案馆的职能：

（a）鉴定、保管和利用各种载体的馆藏档案，最大程度地保护马耳他民族集体记忆的安全，保护公民的权利；

（b）建立并保持国家馆藏档案登记簿；

（c）运用视察权来监督公共部门的档案保管情况；

（d）通过接受赠送、购买、遗产捐赠、存放保管等形式，接收和取得具有国家重大意义的私有档案；

（e）领导马耳他的档案馆机构开展档案保护、档案管理工作，制定协作规划；

（f）推进档案保管员和档案管理人员的业务培训。

（2）为实现上述第（1）款第（b）项建立并保持国家档案登记簿的目的，国家档案登记簿要包括以下国家档案馆馆长所认可的条目：

（a）向公众开放查阅的馆藏档案及存放地点；

（b）私有档案中的、有国家意义的档案，但须取得档案持有者的必要授权；

（c）其他有利于档案馆功能提升和研究机构提供公众利用的细节和信息。

**第5条**　（1）国家档案馆馆长应当具备专业资质，在档案领域有公认能力和声誉。国家档案馆馆长经档案理事会协商产生，并由部长任命，任期3年。任命书内注明其任期与任职要求。任职期满后，可重复任命。

但第一任国家档案馆馆长由部长任命即可，初始委任期3年。

（2）国家档案馆的法律、审判代表资格归国家档案馆馆长。但档案馆馆长可委派国家档案馆的官员、雇员代表其本人参加审判事务，处理有关法律、合约、

公文及其他文书事务。

（3）在戈佐岛任命1名助理国家档案馆馆长，其应当具备和国家档案馆馆长一致的专业资质。任命方式和任职期限与国家档案馆馆长相同。

**第6条** （1）国家档案馆馆长是国家档案馆的总执行官。其对所有的具有持续价值的公共档案文献的保管负有责任（本法第8条第（5）款所规定的延期移交的档案除外）。特别是以下各职责：

（a）对公共部门文件归档和登记体系的建立和管理，对各部门档案管理人员的培训，提供专业协助，提出意见和指导。

（b）检查有关公共部门的档案管理状况和体制。这些部门有义务向国家档案馆移交档案。

（c）与公共部门首长商定和落实特定部门特定档案的保管与处置期限表。这些期限表要具有足够权威，以指导档案保管期满后的操作行为。

（d）制定和落实公共档案的管理标准。

（e）确定档案馆藏的整理、编目，提供检索工具，以便于查找。

（f）为公众查找和获取公共档案复制品提供必要的设备。这些可复制的公共档案应当是面向公众开放的、符合本法第10条规定的档案文献。

（g）在利用者使用档案馆保存的档案和文献资料时提供咨询服务，增强利用者对国家历史的认知，支持其研究。

（h）设立有关档案理论与实践的参考图书馆。

（i）组织外延活动来扩大国家档案馆馆藏的影响；依本法第9条规定，进行公共档案的外借活动。

（j）制定有关规则，以供在国家档案馆和其他档案馆库查阅公共档案者遵守。

（k）处理其所保管之公共档案。如果一些档案不必要在国家档案馆保存或国家档案馆存件过多，其可决定这些档案的处置。

（l）与其他机构合作，共同开展档案管理、保护、贮存，以及复制品或其他科技手段的档案利用。

（m）准备、出售与国家档案馆功能相关的出版物和物品。

（2）国家档案馆馆长的其他职责：

（a）承担管理和组织的全部责任，行使对国家档案馆官员和聘用人员的行政管理，并为此任命有关人员的职责。

（b）制定实施国家档案馆目标的发展战略。

（c）向部长和理事会提出建议。这些建议可以是对部长和理事会咨询的答复，也可以是档案馆馆长认为必要和有益的任何意见。

（d）完成部长平时安排的其他任务。

**第7条** 国家档案馆馆长和国家档案馆所有工作人员履职前必须签署认可附

录一所附录的誓词。

**第8条** （1）国家档案馆所保存的档案均为附录二所列的公共档案。

（2）为其他有效法律所管理的特殊档案，按这些法律规定加以保存和管理。但有些档案的保管利用需要遵循国家档案馆馆长所认可的标准。

（3）尽管有上述第（2）款的规定，部长可与负责上述特殊档案的部长协商，取得一致意见后，签署命令将保存在特定档案馆的文件移交到国家档案馆。考虑到管理现有档案馆这类文件的贮存的法律规定，此处所指的这些文件一旦移交国家档案馆，这些文件的贮存要符合上述法律规定；这些文件的连带责任，包括对文件复制品、摘录件的发行以及文件验证，随着文件移交同时归属于国家档案馆馆长。

（4）国家档案馆馆长可以认证某些部门超过30年产生期限的部门档案不用移交国家档案馆保存。这些经过认证的档案可继续保存于或归还适当的公共部门（视情况而定），根据本法第6条的授权予以保管或处置。

（5）在档案库房不堪使用、档案接收条件尚不具备的情况下，国家档案馆馆长可以推迟接收移交来的档案。

**第9条** （1）未经国家档案馆馆长书面批准，保存在国家档案馆的任何记录和物品都不能带出馆内。如果有批准，国家档案馆要保留馆长签发的批准文本，以备日后检查。

（2）公共档案借出马耳他国，必须经由部长和国家档案馆馆长、档案指导理事会协商一致，作出书面许可。

（3）如果国家档案馆文献确有必要以原件形式在法庭展示或用于其他用途，应当由国家档案馆馆长展示或使用原件，而且要尽可能于此前制作副本保存在档案馆。

**第10条** （1）尽管还有其他法律规定，但一旦档案进入国家档案馆保管，对有关档案的公共利用，只能依据本法的规定执行和管理。

（2）凡属于国家档案馆、属于由国家档案馆馆长管辖的其他任何档案馆库所有的公共档案，自形成之日起期满30年，都要对公众开放利用。部分档案，经部长与档案产生部门（或职能承继部门）首长协商，可适当提前或推后开放期限。

本条第（1）款所指之档案在形成期满30年后，应当由档案理事会检查那些被划分为机密、秘密永久保存的所有档案，确定其密级是否还有必要。如非必要，则应当解密，按第（1）款规定，面向公众开放。

（3）有下列情况发生时，部长可依据国家档案馆馆长的建议，限制社会公众对档案和其他资料的利用：

（a）这些文献资料含有为行政当局所确定的负有保密义务的信息；

（b）含有与国家安全或个人人身安全相关的信息；

（c）馆藏档案件的质地发脆，确属必要（限制使用）；

（d）档案机构的需求。

（4）无损于第9条的规定，任何公文的复制件，只要加盖国家档案馆印章并有国家档案馆馆长签名，从法律角度即被视为真实文本，从证据角度其在所有法院、法庭都与原件等同对待。

**第11条** （1）发生档案、文物交易时，对于部长和国家档案馆馆长协商认为有重要档案价值或历史价值的拍卖品，同等条件下，政府部门比任何人都享有优先获得权。

（2）上述优先权由国家档案馆馆长通过司法手段与有关购买人实施完成，有效期限两个月。时间从出售方或购买方任何一方以司法方式或挂号信知会部长之日算起。知会内容应当说明交易名称、购买方的通讯地址以及交易条件。如果没有知会部长，部长在获悉有关交易的6个月内，有权干涉此交易的有效力。

（3）任何妨碍本法给予政府部门优先权得以实施的行为，或不作为的负责人，都要被判违反本法，并承担依本法所给予的处罚。

**第12条** 国家档案馆馆长遵照本法履行其职责：

（a）在与本法规定不矛盾的前提下，尽可能切中实际地对部长的指导予以影响。这些影响涉及有关政策及国家档案遗产。

（b）为部长获得有关国家档案馆财产和活动信息提供条件。国家档案馆馆长要给部长提供利润、账目及其他事关国家档案馆功能的信息，按部长要求的方式、时间，为核实其报送信息提供便利。

**第13条** 国家档案馆有免缴一定税负的权利。马耳他实施的关税、消费税、所得税、临时文书税除外。

**第14条** （1）国家档案理事会由部长任命，由以下人员组成：

（a）主席1名；

（b）文化遗产负责人（职务成员）或代表；

（c）马耳他遗产部主席（职务成员）或代表；

（d）国家图书馆馆长（职务成员）或代表；

（e）总理办公室常务秘书（职务成员）或代表；

（f）非政府组织的档案馆（文件中心）代表1名；

（g）知名人士3名，要熟悉档案馆业务、档案管理和信息专业领域，或者工作在非政府性的信息和档案机构。其中1人将被任命为戈佐岛的部门首长。

（2）国家档案馆馆长和戈佐岛的助理国家档案馆馆长参加理事会会议，但没有投票权。

如果档案理事会认为确有必要，可以要求国家档案馆馆长和戈佐岛的助理国家档案馆馆长回避有关会议或者会议的片段。

（3）理事会成员每届任期 3 年，并在任期届满之后，有资格重新获得任职。

（4）理事会会议由主席根据需要组织召开，但每两个月至少召开一次。或由主席自发召开，或由其他两名成员提请召开。

（5）理事会以现有成员的半数为最低法定人数。决定案按与会成员投票票数采取简单多数原则。会议投票出现票数相等情形时，主席的投票具有决定性。

（6）理事会成员在理事会作出或提议作出有关协议或行为时，如果其有直接或间接利益关系，应当在他知晓有关情事之后的第一次理事会会议上，坦白个人利益情形，并由会议备忘录记录在案。理事会在讨论或决议有关事项时，利益关联成员实行会议回避。

（7）本法制定的规则、程序，由该理事会具体执行。

**第 15 条**　（1）无损于本法的有关规定，该理事会应当：

（a）促进国家档案馆及其他档案保管实体的事业发展；

（b）通过档案保护和管理的工作职责，保护和促进不同利益主体之间的协作；

（c）就马耳他档案管理向部长提出建议；

（d）为了更好地管理国家档案和文献资源，提请部长、有关机构或其他责任人对紧急情况的关注；

（e）答复部长关于档案规定及其他与此有关的咨询。

（2）理事会每半年召开一次档案事业全国论坛，研讨档案工作发展情况。论坛召开之前，理事会须准备好相关报告。有关机构、政府实体、地方首长、私立档案馆和工作人员、有志于从事馆藏档案和公共档案保管和保护的非政府组织、马耳他大学、其他教育机构、专家、咨询顾问、商业机构代表、档案利用者，以及其他致函理事会希望与会的团体等，均可受邀参加论坛。论坛进程应当予以公布并报送部长。

（3）理事会任命专人担任主席，主持论坛。并在论坛召开前一个月予以公告。

**第 16 条**　（1）公共部门均设立档案人员。公共部门首长有责任按国家档案馆馆长要求，向其报送年度报告书，详细汇报本部门档案人员、档案保存等情况。

（2）档案人员负责形成、保管各自公共部门的职能和活动资料，建立良好的档案保管体系。其中包括：

（a）按照合理的立卷、登记制度，形成和管理现行档案。

（b）针对特定的公共部门，与国家档案馆馆长起草档案保管和处置期限表。但这些期限表须经国家档案馆馆长同意并签署后才能生效。如果档案含有个人信息，国家档案馆馆长还要与个人信息保护委员会进行协商。

（c）执行依照本法第 6 条制定的档案保管期限和处置表。

（d）依照本法第 6 条规定，对进入国家档案馆的档案开展检查工作。

（e）公共部门的某项或部分职能转移到另一公共部门或机构，由某公共部门从事的活动或者相关组织的活动被终止，其文件人员应当尽快通知国家档案馆馆长。

（f）按照国家档案馆馆长的指导，编制并提供移交给国家档案馆永久保存的档案目录。

（g）按照与国家档案馆馆长讨论达成的最佳实践方式，实施有关材料向国家档案馆的移交。

（h）安全移交保存在国家档案馆的档案。

## 第 3 部分　行政和人事规定

**第 17 条**　（1）依据宪法和人事任命规定，以及本法在内的可适用法律，国家档案馆的职员和其他雇员由国家档案馆馆长任命。其任职期限和任职条件由国家档案馆馆长决定，并经部长批准。

（2）为了适时必要而高效地完成国家档案馆的各项职能，国家档案馆馆长将委任和聘用一批官员和职员，雇用的薪酬、细则及条件将依据第（1）款对被雇用者相应予以规定。

（3）依《刑法典》解释，理事会成员、国家档案馆的官员和雇员均应当被视为公职人员。

**第 18 条**　（1）应国家档案馆馆长的请求，总理适时指令具有一定能力的公职人员委派到国家档案馆任职，并从指令中确定的日期起生效。

（2）前述指令将适用于指令中规定的一切政府官员（政府官员从公职部门退休，或未到期而停职者除外）。任职时间在指令内给予明确规定，除非指令已由总理先期撤销。

（3）官员（依照本法）被委派到国家档案馆任职，其在任命有效期内，受行政部门和国家档案馆馆长约束。基于其他目的，该官员应当保有其权利并视作公职人员。

（4）无损于前述条文的一般效力，委派的公职人员有以下职责：

（a）委派期间不得：

（i）剥夺其按照有关细则和条件申请调职到政府部门的权利。这些在受委派任职之日其任命书中就有规定。

（ii）受聘期间其薪酬和服务条件低于其他政府任命人员及未被委派到国家档案馆的人员。

（b）其服务于国家档案馆应当视为为政府服务，为此，由《养老金条例》、

《遗孀及孤儿养老金法》所规定的所有养老金、酬金及其他收益，以及公职人员享有的其他权利、优待，其均有权享有，并承担应负的任何法律责任。但要基于其在国家档案馆任职的事实。

（5）如果发生本条第（4）款第（a）（i）项规定的申请，有关申请人应当与没有委派到国家档案馆服务的申请人员受到同样的对待。

（6）国家档案馆应当向政府部门支付适当费用。具体款额由负责财政的部长根据委派到国家档案馆履职的官员在委派期间所支出的养老金及酬金费用临时确定。

**第 19 条**　（1）取得政府总理的同意，国家档案馆可以对按第 18 条规定委派任职的官员提供永久职位。其薪酬和有关任用条款、条件待遇不次于同类官员的同等待遇。

（2）前述所提供职位的细则和条件应当是优渥的。其在各方面都不次于甚至优于有关官员所享。整体而言，根据总理的意见，这些细则和条件将提供本质上相同或更大的效益。

（3）根据本条第（1）款规定，国家档案馆所雇用的公务员，应于接受雇佣之日起即被视作不再为政府服务而服务于国家档案馆；但如果有关公务员适用《养老金条例》、《遗孀与孤儿抚恤金法》，则除服务于国家档案馆外，还应被视作服务于政府。

（4）前述在接受国家档案馆雇用前即已适用《遗孀与孤儿抚恤金法》的公务员，将有资格继续保留服务于政府时所享有的福利。

（5）国家档案馆应当定期向政府部门缴纳终身雇用公务员的养老金、遣散费的资金（由财政部长确定额度），缴纳时间自上述公务员入职之日起计算。

（6）（a）基于本法目的，国家档案馆的岗位和工资等级将被以最大程度相对应的马耳他政府服务等级和增值水平进行分类，参考工作性质、技能、职责和其他类似因素。

（b）董事会执行第（a）项所述分类。董事会由 1 名主席（由财政部长任命）和 2 名成员（其中一人由主要负责公共事业人事政策的部门任命，另一人由国家档案馆馆长任命）组成。该分类由财政部部长最后核准。

（c）上述分类将在公职雇员或国家档案馆雇员薪资调整的 3 个月内执行。

（d）职位分类等级不得高于政府服务的第三等级，或财政部长定时在政府公告中所确定的等级标准。

（e）在不违背《宪法》第 113 条有关规定的前提下，依据上述分类，任何人都有资格享有较前述《养老金条例》更为有利的等级优先权。

## 第 4 部分　财政拨款

**第 20 条**　（1）在不损害本条下列规定的前提下，国家档案馆应当努力从事有关事务，以满足超出其收入的正常职能工作的支出。

（2）为此目的，国家档案馆馆长可依本法和有关法律征收规费、差饷及其他款项。

（3）国家档案馆由政府从统一基金内支付议会临时授权予以拨付的款项，以满足国家档案馆规定工作的延续和进行，比如基础设施或类似资本项目，或者满足其他超出其收入的支出需要。

（4）任何收入只要符合部长的有关准则，在与财政部部长协商后，都可临时给予国家档案馆使用。无损于子条款赋予部长权力的普遍性，部长可下令将第（2）款征收的有关规费、差饷及其他款项的部分移交给政府。

**第 21 条**　（1）如果有资金要求，国家档案馆在部长和财政部部长协商及书面同意后，可以向个人、团体或官方借款或集资。但要有前述经部长协商和书面批准的细则、条件。

（2）国家档案馆也可以在部长、财政部部长协商同意后，临时通过金融透支或其他方式筹借款项。这些款项必须是依照本法案用于档案馆功能建设。

**第 22 条**　与部长协商后，财政部部长可按其权限拨付给国家档案馆一定数目的财政预付款，满足国家档案馆依法行使职能的要求。拨付预付款的细则条件由财政部部长和部长协商。所有预付款的预算，由负责国库现金的财政部部长予以制定，并且除了本法案不得有更多拨款。在此授权总会计师负责此类预付款。

**第 23 条**　（1）每个财政年度，由国家档案馆馆长准备好下一财政年度的收入预算和支出预算。预算的提交不迟于每个财年末的 8 周之前。

但国家档案馆的第一个财年预算的提交和采用时间，由部长书面确定并通知国家档案馆。

（2）预算应当包括的表格、信息、前后比照等内容，由财政部部长给予指示。

（3）有关预算报告经国家档案馆馆长正式认可后，及时报送部长和财政部部长。

**第 24 条**　（1）未经议会同意，国家档案馆不得发生自行开支。

（2）无损于第（1）款的规定：

（a）每一财年的前 6 个月之内，或在议会通过当年预算之前，只要不超过前一财年的预算总量的 1/2，国家档案馆均可依本法案安排或给予支出，以便履行职能。

（b）经部长批准，原来审议通过用于某一领域或部分领域的预算支出，可以转移为另一领域或其他部分领域的预算。

（c）就第一个财政年度来说，在议会通过该财年预算之前，国家档案馆安排或支付有关支出，不能超出财政部部长和部长协商后批准的最大数量。

（d）如果某个财年议会通过的经费不足，或者有新的支出需要而预算内未列，国家档案馆可请求议会追加预算，或者推迟对原预算的通过。特殊情况下，经部长和财政部部长协商同意，国家档案馆可以由部长批准支付有关开支，尽量实际地申请追加预算。

**第25条** （1）国家档案馆馆长要保证能很好地保存账册和其他有关国家档案馆工作开展的档案，并保证提交每个财政年度的账目报表。

（2）国家档案馆应当指定审计员开展对其账目的审计。审计员的选定应当经部长批准。

但财政部长有权要求将国家档案馆的账目和记录交由总审计长审计、核查。对此，审计长有权展开实体检查等查证，有权取得其认为必要的相关信息。

（3）每个财政年度结束后，国家档案馆预算书应当及时依本法第23条的规定报送部长。国家档案馆馆长将按时审计后的账目报告交给部长、财政部部长，并附送审计人员对国家档案馆账目的审计报告书。

（4）部长应当向议会提交有关财务和审计报告书。

**第26条** （1）所有归于国家档案馆的资金都应当存入其指定银行。该等款项须在切实可行范围内逐日存入银行。除非是有些款项按国家档案馆馆长要求保留，以满足小额支付和立即付款的需求。

（2）小额支付款项不能超过国家档案馆馆长所确定的数目。该数目须征得部长批准。除小额支付以外的其他国家档案馆资金支付，均由国家档案馆任命或指定的特定官员执行。

（3）从国家档案馆的任何银行账户开具支票、提款，都必须由国家档案馆馆长专门任命或指定官员予以签名许可，并同时有国家档案馆馆长专门授权的国家档案馆指定人员的附属签名。

（4）对下列问题，国家档案馆也应当有所规定：

（a）以何种方式、由哪个或哪些官员来授权或批准资金支付；

（b）支付资金和从一个户头转移资金到另一个户头所需要的银行持有账户的名称；

（c）支付基金时采用的方式；

（d）一般情况下的有关事项，如账目、簿册及其他档案的合理保管、检查、财务管理等。

**第27条** 除经部长在与财政部部长协商后授权同意，国家档案馆不得裁决或订立任何有关货物与材料供应、工程施工、提供劳务的合约，以其为国家档案馆谋取利益。这些合约的开支估价应当超过 6988.12 欧元（或财政部部长认定的数目）。已经公开发布了合同意向公告以及进行竞标的合约，不受前述规定的约束。

**第 28 条** 不晚于每一财年结束后的 6 周之内，国家档案馆馆长制定并提交给部长和财政部部长有关该财年国家档案馆有关事务的报告书，内容包括诸如部长时常要求的事项、政策的相关信息等。部长在收到该报告书后的 4 周内，要向议会提交该报告的副本。

## 第 5 部分  对国家档案馆的资产转移

**第 29 条** （1）本法的该部分发生效力之日起，此前原为政府所有的资产和其运作的产业，以其在政府主办时的原有名称，一并移入、归属国家档案馆。本款规定不适用于有关的不动产。

（2）原来由土地部部长和部长协商认同、登记在政府令公布于公报的不动产（以下简称"不动产"）的使用和管理，随着本法该部分的生效，归属于国家档案馆。

（3）前述资产的转移和授予，包括资产和企业的整体，并在无损于前述一般效力外，应当包括所有的工厂、设备、装置、仪器仪表、车辆、飞行器、建筑、装备、土地、道路、工程、股票，以及其他动产或不动产、财产、权力、权利和专有权，所有的东西及其附属和享有的相关物，以及前述财产和企业或其他事物的所有影响和有关义务。

（4）任何转让，无论是动产还是不动产，应当遵守有关细则和条件。这些条款和细则，经部长认可是必要的，据此确保这些财产完全是用于国家档案馆的功能及其附属目的。

**第 30 条** 根据本法规定，本法的第五部分发生效力之日以前，所有与本法规定的转移给国家档案馆的资产、事业有关或发生效力的法律、法规、规则、命令、判决、法律、监护权、契约、债券、合同、协议、公文、文件、权证及其他安排等，均应当继续具有充分效力，无论其有利于或不利于国家档案馆，均应当自由而有效地得到实施。只是国家档案馆替代政府或政府某组织的名目而成为一方，即成为政府和政府某组织的替代方。

## 第 6 部分  违法行为

**第 31 条** （1）任何人：

（a）明知有关公共档案是非法流通于马耳他国内的，或是非法从别的国家进口而来的，但仍接受或保管这些公共档案；

（b）实施或企图实施妨碍、阻挠、骚扰和干扰国家档案馆工作人员或警察官员依据本法履行职责；不遵守国家档案馆工作人员或警察官员的合法命令；故意提供给上述官员或聘用人员错误信息；蔑视或拒绝提供按本法所要求提供的信息。以上均属违反本法的有罪行为。可处不低于 465.87 欧元但不超过 11 646.87 欧元的罚款，或处不超过 3 年刑期的监禁，或者两者并罚。但不论是依据本条款给予罪犯最大额或最小额的罚款，均不应低于因其犯罪行为而造成损失或需要赔偿的估价。

（2）任何法院，不只是本条款中的上述判决法院，均可责令已被判刑的违法者，在有效时间范围内，消除其犯罪因素，责令其按本法要求取消其未许可的有关行为。如果在指定时间范围内，违法者不能完成有关责令，可判以追加罚款。对超出指定期限者，按每天不低于 58.23 欧元但不高于 116.47 欧元判罚。由有关法院确定罚款标准。

（3）对未依据本法得到有关方面的合法授权而擅自流转的公共文件，国家档案馆均有权予以收回。

# 第 7 部分　其他条款

**第32条**　（1）在查阅利用或提供副本的过程中，国家档案馆馆长不得违反其所监管的公共档案的著作权。

（2）国家档案馆馆长提供给有关接受者公共档案副本的行为，并不意味着是对其著作权的让渡。

（3）对著作权属于马耳他政府、由国家档案馆馆长保管的公共档案的影印出版，一般应当予以禁止。除非经国家档案馆馆长同意，并提出有关约束条件，按本法规定支付一定费用始可。

**第33条**　部长应当与国家档案馆馆长协商订立规则，以落实上述该法案的任何一项规定，管理或提供有关公共档案事务。具体而言，在无损于前述条款的一般效力下，制定以下用途的有关规定：

（a）提供对公共档案的适当管理和保存，提供恰当方式，以便公众利用国家档案馆的文件及实体；

（b）制定有关标准和模式，形成国家档案馆文献和资料的副本、其他复制品；

（c）建立相关税费制度，依本法规定，或按服务要求支付费用；

（d）确保国家档案馆、国家档案馆馆长、档案理事会的各项职能更加完满的履行；

（e）规范国家档案馆官员和雇员的任命；

（f）建立最佳保管准则；

（g）提供本法内尚未包含的必要规则和适宜程序；

（h）规范公共档案的流动，规范公共档案的合理密闭期限（此期限内不提供公众查阅）；

（i）凡本法中没有涉及的有关管理权限、职责，以及国家档案馆遵循程序的若干规定；

（j）修订保管期限表；

（k）依据本法制定其他规定。

**第 34 条**　本法生效之日前，由国家档案馆监护人所保管的档案和其他材料，依此移交给国家档案馆保管。其所适用于有关档案和其他材料的条款规定至此废止。

## 附录一 （第 7 条）

誓词格式

我，————谨以此为誓：我将充分忠实履行国家档案馆馆长／工作人员的职责，遵守《国家档案馆法》及有关法律的要求。除非是依据《国家档案馆法》和有关法律完成职责要求，除非有关信息已经进入公共领域，在我任职国家档案馆馆长／工作人员期间及此后时期，绝不公开或泄露因职务原因而了解的任何有关个人、政府部门或公共部门的信息。

（上帝保佑）

## 附录二 （第 8 条）

公共档案目录

1. 属于国家档案馆负责管辖的档案馆库所保存的公共档案、馆藏档案，应当包括以下单位形成、接收和保存的档案：

（a）总统办公室；

（b）众议院；

（c）内阁办公室；

（d）部委、部门、委员会、机关、机构或其他公共事务机构。但对于实行了私有化的公营公司、半国营公司、社会团体，本附录的规定仅适用至马耳他政府或其附属组织有效管辖该机构之日；

（e）马耳他政府驻外使馆、代表处及其官员；

（f）选举委员会或其他委员会及其人员；

（g）国家法院以及马耳他辖内的所有法院、法庭，及这些组织内的法官、文职人员及其他官员；

(h) 地方议会、地方行政机构、委员会及分支委员会，以及这些组织的官员；

(i) 从 (a) 到 (h) 的机构、团体的前身、继承者及有关个人；

(j) 其他依本法规定经由部长任命的团体和个人。

2. 产生于戈佐岛事务部以及政府部门、公共团体中管理戈佐岛业务机构的档案，应当交存国家档案馆戈佐岛分部。

3. 本法生效之日起，马耳他国家档案馆保管的所有公共档案，应当视为本法所称之公共档案。

# 冰 岛

**Iceland**

# 国家档案馆法

## 1985年第66号法律

### 第1条

冰岛国家档案馆是一个独立的档案保存机构，隶属于教育文化部。

档案馆位于雷克雅未克。

档案馆运营经费由财政部每年按预算拨付。

冰岛总统可依据教育文化部部长的建议并经档案监督委员会的同意任命国家档案馆馆长，国家档案馆馆长负责档案馆的日常事务，并代表档案馆对外活动。

教育文化部部长依据监督委员会的建议任命档案管理人员。其他职员由档案馆馆长经监督委员会同意后聘用。经过档案专业培训的档案技术人员或历史学者可从事档案工作。

### 第2条

建立国家档案馆监督委员会，负责监督档案馆的运行、制定档案政策、监督预算的制定与实施。委员会也负责本法规定的馆藏档案的销毁。

教育文化部部长任命监督委员会成员，任期为四年。委员会由下列人员构成：国家档案馆馆长、冰岛大学历史学院一人、国家档案馆固定职员一人、无需提名一人。教育文化部部长任命其中一人为主席。

委员会在必要时举行会议。委员会记录将保管登记。每个成员有权发表意见并记录在册。投票实行多数选票获胜制，若票数相当，由主席投票决定胜负。

### 第3条

国家档案馆的功能，为了政府机关和个人的利用，收集、保管与冰岛历史有关的档案和其他文献资料，以确保他们的利益和权利的实现，以及科学调查和学术研究工作的顺利开展。

本法中提到的档案与文献资料，指的是反映机构和个人职能的原始的书面记录，包括任何形式的文字、地图、计划、照片、影片、幻灯片、机读材料、录音录像等材料。

国家广播部门应当在广播委员会监督指导下，经过国家档案馆馆长的同意，由负责人决定保管电影、唱片、录音录像带。

### 第 4 条

国家档案馆的任务主要有：

1. 接收并保管本法第 5 条规定的应当移交的公共机构的档案；

2. 检查公共机构的档案，促使其履行移交档案的义务，并在档案管理、计算机登记注册方面提出建议、判定无保存价值档案的销毁；

3. 通过课程、指南手册等方式为各机构档案管理人员开展档案管理工作提供指导；

4. 记录保管的档案、出版打印或油印的目录作为使用指南；

5. 建立档案及历史事件的参考文库；

6. 检查各地方档案馆及其他公共保管档案机构的运行状况；

7. 对用户利用馆藏档案与文献提出建议，尽可能为其提供相关资料的来源，增进了解国家历史知识，支持历史研究；

8. 为公众提供开放的查阅室，便于学者利用馆藏文献及资料从事学术研究；

9. 收集国内外有关国家历史的其他文字记载，包括电子副本及其他的档案复制件，在无法获取原件的情况下，努力做好副本的保管工作；

10. 配备修复、装订以及此类应用技术等适合执行档案馆职能的工作间。

### 第 5 条

下列机构应当将其档案移交国家档案馆保管：总统办公室、最高法院、内阁和政府部门以及其他公共机构、国有公司、主要经费由公共财政支付的团体、基本由公共财政支持的公司。

地方政府及其机构的档案，若与地方档案馆无关，应当移交到国家档案馆。

国家档案馆也可以接收其他无移交义务的党派档案。

### 第 6 条

期满 30 年的档案应当依据目录中的最后一条或已结案的最后一个字母，按规定移交国家档案馆。特殊情况下，若条件允许，国家档案馆馆长有权延长移交时间。

履行移交档案义务的机构负责人，负责保管其机构的档案。

有移交档案义务的机构，须在档案的登记、分类和管理方面遵从档案馆的指导。

新的档案管理体系和馆库实施以前，须经国家档案馆的批准。

### 第 7 条

有移交档案义务的党派不得擅自处置其保管的任何档案，除非获得国家档案馆馆长的批准，或者某规定明确可以销毁档案。

### 第 8 条

根据规定移交档案的党派，若申请利用与工作有关的档案，有权借阅档案或获得已经移交进馆的档案的复制件。

如果国家档案馆馆长判定其拥有相关设施，国家档案馆允许出借档案给公共档案馆、图书馆、研究机构在国家图书馆阅览室利用。禁止其他方式的借阅。借阅档案的机构负责档案的保管和如期归还。

### 第 9 条

利用国家档案馆的档案，应当执行教育文化部根据国家档案馆馆长的建议颁发的规定。

### 第 10 条

国家档案馆的重要档案应当以胶片或复制品形式保管在国家档案馆以外的安全场所。

### 第 11 条

依据国家档案馆馆长的判定，私人拥有的具有重要学术价值的档案被携带出境时，须向国家档案馆报告，档案馆有权在档案出境前对其以电子或其他方式复制达成协议。

### 第 12 条

国家档案馆委员会依据国家档案馆馆长的意见，如果场所和其他条件具备，允许区、城镇议会建立地方档案馆，保管有关各市、区和地方教区的档案。允许各市、区议会跨区建立联合档案馆。档案馆是所有当事人的共同财产，它们将达成该馆运行与管理的协议并经国家档案馆馆长批准。

### 第 13 条

若地区档案馆不被重视，其建馆条件不再具备，国家档案馆馆长应当就其存在问题提请委员会注意，责令地方改进。若屡次警告无效，国家档案馆馆长可将其档案转移至国家档案馆，费用由地区档案馆的当事人共同担负。

### 第 14 条

只要地区档案馆正常经营，区、市议会和教区的档案均应当移交。这些机构及其职员的公共档案、主要由公共财政支付经费且在该地区档案馆区域内运行的公司与团体的档案，应当移交至地方档案馆。

向地区档案馆移交档案规则等同于国家档案馆。

有关各当事者向地区档案馆移交档案的细则，应当颁布相应法规。

### 第 15 条

地区档案馆出借和利用档案遵照国家档案馆的规定。

### 第 16 条

地区档案馆经费每年由财政部按照预算拨付。

### 第 17 条

教育文化部部长颁布执行本法的实施办法。

### 第 18 条

本法从颁布之日起生效。同时，1947 年 2 月 12 日颁布的地区档案馆 7 号法律及 1969 年 3 月 17 日冰岛国家档案馆 13 号法律同时废除。

# 南 非
## South Africa

境外国家和地区档案法律法规选编

A SELECTION OF THE LEGISLATION ON ARCHIVES
AND RECORDS OF OVERSEAS COUNTRIES AND REGIONS

# 国家档案馆和档案法 *

## 1996年第43号法  2001年第36号文化法律修订

### 第1条 定 义

本法中，除非上下文另有特指：

"鉴定"指档案工作中确定档案最终处置的行为；

"馆藏档案"指保存在档案馆馆库的档案；

"档案馆库"指第11条所定义的有关档案馆库；

"理事会"指第6条所定义的国家档案指导理事会；

【"理事会"以前定名为"委员会"。2001年第36号法第7(a)条更改】

"保管"指对档案载体的实体形态的管控；

"处置许可书"指依据第13(2)(a)条的规定签署的书面许可，确定将指定档案移交至国家档案馆保管，或以其他方式处置指定档案；

"电子档案体系"指以电子方式产生、采用计算机科技保存的档案体系；

"政府机构"指国家层面的立法、行政、审判或管理机关（包括法定团体）；

"政府机构负责人"指政府机构首要执行官员或类似角色；

"部长"特指负责本法实施的部长；

"国家档案馆"指依据第2条而成立的南非国家档案馆和档案局；

【"国家档案馆"定义已由2001年第36号法第7(b)条取代】

"非公共档案"指由私人、私有团体而非本法所定义的政府机构产生或接收的档案，以及省级法律所定义的档案、馆藏档案；

"规定"指依据规则制定；

"公共档案"指政府机构履行职能过程中产生或接收的档案；

"档案"指以各种形式或载体所记载的信息；

"录制品"指各种形式的并可复制的声音、影像或音像制品；

---

\* 本法规定了南非国家档案馆和档案局的设立，对政府机构档案的合理管理与服务，对国家档案遗产的保护与运用，与之相关的其他事项。

"档案分类体系"指对档案进行区分、整理、存储和检索的分类方案；

"条例"指根据本法制定的规则；

"本法"包括法律内所有的条例。

## 第 2 条　成立南非国家档案馆

它是南非共和国公共服务的分支机构，名称为"南非国家档案馆与档案管理局"。

【第 2 条已被 2001 年第 36 号法第 8 条取代】

## 第 3 条　国家档案馆的目标与功能

国家档案馆的目标与功能为：

（a）保管具有持久价值的公共档案和非公共档案，以备公众和国家利用。

（b）提供可资利用的档案文献，促进公众使用。

（c）确保公共档案的妥善管理和保护。

（d）收集具有重要意义和永久价值的非公共档案。这些档案在其他的机构中难以得到妥善保管。收集时应当适当考虑以往的档案馆藏未注意到的有关国家历史的文献的需要。

（e）建立全国自动化档案信息检索系统，系统内应当包括各省级档案馆的服务信息。

（f）建立全国非公共档案永久档案登记簿，促进这些档案的保存机构之间的相互合作与协调。

（g）协助、支持省级档案馆机构，为其建立标准，提供业务指导。

（h）促进档案管理意识，鼓励开展档案管理活动。

（i）广泛促进国家档案遗产的保护与利用。

## 第 4 条　国家档案馆馆长与工作人员

（1）（a）部长与公共服务委员会（《宪法》第 196 条规定之）协商后，根据《1994 年公共服务法》（1994 年第 103 号公告）任命一名经验丰富的合格人员担任国家档案馆馆长。其级别由部长确定。

（b）国家档案馆馆长受艺术、文化、科技总干事的指导，具体管理国家档案馆。

【第（1）款已被 2001 年第 36 号法第 9 条取代】

（2）国家档案馆馆长由依据《1994 年公共服务法》（1994 年第 103 号公告）

任命的官员和雇员协助，完成工作职责。

（3）（a）国家档案馆馆长可根据一定条件，对工作人员进行权力委派、职务任命，也可随时取消有关委派、任命。

（b）委派权力、任命职务给工作人员，并不能削弱国家档案馆馆长的权责，他可以随时修正或撤销所作决定，行使权力、完成职责。

## 第5条　国家档案馆馆长的权力与职责

（1）国家档案馆馆长要：

（a）采取必要措施以整理、著录和检索档案；

（b）对有关档案开展信息提供、咨询、研究和其他服务；

（c）通过出版、展览、档案外借等活动，特别重视旨在帮助社会弱势部门的活动，提高相关档案的知名度；

（d）要求那些利用国家档案馆所保存的档案文献从事研究的人员，向国家档案馆提供其作为成果的出版物或论文；

（e）采取必要、有益的其他措施、行为，实现国家档案馆的目标定位。

（2）国家档案馆馆长应当：

（a）提供档案技术和档案管理方面的培训；

（b）与有志于档案业务或档案管理的机构开展合作；

（c）为档案活动和档案交流提供专业和技术支持；

（d）根据理事会建议，征得部长同意，免除本法所有条款规定的政府机构的义务；

［第（d）款已被 2001 年第 36 号法第 10 条第（a）款取代］

（e）制定可销毁档案的评定办法，出具销毁档案目录。

［第（e）款已被 2001 年第 36 号法第 10 条第（b）款取代］

## 第6条　国家档案理事会的成立、章程及职能

（1）部长在政府公报上发布公告，成立一个名为"国家档案指导理事会"的机构。

（2）理事会的组成：

（a）由部长从知识渊博、有志于档案业务的人员中选取任命，成员不超过6 名。

（b）各省档案咨询理事会的主席。有的省没有该理事会，可以通过公开透明的程序，在该省执行委员会负责成员监督下，选举出 1 名该省的代表成员。

（3）理事会成员的任命程序和其他条件要求另行规定。

（3A）根据适当理由，部长可解散理事会。

（4）理事会的职能：

（a）就任何与实施本法有关的事项，向部长和艺术、文化、科技总干事提出建议；

（b）就促进国家档案馆的目标与功能，向国家档案馆馆长提出建议；

（c）就作为国家遗产构成的档案资源的保护，向南非遗产资源保护组织提出建议、开展协商；

（d）……

（e）与公众保护者机构协商，对擅自销毁受本法保护的档案的行为开展调查；

（f）每年要向部长提交年度工作计划案，以便部长审批。

（5）理事会可以委任其成员组成不同的委员会，分派给有关委员会以适当的职能。但理事会并不因此而被削弱其自身职权，并且有权修改或废止相关委员会的决定。

（6）理事会、委员会的会议程序另行规定。

（7）经部长批准，理事会、委员会均可视情况需要而增选成员，以顾问身份到会服务。这种增选成员没有投票权。

（8）（a）比照第（b）款制定的标准，理事会的非全职成员均可按照其在理事会的不同职位取得一定津贴。该津贴由部长取得财政部部长同意后决定之。

（b）第（a）款所确定的津贴，在取得财政部部长同意后，由部长制定出明确的支付标准。

【第6条已被2001年第36号法第11条替代】

## 第7条　理事会秘书长、工作人员

理事会的行政和秘书职能，由总干事依照1994年《公共服务法》（1994年第103号公告）成立专门部门来执行。

【第7条已被2001年第36号法第12条替代】

【第8、9条已被2001年第36号法第13条废止】

## 第10条　年度报告

（1）每一财政年度结束后，国家档案馆馆长须尽快就该财年国家档案馆的所有活动编制报告；档案指导理事会也应当就该财年理事会的所有活动编制报告。

（2）国家档案馆馆长的报告应当包括：

（a）收入与支出的详细情况；

（b）签发的档案处置许可书的完整目录；

（c）由国家档案馆调查的非法处置公共档案案例报告；

(d) 政府机构违反本法的情况报告。

(3) 国家档案馆馆长和理事会的年度报告，连同对理事会有关基金的年度财务审计报告，一并提交给部长。如果恰在议会会期，部长应当在收到报告后 14 天内将报告提交议会讨论；如果不在会期，则应当在下一个会期开始后的 14 天内提交议会讨论。

(4) 报告提交议会讨论后的 5 个月内，应当由国家档案馆馆长、理事会至少 2 名成员，组成代表团，向艺术、文化和科技投资委员会简要汇报上述报告的基本内容。

【第 10 条已被 2001 年第 36 号法第 14 条修订】

## 第 11 条　档案保管与保护

(1) 出于档案保管的需要，部长可以临时决定建立由国家档案馆馆长管控的档案馆库。

(2) 凡形成期满 20 年，经"处置许可书"认定为具备永久保留价值的公共档案，均应当被移交给国家档案馆馆库保管。但以下情况例外：

(a) 议会没有制定法律要求相关档案由特定政府机构或人员进行保管。

(b) 国家档案馆馆长在与有关政府机构负责人协商后，认定有关档案：

(i) 应当由有关政府机构保管；

(ii) 应当在 20 年期限之前便移交到档案馆库。

(c) 国家档案馆馆长有权推迟公共档案的移交。

(d) 国家档案馆馆长有权准许公共档案在形成期未满 20 年之前移交到档案馆库。

(3) 由部长制定规范上述第 (2) 款档案移交行为的有关规则和条件。

(4) 国家档案馆馆长应当采取必要措施来保护和修复档案。

## 第 12 条　档案的开放、利用

(1) 依据议会有关公共档案开放的法律的规定：

(a) 由国家档案馆保管的公共档案，自形成之年份起，期满 20 年者，一律面向公众开放利用；

(b) 利用形成年限不足 20 年的档案，应当提出申请，由国家档案馆馆长批准。

(2) 对于由国家档案馆保管的非公共档案，其面向公众的开放利用取决于本法第 14 条第 (1) 款所规定的、获得这些非公共档案时所达成的协议条件。

(3) 虽然有前述第 (1)、(2) 款规定，但国家档案馆馆长仍可对易损档案的利用要求予以拒绝。对此，被拒绝者也有权向总干事上诉。

【上述第（3）款已被 2001 年第 36 号法第 15 条替代】

（4）由部长制定许可公众进入档案馆、利用面向社会开放的档案、使用档案复制设备、摘抄国家档案馆馆藏档案的有关规则。

## 第 13 条　公共档案的管理

（1）依据本法规定，由国家档案馆馆长负责对政府机构保管的公共档案进行妥善管理和保护。

（2）不影响上述第（1）款规定的一般效力，

（a）未经国家档案馆馆长依据下列规定签署书面许可，由政府机构管控的任何公共档案不得被移交到档案馆库，不得被销毁、删除或以其他方式处置：

（i）本法第 6（4）（e）条；

（ii）国家档案馆馆长和档案指导理事会之间产生难以解决的分歧时，由部长进行最后裁决。

【上述第（ii）目已被 2001 年第 36 号法第 16 条替代】

（b）国家档案馆馆长：

（i）确定档案分类体系，以提供政府机构统一使用；

（ii）决定档案缩微或电子化转换的标准；

（iii）决定电子档案管理体系的标准。

（c）国家档案馆馆长依本法在其履行职责的范围内，对公共档案开展检查。但对包含被议会法律限制披露的信息的公共档案开展检查时，必须征得相关政府机构负责人的同意。

（3）由部长制定对政府机构保管的公共档案进行管理和保护的规则。

（4）国家档案馆馆长也可临时发布指令，指导对政府机构保管的公共档案的管理和保护。但这些指令必须与有关规则的精神一致。

（5）（a）政府机构的负责人，可以按照有关政府部门人员适用的法律和这方面的其他要求，指定本部门官员担任本单位档案管理人员。

（b）档案管理人员应当确保政府机构执行本法的要求。

（c）档案管理人员还可被赋予另外的权力与职责。

## 第 14 条　非公共档案的获取与管理

（1）国家档案馆馆长代表国家，通过购买、捐赠、借管形式暂时或永久地、无条件或按协议条件获取非公共档案。依其意见，这些档案应当具有国家意义上的永久保存价值，或者在其他机构难以得到适当保存。

（2）按照适当情况，第（1）款中所获得的非公共档案，应当按照国家档案馆馆长的决定保存在特定的档案库。

（3）录制品（指本法所定义的非公共文件的录制品）的生产和经销商，在接到国家档案馆馆长的书面要求 6 个月之内，应当按书面要求的指定，向国家档案馆馆长提供其录制品副本。

（4）第（3）款不适用于按《出版物送存法》第 1 条（1982 年第 17 号法）规定、储存在法定送存图书馆里的录制品；也不适用于尚未在南非境内播放和公开出版的录制品。

（5）国家档案馆馆长应当与有关档案保管机构协商，依据自身的专业经验，建立南非国家的全国非公共档案登记簿。

【第（6）款已被 2001 年第 36 号法第 17 条删除】

## 第 15 条　责任限制

任何人，包括政府，都要忠实而无过失地遵从本法。

## 第 16 条　罚　则

（1）任何人：

（a）故意损坏政府机构管理的公共和非公共档案者；

（b）不遵守本法和其他法律规定，非法流通、破坏或删除有关档案材料者；

均属犯罪。一经定罪，可处以罚款、监禁或两者并处。监禁年限不超过两年。

（2）凡不遵守以下法则者：

（a）第 14 条第（3）款所指的书面要求；

【第（b）款已被 2001 年第 36 号法第 18 条删除】

均属犯罪。一经定罪：

（i）如系第（a）款所确定的犯罪情形，处以不超过 5000 兰特的罚款；

（ii）如系第（b）款所确定的犯罪情形，处以不超过 10 000 兰特的罚款。

（3）对于有前述第（1）款犯罪行为的人提出的利用馆藏档案的要求，国家档案馆馆长有权向部长请示在一定时期内拒绝这类人的利用许可。拒绝利用的期限，由馆长决定。

## 第 17 条　过渡期规定

（1）本法生效前依据《1962 年档案法》履行档案馆负责人职能的有关人员，继续负责国家档案馆馆长事务。

（2）本法生效前在原档案馆负责人属下履行职责的每一个公务人员，都将被自动转为国家档案馆的工作人员。

（3）根据适用于有关档案的规则条款，本法生效之日，此前由原负责人保管下的所有档案，应当据此移交国家档案馆馆长保管。

（4）在省级立法机构公告其本省立法和其省级档案机构成立之前，本法的每一条款均适用于该省，且：

（a）凡有"政府机构"的表述出现时，均指在该省的国家、省级或地方政府级别的立法、行政、司法或管理机关（包括法定机构）；

（b）凡有"公共档案"的表述出现时，均是指由上述第（a）款确定的有关机构在其履行职责过程中所产生、接收的档案文献。

## 第18条 规 定

部长依据本法可制定有关事务的条例，该事务或被规定要求，或经规定许可，或按规定完成。通常，该事务应当确有必要或确需临时制定条例，以实现和促进本法。

## 第19条 废止法律

下列法律予以废止：

（a）《1962 年档案馆法》；

（b）《1964 年档案馆法修正案》；

（c）《1969 年档案馆法修正案》；

（d）《1977 年档案馆法修正案》；

（e）《1979 年档案馆法修正案》。

## 第20条 简称、生效日期

该法名称为《1996 年南非国家档案馆和档案法》。该法生效日期由总统在《宪法公报》的公告中予以确定。

【第 20 条已被 2001 年第 36 号法第 19 条取代】

境外国家和地区档案法律法规选编

A SELECTION OF THE LEGISLATION ON ARCHIVES
AND RECORDS OF OVERSEAS COUNTRIES AND REGIONS

# 国家图书馆管理局法 *

## 1995年第5号法　2014年10月31日最新修订

---

## 第2A章　新加坡国家档案馆与口述历史中心

### 第14A条　新加坡国家档案馆

（1）2013年3月28日，保管国家档案及重要历史档案的新加坡国家档案馆由国家文物局移交给国家图书馆管辖。

注：法律的实施时间同2012年法律颁布时间。

（2）国家档案馆：

（a）检查公共机构档案，并为机构档案的保管、保护提供建议；

（b）采取必要措施对公共档案进行分类、鉴定、保护和修复；

（c）通过出版、展览以及文化遗产宣传活动等途径公开档案信息；

（d）实施档案管理规划，以有效地形成、利用、维护、留存、保护和处置公共档案；

（e）为公共机构制定公共档案管理标准、流程提供咨询；

（f）提供与档案有关的信息、咨询、研究及其他服务；

（g）在遵循公共档案馆接受的规定和条件（如果有）下，可以复制、出版公共档案；

（h）可通过购买、捐赠、遗赠等方式，接收国家档案馆认为具有国家或历史意义的任何文件、簿册及其他材料。

### 第14B条　国家档案馆馆长的任命

（1）国家图书馆管理局可任命档案馆馆长，馆长对管理局负责并全面掌管该馆的管理和监督。

（2）国家档案馆馆长、其代理人以及遵照馆长指示的人员利用公共档案时，

---

＊ 本法是关于国家图书馆的成立与合并，向国家图书馆移交及相关事宜的法律。

应当遵循普通公民利用公共档案的保密要求，并于必要时进行保密宣誓。

### 第 14C 条　向国家档案馆移交公共档案

所有对国家和历史具有重要意义的公共档案，将按照国家图书馆管理局的意见，依据保管期限表以及管理局与其他保管公共档案的机构达成的协议，移交国家档案馆保管与管理。

### 第 14D 条　由国家图书馆管理局授权的公共档案的销毁与处置

（1）未经国家图书馆管理局依据第（4）款的授权，任何人不得销毁或以其他方式处置公共档案，也不得授权销毁或处置其所有或监管的公共档案。

（2）任何人意图或授权销毁、处置公共档案，须事先告知国家图书馆管理局，通知中应当详述该公共档案的性质。

（3）国家图书馆管理局应当仔细检查第（2）款通知中提及的公共档案，如果通知要求该档案提供利用，国家图书馆管理局应当告知提交需求的人员，该档案应当确保管理局可查阅。

（4）国家图书馆管理局可以授权特定类别公共档案的销毁，因其数量、种类及常规特征等原因，国家图书馆认为其作为公共档案不再具有永久保存价值。

### 第 14E 条　公共档案与录制品材料的查阅

（1）依据第（2）款规定，未经国家档案馆馆长的书面授权，任何非国家档案馆工作人员不得查阅未公开的公共档案或录制品材料。

（2）为参考或研究目的，任何个人均可查阅已公开的公共档案或录制品材料，但：

（a）若档案属于公共档案馆接收的或档案形成者、录制品制作者提供的，须遵守公共机构根据具体情况提出的条件或限制；

（b）国家档案馆馆长为保护档案提出的必要条件。

（3）国家档案馆应当在国家图书馆管理局规定的时间内，公开公共档案便于公众查阅。

（4）本节所称的录制品，指依据第 14I 条规定保存在国家图书馆管理局的录制品材料。

### 第 14F 条　公共档案副本的认证

经由国家档案馆馆长认证的公共档案副本，作为原始文件的真实副本，可作为法庭采信的证据。

## 第 14G 条　公共档案或录制品材料的复制

（1）未经国家档案馆馆长书面同意或者不符合下列机构提出的条件和限制，任何人不得出版或复制已移交国家档案馆的档案的全部或部分内容，不得出版或复制依据第 14I 条规定存储的录制品资料的全部或部分内容：

（a）移交档案的公共机构；

（b）录制品材料的形成者或录制者，视情况而定。

（2）任何违反第（1）款规定者即属违法，一经定罪，应当处以不超过 5000 美元的罚款，或处不超过 12 个月的监禁，或并处刑罚。

（3）本节不得解释为影响或扩展有关版权的法律规定。

## 第 14H 条　禁止公共档案出境

（1）任何人不得：

（a）未经国家图书馆管理局的书面许可，将公共档案带出或寄出新加坡国境；

（b）在公共档案上书写、标记、题字或其他污损档案的行为；

（c）毁坏、删除或以其他方式损毁公共档案。

（2）任何违反第（1）款规定者即属犯罪，一经定罪，即可处以不超过 5000 美元的罚款，或处以不超过 12 个月的监禁，或并处刑罚。

## 第 14I 条　特定录制品材料的保管

（1）录制品材料的形成者或经销商应当在向国家图书馆管理局提交书面申请后 6 个月内，依申请书所列的形式无偿提供一份副本。

（2）任何违反第（1）款规定者即属犯罪，一经定罪，即可处以最高 5000 美元的罚款，或处 12 个月以内的监禁，或并处刑罚。

（3）本款不适用于下列情形：

（a）尚未在新加坡播放或公开的录制品材料；

（b）部长申请豁免适用本条款的各类录制品材料。

（4）本款中，"录制品材料"是指以声音、图像或两种兼具的方式，固定在任何载体上的材料。

## 第 14J 条　口述历史中心

（1）除了根据第 14K 条移交的口述历史中心外，图书馆管理局为本法目的应当建立其他口述历史中心。

（2）依据第 14K 条移交给本局的，或者依据本条由本局建立的口述历史中心的目的是：

（a）通过口述历史或其他方式，收集与新加坡历史有关的文件，传播与新加坡历史有关的信息；

（b）采访影响、参与新加坡历史的人物，保存访谈记录，筛选采访资料，形成书面副本；

（c）保存、保管访谈录制品和笔录材料；

（d）在遵守被访对象、国家图书馆管理局提出的条件和限制下，允许学习和研究人员获取录制品和访谈笔录；

（e）通过出版、视听教育系统、展览、咨询、研究和文化遗产宣传活动等方式传播该中心收集、制作的信息。

# 关于公文书等管理的法律

2009年7月1日法律第66号制定公布　2015年7月17日法律第59号最后修正公布

## 第一章　总　则

**第一条**　本法遵照国民主权的理念，规定关于公文书等管理的基本事项等内容，目的在于使作为主权者的国民能够自主利用记录了国家及独立行政法人等各项活动或历史性事实的公文书等支撑了健全的民主主义根本的国民共有的智力资源，谋求行政文书等的适当管理和历史公文书等的妥善保管及利用等，并且，在行政能够适当且高效运行的同时，完成将国家及独立行政法人等的各项活动向现在及将来的国民说明的责任和义务。

**第二条**　本法所称"行政机关"指下列机关：

（一）根据法律规定设置的内阁机关（内阁府除外）以及内阁直属机关；

（二）内阁府、宫内厅以及《内阁府设置法》（2009 年法律第 89 号）第四十九条第一款、第二款所规定的机关（这些机关中如有属于根据第四号政令设定的机关则除去之）；

（三）《国家行政组织法》（1948 年法律第 120 号）第三条第二款规定的机关（如有属于根据第五号政令设定的机关则除去之）；

（四）政令所规定的《内阁府设置法》第三十九条、第五十五条及《宫内厅法》（1947 年法律第 70 号）第十六条第二款的机关，以及《内阁府设置法》第四十条、第五十六条（包括适用《宫内厅法》第十八条第一款的情形）的特别机关；

（五）政令所规定的《国家行政组织法》第八条之二的设施等机关，以及同法第八条之三的特别机关；

（六）审计院。本法所称"独立行政法人等"指《独立行政法人通则法》（2009 年法律第 103 号）第二条第一款规定的独立行政法人以及附表一中所列法人。

本法所称"国立公文书馆等"指下列设施：

（一）独立行政法人国立公文书馆（以下简称"国立公文书馆"）设置的公文书馆；

（二）政令所规定的具有类似前项所列设施功能的行政机关的设施、独立行政法人等的设施。

本法所称"行政文书"指行政机关的职员履行职务时制作或取得的文书（包括图画及电磁性记录（指以电子、磁性以及其他不能为人的知觉所识别的方式做成的记录，以下同），第十九条除外，以下同），是该行政机关保管的供该行政机关职员有组织地利用的文书。但是，下列情形除外：

（一）公报、白皮书、报纸、杂志、书籍以及其他以向不特定多数人群售卖为目的而发行的物品；

（二）特定历史公文书等；

（三）政令所规定的研究所以及其他设施中，根据政令的规定实施特殊管理的历史性的、文化性的资料或者学术研究用资料（前项所列情形除外）。

本法所称"法人文书"指独立行政法人等的董事或者职员履行职务时制作或取得的文书，是该独立行政法人等保管的供该独立行政法人等的董事或职员有组织地利用的文书。但是，下列情形除外：

（一）公报、白皮书、报纸、杂志、书籍以及其他以向不特定多数人群售卖为目的而发行的物品；

（二）特定历史公文书等；

（三）政令所规定的博物馆以及其他设施中，根据政令的规定实施特殊管理的历史性的、文化性的资料或者学术研究用资料（前项所列情形除外）；

（四）附表二左栏所列独立行政法人等保管的文书。根据政令的规定，这类文书是与该附表右栏所列业务相关的文书，与同栏所列业务之外的业务相关的文书有所区分。

本法所称"历史公文书等"指作为历史资料的重要的公文书及其他文书。

本法所称"特定历史公文书等"指历史公文书中的下列情形：

（一）根据第八条第一款的规定移交到国立公文书馆的文书；

（二）根据第十一条第四款的规定移交到国立公文书馆的文书；

（三）根据第十四条第四款的规定移交到国立公文书馆设置的公文书馆的文书；

（四）法人及其他团体（国家及独立行政法人等除外，以下简称"法人等"）或者个人捐赠或者寄存在国立公文书馆等的文书。

本法所称"公文书等"指下列情形：

（一）行政文书；

（二）法人文书；

（三）特定历史公文书等。

**第三条**　关于公文书等的管理，除其他法律或依本法发布的命令中有特别规定外均依本法。

## 第二章　行政文书的管理

### 第一节　文书的制作

**第四条**　为了有助于实现本法第一条的立法目的，除轻微事项外，行政机关的职员应当就以下所列事项及其他事项制作文书，以便能够合理地探究或检验该行政机关作出某项决定的原委、过程以及该行政机关的实务和事业的实际成果：

（一）法律的制定或改废及其原委；

（二）前项规定之外，内阁会议、相关行政机关的首长组成的会议或者省务会议（包括按照省务会议看待的会议）的决定或取得的谅解及其原委；

（三）多个行政机关协议或向其他行政机关、地方公共团体指示的基准的设定及其原委；

（四）个人或法人的权利义务的得失及其原委；

（五）关于职员人事方面的事项。

### 第二节　行政文书的管理等

**第五条**　行政机关职员制作或取得行政文书时，该行政机关的首长应当根据政令的规定对该行政文书进行分类、附加标题，同时设定保管期限及保管期限届满的日期。

为了高效地处理事务或事业以及有助于妥善地保管行政文书，行政机关的首长除其认为适合单独管理的行政文书外，应当及时将相互密切相关的行政文书（仅限于适合设定同样保管期限的行政文书）归纳整理，形成一个案卷（以下简称"行政文书案卷")。

前款情形下，行政机关的首长应当依政令规定将该行政文书案卷进行分类、附加标题，同时设定保管期限及保管期限届满的日期。

行政机关的首长可以依政令的规定延长根据第一款及前款规定设定的保管期限以及保管期限届满的日期。

关于行政文书案卷及单独管理的行政文书（以下简称"行政文书案卷等"），作为保管期限届满后的处置措施，行政机关的首长应当在保管期限（期限被延长的情况下指延长后的保管期限，以下同）届满前尽早的时间里，确定将属于历史公文书等的部分依政令规定移交国立公文书馆，除此之外的部分予以销毁。

**第六条** 为了妥善地保管和利用行政文书案卷等，行政机关的首长应当根据该行政文书案卷等距离保管期限届满的期间、内容、已经经过的保管期间、利用的状况等，将其置于必要的场所，通过适当的记录媒体，采取容易识别的措施进行保管。

前款情形下，行政机关的首长应当致力于推进该行政文书案卷等的集中管理。

**第七条** 为了妥善管理行政文书案卷等，行政机关的首长应当根据政令的规定，将行政文书案卷等的分类、名称、保管期限、保管期限届满的日期、保管期限届满后的处置措施、保管场所及其他必要事项（属于关于行政机关保有信息公开的法律（1999 年法律第 42 号，以下简称"行政机关信息公开法"）第五条规定的不适宜公开的信息除外）记载于册（以下简称"行政文书案卷目录"）。但是，根据政令规定的保管期限未满的行政文书案卷等不在此限。

行政机关的首长应当依政令规定将行政文书案卷目录等置备于该行政机关事务所以供一般性阅览，同时采用电子情报处理组织的方法及其他情报通信技术进行公布。

**第八条** 对于保管期限届满的行政文书案卷等，行政机关的首长应当根据第五条第五款的规定，或者移交国立公文书馆等，或者进行销毁。

行政机关（审计院除外，以下本款及第四款、下一条第三款、第十条第三款、第三十条及第三十一条同）的首长根据前款规定，决定将保管期限届满的行政文书案卷等销毁时，应当事先向内阁总理大臣商谈并得到其认可。此时，如果未能得到内阁总理大臣的同意，该行政机关的首长应当为该行政文书案卷等重新设定保管期限及保管期限届满的日期。

关于根据第一款规定移交给国立公文书馆等的行政文书案卷等，如行政机关的首长认为属于第十六条第一款第一项所列的情形，在国立公文书馆等限制利用为妥，则应当附加此意见。

如内阁总理大臣认为行政文书案卷等特别具有保管的必要，则可向保有该行政文书案卷等的行政机关的首长提出不销毁该行政文书案卷等的要求。

**第九条**　行政机关的首长应当每年度向内阁总理大臣报告行政文书案卷目录的记载情况及行政文书管理的其他情况。

内阁总理大臣应当每年度汇总前款报告并发表其概要。

除第一款规定之外，如内阁总理大臣认为对确保适当管理行政文书有必要时，可要求行政机关的首长提交关于行政文书管理状况的报告或资料，或者让有关职员进行实地调查。

前款规定情形下，如内阁总理大臣认为对确保妥善移交历史公文书等有必要时，可要求国立公文书馆提交有关报告或资料，或者进行实地调查。

**第十条**　为确保根据第四条至第九条规定对行政文书实施适当的管理，行政机关的首长必须制定有关行政文书管理的规则（以下简称"行政文书管理规则"）。

行政文书管理规则中必须载明行政文书的下列有关事项：

（一）关于制作事项；

（二）关于整理事项；

（三）关于保管事项；

（四）关于行政文书案卷目录事项；

（五）关于移交或者销毁事项；

（六）关于管理状况的报告事项；

（七）其他政令所规定的事项。

行政机关的首长决定制定行政文书管理规则时，应当事先向内阁总理大臣商谈并取得其同意。变更行政文书管理规则时也应当如此。

行政文书管理规则制定后，行政机关的首长应当毫不迟延公布之。行政文书管理规则变更时也应当如此。

# 第三章　法人文书的管理

**第十一条**　独立行政法人等应当参照第四条至第六条的规定适当管理法人文书。

为妥善管理法人文书案卷等（指为高效处理事务或事业及妥善保管法人文书，将相互间密切相关的法人文书整理而成的合订本以及进行单独管理的法人文书，以下同），独立行政法人等应当依政令规定将法人文书案卷等的分类、名称、保管期限、保管期限届满的日期、保管期限届满后的处置措施及保管场所及其他必要事项（属于关于独立行政法人等保有信息公开的法律（2001年法律第140号，以下简称"独立行政法人信息公开法"）第五条规定的不适宜公开的信息除外）记载于册（以下简称"法人文书案卷目录"）。但是，根据政令规定保管期限未满的法人文书案卷等不在此限。

独立行政法人等应当依政令规定将法人文书案卷目录置备于该独立行政法人等的事务所供一般性阅览，同时采用电子情报处理组织的方法及其他情报通信技术进行公布。

对于保管期限届满的法人文书案卷等，属于历史公文书的，独立行政法人等应当根据政令的规定移交国立公文书馆等，其余部分则予以销毁。

关于前款规定移交给国立公文书馆等的法人文书案卷等，如独立行政法人等认为属于第十六条第一款第一项所列的情形，在国立公文书馆等限制利用为妥，则应当附加此意见。

**第十二条**　独立行政法人等应当每年度向内阁总理大臣报告法人文书案卷目录的记载情况及法人文书管理的其他情况。

内阁总理大臣应当每年度汇总前款报告并发表其概要。

**第十三条**　为确保根据前两条规定适当管理法人文书，独立行政法人等应当参照第十条第二款的规定制定关于法人文书管理的规则（以下简称"法人文书管理规则"）。

法人文书管理规则制定后，独立行政法人等应当毫不迟延公布之。法人文书管理规则变更时也应当如此。

# 第四章　历史公文书等的保管、利用等

**第十四条**　国家机关（行政机关除外，本条以下部分同）应当根据与内阁总理大臣商谈并决定的结果，采取必要措施妥善保管其保有的历史公文书等。

关于历史公文书等，如内阁总理大臣基于前款决定的结果认为有必要置于国立公文书馆保管，则可以根据与保有该历史公文书的国家机关的合意，接受其移交。

前款情形下，如内阁总理大臣认为有必要，可以事先听取国立公文书馆的意见。

内阁总理大臣应当将根据第二款规定接受移交的历史公文书等移交给国立公文书馆设置的公文书馆。

**第十五条**　对于特定历史公文书等，除根据第二十五条规定可以销毁的情形外，国立公文书馆等的首长（国立公文书馆等为行政机关的设施时指其隶属的行政机关的首长，国立公文书馆等为独立行政法人等的设施时指设置了该设施的独立行政法人等，以下同）应当永久保管。

对于特定历史公文书等，国立公文书馆等的首长应当根据其内容、保管状态、已经经过的保管期间、利用状况等将其置于必要场所，利用合适的记录媒体、采取容易识别的措施以确保妥善保管及利用。

如特定历史公文书等中记录有个人信息（指关于在世个人的信息，根据该信息中包含的姓名、出生年月及其他记录可以判断出特定的个人（包括通过和其他信息对照可以判断出特定个人的情况）），国立公文书馆等的首长应当采取必要措施防止该个人信息的泄露。

国立公文书馆等的首长应当根据政令规定制作目录，记载特定历史公文书等的分类、名称、移交者或者捐赠者或者寄存者的名称或姓名、接受移交或捐赠或寄存的日期、保管场所及其他有助于妥善保管及利用特定历史公文书等的必要事项，并予以公布。

**第十六条**　关于保管在国立公文书馆等的特定历史公文书等，如有人根据前条第四款中目录的记载提出利用请求的，除以下所列情形外，该国立公文书馆等的首长应当允许利用：

（一）该特定历史公文书等为行政机关的首长所移交，且该特定历史公文书等中记录有下列信息：

1.《行政机关信息公开法》第五条第一项所列信息；

2.《行政机关信息公开法》第五条第二项或者第六项 1 或 5 所列信息；

3. 移交该特定历史公文书等的行政机关的首长有充分理由认为该等信息从公的方面考虑，属于可能损害国家安全、损害与别国或国际机构之间的信赖关系或者使本国在与别国或国际机构交涉中可能蒙受不利的信息；

4. 移交该特定历史公文书等的行政机关的首长有充分理由认为该等信息从公的方面考虑，属于可能会对犯罪的预防、镇压或搜查、公诉的维持、刑罚的执行及其他公共安全和秩序的维持造成障碍的信息。

（二）该特定历史公文书等为独立行政法人等所移交，且该特定历史公文书等中记录有下列信息：

1.《独立行政法人等信息公开法》第五条第一项所列信息；

2.《独立行政法人等信息公开法》第五条第二项或第四项 1 至 3 或 7 所列信息。

（三）该特定历史公文书等为国家机关（行政机关除外）所移交，在与该国家机关达成的协议中对该信息的利用进行了限制。

（四）该特定历史公文书等为法人或个人以其全部或一部分内容在一定期限内不能公布为条件所捐赠或寄存，而该期限尚未结束。

（五）利用该特定历史公文书等的原件可能造成该原件的破损或污损，或者保管该特定历史公文书等的国立公文书馆等现在正在使用该原件。

国立公文书馆等的首长在判断与前款规定的利用请求（以下简称"利用请

求")相关的特定历史公文书等属于该款第一项还是第二项情形时，应当考虑该特定历史公文书等从其作为行政文书或法人文书制作或取得之时起至今经过的时间，同时，若该特定历史公文书等中附加了依据第八条第三款或第十一条第五款规定所提的意见，则应当参考该意见。

即使是属于第一款第一项至第四项所列的信息，但如果记录有同款第一项1至4或第二项1或2所列信息或同款第三项的限制或同款第四项的条件的相关信息部分能够容易被区分删除时，则国立公文书馆等的首长应当允许请求利用者使用除该部分信息的部分。但是，认为除该部分后的部分里没有含义明确的信息的不在此限。

**第十七条**　虽然属于前条第一款第一项1及第二项1所规定的情形，但如果是根据这些规定所列信息能够判别出的特定的个人（本条以下部分简称"本人"）提出了利用记录有该信息的特定历史公文书等的请求，且根据政令的规定提示或提出了能够显示为本人的书面文件时，除记录有可能损害本人的生命、健康、生活或者财产的信息外，该特定历史公文书等中记录的这些规定所列的信息部分，国立公文书馆等的首长亦应当允许利用。

**第十八条**　被请求利用的特定历史公文书等中记录有关于国家、独立行政法人等、地方公共团体、地方独立行政法人及请求利用者以外的人（本条以下部分简称"第三者"）的信息的，国立公文书馆等的首长在决定是否允许利用该特定历史公文书等时，可以通知该信息所涉第三者被请求利用的特定历史公文书等的名称及其他政令规定事项，给予其提出意见书的机会。

国立公文书馆等的首长在决定允许利用记录有和第三者有关的信息的特定历史公文书等时，如果认为该信息属于《行政机关信息公开法》第五条第一项2或第二项但书所规定的信息，又或者属于《独立行政法人等信息公开法》第五条第一项2或第二项但书所规定的信息，则在作出允许利用的决定之前应当事先以书面形式通知该第三者被请求利用的特定历史公文书等的名称及其他政令规定的事项，给予其提出意见书的机会。但是，该第三者的住所无法判明的不在此限。

国立公文书馆等的首长在作出允许利用属于第十六条第一款第一项3或4情形且按第八条的规定附加了意见的特定历史公文书等的决定之前，应当事先以书面形式通知移交该特定历史公文书等的行政机关的首长被请求利用的特定历史公文书等的名称及其他政令规定的事项，给予其提出意见书的机会。

如果根据第一款或第二款的规定被给予了提出意见书机会的第三者提出了意见书表示反对允许利用该特定历史公文书等，而国立公文书馆等的首长决定允许利用该特定历史公文书等的，则作出允许利用的决定日期与可以利用的日期之间至少要间隔两周。此时，国立公文书馆等的首长应当在作出允许利用的决定后及时以书面形式通知提出该意见书（第二十一条第二款第二项称"反对意见书"）

的第三者允许利用的决定以及作出该决定的理由和允许利用的日期。

**第十九条**　国立公文书馆等的首长允许利用特定历史公文书等时，文件或图画可以通过交由阅览或摹写的方法利用，电磁性记录可以考虑其类别、情报化的进展状况等通过政令规定的方法进行利用。但是，允许通过阅览的方法利用特定历史公文书等时，仅当认为可能不利于该特定历史公文书等的保管或有其他正当理由时，可以让其通过阅览该特定历史公文书等的副本的方法进行利用。

**第二十条**　通过摹写的方法利用特定历史公文书等的，应当按政令的规定交纳手续费。

前款所说手续费的数额由国立公文书馆等的首长在考虑尽可能容易利用的原则下，在成本费的范围内决定。

**第二十一条**　对于针对其利用请求的处理有异议或对于针对其利用请求的不作为行为有异议者，可以根据《行政异议审查法》（1962 年法律第 160 号）向国立公文书馆等的首长提出异议。

有提出前款所说异议的，除属于下列情形外，接受异议提出的国立公文书馆等的首长应当向公文书管理委员会进行咨询：

（一）异议的提出不合法，予以驳回的；

（二）以决定的形式将针对异议涉及的利用请求的处理予以取消或变更，允许全部利用该异议所涉的特定历史公文书等的，但关于该异议所涉特定历史公文书等的利用存在反对意见书的除外。

**第二十二条**　《独立行政法人等信息公开法》第十九条、第二十条及《信息公开·个人信息保护审查会设置法》（2003 年法律第 16 号）第九条至第十六条的规定，适用于前条规定的异议提出。此时，《独立行政法人等信息公开法》第十九条中的"前条第二款"替换为"《关于公文书等管理的法律》（以下简称《公文书管理法》）第二十一条第二款"；"独立行政法人等"替换为"《公文书管理法》第十五条第一款规定的国立公文书馆等的首长"；同条第二项中的"公开请求人"替换为"利用请求（指《公文书管理法》第十六条第二款规定的利用请求，以下同）人"；同条第三项中的"关于公开决定等的反对意见书"替换为"《公文书管理法》第十八条第四款规定的与对利用请求的处理相关的反对意见书"；《独立行政信息公开法》第二十条中"第十四条第三款"替换为"《公文书管理法》第十八条第四款"；同条第一项中的"公开决定"替换为"允许利用的决定"；同条第二项中的"公开决定等"替换为"对利用请求的处理"；"公开法人文书"替换为"允许利用特定历史公文书等（指《公文书管理法》第二条第七款规定的特定历史公文书等，本项以下部分同）"；"法人文书的公开"替换为"允许利用特定历史公文书等"；《信息公开·个人信息保护审查会设置法》第九条至第十六条中规定的"审查会"替换为"公文书管理委员会"；同法第九条第一款中的"咨询厅"替换为"咨询厅（指根据《公文书管理法》第二十一条第二款规定进行咨询的《公文书管理法》第十五条第一款规定的国立公文书馆等的首长，本条以下分同）"；"行政文书等或保有个人信息的提示"替换为"特定历史公文书等（指《公文书管理法》第二条第七款规定的特定历史公文书等，以下同）的提出"；同条第三款中的"行政文书等记录的信息或者保有个人信息中所包含的信息"替换为"特定历史公文书等记录的信息"；同条第四款中的"不服提出"替换为"异议提出"；"不服提出人"替换为"异议提出人"；"不服提出人等"替换为"异议提出人等"；同法第十条至第十三条规定中的"不服提出人等"替换为"异议提出人等"；同法第十条第二款及第十六条中的"不服提出人"替换为"异议提出人"；同法第十二条中的"行政文书等或者保有个人信息"替换为"特定历史公文书等"。

**第二十三条** 国立公文书馆等的首长应当通过展示及其他方法积极致力于促进特定历史公文书等（仅限于根据第十六条的规定可以允许利用的部分）的一般性利用。

**第二十四条** 移交了特定历史公文书等的行政机关的首长或者独立行政法人等为了完成各自所分管的事务或业务认为有必要利用该特定历史公文书等并向国立公文书馆等的首长提出了利用请求时，第十六条第一款第一项或者第二项的规定不适用。

**第二十五条** 如国立公文书馆等的首长认为以特定历史公文书等形式保管的文书作为历史资料不再重要时，可以向内阁总理大臣商谈并取得同意，销毁该文书。

**第二十六条** 国立公文书馆等的首长应当每年度向内阁总理大臣报告特定历史公文书等的保管及利用状况。

内阁总理大臣应当每年度汇总前项报告并公布其概要。

**第二十七条** 为了确保根据第十五条至第二十条及第二十三条至前条的规定妥善进行特定历史公文书等的保管、利用及销毁，国立公文书馆等的首长应当制定关于特定历史公文书等的保管、利用及销毁的规则（以下简称"利用等规则"）。

利用等规则中应当载有关于特定历史公文书等的下列事项：

（一）关于保管事项；

（二）关于第二十条规定的手续费及其他关于一般利用的事项；

（三）关于移交了特定历史公文书等的行政机关的首长或独立行政法人等利用该特定历史公文书等的事项；

（四）关于销毁事项；

（五）关于报告保管及利用状况事项。

国立公文书馆等的首长在制定利用等规则之时，应当事先向内阁总理大臣商谈并取得其同意。变更该利用等规则时亦应当如此。

国立公文书馆等的首长制定了利用等规则的，应当毫不迟延公布之。变更了利用等规则时亦应当如此。

# 第五章　公文书管理委员会

**第二十八条**　内阁府设置公文书管理委员会（以下简称"委员会"）。

委员会依本法规定处理其权限范围内事项。

委员会的委员从对文书等的管理拥有丰富学识者中选出，由内阁总理大臣任命。

除本法规定的内容外，委员会的组织及运营等必要事项由政令规定。

**第二十九条**　下列情况下，内阁总理大臣须向委员会咨询：

（一）在计划进行第二条第一款第四项或第五项、第三款第二项、第四款第三项或第五款第三项或第四项、第五条第一款或第三款至第五款、第七条、第十条第二款第七项、第十一条第二款至第四款、第十五条第四款、第十七条、第十八条第一款至第三款、第十九条或者第二十条第一款的政令的制定或修改、废除之时；

（二）在依据第十条第三款、第二十五条或第二十七条第三款规定决定同意之时；

（三）在依据第三十一条规定进行劝告之时。

**第三十条**　委员会认为为完成其所负责的事务有必要时，可以要求相关行政机关的首长或国立公文书馆等的首长提供资料提交、意见说明、说明及其他必要的协助。

# 第六章　杂　则

**第三十一条**　内阁总理大臣认为为实施本法特别有必要时，可以向行政机关的首长提出改善文书等的管理的劝告，并要求其提交作为该劝告处理结果的改善措施的报告。

**第三十二条**　为妥善且高效地管理文书等，行政机关的首长及独立行政法人等要对各自的职员进行必要的培训，以使其掌握必要的知识、技能及不断提高。

为确保妥善保管及移交历史公文书等，国立公文书馆要对行政机关及独立行政法人等的职员进行必要的培训，以使其掌握必要的知识、技能及不断提高。

**第三十三条**　行政机关的首长在该行政机关被进行合并、废止等机构重组之时，应当采取必要的措施确保机构合并、废止等重组后其管理的行政文书能得到本法规定的妥善管理。

独立行政法人等在该独立行政法人等被进行民营化等机构重组之时，应当采取必要措施确保被民营化等机构重组后其管理的法人文书能得到本法规定的妥善管理。

第三十四条　地方公共团体应当遵照本法宗旨，制定关于妥善管理其保有文书的必要措施并努力实施。

## 附则（抄录）

第一条　本法自公布之日起两年内以政令规定的日期开始施行。但是，下列各项所列规定自该各项所规定日期开始施行：

（一）第五章（第二十九条第二项及第三项除外）的规定、附则第十条中《内阁府设置法》第三十七条第二款的表的修改规定及附则第十一条第三款的规定自公布之日起一年内以政令规定日期。

（二）附则第九条的规定关于伴随《行政异议审查法》的施行相关法律调整等的法律公布之日或本法公布之日中较晚的日期。

第二条　本法施行之时，国立公文书馆等现在保存的历史公文书等视为特定历史公文书等。

第三条　本法施行之前，根据下一条规定的基于修改前的《国立公文书馆法》（1999 年法律第 79 号）第十五条第一款规定的合意作出的国家机关与内阁总理大臣之间的决定视为基于第十四条第一款规定的合意作出的决定。

第十三条　政府应当在本法施行后，以五年为期限，不断考察本法施行的状况，增加对行政文书、法人文书的范围及其他事项的研究，认为必要的要在研究结果的基础上采取必要措施。

国会及法院的文书管理，根据本法宗旨及国会、法院的地位及权能等进行研究。

## 附则（2009 年 7 月 10 日法律第 76 号）（抄录）

第一条　本法自公布之日起三年内政令规定之日开始施行。但是，下列各项规定自该各项规定之日起施行：

（一）次款、次条、附则第四条第二款及第三款、第十三条及第二十二条的规定公布之日。

第二十二条　本法公布之日在部分修改了《雇佣保险法》（2009 年法律第 5

号）等的法律的公布日之前的，关于附则第十九条规定的适用，同条中的"第一百五十五条"为"第一百五十四条"、"第一百五十六条"为"第一百五十五条"、"第一百五十四条"为"第一百五十三条"，关于同法附则第十八条规定的适用，同条中的"第一百五十四条"为"第一百五十五条"、"第一百五十五条"为"第一百五十六条"。

### 附则（2011 年 5 月 2 日法律第 39 号）（抄录）

**第一条** 本法自公布之日起施行。但是，第五条第一款及第四十七条、附则第二十二条至第五十一条的规定自 2012 年 4 月 1 日起施行。

### 附则（2011 年 5 月 25 日法律第 54 号）（抄录）

**第一条** 本法自公布之日起一年半内政令规定之日开始施行。

### 附则（2011 年 8 月 10 日法律第 94 号）（抄录）

**第一条** 本法自公布之日起施行。

### 附则（2012 年 11 月 26 日法律第 98 号）（抄录）

**第一条** 本法自 2015 年 10 月 1 日起施行。

### 附则（2014 年 5 月 21 日法律第 40 号）（抄录）

**第一条** 本法自公布之日起三个月内政令规定之日开始施行。

### 附则（2014 年 6 月 13 日法律第 69 号）（抄录）

**第一条** 本法自《行政不服审查法》（2014 年法律第 68 号）施行之日开始施行。

# 附则（2015年7月17日法律第59号）（抄录）

**第一条** 本法自2017年4月1日起施行。

## 附表一（第二条相关）

| 名　称 | 准据法 |
|---|---|
| 冲绳科学技术大学院大学学园 | 《冲绳科学技术大学院大学学园法》（2009年法律第76号） |
| 冲绳振兴开发金融公库 | 《冲绳振兴开发金融公库法》（1972年法律第31号） |
| 株式会社国际协力银行 | 《株式会社国际协力银行法》（2011年法律第39号） |
| 株式会社日本政策金融公库 | 《株式会社日本政策金融公库法》（2007年法律第57号） |
| 原子能损害赔偿·废炉等支援机构 | 《原子能损害赔偿·废炉等支援机构法》（2011年法律第94号） |
| 国家大学法人 | 《国家大学法人法》（2003年法律第112号） |
| 株式会社新关西国际机场 | 《关于关西国际机场及大阪国际机场一体化、高效率设置及管理的法律》（2011年法律第54号） |
| 大学共同利用机关法人 | 《国家大学法人法》（2003年法律第112号） |
| 日本银行 | 《日本银行法》（1997年法律第89号） |
| 日本司法援助中心 | 《综合法律援助法》（2004年法律第74号） |
| 日本私立学校振兴·共济事业团 | 《日本私立学校振兴·共济事业团法》（1997年法律第48号） |
| 日本中央赛马会 | 《日本中央赛马会法》（1954年法律第205号） |
| 日本养老金机构 | 《日本养老金机构法》（2007年法律第109号） |
| 农水产业生产合作社储蓄保险机构 | 《农水产业生产合作社储蓄保险法》（1973年法律第53号） |
| 广播大学学校 | 《广播大学学校法》（2002年法律第156号） |
| 存款保险机构 | 《存款保险法》（1971年法律第34号） |

**附表二（第二条相关）**

| | |
|---|---|
| 株式会社新关西国际机场 | （一）为与《关于关西国际机场及大阪国际机场一体化、高效率设置及管理的法律》（以下简称《设置管理法》）第九条第一款的事业相关的业务中与关西国际机场相关、属于下列情形之一的部分：<br>1. 与《设置管理法》第九条第一款第二项规定的设施的设置（与这些建设相关的除外）及管理的事业相关的业务；<br>2. 与《设置管理法》第九条第一款第三项的政令规定的设施及同款第六项规定的设施管理的事业相关的业务；<br>3. 与1或2规定的事业的附带事业相关的业务。<br>（二）与《设置管理法》第九条第一款的事业相关的业务中与大阪国际机场相关的部分。<br>（三）与《设置管理法》第九条第二款规定的事业相关的业务。 |
| 日本私立学校振兴·共济事业团 | （一）《日本私立学校振兴·共济事业团法》（以下简称《事业团法》）第二十三条第一款第六项至第八项所列业务。<br>（二）《事业团法》第二十三条第二款规定业务。<br>（三）《事业团法》第二十三条第三款第一项及第二项所列业务。 |

（日本公文书管理法链接地址：http://law. e-gov. go. jp/htmldata/H21/H21HO066. html）

# 公文书馆法

1987年12月15日法律第115号制定公布　　1999年12月22日法律第161号最后修正公布

**第一条**　鉴于将公文书等作为历史资料进行保存、以供利用的重要性，为规定有关公文书馆的必要事项制定本法。

**第二条**　本法所称"公文书等"指国家或地方公共团体保管的公文书及其他记录（现用部分除外）。

**第三条**　国家及地方公共团体有责任和义务采取妥善措施保存及利用作为历史资料的重要公文书等。

**第四条**　公文书馆是以保存作为历史资料的重要公文书等（包括作为国家保管的历史资料的重要公文书及其他记录，下款同）并供阅览，同时进行与此相关的调查研究为目的的设施。

公文书馆设馆长、关于作为历史资料的重要公文书等进行调查研究的专门职员及其他必要职员。

**第五条**　除《国立公文书馆法》（1999年法律第79号）所规定的部分外，公文书馆由国家或地方公共团体设置。

地方公共团体设置公文书馆，其相关设置事项应当以该地方公共团体的条例规定之。

**第六条**　国家对于地方公共团体设置公文书馆，应当尽力给予必要的资金融通及协调。

**第七条**　内阁总理大臣可以应地方公共团体的要求就其公文书馆的运营提供技术上的指导或建议。

（日本公文书馆法链接地址：http://law.e-gov.go.jp/htmldata/S62/S62HO115.html）

# 国立公文书馆法

1999年6月23日法律第79号制定公布　　2014年6月13日法律第67号最后修正公布

## 第一章　总　则

**第一条**　本法遵循《公文书馆法》（1987 年法律第 115 号）及《公文书管理法》（全称为《关于公文书等管理的法律》，2009 年法律第 66 号）的精神，以规定独立行政法人国立公文书馆的名称、目的、业务范围等有关事项及促进历史公文书等的妥善保管和利用为目的。

**第二条**　法所称"历史公文书等"指《公文书管理法》第二条第六款规定的历史公文书等。

本法所称"特定历史公文书等"指《公文书管理法》第二条第七款规定的特定历史公文书等中被移交、捐赠或者寄存到独立行政法人国立公文书馆（以下简称"国立公文书馆"）设置的公文书馆的部分。

## 第二章　独立行政法人国立公文书馆

### 第一节　通　则

**第三条**　依本法及《独立行政法人通则法》（1999 年法律第 103 号，以下简称《通则法》）规定设立的《通则法》第二条第一款规定的独立行政法人的名称为"独立行政法人国立公文书馆"。

**第四条** 国立公文书馆以办理特定历史公文书等的保管及一般性利用等事务并借此推进历史公文书等的妥善保管及利用为目的。

**第五条** 国立公文书馆为《通则法》第二条第四款规定的行政执行法人。

**第六条** 国立公文书馆的主事务所设置于东京。

**第七条** 国立公文书馆的资本金为政府依据部分修改了《国立公文书馆法》（1999 年法律第 161 号）的法律附则第五条第二款的规定出资的金额。

政府认为必要时，在预算所确定的金额范围内可以向国立公文书馆追加出资。

政府认为必要时，可以不限于前款规定以土地或建筑物及其他土地附着物（指第五款"土地等"）为出资标的向国立公文书馆追加出资。

有根据前两款规定的政府出资时，国立公文书馆根据该出资额增加资本金。

作为政府出资标的的土地等的价格为评价委员以出资当日的时价为基准评定的价格。

前款规定的评价委员及其他关于评价的必要事项由政令规定。

## 第二节　干　事

**第八条** 作为干事，国立公文书馆设置馆长及两名监事。

作为干事，国立公文书馆可以设置一名理事。

**第九条** 理事根据馆长的命令，辅佐馆长处理国立公文书馆的事务。

《通则法》第十九条第二款的个别法所规定的干事为理事。但是，没有设置理事时为监事。

前款但书情形下，依《通则法》第十九条第二款规定代理馆长职务或执行其职务的监事，在此期间不得执行监事的职务。

**第十条** 《通则法》第二十一条之三第一款的个别法规定的期间为四年。

理事的任期为两年。

## 第三节　业务等

**第十一条** 为达成第四条的目的，国立公文书馆办理下列业务：

（一）保管特定历史公文书等并提供一般性利用；

（二）接受行政机关（指《公文书管理法》第二条第一款规定的行政机关，以下同）的委托，办理行政文书（限于根据同法第五条第五款规定确定应当采取移交措施的部分）的保管；

（三）收集、整理及提供与历史公文书等的保管及利用有关的信息；

（四）提供与历史公文书等的保管及利用有关的专门性技术性建议；

（五）进行与历史公文书等的保管及利用有关的调查研究；

（六）进行与历史公文书等的保管及利用有关的培训；

（七）办理前面各项业务的附带业务。

除前款业务外，国立公文书馆办理根据《公文书管理法》第九条第四款规定的报告或资料的征收或实地调查。

除前两款业务外，国立公文书馆可以在不妨碍前两款业务完成的范围内办理下列业务：

（一）接受内阁总理大臣的委托，提供《公文书馆法》第七条规定的技术上的指导或建议；

（二）接受行政机关的委托，办理行政文书（根据《公文书管理法》第五条第五款规定确定应当采取移交措施的部分除外）的保管。

**第十二条**　国立公文书馆根据《通则法》第四十四条第一款或第二款的规定进行每业务年度的统计后，有同条第一款规定的公积金时，可以在与其相当的额度内，将经内阁总理大臣认可的金额，依据次业务年度受到《通则法》第三十五条之十第一款认可的业务计划（受到根据同款后段规定的变更的认可的，为其变更后业务计划）的规定，可以充作次业务年度前条规定的业务财源。

内阁总理大臣在进行前款规定的认可时，应当与财务大臣进行协商。

国立公文书馆在从与第一款规定的公积金的额度相当的金额中扣除根据同款规定受到认可的金额后有剩余的，其剩余金额应当缴付国库。

前三款规定之外，关于缴付款的缴付程序及其他公积金的处分等必要事项，由政令规定。

## 第四节　杂　则

**第十三条**　《通则法》中国立公文书馆的主管大臣及主管省令分别为内阁总理大臣及内阁府令。

## 第五节　罚　则

**第十四条**　有下列各项情形之一的，对做出该违法行为的国立公文书馆的干事处以二十万日元以下的罚款：

（一）从事第十一条规定业务之外业务的；

（二）根据第十二条第一款规定须得到内阁总理大臣的认可但没有得到的。

（日本国立公文书馆法链接地址：http://law.e-gov.go.jp/htmldata/H11/H11HO 079.html）

**附录：**

### 日本《公文书管理法》简介

#### 一、《公文书管理法》的制定和修改

日本《关于公文书等管理的法律》（通称《公文书管理法》）于 2009 年 7 月 1 日制定公布，2011 年 4 月 1 日起施行。该法自制定公布后已经若干次修改，最近两次修改分别为 2014 年 6 月 13 日法律第 69 号和 2015 年 7 月 17 日法律第 59 号，但这两次修改后公布的《公文书管理法》尚未施行。

#### 二、《公文书管理法》的历史沿革和制定背景

日本在制定统一的《公文书管理法》之前，关于公文书的法律有以下四个，日本政府以其为依据进行公文书管理：一是《公文书馆法》，其规定了关于国家及地方公共团体的公文书馆等的必要事项（1988 年施行）；二是《国立公文书馆法》，其规定了关于国立公文书馆的必要事项（2000 年施行）；三是《关于行政机关保有信息公开的法律》，其规定了政府信息公开的有关事项（2001 年施行）；四是《关于独立行政法人等保有信息公开的法律》，规定了独立行政法人等信息公开的有关事项（2002 年施行）。

但进入 2007 年后，以药害肝炎患者名单的放置问题、加油军舰航泊日志误销毁等不妥善的事例发生为契机，重新审视各行政机关之前不一致的公文书管理、制定公文书管理法规定政府统一规则之下的公文书管理的呼声渐高，时机成熟。于是，日本政府在 2008 年 2 月召开了"关于公文书管理现状的有识者会议"，讨论关于公文书管理的应然状态，于同年 11 月整理成最终报告。之后，反映这个最终报告内容的"关于公文书管理的法律草案"于 2009 年 3 月在内阁会议通过，并交国会审议，在部分修改的基础上，同年 6 月《公文书管理法》正式通过。该法律于 2011 年 4 月 1 日起施行。该法成为中央各省厅及独立行政法人等制作、管理和保存档案的通则。

#### 三、《公文书管理法》的适用范围及其与其他法律的关系

1. 由于日本实行地方自治，该法只适用于日本中央行政机关及独立行政法人等，地方公共团体得遵照该法宗旨制定关于妥善管理其保有公文书的必要措施并努力实施。各级立法、司法机构即本法所说行政机关之外的国家机关的非现用公文书根据本法第十四条处理。但这两类机构的现用公文书如何处理本法未涉及。

2. 该法对中央行政机关及独立行政法人等的现用公文书和非现用公文书都作了规

定。根据该法第二条第八款的规定，本法所称"公文书等"包括行政文书、法人文书和特定历史公文书等。对于现用公文书中的行政文书和法人文书规定了其如何制作、整理、保存及移交和销毁等事项；对于非现用公文书即特定历史公文书规定了其保存、利用请求及处理、利用方法、手续费、异议提出及向档案管理委员会咨询、利用的促进、销毁、利用状况的报告等事项。

《公文书管理法》是日本公文书管理的一般法，2001 年施行的只是就现用公文书中的一部分如何公开利用的问题作了规定，属于公文书管理的特别法。依《公文书管理法》第三条的规定，关于公文书等的管理，除其他法律或依本法发布的命令中有特别规定外均依本法。

**四、该法的主要特色（资料来源：《日本〈公文书管理法〉的制定及今后的课题》，东京大学大学院法学政治学研究科教授宇贺克也，2012 年 2 月）**

1. 适用对象统括公文书整个周期，即既包括现用公文书，又包括移交到国立公文书馆的特定历史公文书。

2. 属日本公文书管理的一般法，之前的《关于行政机关保有信息公开的法律》等属于公文书管理的特别法，极大完善了日本公文书管理的法律体系。

3. 独立行政法人等的法人文书也成为该法的适用对象。

4. 对行政机关履行文书制作及制定文书制作规则义务提出了更加具体的要求。

5. 采用了记录·程序制。即根据现行《公文书管理法》，行政机关应当在公文书保管期限届满前的尽早期间里确定有关公文书的处置措施，是移交国立公文书馆还是销毁。属于移交国立公文书馆的公文书在其保管期限届满后自动移交而无需再和行政机关协商。这在历史公文书等的移交问题上是一个非常大的进步。

6. 大力推进集中管理。

7. 规定了对特定历史公文书等的利用请求权及利用的促进措施

8. 确保法律得到遵守的组织结构。内阁总理大臣作为公文书管理的总括管理机关拥有一系列权利。

关于日本《公文书管理法》的翻译说明

**一、关于翻译原则**

笔者在翻译该法时基本采用直译法，但有的句子过长，所以为了兼顾通顺、易懂，在翻译极个别句子时采用了意译法。

**二、关于"公文书、文书"的翻译**

从日本《公文书管理法》的通篇来看，其中的"公文书"或"文书"与汉语的"档案"并不完全对应，前者包含的范围更广。所以为了避免误翻，本文也直接翻译为

"公文书"或"文书",与台湾版翻译相同。

### 三、关于体例

中国的法律文本除总则、各章节外,往往会有附则。但中国法律文本的附则法条一般很少,只规定法律施行的时间。日本法律文本除总则、各章节外,先有杂则,后有附则。杂则用来包含那些不能分类到各章节的一些程序方面的杂项规定;附则主要用来规定法律的施行日期、旧法向新法过渡期间的临时措施、相关法律的修改废止等事项。本次所翻译的日本《公文书管理法》乃 2009 年 7 月 1 日制定公布,至 2015 年 7 月 17 日修正公布,期间经过若干次修正。译者翻译的是最后修正公布的日本《公文书管理法》。该法的日文原稿在文本最后部分按时间顺序以附则(抄录)的形式将日本《公文书管理法》最初制定及日后各次修改发布时的附则部分一一列举出来。这些附则(抄录)主要规定每次修改后该法的施行日期和相关法调整的情况。为更系统清晰地了解该法的修改和施行情况,保持翻译的完整性,译者也将这些部分一一翻译出来放在原位。

另外,中国法律文本的法条一般由条、款、项构成。条下分款,款下分项。日本法条也是如此,只是在表明第几款时一般在该款前面标明阿拉伯数字 1 或 2 等,在表明第几项时一般在该项前标明"一"或"二"等。为了符合中国法条的表达习惯,笔者在翻译时在每款前面没有加数字表明第几款,在表明第几项时用了(一)或(二)等。日本法条在项的下面有时还有更细的分类,分别用片假名イロハニホヘト等序号标明顺序,根据中国法条的使用习惯,笔者在翻译时对应使用了 1.2.3 等序号。再有,该法有时会有"第八条の二"这样的表达,这是因为在其所指的相应的法条中的第八条之后确实有"第八条の二"介于第八条和第九条之间。鉴于中国法条中没有这样的表述习惯,也不宜将其翻译为第九条,所以就将其直译为"第八条之二"。

### 四、关于时间的翻译

日本法条中习惯用平成 21 年或昭和 46 年这样的表述,笔者在翻译时全部换算为公历日期。日本的平成元年为 1989 年,昭和元年为 1926 年,所以平成 21 年为 2009 年,昭和 46 年为 1971 年,以此类推。

### 五、关于日本法律的渊源

日本法律渊源大体包括宪法、条约、法律、政令、省令、条例等。其中,政令相当于中国的行政法规,省令相当于中国的行政条例,条例则相当于中国的地方性法规和自治条例。

### 六、关于个别行政机关和独立行政法人

内阁府,是为了强化内阁的功能而设置的比各省更高一级的行政机关,于 2001 年

合并了宫内厅、公正交易委员会、国家安全委员会、警察厅、金融厅和消费者厅而成。国立公文书馆即设在内阁府。

宫内厅，是处理日本皇室成员的一切事务的机关。

独立行政法人，是 20 世纪 90 年代后期桥本龙太郎首相行政改革的产物，指从省厅等行政机关独立出来的曾经和仍然承担部分行政事务的法人组织，经费基本纳入行政预算，类似于中国的一类公益事业单位。国立公文书馆即为独立行政法人，隶属于内阁府。

### 七、关于国立公文书馆等

该法中之所以在国立档案馆后有个"等"字，是因为其包括除了内阁府下面的"国立档案馆"外，还有其他与国立档案馆有相似功能但隶属于其他省厅的独立行政法人，如隶属于外务省的"外交资料馆"等。

# 澳门特别行政区
## Macau

境外国家和地区档案法律法规选编

A SELECTION OF THE LEGISLATION ON ARCHIVES
AND RECORDS OF OVERSEAS COUNTRIES AND REGIONS

# 订定澳门地区历史档案制度的一般基础事宜

1989年9月30日颁布　　1989年10月1日施行　　第73/89/M号法律

10 月 31 日

公共机关文件和案卷的保存，基本上由 1966 年 4 月 27 日第 46982 号法律核准的海外公务员章程第 496 条管制。该条文规定，案卷由其最后一份文件上日期起 10 年之后或之前，倘被推定为已不再使用者，应送往所属省份总档案室，同时以表列方式适当地列明，及在所属机关的有关档案纪录卡上指明「已完结案卷」以及案卷寄送总档案室所依据名表的日期和编号。

该法律经由 5 月 9 日第 35/88/M 号法律撤销后，一般性实施的文件保存期已不存在，保留至今的就只有一项义务，凡 5 月 18 日第 42/85/M 号法律第 39 条规定刊登政府公报的文件，经 5 年后转交作为本地区总档案室的澳门历史档案室。

事实上 8 月 21 日第 39/82/M 号法律引进了机关文件微摄，并规定每项保存期均通过训令和机关领导的建议确定。该法律还规定，文件进行微摄后，若无历史价值或其他特殊理由，机关得将之销毁。

从这个法律架构可以得出的结论是，尽管依照行政暨公职司组织章程规定，关于文件的保存和销毁的各项训令，受该司的意见约束而在其一定程度上产生统一可行性，但是，澳门地区现行的档案制度，并无文件保存的统一准则和期限而未能面面俱到，也无具体的措施通过澳门历史档案室来保存文件。

上述情况显示有需要尽快制定澳门地区档案制度的一般基础，对文件进行整理和分类，以便确定那些需长期或暂时保存，及确定关于用途有限，须销毁的文件的适当保存期。

因此，本法律目的是在考虑到文件的价值和临时用途以及现有的整理场地下，在某段时间内将文件系统化，同时建立历史档案财产，作为事实的备忘，并成为文化遗产的一部分。

本法律还设立档案总委员会——总督咨询机构，负责协助制定澳门地区档案政策并就有关档案的条例和科学问题提出意见。

综上所述，经听取咨询会意见，澳门总督根据《澳门组织章程》第 13 条第 1

款的规定，制定在澳门地区具法律效力的条文如下：

### 第一条

本法律制定澳门地区档案制度的一般基础。

### 第二条

本法律制定的档案制度旨在为澳门公共行政当局暨政府机构的活动服务，保障法定权力及为学术、历史和文化知识的发展作出贡献。

### 第三条

档案谓一系列的文件，由公或私机构或个人或集体于从事本身活动中经任何形式制作及接收并具备第 2 条所指目的者。

### 第四条

（一）档案按所属单位的性质分类如下：

（a）公共档案，属于澳门地区政府机构、公共行政当局机关，包括自治机构，连同市政机构、公共企业及行政公益集体的全部档案；

（b）具公共利益的私人档案，按照第 15 条规定分类属于私人所有的档案。

（二）公共档案按其用途分类如下：

（a）常用或行政档案，其文件为制作或接收单位常用者；

（b）备用档案，其文件对制作或接收单位已失去常用价值，但予以保留，对管理则具潜在价值；

（c）永久或历史档案，其文件对管理已失去使用价值，但因其记载的事实具历史价值而须保存者。

### 第五条

公共档案须遵守续后数条所订定原则以及将公布的附例所管制。

### 第六条

由公共机关制作或保存的文件，其分类工作将按甄选、保存或销毁等阶段进行。

### 第七条

甄选工作容许订出应予保存或应予销毁的文件。

**第八条**

（一）临时保存谓文件由所属机关或机构作最起码期间的保存。

（二）倘文件被复制，订予正本之保存期对复本亦适用之。

**第九条**

文件于保存期一经告满，或完成法定复制后，概予销毁。

**第十条**

（一）长期保存的文件不得销毁，并应：

（a）保存在所属机关或机构内，倘有利于该等机关或机构时；

（b）按照下条规定，以永久档案的名义由历史档案室依照第 13 条赋予的职权收藏；

（c）上条第（b）项所指情况下，文件所属机关和机构在认为必要时得将文件复制。

**第十一条**

（一）文件的收藏，无论属永久性或暂时性，均由原机关或机构将之转送历史档案室为之。

（二）所有公共机关的文件必须收藏在历史档案室，除非有法律规定必须保存在文件所属机关或机构。

（三）下列文件也应收存在历史档案室：

（a）根据 5 月 18 日第 42/85/M 号法律第 39 条规定刊登政府公报的官方文件的正本；

（b）立法会文件；

（c）法院文件；

（d）自治公共机构文件；

（e）市政机构文件；

（f）行政公益集体文件；

（g）公共企业文件。

（四）第 3 款第（c）项所指文件及立契官公署和登记局文件的收藏，按本身机构和机关现行法例和第 2 款末段规定为之。

**第十二条**

（一）文件的甄选标准、保存期及最终用途通过经听取下列机构建议而订立的训令确定：

（a）第19条所指委员会，倘涉及协助管理及一般性质行政活动的文件；

（b）有关机构或机关倘在特定活动和职责范围内所制定的文件。

（二）上条第（b）项所指情况下提出的建议，将交由行政暨公职司和历史档案室提意见，而有关意见应于一个月期内提出。

**第十三条**

（一）作为总档案室的澳门历史档案室负责：

（a）开列关于有历史价值的澳门地区文献的清单；

（b）永久性或暂时性收藏档案；

（c）就涉及有历史价值的澳门地区文献的问题提意见；

（d）就按照法律规定，行使优先权、文件的借阅及文件复制品的交换等提议；

（e）历史档案室有权收回收存中散失的文件或档案，不管其性质、所在地及所属时代为何亦然；

（f）设法收回属于公共行政当局的文件；

（g）确定私有和私人机构所有的文献的历史价值，并按照法律规定，就其分类提议，必要时听取专家的意见。

（二）通过将订定的协议书，历史档案室将必须妥为保存的档案，存放海外历史档案馆。

**第十四条**

具公共利益的私有档案、制度载于第15至17条。

**第十五条**

（一）属私有财产且具历史价值的文件，得事先向有关所有人为通知及聆听，经听取档案总委员会的意见，并在历史档案室建议下，由总督训令予以分类。

（二）将属于私人财产的文件分类，并不导致将该等文件交付政府。

**第十六条**

（一）即使所有人有所变更，分类的效力亦随同已分类财产。

（二）倘所有人有意移转已分类文件，应：

（a）通知历史档案室及说明出售条件，以便行政当局行使优先权；

（b）让承购人知悉有关文件的状况。

### 第十七条

已分类的私有档案概禁止销毁。

### 第十八条

（一）只容许查阅其文件之制定时间超过 30 年之公共档案。

（二）不违反法律的特别规定，查阅文件须按下列规定：

（a）军事和有关对外政策的文件其制定时间超过 50 年，方可查阅；

（b）有医疗范围资料的文件，在其档案完成之日起计 130 年后，可供查阅；

（c）个人档案、司法案卷、民事登记文件以及经调查、普查收集的资料的文件，在其完成之日起计 100 年后，可供查阅。

### 第十九条

（一）作为总督的咨询机构而设立的总档案委员会，负责制定澳门地区的档案政策，主要职权如下：

（a）对第 12 条第 1 款第（a）项所指文件的挑选、保存期及最终用途的标准，提出建议；

（b）对所有提交或认为应该发表意见的有关档案的规则及学术性问题提出意见。

（二）总档案委员会由下列人员组成：

（a）由总督委任的一名主席；

（b）立法会的一名代表；

（c）行政暨公职司的一名代表；

（d）司法事务室的一名代表；

（e）财政司的一名代表；

（f）历史档案室主任。

（三）当所讨论的问题有需要时，经主席提议，委员会可包括其他机构或司的代表。

（四）总档案委员会每半年初召开平常大会，当主席或多数委员要求时，或者当审议第 1 款第（a）项所指的建议，行政暨公职司有此要求时，可召开特别大会。

### 第二十条

（一）当未公布第 12 条所指的训令时，制定文件的机关或机构不得销毁文件；

（二）各机关或机构根据对其颁布的训令确定文件的保存期，必须在本法律生效之日起 15 天内将一份根据训令指明销毁的文件名单送交历史档案室，以便在随后的 30 天内验证是否具有历史价值。

### 第二十一条

属公共机构、具历史价值经常被擅用的文件，不得转让及因时效而获得。

### 第二十二条

（一）按照第 8 条所规定之保存期的文件，可通过微型摄影技术的处理保留其真实形象，以便转录为证据；

（二）核准采用微型摄影技术，系按照第 12 条所指训令或其他法律专有规定为之；

（三）证据的转录可由正本（纸）或直接由转录资料作成。

### 第二十三条

微型摄制工作须按下列手续进行：

（a）经内部批示或根据第 12 条所指的训令来指派工作负责人；

（b）以两个胶卷摄制，其中一卷须未经破坏、删剪及更改以作为档案，并在按照国家或国际条例所指定必需之环境下妥为保存；

（c）转录证据应于第一张影像上标明摄制开始及列明摄制种类，及最后一张影像上标明其结束，随于一份声明书上列出制作者和负责人之签名，同时声明所复制的胶卷忠于正本；

（d）属于机关或机构之胶卷，经负责人决定，可从原胶卷作部分或全部复制，以便制成较适合日常运作的微型资料；

（e）微型资料应保存在适当的档案柜内，并标明指示；

（f）须备有一本微型资料的登记册，并标明启用及结束语。

### 第二十四条

从微型胶卷上所得的放大件或影印件，只要经前条第（a）项规定指派负责人鉴证签署，即具有与正本的同等证明效力。

### 第二十五条

（一）违反第 16 条第 2 款规定者将被处以罚款澳门币 5000 元至 1 万元；

（二）违反第 17 条规定将被处以罚款澳门币 1 万至 3 万元；

（三）本条所规定的罚则由澳门文化学会制定其等级并执行之。

### 第二十六条

（一）第19条第1款第（a）项所指建议之主动权，应在本法律生效之日起3个月内由行政暨公职司在总档案委员会的代表提出；

（二）倘超逾上款所定的期限时，则该主动权须让予总档案委员会其他成员。

### 第二十七条

撤销8月21日第39/82/M号法律。

### 第二十八条

本法律由9月25日第63/89/M号法律生效之日起生效。

1989年9月30日通过

总督 文礼治

# 修改《历史档案馆规则》

第9/2006号社会文化司司长批示　2006年1月11日颁布
2006年1月12日施行

社会文化司司长行使《澳门特别行政区基本法》第64条赋予之职权，并根据第6/1999号行政法规第5条、第14/2000号行政命令第1款及第6/2005号行政命令第4款的规定，作出本批示。

一、10月31日第183/89/M号训令核准，并经9月16日第171/91/M号训令及5月31日第165/93/M号训令修改的《历史档案馆规则》第7条、第9条及第11条行文修改如下：

**第七条**

（一）历史档案馆收藏的档案文献可为研究用途而进行复制，但另有订定者除外。

（二）复制是以影印、缩微、摄影或电子转录方式进行。

（三）具商业用途的复制须预先签订合同。

**第九条**

影印、缩微胶卷、透明正片、相片或电子转录的复制价目载于本规则的附表。

**第十一条**

历史档案馆阅览时间如下：

星期一至星期五——上午9时30分至下午6时30分；

星期六——下午1时至6时。"

二、《历史档案馆规则》第9条所指复制费价目表由本批示附件价目表取代。

三、本批示自公布翌日起生效。

2006年1月11日

社会文化司司长 崔世安

## 附件

经 10 月 31 日第 183/89/M 号训令核准之《历史档案馆规则》第 9 条所指之价目表

影印

| 规格 | 单价 |
| --- | --- |
| A4 黑白 | 1 元 |
| A3 黑白 | 2 元 |
| A4 彩色 | 2 元 |
| A3 彩色 | 3 元 |

缩微胶卷

| 规格 | 单价 | 全卷价 | 备注 |
| --- | --- | --- | --- |
| 16mm | 2 元 | 650 元 | 最低收费：50 元 |
| 35mm | 2 元 | 1000 元 | 最低收费：60 元 |

透明正片

| 规格 | 单价 | 备注 |
| --- | --- | --- |
| 35mm | 50 元 | 最低收费：200 元 |
| 6cmx6cm | 65 元 | 最低收费：200 元 |

相片

| 规格 | 单价 |
| --- | --- |
| 12cmx17cm 或以下 | 40 元 |
| 20cmx30cm 或以下 | 65 元 |
| 25cmx25cm 或以下 | 90 元 |

电子转录

| 规格 | 单价 |
| --- | --- |
| 30M 或以下图像 | 90 元 |
| 30 分钟或以下的录音/录像 | 200 元 |
| 额外每 30 分钟的录音/录像 | 100 元 |

境外国家和地区档案法律法规选编
A SELECTION OF THE LEGISLATION ON ARCHIVES
AND RECORDS OF OVERSEAS COUNTRIES AND REGIONS

台湾地区是中华人民共和国不可分割的一部分。她属于一个特殊的法域。本部分所列各法提到的"中央"、"国家"、"中央主管机关"、"行政院"、"国民大会"、"总统府"、"立法院"、"司法院"、"考试院"、"监察院"、"国家安全会议"、"法务部"、"国外"、"国家安全"等字眼均不能改变其地位和属性。

# 档案法

## 1999年12月15日颁布并施行

<table>
<tr><td>第一章　总　则</td><td>第四章　罚　则</td></tr>
<tr><td>第二章　管　理</td><td>第五章　附　则</td></tr>
<tr><td>第三章　应　用</td><td></td></tr>
</table>

## 第一章　总　则

**第1条**　为健全政府机关档案管理，促进档案开放与运用，发挥档案功能，特制定本法。

本法未规定者，适用其他法律规定。

**第2条**　本法用词，定义如下：

"政府机关"指中央及地方各级机关（以下简称"各机关"）。

"档案"指各机关依照管理程序，而归档管理之文字或非文字数据及其附件。

"国家档案"指具有永久保存价值，而移归档案中央主管机关管理之档案。

"机关档案"指由各机关自行管理之档案。

**第3条**　关于档案事项，由行政院所设之专责档案中央主管机关掌理之。档案中央主管机关未设立前，由行政院指定所属机关办理之。

前项档案中央主管机关，最迟应当于本法公布后二年内设立。

档案中央主管机关之组织，以法律定之。

档案中央主管机关设立国家档案管理委员会，负责档案之判定、分类、保存期限及其他争议事项之审议。

**第4条**　各机关管理档案，应当设置或指定专责单位或人员，并编列年度计划及预算。

**第5条**　档案非经该管机关依法核准，不得运往国外。

# 第二章 管 理

**第6条** 档案管理以统一规划、集中管理为原则。

档案中有可供陈列鉴赏、研究、保存、教化世俗之器物,得交有关机构保管之。

**第7条** 档案管理作业,包括下列各款事项:

(1) 点收。

(2) 立案。

(3) 编目。

(4) 保管。

(5) 检调。

(6) 清理。

(7) 安全维护。

(8) 其他档案管理作业及相关设施事项。

**第8条** 档案应当依档案中央主管机关规定之分类系统及编目规则分类编案、编制目录。

各机关应当将机关档案目录定期送交档案中央主管机关。

档案中央主管机关应当汇整国家档案目录及机关档案目录定期公布之,并附目录使用说明。

档案中央主管机关应当设置研究部门,加强档案整理与研究,并编辑出版档案资料。

**第9条** 档案得采微缩或其他方式储存管理,其实施办法由档案中央主管机关定之。

依前项办法储存之纪录经管理该档案之机关确认者,视同原档案。其复制品经管理该档案机关确认者,推定其为真。

**第10条** 档案之保存年限,应当依其性质及价值,区分为永久保存或定期保存。

**第11条** 永久保存之机关档案,应当移转档案中央主管机关管理。其移转办法,由档案中央主管机关拟订,报请行政院核定之。

**第12条** 定期保存之档案未逾法定保存年限或未依法定程序,不得销毁。

各机关销毁档案,应当先制定销毁计划及销毁之档案目录,送交档案中央主管机关审核。

经档案中央主管机关核准销毁之档案,必要时,应当先经电子储存,始得销毁。

机关档案保存年限及销毁办法，由档案中央主管机关拟订，报请行政院核定之。

**第13条** 公务员于职务移交或离职时，应当将其职务上掌管之档案连同办理移交，并应当保持完整，不得隐匿、销毁或借故遗失。

前项规定，于民营事业企业机构移转公营，或公营移转民营者，均适用之。

**第14条** 私人或团体所有之文件或数据，具有永久保存价值者，档案中央主管机关得接受捐赠、受托保管或收购之。

捐赠前项文件或数据者，得予奖励，奖励办法由档案中央主管机关定之。

**第15条** 私人或团体所有之文字或非文字数据，各机关认为有保存之必要者，得请提供，以微缩或其他复制方式编为档案。

**第16条** 机密档案之管理方法，由档案中央主管机关报请行政院定之。

# 第三章 应 用

**第17条** 申请阅览、抄录或复制档案，应当以书面叙明理由为之，各机关非有法律依据不得拒绝。

**第18条** 档案有下列情形之一者，各机关得拒绝前条之申请：

（1）有关国家机密者。

（2）有关犯罪资料者。

（3）有关工商秘密者。

（4）有关学识技能检定及资格审查之资料者。

（5）有关人事及薪资资料者。

（6）依法律或契约有保密之义务者。

（7）其他为维护公共利益或第三人之正当权益者。

**第19条** 各机关对于第17条申请案件之准驳，应当自受理之日起30日内，以书面形式通知申请人。其驳回申请者，并应当叙明理由 。

**第20条** 阅览或抄录档案应当于各机关指定之时间、处所为之，并不得有下列行为：

（1）添注、涂改、更换、抽取、圈点或污损档案。

（2）拆散已装订完成之档案。

（3）以其他方法破坏档案或变更档案内容。

**第21条** 申请阅览、抄录或复制档案经核准者，各机关得依档案中央主管机关所定标准收取费用。

**第22条** 国家档案至迟应当于30年内开放应用，其有特殊情形者，得经立法院同意，延长期限。

# 第四章 罚 则

**第23条** 违反第5条规定，未经核准将档案运往国外者，处2年以下有期徒刑、拘役或科或并科新台币5万元以下罚金。

前项未遂犯罚之。

**第24条** 明知不应销毁之档案而销毁者，处2年以下有期徒刑、拘役或科或并科新台币5万元以下罚金。

违反第12条之销毁程序而销毁档案者，亦同。

违反第13条之规定者，亦同。

**第25条** 以第9条微缩或其他方式储存之纪录及其复制品，关于《刑法》伪造文书印文罪章之罪及该章以外各罪，以文书论。

**第26条** 违反第20条规定者，各机关得停止其阅览或抄录。其涉及刑事责任者，移送该管检察机关侦办。

# 第五章 附 则

**第27条** 本法公布施行后，各机关之档案管理，与本法及依本法发布之命令规定不相符合者，各机关应当于档案中央主管机关指定期限内调整之。

**第28条** 公立学校及公营事业机构准用本法之规定。

**第29条** 本法施行细则，由档案中央主管机关定之。

本法施行日期，由行政院定之。

# 档案法施行细则

2001年12月12日颁布并施行

**第1条** 本细则依《档案法》（以下简称"本法"）第29条规定订定之。

**第2条** 本法第2条第2款所称文字或非文字资料及其附件，指各机关处理公务或因公务而产生之各类纪录资料及其附件，包括各机关所持有或保管之文书、图片、纪录、照片、录像（音）、微缩片、计算机处理资料等，可供听、读、阅览或借助科技得以阅览或理解之文书或物品。

**第3条** 各机关管理档案，应当依本法第4条规定，并参照档案中央主管机关订定之机关档案管理单位及人员配置基准，设置或指定专责单位或人员。

**第4条** 各机关依本法第5条规定，经该管机关核准，将档案运往国外者，应当先以微缩、电子或其他方式储存，并经管理该档案机关首长核定

前项档案如属永久保存之机关档案，并应当经档案中央主管机关同意。

**第5条** 各机关依本法第6条第2项规定，将档案中之器物交有关机构保管时，应当订定书面契约或作成纪录存查。

**第6条** 本法第7条第1款至第7款所定档案管理作业事项用词，定义如下：

"点收"指档案管理单位或人员将办毕归档之案件，予以清点受领。

"立案"指就档案之性质及案情，归入适当类目，并建立简要案名。

"编目"指就档案之内容及形式特征，依档案编目规范着录整理后，制成档案目录。

"保管"指将档案依序整理完竣，以原件装订或并采微缩、电子或其他方式储存后，分置妥善存放。

"检调"指机关内或机关间因业务需要，提出档案借调或调用申请，由档案管理人员依权责长官之核定，检取档案提供参阅。

"清理"指依档案目录逐案核对，将逾保存年限之档案或已届移转年限之永久保存档案，分别办理销毁或移转，或为其他必要之处理。

"安全维护"指为维护档案安全及完整，避免档案受损、变质、消灭、失窃等，而采行之防护及对已受损档案进行之修护。

**第7条** 各机关办理本法第7条所定档案点收、保管及检调作业规范，由档案中央主管机关定之。

**第8条** 各机关档案管理单位至少每年应当办理档案清理一次。

**第9条** 各机关设置档案典藏场所及设备，应当参照档案中央主管机关订定之档案库房设施基准等相关规定办理。

各机关管理维护档案，应当参照档案中央主管机关订定之档案保存技术规范等相关规定，防止虫、鼠、水、火、烟、光、热、尘、污、霉、菌、盗及震等之损坏。

**第10条** 各机关依本法第8条规定编制之档案目录，应当符合档案中央主管机关订定之档案分类编案规范及档案编目规范，并按季依下列规定，送交档案中央主管机关备查：

（1）中央一、二级机关，均由各该机关送交；

（2）中央三级以下机关，均层报由上级中央二级机关汇整送交；

（3）省政府、省谘议会、直辖市政府、直辖市议会、县（市）政府及县（市）议会，均由各该机关送交；

（4）直辖市政府所属各机关，均层报由直辖市政府汇整送交；

（5）县（市）政府所属各机关及其他各地方机关，均层报由县（市）政府汇整送交。

前项第1款所定中央一级机关如下：

（1）国民大会；

（2）总统府；

（3）行政院；

（4）立法院；

（5）司法院；

（6）考试院；

（7）监察院；

（8）国家安全会议。

第1项档案目录之编制及送交，应当以电子方式为之；其格式及实施期程，由档案中央主管机关定之。

**第11条** 档案中央主管机关依本法第8条第3项规定汇整之国家档案目录及机关文件案目录，应当按季依下列方式之一公布：

（1）刊载于政府公报或其他出版品；

（2）利用电信网络传送或其他方式供公众线上查询；

（3）提供公开阅览、抄录或复制；

（4）其他足以供公众得知之方式。

**第 12 条**　各机关对于本法施行前未届满保存年限之档案，应当于施行后 3 年内完成档案回溯编目建档。但有特殊情形报经档案中央主管机关同意者，不在此限。

前项编目应用软件，由档案中央主管机关设计提供。

**第 13 条**　各机关档案有下列情形之一者，应当办理档案保存价值鉴定；档案中央主管机关因受赠、受托保管或收购私人或团体所有珍贵文书认有必要者，亦同：

（1）因修订档案保存年限区分表，认有必要者；

（2）办理档案销毁、移转或应用产生疑义或发生争议者；

（3）档案因年代久远而难以判定其保存年限者。

档案中央主管机关就管有之国家档案，至少每十年应当办理保存价值鉴定一次。

档案保存价值鉴定规范，由档案中央主管机关定之。

**第 14 条**　公营事业机构移转民营时，其永久保存之档案应当移转档案中央主管机关，定期保存之档案应当报请该机构主管机关处理。

**第 15 条**　机关裁撤时，其永久保存之档案应当移转档案中央主管机关，定期保存之档案应当移交上级主管机关或其指定之机关，或依规定办理销毁。

机关改组时，其所有档案应当移交至业务承接机关。

机关部分业务移拨他机关时，其有关之档案应当一并同时移交。

**第 16 条**　各机关依本法第 15 条规定请求私人或团体提供资料，应当以书面载明下列事项：

（1）请求依据；

（2）请求目的；

（3）复制方式；

（4）授权使用范围；

（5）归还日期。

**第 17 条**　依本法第 17 条规定申请阅览、抄录或复制档案，以案件或案卷为单位。

档案内容含有本法第 18 条各款所定限制应用之事项者，应当仅就其他部分提供之档案应用，以提供复制品为原则；有使用原件之必要者，应当于申请时记载其事由。

**第 18 条**　申请阅览、抄录或复制档案者，应当载明下列事项：

（1）申请人之姓名、出生年月日、电话、住（居）所、身份证明文件字号。如系法人或其他设有管理人或代表人之团体，其名称、事务所或营业所及管理人或代表人之姓名、出生年月日、电话、住（居）所；

（2）有代理人者，其姓名、出生年月日、电话、住（居）所、身份证明文件字号；如系意定代理者，并应当提出委任书；如系法定代理者，应当叙明其关系；

（3）申请项目；

（4）文件名称或内容要旨；

（5）档号；

（6）申请目的；

（7）有使用档案原件之必要者，其事由；

（8）申请日期。

前项申请，得以书面通讯方式为之；其经电子签章凭证机构认证后，亦得以电子传递方式为之。

**第 19 条**　各机关对于前条申请案件，认其不合规定程序或资料不全者，应当通知申请人于 7 日内补正；届期不补正或不能补正者，得驳回其申请。

本法第 19 条所定之 30 日，于前项情形，自申请人补正之日起算。

**第 20 条**　本法第 19 条所定之书面通知，除驳回申请者外，应当载明下列事项：

（1）核准应用档案之意旨；

（2）档案应用方式、时间及处所；

（3）档案应用注意事项及收费标准；

（4）应当携带相关证明文件。

申请人依第 18 条第 2 项规定，以电子传递方式申请应用档案或于申请书上注明电子传递地址者，前项通知书，得以电子传递方式为之。

**第 21 条**　为因应档案开放应用业务之需要，各机关应当设置阅览、抄录及复制之处所，并提供必要之设备。

**第 22 条**　抄录或复制档案，如涉及著作权事项，应当依著作权法及其相关规定办理。

**第 23 条**　本法第 22 条所定国家档案之开放应用，应当依本法及档案中央主管机关所定之国家档案开放应用要点办理。

国家档案因有特殊情形，无法依本法第 22 条规定于 30 年内开放应用者，原管理该档案机关得叙明具体事由及拟延长开放之期限，由档案中央主管机关报请行政院核转立法院同意。

前项 30 年期限之计算，以案卷为单位，并以该档案文件产生日最晚者为准。

**第 24 条**　各机关档案管理单位应当定期列表，统计归档、立案、编目、保管、检调应用及清理等档案管理情形。

**第 25 条**　各机关办理档案管理信息化作业，应依档案中央主管机关及相关主管机关之规定，使用档案中央主管机关建置之全国档案信息系统或自行建置档案管理系统。

**第 26 条** 各机关因应业务需要订定档案管理作业有关规定时，应将该规定送交档案中央主管机关备查。

**第 27 条** 中央二级机关及直辖市、县（市）政府对于所属机关档案管理情形，应定期办理考评及奖惩。

档案中央主管机关应对各机关档案管理作业，实施必要之辅导、训练及评鉴；经评鉴绩优者，得予奖励，并公开表扬。

本细则自本法施行之日施行。

# 修正《档案法施行细则》

档征字第09400000011号　　2005年1月3日颁布并施行

---

**第 10 条**　各机关依本法第 8 条规定编制之档案目录，应符合档案中央主管机关订定之档案分类编案规范及档案编目规范，并每半年依下列规定，送交档案中央主管机关备查：

（1）中央一、二级机关，均由各该机关送交。

（2）中央三级以下机关，均层报由上级中央二级机关汇整送交。

（3）省政府、省谘议会、直辖市政府、直辖市议会、县（市）政府及县（市）议会，均由各该机关送交。

（4）省政府及直辖市政府所属各机关，均层报由省政府及直辖市政府汇整送交。

（5）县（市）政府所属各机关及其他各地方机关，均层报由县（市）政府汇整送交。

前项档案目录之送交，于机密档案目录，不适用之。

第 1 项第 1 款所定中央一级机关如下：

（1）国民大会。

（2）总统府。

（3）行政院。

（4）立法院。

（5）司法院。

（6）考试院。

（7）监察院。

（8）国家安全会议。

第 1 项档案目录之编制及送交，应以电子方式为之；其格式及实施期程，由档案中央主管机关定之。

**第 11 条**　档案中央主管机关依本法第 8 条第 3 项规定汇整之国家档案目录及机关文件案目录，应每半年依下列方式之一公布：

（1）利用电信网络传送或其他方式供公众线上查询。

（2）刊载于政府出版品。

（3）提供公开阅览、抄录或复制。

（4）其他足以使公众得知之方式。

**第 12 条** 各机关对于本法施行前未届满保存年限之档案，应办理回溯编目建档。

前项档案属永久保存者，应于本法施行后 5 年内完成；属定期保存者，应于本法施行后 7 年完成。

**第 13-1 条** 档案中央主管机关得将国家档案之管理及应用，委托其他机关（构）或民间团体办理。

**第 14 条** 公营事业机构移转民营者，其永久保存之档案应移转档案中央主管机关，定期保存之档案应报请该机构主管机关处理。

前项定期保存档案之管理及应用事项，公营事业机构主管机关，必要时，得委托其他机关（构）或民间团体办理。

**第 21 条** 为推广档案应用服务，各机关除设置阅览、抄录及复制之处所外，并得视业务需要，办理下列事项：

（1）提供档案参考服务。

（2）举办档案展览。

（3）编辑出版档案资料。

（4）其他推广档案应用服务事项。

**第 28 条** 本细则自本法施行之日施行。

本细则修正条文自发布日施行。

# 修正《档案开放应用要点修正规定》

档应字第0940014003号　2004年1月11日颁布并施行

一、为办理档案法第22条有关档案之开放应用事项，特订定本要点。

二、本要点之适用范围，包括由档案管理局管理及其委托其他机关（构）或民间团体管理之档案。

三、本要点所称档案之开放应用，包括下列事项：

（一）公布目录信息。

（二）提供咨询服务。

（三）提供阅览、抄录或复制。

（四）档案编辑或研究出版。

（五）展览。

（六）机关借调或调用。

（七）其他有关开放应用事项。

四、届满30年之档案，除法律另有规定外，应开放应用。

未届满30年之档案，其开放应用应注意档案法第18条及相关法律之限制规定，并就具体个案情形为必要之处理。

五、档案之应用以复制品为原则。

六、档案管理局应主动公开档案目录信息，其方式如下：

（一）利用电信网络传送或其他方式供公众线上查询。

（二）刊载于政府出版品。

（三）提供公开阅览、抄录或复制。

（四）其他足以使公众得知之方式。

七、档案管理局应提供咨询服务，指定专人协助民众应用档案。

八、档案管理局应设置档案应用处所，并视实际需要配置计算机、微缩品阅读复印机等机具，以利民众阅览、抄录或复制档案，并装备必要之监控系统及防火安全设施。

九、民众进入档案管理局档案应用处所，应备身份证明文件并登记姓名、出生年月日、住（居）所、身份证明文件字号及联络电话基本资料。

前项程序，得以办理阅览证代之。

十、民众应用档案应填具申请单，载明下列事项：

（一）申请人之姓名、出生年月日、电话、住（居）所、身份证明文件字号。如系法人或其他设有管理人或代表人之团体，其名称、事务所或营业所及管理人或代表人之姓名、出生年月日、电话、住（居）所。

（二）有代理人者，其姓名、出生年月日、电话、住（居）所、身份证明文件字号；如系意定代理者，并应提出委任书；如系法定代理者，应叙明其关系。

（三）申请项目。

（四）文件名称或内容要旨。

（五）档号。

（六）申请目的。

（七）有使用档案原件之必要者，其事由。

（八）有使用第十二点所定自备器材之必要者，其事由。

（九）申请日期。

十一、前点申请经核准者，档案管理局应速检出档案提供应用；如该档案因修补、展览、机关检调或其他情形无法提供应用时，应告知申请人理由及得以应用之时间。

十二、应用档案应以使用档案管理局提供之设备为原则；如有使用自备之手提电脑、辅助阅读器材或其他器材之必要者，应于申请时载明，经许可后始得为之。

十三、档案之应用，应遵守《档案法》有关规定，不得破坏档案或变更档案内容；如有违反，应依《档案法》第26条规定办理。

十四、民众或其他机关编辑出版或公开展览档案复制品，宜载明出处。

十五、档案管理局得视实际需要举办档案展览推广活动，以促进档案之开放与应用。

前项活动之举办，应兼顾公共利益及第三人正当权益之维护。

十六、机关借调或调用档案，应备函提出请求，并载明下列事项：

（一）借调或调用机关名称。

（二）借调或调用档案档号或内容要旨。

（三）借调或调用目的。

（四）借调或调用期间。

（五）法律依据。

（六）有借调或调用原件之必要者，其事由。

十七、机关借调或调用档案之保管、归还、稽催及查检等事项，准用档案管理局订定之机关档案检调作业要点第十点至第十四点规定。

# 修正《机关档案点收作业要点》

档征字第09300020471号  2004年4月12日颁布并施行

一、为统一机关档案点收作业，提升档案管理效能，特订定本要点。

二、各机关归档案件以原件为原则；有附件者，每一种以一份为限。

三、归档案件属纸本形式者，应由承办人员逐件依下列原则编写页码：

（一）依文件产生日期之先后顺序，晚者在上，早者在下，依序编写页码；文件系双面书写或打印者，亦同。

（二）附件页码之编写，除已编有页码或为书籍形式或难以随文装订者外，应并同其本文连续为之。

四、各机关承办单位或文书单位应将办毕案件于5日内逐件依序汇齐后，并同归档清单送交档案管理单位归档。但下列物品，不得归档：

（一）现金、有价证券及其他贵重物品。

（二）司法诉讼有关物证。

（三）流质、气体、易燃品、管制物品或其他危及人身与公共安全之物品。

（四）易变质而不适长期保存之物品。

以机关名义对内部单位行文，各受文单位办毕后得不归档；机关内部单位间行文，亦同。

第1项本文所称办毕案件，指依文书处理规定完成发文或存查程序之案件。

五、归档清单应记载下列事项：

（一）文号。

（二）主旨或事由。

（三）承办单位及人员。

（四）文本数量。

（五）附件媒体类型及数量。归档案件有微缩片、电子媒体、录音带、录像带或其他方式储存之媒体或书籍形式之附件时，应由承办单位或文书单位于该媒体或附件适当位置注记文号，并于归档清单上注记其类型及数量。

第1项归档清单格式，由各机关自行订定。

六、办毕案件有延后归档之必要者，应由承办人员签请机关权责长官核准，并知会档案管理单位。

七、各机关档案管理单位办理点收作业，应以件为单位，详细核对其内容与数量，经确认无误后，于归档清单上注记点收日期并签章，或盖点收章备查。

归档案件有第五点第 2 项情形者，必要时应请承办人员确认其内容无误后弥封盖章，始得点收。

归档清单，档案管理单位应留存一份；其保存年限由各机关自行订定。

八、归档案件有第四点第 1 项各款所定之物品者，应退回文书单位或承办单位处理。归档案件有下列情形者，应退还文书单位或承办单位补正，并于归档清单上注记其原因及日期：

（一）案件或其附件不全，或附件未经签准而抽存者。

（二）案件污损或内容不清楚者。

（三）案件未经批准或漏判、漏印、漏发、漏会者。

（四）案件未编列文号或文号有误者。

（五）案件未填注保存年限或分类号者。

（六）案件未依规定编写页码或页码编写有误者。

（七）案件未依规定盖骑缝章或职名章者。

（八）样张或已作废之契约凭证等文件，有漏盖"样张"或"注销"字样者。

（九）案件与归档清单之登载不符者。

（十）案件未能以原件归档且未经签奉权责长官核准者。

前项第 2 款所定情形之补正，应由承办业务相关人员查明补注盖章，并经机关权责长官核可后，并同原案归档备查。

九、对于应归档而未归档之案件，各机关档案管理单位应定期办理稽催；

经稽催仍未办理者，应签请长官处理。

前项稽催，应制作稽催单，载明下列事项：

（一）主旨。

（二）文号。

（三）承办单位及人员。

（四）稽催日期及应归档日期。

前项稽催单元格式，由各机关自行订定。

十、各机关档案管理单位应定期列表统计归档情形，签请权责长官核阅后，知会各承办单位。

十一、机关人员调、离职时，人事单位应知会档案管理单位，以查检其档案应归档情形。

# 订定《档案移转办法》

## 2001年12月12日颁布并施行

**第1条** 本办法依《档案法》（以下简称"本法"）第11条规定订定之。

**第2条** 各机关永久保存之档案，自文件产生之日起届满25年者，应于次年移转档案中央主管机关管理。但档案中央主管机关认为有提前移转之必要者，不在此限。

前项应移转档案中央主管机关管理之永久保存档案，有因司法涉讼或其他正当理由，经档案中央主管机关同意者，得酌予延长期限。但最长不得逾5年。

第1项永久保存档案之移转，以案卷为单位；其移转期限之计算，以文件产生日最晚者为准。

**第3条** 各机关永久保存之机密档案于移转前，应依法检讨办理机密等级之变更或解密事宜。

**第4条** 各机关移转永久保存之档案，以每年办理一次为原则，移转前应先编制拟移转档案目录，并依本法施行细则第10条第1项各款所定程序，函送档案中央主管机关审核。

各机关应依档案中央主管机关审核结果，编制档案移转目录二份，随同文件案办理移转。

前二项目录应记载下列事项：

（1）机关名称；

（2）档号；

（3）案名；

（4）案由；

（5）文件产生日期；

（6）有附件者，其附件数；

（7）属机密档案者，其机密等级；

（8）档案经微缩、电子或其他方式储存者，其储存媒体形式；

（9）其他经档案中央主管机关指定事项。

第1项及第2项目录之格式，由档案中央主管机关另定之。

**第5条** 各机关应移转档案中央主管机关管理之档案，其已经微缩、电子或其他方式储存者，于档案中央主管机关认有必要时，各机关应配合提供该储存媒体，以资复制。

**第6条** 移转档案，应由移转机关备函，并派员将档案送达档案中央主管机关指定之场所，由交接人员按档案移转目录，详细清点核对后，作成交接纪录。

前项交接纪录，应载明下列事项，由交接人员签名或盖章后，送移转机关及接管机关首长签名或盖章，并加盖机关印信，由移转机关与接管机关各执一份存查：

（1）移转机关及接管机关；

（2）交接人员职称及姓名；

（3）移转档案内容及数量；

（4）移转时间及地点。

**第7条** 各机关应移转档案中央主管机关管理之档案，自档案中央主管机关接管之日起，该档案之管理应用，以档案中央主管机关为主管机关。

人民申请阅览、抄录、复制档案中央主管机关管理之档案，应向档案中央主管机关提出申请；其向各机关提出者，各机关应即移请档案中央主管机关办理，并通知申请人。

**第8条** 各机关应移转档案中央主管机关管理之永久保存档案，应依档案中央主管机关规划之时程办理移转。

**第9条** 本办法自本法施行之日施行。

# 订定《机密档案管理办法》

## 2001年10月24日颁布并施行

**第1条**　本办法依《档案法》（以下简称"本法"）第16条规定订定之。

**第2条**　称机密档案者，指依法规定而为机密等级之档案。

**第3条**　机密档案之机密等级，区分如下：

（1）绝对机密：指具保密价值之档案泄漏后足以使国家安全、公共利益或个人权益遭受非常重大损害者。

（2）极机密：指具保密价值之档案泄漏后足以使国家安全、公共利益或个人权益遭受重大损害者。

（3）机密：指具保密价值之档案泄漏后足以使国家安全、公共利益或个人权益遭受损害者。

**第4条**　机密档案归档时，承办人员应使用机密档案专用封套装封，并于封面上注明单位名称、装封年月日、收发文字号、案由或案名、年度、分类号、页数、件数、附件数、案件办理起迄时间、保存年限、机密等级及解密条件，封口加盖印章或典名章后，送档案管理单位办理归档。但案由或案名，得以代码或代名表示。

前项专用封套，各机关得视业务需要，参考档案中央主管机关设计之范例，自行统一规格订制使用。

档案管理人员点收机密档案时，仅得依封套上记载事项检视，不得拆开封套；经确认无误后，应于归档清单及封面上注记点收日期或盖点收章备查。

**第5条**　机密档案目录，不予公布。

**第6条**　机密档案应与一般档案分别存放；其微缩片或其他复制品，亦同。

机密档案应另备保险箱或其他具安全防护功能之箱柜，装置密锁存放之；必要时，应存放于保险室或密室中，并装置警报及监视系统。

前项密锁、警报及监视系统，至少每月应检查一次，确保其安全。

**第7条**　机密档案之存放场所或区域，得禁止或限制人员、物品进出，并为其也必要之管制措施。

**第 8 条**　机密档案应由机关首长指定专人或由档案管理单位主管管理。

**第 9 条**　机关内部单位借调机密档案，应填具调案单。借调极机密以上等级者，应经机关幕僚长以上核准；借调机密以下等级者，应经业务承办单位主管核准。

机密档案借出时，应外加封套密封后加盖密封章，送调案人签收，或由调案人或调案单位指定人员亲至档案管理单位签收。但属极机密以上等级者，应由调案人亲自为之。

前项使用外封套之规定，于调案人亲至档案管理单位签收或备有机密档案传递专用箱盒（袋）者，不适用之。

**第 10 条**　前条机密档案之借调，应于 7 日内归还。届期如需继续使用，应提出展期申请，经核准后始可延展借调期限。借出之档案如有必要，得随时催还。

**第 11 条**　机关间借调机密档案，应以书面提出请求，经该机密核定机关首长或其授权人员核准后，始得提供。

前项书面，应注明借调期间、承办单位名称、承办人员姓名及有关联络资料。

借出之档案届期如需继续使用，应提出展期申请。

借调之档案，如有必要，得随时催还。

前四项机密档案，应备函载明法律依据、调用目的、调用期间、承办单位名称、承办人员姓名及有关联络资料。

**第 12 条**　调用机密档案时，应备函载明法律依据、调用目的、调用期间、承办单位名称、承办人员姓名及有关联络资料。

**第 13 条**　依规定借调或调用机密档案时，为避免原件损坏，得提供复制品，用毕后归还销毁。

**第 14 条**　各机关依规定提供机密档案时，应以书面告知该机密档案之机密等级及保密之义务。借调或调用机关用毕后，应即归还。

**第 15 条**　机密档案归还时，调案人应在内、外封套上加盖密封章或职名章密封，并加注归还日期。

档案管理人员应于机密档案归还时当场拆除外封套，检视内封套是否依规定密封。如未密封，应即通知调案人改善，并于调案纪录注记之。

归还之机密档案，应由调案人同业务单位承办人员或主管当场检视内封套之内容；如有第 20 条所定情事，应即处理。

第 1 项、第 2 项有关外封套之规定，于调案人亲自将机密档案送达档案管理单位或以机密档案传递专用箱盒（袋）办理归还手续者，不适用之。

**第 16 条**　机密档案之复制，应经该机密核定机关首长或其授权人员核准后，始得为之。复制时应注明原件之机密等级、保密期限或解密条件、复制品字样及其份数；如有多份复制品，并应注记编号。

前项复制品，应视同原件妥善保管；无需继续使用时，应依规定销毁。

**第 17 条** 机密档案以微缩、电子或其他方式储存时，应由机关首长指定专人办理。

前项储存，应与一般档案分开办理。

**第 18 条** 机密档案未经解密，不得销毁。但有机关档案保存年限及销毁办法第 13 条第 1 项所定情形者，不在此限。

**第 19 条** 机密档案之移转及销毁，应由机关首长指定专人办理，并采取必要之安全措施。

**第 20 条** 机密档案有遗失、污损、抽换、拆散等情事时，档案管理单位应协调权责单位查明责任，依规定议处；其涉及法律责任者，并应依法处理。

**第 21 条** 机密档案管理人员调、离职时，应列册将保管之机密档案逐项点交机关首长指定之人员或档案管理单位主管。

**第 22 条** 业务承办单位应依有关法规之规定，主动办理机密档案之机密等级变更或解密事宜。

档案管理单位应定期清查机密档案。清查时，得请业务承办单位依法办理机密档案机密等级之变更或解密事宜。

**第 23 条** 移转档案中央主管机关管理之机密档案，移转机关应配合档案中央主管机关办理其机密等级之变更或解密事宜。

**第 24 条** 机密档案经解密后，依一般档案管理之。

本办法自本法施行之日施行。

# 修正《档案开放应用要点修正规定》

档应字第0940014003号　2004年1月11日颁布并施行

2005 年 1 月 11 日档案管理局档应字第 0940014003 号函修正发布全文 17 点，并自即日生效。

一、为办理《档案法》第 22 条有关档案之开放应用事项，特订定本要点。

二、本要点之适用范围，包括由档案管理局管理及其委托其他机关（构）或民间团体管理之档案。

三、本要点所称档案之开放应用，包括下列事项：

（一）公布目录信息。

（二）提供咨询服务。

（三）提供阅览、抄录或复制。

（四）档案编辑或研究出版。

（五）展览。

（六）机关借调或调用。

（七）其他有关开放应用事项。

四、届满 30 年之档案，除法律另有规定外，应开放应用。

未届满 30 年之档案，其开放应用应注意《档案法》第 18 条及相关法律之限制规定，并就具体个案情形为必要之处理。

五、档案之应用以复制品为原则。

六、档案管理局应主动公开档案目录信息，其方式如下：

（一）利用电信网络传送或其他方式供公众线上查询。

（二）刊载于政府出版品。

（三）提供公开阅览、抄录或复制。

（四）其他足以使公众得知之方式。

七、档案管理局应提供咨询服务，指定专人协助民众应用档案。

八、档案管理局应设置档案应用处所，并视实际需要配置计算机、微缩品阅读复印机等机具，以利民众阅览、抄录或复制档案，并装备必要之监控系统及防火安全设施。

　　九、民众进入档案管理局档案应用处所，应备身份证明文件并登记姓名、出生年月日、住（居）所、身份证明文件字号及联络电话基本资料。

　　前项程序，得以办理阅览证代之。

　　十、民众应用档案应填具申请单，载明下列事项：

　　（一）申请人之姓名、出生年月日、电话、住（居）所、身份证明文件字号。如系法人或其他设有管理人或代表人之团体，其名称、事务所或营业所及管理人或代表人之姓名、出生年月日、电话、住（居）所。

　　（二）有代理人者，其姓名、出生年月日、电话、住（居）所、身份证明文件字号；如系意定代理者，并应提出委任书；如系法定代理者，应叙明其关系。

　　（三）申请项目。

　　（四）文件名称或内容要旨。

　　（五）档号。

　　（六）申请目的。

　　（七）有使用档案原件之必要者，其事由。

　　（八）有使用第十二点所定自备器材之必要者，其事由。

　　（九）申请日期。

　　十一、前点申请经核准者，档案管理局应速检出档案提供应用；如该档案因修补、展览、机关检调或其他情形无法提供应用时，应告知申请人理由及得以应用之时间。

　　十二、应用档案应以使用档案管理局提供之设备为原则；如有使用自备之手提电脑、辅助阅读器材或其他器材之必要者，应于申请时载明，经许可后始得为之。

　　十三、档案之应用，应遵守《档案法》有关规定，不得破坏档案或变更档案内容；如有违反，应依《档案法》第26条规定办理。

　　十四、民众或其他机关编辑出版或公开展览档案复制品，宜载明出处。

　　十五、档案管理局得视实际需要举办档案展览推广活动，以促进档案之开放与应用。

　　前项活动之举办，应兼顾公共利益及第三人正当权益之维护。

　　十六、机关借调或调用档案，应备函提出请求，并载明下列事项：

　　（一）借调或调用机关名称。

　　（二）借调或调用档案档号或内容要旨。

　　（三）借调或调用目的。

　　（四）借调或调用期间。

　　（五）法律依据。

（六）有借调或调用原件之必要者，其事由。

十七、机关借调或调用档案之保管、归还、稽催及查检等事项，准用档案管理局订定之机关档案检调作业要点第十点至第十四点规定。

# 修正《机关档案保存年限及销毁办法》

档征字第09400000013号　2005年1月3日颁布并施行

2005年1月3日档案管理局档征字第09400000013号令修正发布全文19条，并自发布日施行。

**第1条**　本办法依《档案法》（以下简称"本法"）第12条第4项规定订定之。

**第2条**　各机关依本法第10条区分档案保存年限时，应审酌下列各款事项：

（1）影响国家安全及公益之程度。

（2）典章或史料文物之价值。

（3）法律信证之维护。

（4）行政程序之稽凭。

（5）学术研究之参考。

（6）机关之特性。

（7）个人权益之保护。

（8）其他应审酌之重要事项。

**第3条**　下列档案之保存年限，应列为永久保存：

（1）涉及国家或本机关重要制度、决策及计划者。

（2）涉及国家或本机关重要法规之制（订）定、修正及解释者。

（3）涉及本机关组织沿革及主要业务运作者。

（4）对国家建设或机关施政具有重要利用价值者。

（5）具有国家或机关重要行政稽凭价值者。

（6）具有国家、机关、团体或个人重要财产稽凭价值者。

（7）对国家、机关、社会大众或个人权益之维护具有重大影响者。

（8）具有重要科技价值者。

（9）具有重要历史或社会文化保存价值者。

（10）属重大舆情之特殊个案者。

（11）法律规定应永久保存者。

（12）其他有关重要事项而具有永久保存价值者。

**第 4 条**　定期保存之档案，其保存年限区分为 30 年、25 年、20 年、15 年、10 年、5 年、3 年及 1 年。但下列范围之档案，不在此限：

（1）属档案中央主管机关订定之机关共通性档案保存年限基准所列档案。

（2）符合第 7 条规定之档案。

**第 5 条**　各机关应就主管业务，依本办法、机关共通性档案保存年限基准及其他相关法律规定，编订档案保存年限区分表。

前项档案保存年限区分表，应依本法施行细则第 10 条第 1 项各款规定程序，函送档案中央主管机关审核后实施。修正时，亦同。但依机关共通性档案保存年限基准修正者，不在此限。

**第 6 条**　各机关档案保存年限区分表至少每十年应检讨一次；必要时，得随时修正之。

**第 7 条**　定期保存之档案经微缩、电子或其他方式储存者，得调整其档案原件之保存年限。

**第 8 条**　各机关办理定期保存档案之销毁，以每年一次为原则。

已届保存年限之档案，各机关档案管理单位或人员应依档案中央主管机关规定之格式制作档案销毁目录，送回相关业务单位表示意见，各单位认有延长保存年限之必要者，应签注延长年限及理由。

前项档案销毁目录，应记载下列事项：

（1）年度号、分类号及案次号。

（2）卷数。

（3）案名。

（4）档案产生者。

（5）案卷内文件起迄日期。

（6）保存年限；档案保存年限经调整者，其原定保存年限及调整原因。

（7）案情摘要。

（8）其他经档案中央主管机关指定事项。

机关档案非以案卷层级着录，而已依案件编目完成者，其档案销毁目录，应记载下列事项：

（1）档号。

（2）案名。

（3）案由。

（4）来（受）文者。

（5）收文字号、发（来）文字号。

（6）文件产生日期。

(7) 保存年限；档案保存年限经调整者，其原定保存年限及调整原因。

(8) 其他经档案中央主管机关指定事项。

**第 9 条** 各机关档案销毁目录得提供史政机关检选；经检选之档案，应于销毁计划及档案销毁目录注记之。

**第 10 条** 本法第 12 条第 2 项所定销毁计划，应包括下列事项：

(1) 拟销毁档案年度及数量。

(2) 拟销毁档案现在存放地点。

(3) 拟销毁时间、地点及方式。

(4) 其他经档案中央主管机关指定事项。

前项销毁计划及第 8 条档案销毁目录，应依本法施行细则第 10 条第 1 项各款规定程序，函送档案中央主管机关审核。

**第 11 条** 本法第 12 条第 3 项所定应经电子储存者，档案中央主管机关或原机关认有必要时，得依本法第 9 条规定，采微缩或其他方式为之。

**第 12 条** 经核准销毁之档案于销毁前，应妥善集中放置于安全场所，并应注意其运送过程之安全。

档案之销毁，应由档案管理单位会同相关单位派员全程监控，并应注意环境保护事宜。

**第 13 条** 档案之销毁方法如下：

(1) 化为碎纸或溶为纸浆。

(2) 焚化。

(3) 击碎至档案内容无法辨识。

(4) 化为粉末。

(5) 消磁。

(6) 消除电子文件或重新格式化。

(7) 其他足以完全消除或毁灭档案内容之方法。

前项方法，必要时得并用之。

**第 14 条** 档案有下列情形之一，且情况急迫时，得径行销毁之：

(1) 因变质而散发有毒物质，严重影响人体健康者。

(2) 遭遇战争、暴动或事变，为保护国家安全或利益而须实时销毁者。

各机关如有前项情形，应将其原因及已销毁档案之档号、案名、数量、销毁时间、地点及方法等详细情形，函送档案中央主管机关备查。

**第 15 条** 档案因天灾或事故毁损，经鉴定结果认无法修复者，各机关得将其原因及已毁损档案之档号、案名及数量等详细情形，函送档案中央主管机关备查后销毁。

**第 16 条** 各机关发现有本法第 24 条所定非法销毁档案者，应即将其原因及已销毁档案之档号、案名、数量、销毁时间、地点及方法等情事，函送档案中央主管机关备查。

  **第 17 条** 已销毁之档案，应分别于档案销毁目录及案卷目次表等有关目录，注记核准销毁之文号及销毁之日期；其有微缩、电子或其他方式储存之纪录者，并应附注其编号。但全卷销毁者，其案卷目次表得免注记。

  **第 18 条** 已销毁档案之目录，应并同核准销毁文件永久保存。

  本办法自发布日施行。

# 订定《法务部档案开放应用须知》

法总字第0941201751号　2005年12月15日颁布并施行

一、法务部（以下简称"本部"）为办理《档案法》第17条至第21条有关档案开放应用事项，特订定本须知。

二、本须知所称档案，指本部依照文书处理程序送交归档管理之文字或非文字数据及其附件。

三、民众向本部申请阅览、抄录或复制档案，应填具"法务部档案应用申请书"（附件一，得自本部网站下载），载明下列事项，向本部提出申请：

（一）申请人之姓名、出生年月日、电话、住（居）所、身份证明文件字号。如系法人或其他设有管理人或代表人之团体，其名称、事务所或营业所及管理人或代表人之姓名、出生年月日、电话、住（居）所。

（二）有代理人者，其姓名、出生年月日、电话、住（居）所、身份证明文件字号；如系意定代理者，并应提出委任书；如系法定代理者，应叙明其关系。

（三）申请项目。

（四）文件名称或内容要旨。

（五）档号。

（六）申请目的。

（七）有使用档案原件之必要者，其事由。

（八）申请日期。

前项申请，得以亲自持送或书面通讯方式为之。

四、本部受理申请案件，如认其不合规定或数据不全者，应通知申请人于7日内补正；届期不补正或不能补正者，得驳回其申请。

申请案件受理后，由档案管理单位会请业务单位审核准驳与否及提供审核意见，并至迟应于受理之日起30日内，将审核结果以书面形式通知申请人。

申请人（附件二）。补正资料者，自补正之日起算。

前项书面通知，除驳回申请者外，应载明下列事项：

（一）核准应用档案之意旨。

（二）档案应用方式、时间及处所。

（三）档案应用注意事项及收费标准。

（四）应携带相关证明文件。

五、申请阅览、抄录或复制之档案，有《档案法》第 18 条所定下列情形之一，本部得拒绝其申请：

（一）有关国家机密者。

（二）有关犯罪资料者。

（三）有关工商秘密者。

（四）有关学识技能检定及资格审查之资料者。

（五）有关人事及薪资资料者。

（六）依法律或契约有保密之义务者。

（七）其他为维护公共利益或第三人之正当权益者。抄录或复制档案，如涉及著作权事项，应依著作权法及其相关规定办理。

六、申请阅览、抄录或复制档案，以案件或案卷为单位；档案内容含有前点第一项各款所定限制应用之事项者，仅就其他部分提供之。

本部档案之应用以提供复制品为原则；如有使用原件之必要者，应于申请时记载其事由。

七、本部档案应用处所位于台北市重庆南路一段 130 号 2 楼，开放时间为星期一至星期五，上午 9 时至 11 时 30 分及下午 14 时至 16 时 30 分；国定例假日不开放。有其他特殊原因停止开放时，另行公告周知。

八、非本部人员进入档案应用处所，应先出示身份证明文件，并办理登记；申请应用档案者，另应出示审核通知书，由本部指定人员陪同应用。

九、进入档案应用处所，应遵守下列事项：

（一）禁止饮食、吸烟、喧哗或妨碍他人之行为。

（二）抄录档案时，以使用铅笔或可携式计算机为限；复制档案时，应依照操作指示，以自行使用影印设备为原则。

（三）不得破坏环境整洁及应用处所之设备。

十、申请人应用档案，应保持档案之完整，并不得有下列行为：

（一）添注、涂改、更换、抽取、圈点或污损档案。

（二）拆散已装订完成之档案。

（三）以其他方法破坏档案或变更档案内容。违反前项各款之一者，本部得停止其应用档案；涉及刑事责任者，移送检察机关侦办。

十一、申请人应用之档案，不得携出应用处所，如有必要离开应用处所者，应将档案交由本部指定之人员保管，并应于当日归还，经本部人员点交无误后，发还申请人身份证件。

十二、申请应用档案经核准者，本部依档案管理局所订"档案阅览抄录复制收费标准"（附件三）收取费用，并开立收据交申请人。

# 附　录
## Appendix

境外国家和地区档案法律法规选编

A SELECTION OF THE LEGISLATION ON ARCHIVES
AND RECORDS OF OVERSEAS COUNTRIES AND REGIONS

# 英汉档案管理法规词汇对照表

| 序 号 | 英 语 | 汉 语 |
|---|---|---|
| 1 | a court of a Territory | 辖区、领地法院 |
| 2 | a justice of the peace court | 治安法院 |
| 3 | a sheriff court | 郡法院 |
| 4 | a unit or individual of the Executive Office of the President whose function is to advise or assist the President | 总统行政办公室下为总统提供咨询和助理的单位或个人 |
| 5 | a written transcript of the words recorded or contained in the record. | 该记录中包含的、记载的词汇手抄件 |
| 6 | abolished | 废除、撤销 |
| 7 | accession | 接收登记、入藏登记 |
| 8 | acknowledgement | 确认、出处声明、致谢 |
| 9 | acquire | 收集 |
| 10 | acquisition | 收集、征集 |
| 11 | act=law | 法、法律 |
| 12 | action notice | 诉讼通知 |
| 13 | activities, deliberations, decisions, and policies | 活动、审议、决策和政策 |
| 14 | adequate and proper documentation | 完整、准确的文件资料 |
| 15 | Agency | 机构、机关 |
| 16 | agency records | 机关档案 |
| 17 | aggregation | 聚合 |
| 18 | alienation | 转让 |
| 19 | allotment procedures | 分配程序 |
| 20 | alteration | 修改、变更 |
| 21 | an authority of the Commonwealth | 联邦机关、当局 |
| 22 | Appraisal | 鉴定 |
| 23 | appropriations | 财政拨款 |

续表

| 序 号 | 英 语 | 汉 语 |
|---|---|---|
| 24 | archival | 长久保存的（馆藏的），档案的 |
| 25 | archival and records activities | 档案的长久保存及管理活动 |
| 26 | archival quality | 档案特质、档案品质、长久保存特质 |
| 27 | archive program | 档案工作、档案业务 |
| 28 | archives | 档案馆藏（馆里所有东西，包括实物、非档案资料）、档案馆、档案机构 |
| 29 | Archives and records management account | 档案馆与档案管理账户 |
| 30 | archiving | 存档 |
| 31 | area covered | 影像范围 |
| 32 | arrangement | 整理、安排、排列；调停、商定 |
| 33 | as provide for by | 根据……规定 |
| 34 | as the case may be | 根据具体情况、视情况而定 |
| 35 | at the discretion of | 经……斟酌决定 |
| 36 | audiovisual records | 声像档案 |
| 37 | Authorizations granted | 授予授权 |
| 38 | authorized retention period | 批准的保管期限 |
| 39 | Availability | 可利用 |
| 40 | be authorized by appropriation | 通过专用款项来授权 |
| 41 | be binding on | 对……有约束力 |
| 42 | be construed as | 理解为、推断、解释为 |
| 43 | be filed with or kept by any agency | 机构立卷归档或保存 |
| 44 | be incorporated by reference | 作为参考引用并入 |
| 45 | be readily available for | 现成的、备用的 |
| 46 | be required to be preserved (other thanpermanently preserved) | 虽非永久，但需要保存的 |
| 47 | bill | 法案、法律草案 |
| 48 | bill drafting records | 法律草案档案 |

| 序 号 | 英 语 | 汉 语 |
|---|---|---|
| 49 | body＝body corporate. | 法人、团体 |
| 50 | Books | 账册、簿册 |
| 51 | bound record book | 记录册、档案合订本、档案装订册 |
| 52 | breach of confidence | 泄密 |
| 53 | by reference to a class of records | 参考引用一类档案 |
| 54 | by the review date | 到评审日期 |
| 55 | C. F. R.＝Code of Federal Regulations | 联邦法规 |
| 56 | care | 保管、管理、看管、保护 |
| 57 | cassettes | 盒式磁带 |
| 58 | catalog（ue） | 目录、专题目录；案卷编目 |
| 59 | certification | 证明、保证书、认证书 |
| 60 | certified copies | 认证件 |
| 61 | Certified or authenticated | 经认证或已验证 |
| 62 | certified reproductions admissible in evidence | 可作为证据的已认证复制件 |
| 63 | chapter | 章 |
| 64 | claim of constitutionally based privilege | 基于宪法特权的声明 |
| 65 | claim of Government | 政府权利主张 |
| 66 | claims of constitutionally based privilege against disclosure | 基于宪法的优先公开声明（基于宪法特权针对公开的声明、根据宪法所赋予的特权针对公开的声明） |
| 67 | CLASSIFIED | 涉密的、加密的、保密的 |
| 68 | Classified national security information, or classified information | 涉密国家安全信息或涉密信息 |
| 69 | Columbia River boundary compact | 哥伦比亚河分界条约 |
| 70 | commensurate with | 与……适应，与……相当 |
| 71 | commercial records storage facilities | 商业性档案存储中心 |
| 72 | commission, committee | 委员会 |

续表

| 序 号 | 英 语 | 汉 语 |
|---|---|---|
| 73 | Commissioner or Commissioners | 专员或委员 |
| 74 | committee member | 委员会委员 |
| 75 | Communicated | 传递（交流） |
| 76 | compact disc meeting current industry ISO specifications, | 符合当前行业 ISO 标准规范的光盘 |
| 77 | compile | 编制 |
| 78 | component | 成分 |
| 79 | Comprehensive schedule | 综合保管期限表 |
| 80 | compression method and level | 压缩方式和层级 |
| 81 | congressional subpoena, judicial sub-poena | 国会传票、法院传票 |
| 82 | constitutional, statutory, or other official or ceremonial duties | 宪法、法律或其他公务及仪式职责 |
| 83 | CONSTRUCTION | 解释（构造、建立）(待查) |
| 84 | consult | 查阅；咨询；商量；向……请教；征求意见 |
| 85 | content | 内容、目录 |
| 86 | continental United States | 美国本土 |
| 87 | Contingent records | 待定档案 |
| 88 | contract imaging | 合同影像 |
| 89 | Contribution of papers by legislators and employees | 立法机构及其雇员的资料捐赠 |
| 90 | control | 管控 |
| 91 | control and administer | 管理 |
| 92 | convenient to be done | 便于完成、易于完成 |
| 93 | copied work | 作品副本 |
| 94 | copy | 版本 |
| 95 | correspondence, amendments, reports, andminutes of meetings | 信函、修正案、报告和会议记录 |

| 序 号 | 英 语 | 汉 语 |
|---|---|---|
| 96 | county auditors | 县级审计人员 |
| 97 | court order | 法庭命令 |
| 98 | creation | 形成 |
| 99 | current | 现行适用 |
| 100 | custody （in the custody of） | 监管 |
| 101 | Cycle | 周期 |
| 102 | date span | 起止日期 |
| 103 | Declassification | 解密 |
| 104 | Declassify | 解密 |
| 105 | defacing | 污损 |
| 106 | deliberative processes | 审议程序 |
| 107 | dependents | 家属、被赡养者 |
| 108 | deposit | 存储、存入（账户） |
| 109 | derogates from | 违背、毁损、诋毁 |
| 110 | describes | 介绍、规定、阐述、著录 |
| 111 | Designation | 指派（认定） |
| 112 | destruction | 销毁 |
| 113 | determining standards | 确定标准 |
| 114 | digital data | 数字数据 |
| 115 | direct | 管理，指导，规定，命令 |
| 116 | Disaster | 灾难 |
| 117 | discontinued | 停止使用、中止 |
| 118 | Disposition | 处置 |
| 119 | Disposition authority | 处置权 |
| 120 | disposition instruction | 处置说明 |
| 121 | document | 文件 |

续表

| 序　号 | 英　语 | 汉　语 |
|---|---|---|
| 122 | Document information | 文件信息 |
| 123 | Documentary materials | 文件材料 |
| 124 | documentation | 文献资料 |
| 125 | Downgrade | 降密 |
| 126 | durability and permanence | 耐久性（耐用性和持久性） |
| 127 | Effective date | 生效日期 |
| 128 | either house | 两院 |
| 129 | electronic equivalents | 电子对应形式 |
| 130 | electronic or mechanical recordations | 电子或机械记录 |
| 131 | Electronic records | 电子档案 |
| 132 | Emergency | 紧急情况 |
| 133 | Emergency operating records | 应急运转档案 |
| 134 | enforceable at law or in equity | 强制执行的普通法或衡平法的强制执行 |
| 135 | engage in conduct | 从事行为 |
| 136 | enter into arrangements | 达成协议 |
| 137 | equipment and supplies | 设备和用品 |
| 138 | Equity | 信息资产 |
| 139 | essential records | 必不可少档案 |
| 140 | estray records | 散存档案 |
| 141 | Evaluation | 评估 |
| 142 | evasions | 规避 |
| 143 | exact copies or reproductions | 精准件、仿真件 |
| 144 | exceptions to restriction on access | 利用限制的例外（免责条款） |
| 145 | excise | 删除、勾掉 |
| 146 | Executive agency | 行政机构 |
| 147 | exercise control | 实施控制 |

| 序　号 | 英　语 | 汉　语 |
|---|---|---|
| 148 | extending the law relating to copyright | 适用有关版权的法律规定 |
| 149 | extension to Territories | 扩大至其他辖区、领地 |
| 150 | external Territory | 外部领土 |
| 151 | facility | 机构、设施 |
| 152 | Federal agency | 联邦机构 |
| 153 | Federal records | 联邦档案 |
| 154 | fidelity, surety, and performance bonds | 保证金、担保、履约金（材料） |
| 155 | file | 提交、组卷、立卷归档 |
| 156 | file break | 分卷 |
| 157 | file breaks | 拆卷、分卷 |
| 158 | file equipment | 案卷装备 |
| 159 | file header | 案卷标题 |
| 160 | File series | 案卷集 |
| 161 | file＝files | 文件、案卷（多份文件组合） |
| 162 | filed against | 针对 |
| 163 | filing | 立卷归档 |
| 164 | filing fee | 申请费、登记费 |
| 165 | film | 胶片、影片 |
| 166 | film stock | 库存胶片 |
| 167 | folder | 文件夹、卷夹 |
| 168 | footage | 连续镜头、片段 |
| 169 | For the purpose of this section | 本节旨在指出 |
| 170 | for the purposes of | 为……目的 |
| 171 | foster | 鼓励、促进 |
| 172 | functions, duties, and responsibilities | 职能、职责和义务 |
| 173 | governing | 治理、管理、控制、调整、支配 |

| 序　号 | 英　语 | 汉　语 |
|---|---|---|
| 174 | GRS＝general records schedule | 档案通用保管期限表 |
| 175 | hard copy | 纸质档案（肉眼可见）、非机读档案 |
| 176 | has failed or is failing to | 迄今从未 |
| 177 | have an affirmative duty | 具有明确职责 |
| 178 | holdings | 依法持有、保有的财产、储备 |
| 179 | if appropriate | 如果合适 |
| 180 | imaging account | 影像账户 |
| 181 | in force | （法律、协议的）有效、实施、生效 |
| 182 | in good faith in the belief | 坚信 |
| 192 | in introductory provisions | 在引言（前言）中 |
| 183 | in proceedings before the Tribunal | 法庭记录中 |
| 184 | in the Archivist´s discretion | 在国家档案局局长斟酌决定下 |
| 185 | inclusive dates | 起止日期 |
| 186 | Information system | 信息系统 |
| 187 | inspection | 查阅、检查 |
| 188 | inspection log | 检测日志 |
| 189 | institute an appeal | 提出上诉 |
| 190 | Integral file block | 整体案卷群 |
| 191 | interested persons | 利益关系人 |
| 192 | inventory | 文件目录；文件编目 |
| 193 | item、article | 条 |
| 194 | journal | 日志 |
| 195 | Judgment debtor | 【法】（经法院）判决确定的债务人 |
| 196 | judicial process | 司法程序 |
| 197 | judicious | 审慎的、明智的、有见识的 |
| 198 | law enforcement | ［法］法律的实施；执法机关 |

| 序 号 | 英 语 | 汉 语 |
|---|---|---|
| 199 | legal and financial rights records | 法律或财务权益档案 |
| 200 | legislative employees | 立法机构雇员 |
| 201 | legislative instrument | 法律文书 |
| 202 | legislative records | 立法档案 |
| 203 | Life Expectance (LE) guidelines | 寿命率准则、寿命期指南 |
| 204 | lists of records、list | 档案清单、清册 |
| 205 | local government archives account | 地方政府档案馆账户 |
| 206 | location and tracking | 定位与跟踪 |
| 207 | long-term | 长期 |
| 208 | maitenance/maintain | 维护 |
| 209 | management | 管理 |
| 210 | mandatory declassification review | 强制性解密评估 |
| 211 | map drawing | 地图 |
| 212 | master microform | 缩微母片 |
| 213 | may file an administrative appeal of such determination | （国家档案局局长）还可以提出该决定的行政诉讼 |
| 214 | medical treatment records | 医疗档案 |
| 215 | metadata | 元数据 |
| 216 | military health care facilities | 军事健康医疗设施 |
| 217 | minimal retentions | 最低保存（期限） |
| 218 | moneys from sale of records payable into the Treasury | 档案出售应缴入财政部的款项（资金） |
| 219 | National Archives of the United States | 美国国家档案馆 |
| 220 | national security emergency | 国家安全紧急情况 |
| 221 | no reserved functions | 无保留职责 |
| 222 | no right of action for failures to comply | 违规无诉讼权 |

| 序　号 | 英　语 | 汉　语 |
|---|---|---|
| 223 | non-official electronic messaging accounts | 非官方电子通讯账户 |
| 224 | nonrecord material | 非档案材料 |
| 225 | office file locations | 机关档案存放处 |
| 226 | office files | 机关案卷 |
| 227 | office of member | 委员职位 |
| 228 | official business | 公务活动、官方事务 |
| 229 | official document | 公文 |
| 230 | official public record | 公共档案 |
| 231 | officials and employees | 官员和雇员 |
| 232 | off-site storage | 异地保存 |
| 233 | on a scheduled basis | 按照预先安排的方式 |
| 234 | on material questions of fact | 有关事实问题的材料 |
| 235 | only if | 只有、只要 |
| 236 | operate | 运转、运行 |
| 237 | optical media | 光学介质 |
| 238 | organizational affiliation | 组织关系 |
| 239 | original negative | 原版底片 |
| 240 | original videotapes | 原始录像带 |
| 241 | originals | 原件 |
| 242 | originating agency | 形成机构 |
| 243 | originating jurisdiction | 最初管理权限 |
| 244 | otherwise provide | 另外规定，其他规定 |
| 245 | otherwise than | 除……之外 |
| 246 | outtakes | 花絮片段 |
| 247 | papers | 文件、公文、资料（与 documents 并列时） |
| 248 | particulars of the material | 资料详情 |

| 序　号 | 英　语 | 汉　语 |
|---|---|---|
| 249 | party caucuses | 党团会议 |
| 250 | pending judicial proceedings | 未决的法庭记录 |
| 251 | permanent records | 永久档案 |
| 252 | personal files（also called personal papers） | 个人案卷，也叫个人文件 |
| 253 | personal notes | 个人笔记、个人记事本 |
| 254 | personal records | 个人档案、个人记录 |
| 255 | photographic prints | 照片 |
| 256 | physical form | 实体形式、物理形式 |
| 257 | plats、maps | 地籍图、地图 |
| 258 | prescribed record | 指定档案 |
| 259 | preservation for historical interest | 因历史价值而保存 |
| 260 | presevation、preserve、keep | 保护、保存、保管 |
| 261 | primary keys | 主关键词 |
| 262 | printed or processed maps | 印刷或照相制版地图 |
| 263 | procedures for disposal of records exclusive | 档案处置专用程序 |
| 264 | proceedings（与 book、records 并列） | 法庭记录 |
| 265 | program records | 业务档案、职能档案 |
| 266 | proper management and safeguarding | 妥善管理和安全维护 |
| 267 | protected record | 受保护档案 |
| 268 | provision | 条款、规定 |
| 269 | public access | 公共利用 |
| 270 | public archive | （与 record 并列时）公共馆藏档案（区分进馆与不进馆的） |
| 271 | public business | 公共事务 |
| 272 | public disclosure | 公开披露 |
| 273 | public record | 公共档案 |

续表

| 序　号 | 英　语 | 汉　语 |
|---|---|---|
| 274 | public record office | 公共档案馆 |
| 275 | public repository | 公共（档案）馆库 |
| 276 | questions of fact | 事实问题 |
| 277 | quorum | 法定人数 |
| 278 | RCW＝RevisedCode of Washington | 华盛顿州法典修订版 |
| 279 | record keeping | 档案管理（澳大利亚） |
| 280 | recording | 录制品 |
| 281 | recordkeeping requirements | 档案保管要求 |
| 282 | recordkeeping system | 档案保存系统 |
| 283 | records | 档案 |
| 284 | records documenting | 档案记录 |
| 285 | records of an official act of the legis-lature | 立法机关（机构）官方行为记录 |
| 286 | records of hearings | 听证会记录 |
| 287 | Records schedule or schedule | 档案保管期限 |
| 288 | records storage facilities | 档案馆库设施 |
| 289 | recurring disposition | 反复使用的处置期限表 |
| 290 | reference | 参考利用 |
| 291 | referral | 信息移送 |
| 292 | regional branch archives | 地区档案分馆 |
| 293 | register | （保管）登记簿、登记册 |
| 294 | regulation | 法规、规定、条例、章程 |
| 295 | remove | 移除、删除 |
| 296 | reproduction, and duplication（serv-ices） | 复制件、重份件（复制服务） |
| 297 | restrictions on access | 利用限制 |
| 298 | retain | 留存、保留 |

| 序 号 | 英 语 | 汉 语 |
|---|---|---|
| 299 | retention | 保存、保留、保管 |
| 300 | retention period | 保管期限时长 |
| 301 | retention schedules | 保管期限表 |
| 302 | retrieval | 检索 |
| 303 | review, retention, removal, or destruction | （违法行为）查阅、截留、删除、损毁 |
| 304 | reviser′s note | 修订者注 |
| 305 | routine nature | 常规特征 |
| 306 | rules, regulations, or other implementing guidelines | 法规、规定或其他实施指南 |
| 307 | satisfaction of a warrant filed in superior court | 向高等法院提交担保赔偿请求 |
| 308 | scheduling records | 划分保管期限 |
| 309 | script | 剧本 |
| 310 | sealed records | 封存档案 |
| 311 | security microfilm | 保密的缩微胶片 |
| 312 | series | （文件、档案）系列 |
| 313 | set out | 说明、陈述 |
| 314 | settle claims | 确认权利主张 |
| 315 | sexually violent predator | SVP（性暴力狂） |
| 316 | short title | 简称 |
| 317 | source document | 源文件 |
| 318 | special collection | 特藏 |
| 319 | specific records | 特定档案 |
| 320 | state paper office | 国家文件中心 |
| 321 | statutory authorities | 法定权限 |
| 322 | stocks | 库存 |

| 序　号 | 英　语 | 汉　语 |
|---|---|---|
| 323 | stocks of publications and of processed documents | 库存的出版物和已处理的文件 |
| 324 | storage and handling | 存储和处理 |
| 325 | sufficient value | 充分价值 |
| 326 | surcharge | 附加费 |
| 327 | systematic declassification review | 系统解密检查 |
| 328 | tables | 附录（附表） |
| 329 | temporary record | 定期档案 |
| 330 | term or terms of office | 一个或数个在职任期 |
| 331 | the adjournment sine die | 无限期休会 |
| 332 | the care and control of the National Archives | 国家档案馆的保管与管控 |
| 333 | the exercise of legislative | 立法行使 |
| 334 | the Federal Circuit Court of Australia | 澳大利亚联邦巡回法院（根据 2012 年 11 月澳大利亚议会通过的法案，澳大利亚联邦地方法院将更名为澳大利亚联邦巡回法院。） |
| 335 | the findings | 调查结果 |
| 336 | the High Court of Justiciary | 高等司法法院 |
| 337 | the House Document | 众议院文件 |
| 338 | the Integrity Commissioner | 廉政专员 |
| 339 | the Keeper | 档案馆馆长 |
| 340 | the National Study Commission on Records and Documents of Federal Officials | 国家联邦官员档案和文件研究委员会 |
| 341 | the Optional Form | 非强制表 |
| 342 | the President's own election to the office of the Presidency | 总统竞选职位 |
| 343 | the Remuneration Tribunal | 薪酬仲裁庭 |
| 344 | the Scottish Ministers | 苏格兰政府 |

| 序 号 | 英 语 | 汉 语 |
|---|---|---|
| 345 | to the extent practicable | 在可行范围内 |
| 346 | transcripts | 抄本 |
| 347 | transfer | 移交 |
| 348 | transmission density | 传输密度 |
| 349 | travel expenses | 差旅费 |
| 350 | treated as referring to | 相当于 |
| 351 | treatment or modification of the record | 记录的处理或修改 |
| 352 | trims | 片头片尾 |
| 353 | true copy | 真实文本 |
| 354 | under | 根据、按照、遵从 |
| 355 | unlawful removal, defacing, alteration | 非法移除、污损、篡改 |
| 356 | unrehearsed | 未经处理的 |
| 357 | unscheduled record | 未划期限档案 |
| 358 | unstaged | 同期的 |
| 359 | VerDate | 版本日期 |
| 360 | video recordings | 录像制品 |
| 361 | vital records | 重要档案、紧要档案 |
| 362 | vital records program | 重要档案项目规划 |
| 363 | vouchers | 凭证、收据 |
| 364 | waive | 废止、放弃 |
| 365 | War and National Defense | 战争和国防 |
| 366 | with a view toward | 着眼于、考虑到、以……为目的 |
| 367 | withholding | 保有、持有……权利 |
| 368 | written testimony | 书面证词 |

# 香港特别行政区政府部门常用词汇表

| 序 号 | 英 语 | 汉 语 |
|---|---|---|
| 1 | access to personal records | 查阅个人记录 |
| 2 | admissible document | 可接纳的文件 |
| 3 | admission of facts and documents | 承认的事实及文件 |
| 4 | airline and operators' documents | 空运企业和经营人文件 |
| 5 | approved document | 认可文件；认可证件 |
| 6 | archive〔e-cert〕 | 存盘〔电子证书〕 |
| 7 | archive | 数据库 |
| 8 | archives administration programme | 历史档案管理计划 |
| 9 | Arts Document Reading Room | 艺术文献阅览室 |
| 10 | Audio Archives〔Radio Television Hong Kong〕 | 录音节目资料室〔香港电台〕 |
| 11 | Bar-coding Non-file Records Management System〔BCNRMS〕 | 计算机条形码非文件档案管理系统 |
| 12 | bid document | 申办计划书 |
| 13 | bid documentation | 申办文件 |
| 14 | bidding document | 申办计划书 |
| 15 | business documentary | 商业记录片 |
| 16 | central records service | 中央档案服务 |
| 17 | China Film Archive | 中国电影资料 |
| 18 | Chinese Music Archive〔Chinese University of Hong Kong〕 | 中国音乐数据馆 |
| 19 | classified document | 机密文件 |
| 20 | clear a paper | 审批文件 |
| 21 | Clerical Assistant | 文书助理 |
| 22 | closed file | 封存档案 |
| 23 | Computerised Attendance Records System | 计算机化值勤记录系统 |

| 序 号 | 英 语 | 汉 语 |
|---|---|---|
| 24 | confidential file | 机密档案 |
| 25 | Conservation Section〔Hong Kong Film Archive〕 | 修复组〔香港电影资料馆〕 |
| 26 | consultative document | 咨询文件 |
| 27 | contract document | 合约文件 |
| 28 | creation of records | 开立档案 |
| 29 | Criminal Records Bureau | 刑事记录科 |
| 30 | custody of drawings and documents | 图则及文件的保管权； |
| 31 | dangerous goods transport document | 危险品运输文件 |
| 32 | definition document | 生产规格文件 |
| 33 | departmental records manager〔DRM〕 | 部门档案经理 |
| 34 | destruction of records | 销毁档案 |
| 35 | detection of forged travel document | 识破伪造旅行证件 |
| 36 | disposal guidelines〔records〕 | 存废指引〔档案〕 |
| 37 | disposal instructions〔records〕 | 存废指示〔档案〕 |
| 38 | document examiner | 文件鉴辨主任 |
| 39 | Document Exchange Service | 邮件交换服务 |
| 40 | Document Imaging System〔Land Registry〕 | 文件图像处理系统 |
| 41 | document management system | 文件管理系统 |
| 42 | document management | 文件管理 |
| 43 | Document of Compliance〔merchant shipping〕 | 符合证明 |
| 44 | document of title to goods | 货品的所有权文件 |
| 45 | document of title | 契约文件；业权文件； |
| 46 | document retrieval | 检索档案 |
| 47 | document | 文件；单据 |
| 48 | documentary and photographic records | 文献资料和照片档案 |

续表

| 序　号 | 英　语 | 汉　语 |
|---|---|---|
| 49 | documentary archive | 数据文件 |
| 50 | documentary credit | 跟单信用证 |
| 51 | documentary evidence | 文件证据 |
| 52 | documentary exhibit | 呈堂文件；文件证物 |
| 53 | documentary identification | 证明文件 |
| 54 | documentary payment bill | 现付押汇票； |
| 55 | documentary record | 文件记录 |
| 56 | documentary | 记录片 |
| 57 | documentation fee and handling fee | 文件登记处理费 |
| 58 | documentation fee | 文件处理费 |
| 59 | documentation of artifacts | 文物记录 |
| 60 | documentation standard | 文件编制标准 |
| 61 | documentation | 证件，"落簿" |
| 62 | documented quality system | 有明文依据的质量管理系统 |
| 63 | documents collections campaign | 文献征集活动 |
| 64 | Documents Division〔Immigration Department〕 | 证件科 |
| 65 | drill records book | 操练记录簿 |
| 66 | Editorial Section〔Hong Kong Film Archive〕 | 编辑组〔香港电影数据馆〕 |
| 67 | electoral document | 选举文件 |
| 68 | Electric Mark Utilities Records System | 公用设施记录电子传输系统 |
| 69 | electronic records management〔ERM〕 | 电子档案管理 |
| 70 | endorsement to a travel document | 旅行证件批注 |
| 71 | enquiry/directory system〔non‒file records〕 | 查询/目录系统〔非文件档案〕 |
| 72 | evidence from police and court records | 参阅警方及法庭记录后所发现的证据 |

| 序　号 | 英　语 | 汉　语 |
|---|---|---|
| 73 | false document | 伪造文件 |
| 74 | falsification of supporting document | 提供虚假证明文件 |
| 75 | Firearms Training Records System | 枪械训练记录系统 |
| 76 | flight documentation | 飞行气象文件 |
| 77 | forged document | 伪造文件 |
| 78 | forged travel document | 伪造旅行证件 |
| 79 | General Administrative Records Disposal Schedules〔GARDS〕 | 《一般行政档案存废期限表》 |
| 80 | Government Document Dispatch Service | 政府文件派递服务 |
| 81 | Government Records Back-up and Recovery Centre〔GRBRC〕 | 政府文件备份及复原中心 |
| 82 | constitutional, statutory/, or other official or ceremonial duties | 宪法、法律或其他公务及仪式职责 |
| 83 | government records management programme | 政府档案管理计划 |
| 84 | Government Records Service Director | 政府档案处处长 |
| 85 | Government Records Service Division | 政府档案处 |
| 86 | graded document | 机密文件 |
| 87 | growth of records | 档案增长 |
| 88 | hawker offence records system | 小贩违例记录系统 |
| 89 | historical document | 历史文献 |
| 90 | Hong Kong Art Archive | 香港艺术数据库 |
| 91 | Hong Kong Document of Identity for Visa Purposes | 香港签证身份书 |
| 92 | Hong Kong Film Archive | 香港电影资料馆 |
| 93 | Hong Kong Public Records Building | 香港历史档案大楼 |
| 94 | Hong Kong Public Records Office | 香港历史档案馆 |
| 95 | identity document | 身份证明文件 |

续表

| 序　号 | 英　语 | 汉　语 |
|---|---|---|
| 96 | implementation documentation | 推行阶段文件编制 |
| 97 | inspection of reserved commodities records | 查阅储备商品记录 |
| 98 | Interim Document of Compliance〔merchant shipping〕 | 临时符合证明 |
| 99 | internal consultation document | 内部咨询文件 |
| 100 | International Federation of Film Archives | 国际电影资料馆联盟 |
| 101 | invalidation of warning records | 取消警告记录 |
| 102 | inventory of records | 档案编目 |
| 103 | ISO 9000 Quality System Documentation ISO 9000 | 质量系统文件编写 |
| 104 | land grant document | 批地文件 |
| 105 | library and archive | 图书馆暨文献库 |
| 106 | life cycle〔records〕 | 使用周期〔档案〕 |
| 107 | Macao Historical Archives | 澳门历史档案馆 |
| 108 | machine-readable travel document | 计算机可读旅行证件 |
| 109 | Maintenance Program Planning Document | 《维修计划规划文件》 |
| 110 | Managing Active Records：File Management | 《常用档案管理：案卷管理》 |
| 111 | Market Stalls Records System | 街市摊档记录系统 |
| 112 | master document | 主导文件 |
| 113 | medical records abstract system | 医疗记录摘要系统 |
| 114 | medical records indexing | 医疗记录索引 |
| 115 | medical records management | 医疗记录管理 |
| 116 | medical records tracing system | 医疗记录追查系统 |
| 117 | modified document of identity | 免回港签证身份书 |
| 118 | National Film and Television Archive〔United Kingdom〕 | 英国国家影视资料馆 |

| 序 号 | 英 语 | 汉 语 |
|---|---|---|
| 119 | non-records | 非档案 |
| 120 | offer document | 要约文件；建议文件 |
| 121 | patient care documentation | 病人护理记录 |
| 122 | personal document | 个人证件 |
| 123 | portable document format [PDF] | 可携式文件格式 |
| 124 | Practical Guide to Records Scheduling and Disposal | 《档案存废实用指南》 |
| 125 | prequalification document | 投标资格预审文件 |
| 126 | Printed Documents (Control) Regulations | 《印刷文件（管制）规例》 |
| 127 | program documentation | 程序文件编制 |
| 128 | public document | 公共文件 |
| 129 | Public Records Office | 历史档案馆 |
| 130 | published records | 发表存案 |
| 131 | questioned documents examination | 文件鉴辨 |
| 132 | Questioned Documents Section [Hong Kong Police Force] | 文件鉴辨组 |
| 133 | Record Centre [Government Records Service Division] | 档案中心〔政府档案处〕 |
| 134 | records archival [e-cert] | 纪录存盘〔电子证书〕 |
| 135 | records classification and indexing system | 档案分类和索引系统 |
| 136 | Records Disposal Schedule | 档案存废期限表 |
| 137 | records disposal | 档案存废 |
| 138 | records handling | 档案处理 |
| 139 | records holding unit [RHU] | 档案存放单位 |
| 140 | Records Management Handbook | 《档案管理手册》 |
| 141 | Records Management Office | 档案管理组 |
| 142 | Records Management Strategy | 档案管理策略 |

| 序　号 | 英　语 | 汉　语 |
|---|---|---|
| 143 | Records Management Survey | 档案管理调查 |
| 144 | records management | 档案管理 |
| 145 | records series | 档案组别；档案类别 |
| 146 | records stock | 档案存量 |
| 147 | records storage capacity | 档案贮存空间 |
| 148 | records storage facilities and system | 档案贮存设施和系统 |
| 149 | records survey | 档案普查 |
| 150 | records system | 文件系统 |
| 151 | Records Transfer and Delivery System［RTDS］ | 档案传递系统 |
| 152 | records transfer list | 档案移交表 |
| 153 | registration document | 注册文件 |
| 154 | retention of records | 保留档案 |
| 155 | retrieval of records | 检索档案 |
| 156 | return of travel document | 发还旅行证件 |
| 157 | school document | 学校证明文件 |
| 158 | search of marriage records | 翻查结婚记录 |
| 159 | search of records | 记录查册； |
| 160 | service level document［SLD］ | 服务水平文件 |
| 161 | shipping document | 装运单据 |
| 162 | site archive | 遗址记录；遗址档案 |
| 163 | specified document | 指明文件 |
| 164 | staff communication document | 员工通讯文件 |
| 165 | statement of travel records | 出入境记录证明 |
| 166 | Steering Group on Records Management | 档案管理策导委员会 |
| 167 | storage of records | 贮存档案 |

| 序　号 | 英　语 | 汉　语 |
|---|---|---|
| 168 | supporting document | 证明文件 |
| 169 | surrender of travel document | 交出旅行证件 |
| 170 | Survey Records Sales Counter | 测量资料销售处 |
| 171 | system documentation | 系统文件编制 |
| 172 | takeover document | 收购文件 |
| 173 | tape archive | 录音带藏库 |
| 174 | tender document | 招标文件 |
| 175 | title document | 业权文件；契约文件 |
| 176 | tracking of delivery of records | 追查档案 |
| 177 | trade documentation | 贸易文件 |
| 178 | travel document | 旅行证件 |
| 179 | unclassified document | 非机密文件 |
| 180 | Undertaking on the Use of Electoral Records | 使用选民登记册数据承诺书 |
| 181 | unlawfully altered document | 非法改动的文件 |
| 182 | urban microfilmed land document | 市区微型缩影土地文件 |
| 183 | use false document as an agent | 使用假文件冒为代理人 |
| 184 | utility records system | 公用设施纪录系统 |
| 185 | utter forged document | 使用伪造文件 |
| 186 | valid documentation | 有效证件 |
| 187 | valid travel document | 有效旅行证件 |
| 188 | vehicle registration document | 车辆登记文件 |
| 189 | Vessel Documentation System | 船只证明文件制度 |
| 190 | visitor's registration document | 到港人士登记文件 |